中国国际问题研究基金会

国际问题研究报告

STUDIES ON INTERNATIONAL ISSUES

2020—2021

主　　编：兰立俊
执行主编：沈国放
副 主 编：郭崇立

世界知识出版社

图书在版编目（CIP）数据

国际问题研究报告．2020—2021 / 兰立俊主编．—北京：世界知识出版社，2021.12

ISBN 978-7-5012-6481-0

Ⅰ．①国… Ⅱ．①兰… Ⅲ．①国际问题—研究报告—2020—2021 Ⅳ．①D815

中国版本图书馆CIP数据核字（2021）第277417号

书　　名	国际问题研究报告 2020—2021 Guoji Wenti Yanjiu Baogao 2020–2021
主　　编	兰立俊
责任编辑	张迎辉
文字编辑	印秋丹
责任出版	王勇刚
责任校对	张　琨
封面设计	赵　玥
出版发行	世界知识出版社
地址邮编	北京市东城区干面胡同51号（100010）
网　　址	www.ishizhi.cn
电　　话	010-65265923（发行）　010-85119023（邮购）
经　　销	新华书店
印　　刷	北京虎彩文化传播有限公司
开本印张	710毫米×1000毫米　1/16　30印张
字　　数	363千字
版次印次	2021年12月第一版　2021年12月第一次印刷
标准书号	ISBN 978-7-5012-6481-0
定　　价	86.00元

编委会名单

序 言

21世纪注定是一个在人类发展史上留下特殊鲜明印记的世纪。长达半个多世纪的冷战结束，以“战争与和平”为基本特色的20世纪画上了句号，但历史并未终结，却以“9·11”恐怖袭击事件为肇始，以美国随之发动的全球性反恐战争为序幕，世界进入了更加动荡的新时代。

当今，世纪疫情和世界百年未有之大变局相互交织，世界形势大变革、大调整继续加速，国际社会面临的不稳定、不确定性更为突出，大国竞争成为新时代的突出特点。第二次世界大战后以美国为主导的国际秩序进入分化、重组时期，新兴市场国家和广大发展中国家群体继续崛起，推动国际力量对比向更趋均衡的方向发展。加强全球治理、推动全球治理体系变革是大势所趋。世界政治多极化和经济全球化进程在曲折中继续前行。

美国上届政府奉行单边主义和贸易保护主义等极端利己的“美国优先”政策，导致国际关系乱象丛生，逆经济全球化潮流涌动，极端民族主义和民粹主义倾向进一步发展。美国倒行逆施的政策遭到世界很多国家的抵制和反对。与此同时，在新冠肺炎疫情的强烈冲击下，世界经济正经历20世纪30年代大萧条以来最严重的衰退。“世界向何处去”成为人们普遍关心的问题。

党的十八大以来，以习近平同志为核心的党中央，勇立时代潮头，着眼世界正经历百年未有之大变局和中华民族伟大复兴的战略全局，推进一系列重大外交理论和实践创新，提出推动构建新型国际关系、推动构建人类命运共同体以及正确义利观、新发展观、新安全观、全球治理观等新思想、新理念、新主张、新倡议，形成并确立了习近平外交思想。习近平外交思想是习近平新时代中国特色社会主义思想的重要组成部分，极具中国特色，体现时代精神，开创了国际关系理论创新的新境界，为中国外交不断开辟新局面指明了方向，是新时代我国对外工作的基本方针和行动指南。

中国综合国力持续提升和迅速走向国际舞台中央，是冷战后国际力量对比变化的基本因素之一，也是世界百年未有之大变局的基本方面之一。中国特色社会主义进入新时代，中国特色大国外交开启新局面，不断结出新成果。

积极参与全球治理是新时代中国外交的突出亮点。推动构建人类命运共同体是新时代中国外交的目标。中国始终高举和平、发展、合作、共赢旗帜，坚定不移维护国家主权、安全、发展利益，坚定不移维护世界和平、促进共同发展。“一带一路”建设作为新时代全方位对外开放的新模式，为经济全球化开辟新路径，为国际合作拓展新空间，为世界共同发展增添新动力。中国坚持实施互利共赢的开放战略，积极践行多边主义，完善多边贸易体制，推动贸易和投资自由化、便利化，推动构建面向全球的高标准自由贸易区网络，支持广大发展中国家提高自主发展能力，推动解决全球发展失衡、数字鸿沟等问题。中国在全球抗击疫情的斗争中也发挥了中流砥柱的作用。

我们更清楚地看到这样几种现象。一是中华民族伟大复兴与世界百年未有之大变局密切相关；二是“中国之治”与“世界之乱”形成鲜明对照；三是中国经济增长及中国市场扩大与世界经济增长紧密相连；四是中国国际影响力持续提升，西方对国际事务主导力量明显下降；五是中国和平、发展、合作、共赢的对外政策与“美国第一”的欺凌霸权政策有着本质区别；六是中国命运与世界前途的联系空前紧密。中国既是世界经济增长的主要推动力量，更是世界和平与稳定的重要维护者。

中国特色大国外交既为中国的发展争取了较好的外部环境，也为动荡不安的国际局势注入了正能量。世界乱象和美国对华蛮横施压，从反面教育了中国人民特别是年轻一代。中国人民的道路自信、理论自信、制度自信和文化自信更加坚定。

为更好地迎接世界百年未有之大变局的挑战和实现中华民族伟大复兴的宏伟目标，我们要为应对更加严峻的国际局势做好准备。中国只有把自己的事情办好，其他事情才能跟着办好。

《国际问题研究报告》和《国际问题纵论文集》按年出版，集中反映国际问题研究基金会的工作成果，是基金会资深高级外交官和著名专家学者的经验、智慧和心血的结晶，其权威性自不待言。两本书的作者对国际热点问题和我国对外关系的重大课题，提出了独具特色的看法。我作为一名老“外交人”，仍在追踪观察国际局势的变化，对新时代中国外交所取得的丰硕成果由衷赞叹，故乐之为序。

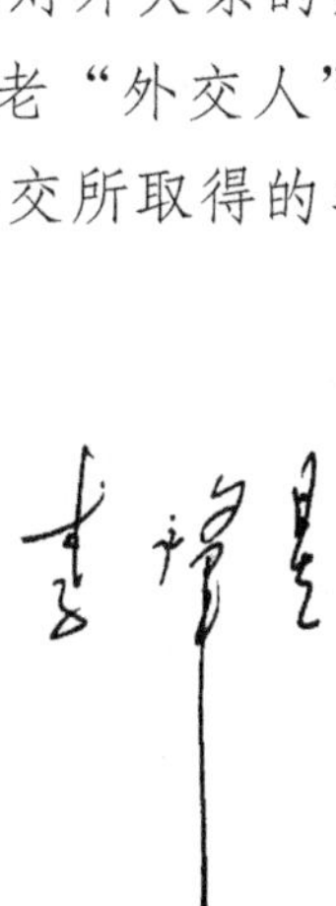

2021年2月

前 言

转眼又迎来了辛丑之年。回首过去的一年，世界经历的多重危机历历在目。新冠肺炎疫情全球肆虐，世界经济深度衰退。单边主义逆流横行，意识形态偏见泛起，全球治理遭遇困境。同时，各国人民同新冠肺炎疫情的英勇抗争持续进行，世界重心继续东移，新一轮科技革命和产业变革蓄势待发，凸显世纪大变局正向纵深演进。面临全球公共卫生严重威胁、气候变化等全球性挑战、国际格局与世界秩序急剧动荡，世界各国都要作出团结还是分裂、开放还是封闭、合作还是对抗的重要抉择。中国作为抗击新冠肺炎疫情的中流砥柱，坚持弘扬团结、开放、合作精神，坚定维护和践行多边主义，推动构建人类命运共同体，受到越来越多国家的认同与支持。

美国大选年陷入两党政治恶斗、种族骚乱和新冠肺炎疫情蔓延叠加的严峻局面。这三重危机相互影响，导致美国新冠肺炎疫情失控、经济严重衰退和社会危机加剧。美国上届政府延续其“美国优先”的单边主义政策，加上大选政治的突出考量，抗疫无能，“甩锅”推责，第二次世界大战后美国倡导维护的国际体制及其自身的国际影响力都遭到破坏。美国大选落幕，拜登胜选，白宫易主，但民主党在众议院原先的领先优势被缩小，在参议院两党席位各占一半，未来拜登政府推行内外政策将遭遇一定掣肘。

原本紧张的中美关系受到疫情、选情叠加影响，呈现出两国建交以来罕见的严峻局面。美国上届政府掀起的涉华对抗举动，使中美关系进入紧张碰撞的深水区。随着形势发展演变，未来的中美关系不可能回到前40年的状况。寻求中美新型共存、竞争合作之路是时代大势所趋，它直接关系到两国人民的福祉和世界和平、发展与繁荣。

新冠肺炎疫情暴露出欧盟应对重大危机能力的严重缺陷，这对欧洲一体化建设的冲击将是长期的。欧盟各国经济和社会秩序全面恢复的前景并不乐观。欧美关系在特朗普当政期间受到根本性撼动，拜登入主白宫符合欧洲期盼，欧美关系有望改善，但局限性仍然存在。英国正式退出欧洲单一市场与欧盟关税同盟，但英国脱欧过渡期谈判仍在继续，且同样充满荆棘。俄美关系紧张与缓和并存。拜登入主白宫后，俄美在核军控等部分领域会有妥协，但在传统安全、地缘政治等领域的争斗或更加复杂激烈。俄罗斯与欧盟的关系由于纳瓦利内中毒等事件恶化绝非偶然，俄欧结构性新旧矛盾交织，双边关系改善之路依旧曲折漫长。

中国周边各国疫情防控总体有效，经济恢复较快，但局部地区动荡，各种挑战增多。本次疫情没有加剧东北亚地缘政治紧张，反而促使有关各国保持克制，在本地区形成了主要国家合力应对疫情的局面。但进入后疫情时代，东北亚暂时稳定的局面可能生变：朝鲜半岛形势存在变数；中日关系具有脆弱性，可能随着美国新一任政府的对华政策倾向和亚洲战略而波动。东盟历史性成为中国第一大贸易伙伴，2020年底签署的《区域全面经济伙伴关系协定》（RCEP）使东亚经济一体化更上一层楼。印度期望借助美国“印太战略”实现强国梦。印度不断向中国寻衅挑事，致使两国关系处于紧张状态，但中国的理性和两大邻国的共同利益使中印关系仍存在转圜余地和修好空间。

中东地区在“乱”“变”中艰难度日，新冠肺炎疫情肆虐，各国经济大幅萎缩，引发多种矛盾。海湾多事，美国、伊朗关系趋紧，一度陷入全面战争边缘。阿联酋、苏丹、摩洛哥等国陆续同以色列关系正常化，反映地区政治生态新的演变，但鉴于巴勒斯坦问题得不到公正解决，中东难有持久和平。美国添乱仍是影响地区安宁的主要变数。热点问题发酵，化解艰难。“伊斯兰国”残余势力又有发展，不断制造新事端。

非洲形势基本稳定但困难增多。新时期，仍有国家发生政变、内战，凸显一些国家治理能力不足；在有些国家，大选引发冲突，政权不能平稳过渡；另一些国家非传统安全问题突出，加剧非洲的治理困境。新冠肺炎疫情对非洲经济的冲击低于预期，但仍相当严重，扭转了多年来较好的经济增长态势，减贫成果大多被抵消。然而，非洲大陆自贸区成立是一大亮点，有助于调动本地区各种潜在优势，加速改变非洲整体在国际经济体系中处于边缘地位的现状。

新冠肺炎疫情对拉美造成前所未有的严峻挑战。地区多数国家经济陷入百年来最严重衰退，社会问题愈显突出，一体化进程在曲折中发展。美国加快重返拉美的步伐，其对拉美的基本战略和政策目标没有改变。疫情倒逼各国改变惯性思维，提出要改变发展模式、重塑经济形态、更新治理手段、修改国际规则，这标志着拉美从更高更新角度正视自身存在的问题。静中有变、迭出新变、加速演变和酝酿大变是当前拉美形势突出的特点。

2020年是中国外交征程中具有开创性意义的一年。外交战线在习近平外交思想指引下，以元首外交为引领，以抗疫外交为主线，迎难而上，主动应变，同步抗击新冠病毒和国际“政治病毒”，以实际行动践行人类命运共同体理念，展现负责任大国担当，为国家发展和民族复兴营造良好外部环境，为世界和平与稳定作出新的重大贡献。

开展元首“云外交”，谱写构建人类卫生健康共同体新篇章。面对世纪大疫，习近平主席密集开展元首外交，同外国领导人及国际组织负责人会晤、通话88次，出席二十国集团、上海合作组织、金砖国家、亚太经合组织、世界卫生大会等23场重要外交活动，倡导构建人类卫生健康共同体等理念，提出打好疫情防控全球阻击战，为中国同各国关系发展注入新的内涵，为全球团结抗疫凝聚广泛共识，赢得国际社会普遍赞誉。

与世界各国携手抗疫，彰显尽责有为新担当。中国在抗疫初期的艰难时刻，77个国家政府、12个国际组织伸出宝贵援手。当疫情席卷世界，中国与世界卫生组织和国际社会密切合作，在自身疫情防控任务艰巨的情况下，发起中华人民共和国成立以来规模最大的全球人道主义行动，向150多个国家和14个国际组织提供抗疫援助，为有需要的34个国家派出医疗专家组。中国尽力向困难较大的国家提供防疫物资、开展疫苗研发国际合作和联防联控，以实际行动体现构建人类命运共同体的真诚愿望。

积极运筹同主要大国的关系，维护国际体系战略稳定。习近平主席同普京总统五次通话，引领包括抗疫合作在内的中俄新时代全面战略协作伙伴关系持续提升。中欧以建交45周年为契机，双方签署《中华人民共和国政府与欧洲联盟地理标志保护与合作协定》(简称“中欧地理标志协定”)，如期完成中欧投资协定谈判，坚定维护多边主义，中欧全面战略伙伴关系增添时代内涵。中美关系经历建交40多年来最严峻局面。面对美国反华势力的霸凌挑衅，中方开展有理有利有节的斗争，坚定维护国家主权、安全、发展利益，同时建设性处理和管控分歧，努力维护国际体系的战略稳定。

深化同周边国家务实合作，推动亚太命运共同体建设。习近平主席出席亚太经合组织领导人非正式会议，倡导共建亚太命运共同体，为区域合作指明方向。RCEP的签署，提振了各国共建亚太自贸区的信心。中国与东盟实现互为第一大贸易伙伴的历史性突破，中日韩自贸协定谈判稳步推进，区域经济合作水平得到进一步提升。中国同周边国家联合抗疫等各项合作持续加强，命运共同体建设迈出新步伐。

维护拓展与其他发展中国家共同利益，打造全球合作升级版。2020年是中非合作论坛成立20周年。中非团结抗疫，互相支持，落实2018年北京峰会成果力度不减，不断开创务实合作新局面。中国与阿拉伯国家在抗疫斗争中守望相助，在彼此核心利益和重大问题上相互支持，在全球经济低迷情势下携手高质量推进共建“一带一路”。中国与拉丁美洲国家开启“云交往”新模式，携手抗击疫情，共同克服不利环境影响，促使中拉经济合作继续发展。中国与发展中国家团结合作经受住了新考验，展现出新活力。

高举多边主义旗帜，积极参与全球治理体系变革。习近平主席出席一系列重要多边会议，全面系统阐述中国的全球治理观，提出应对全球性挑战的中国主张和中国方案。积极引导应对气候变化国际合作。广泛参与国际规则制定，提出《全球数据安全倡议》，努力解决国际社会普遍关心的网络安全关切。积极参与国际和地区热点问题应对，主张通过对话协商解决争端，通过国际合作应对共同威胁，推动建设持久和平、普遍安全的世界。

《国际问题研究报告》今年已是连续第11年出版。作为中国国际问题研究基金会的品牌专著，多年来该研究报告始终坚守“资政、育人、促学”的初心和目标，受到不少国际问题研究者、爱好者和相关专业机构的关注、支持和鼓励。对此，谨代表本书编委会表示诚挚的感谢！今年的研究报告再次汇集了基金会30多位资深外交官和著名专家学者的经验、智慧和心血，有不少新观点、新思路和新建议。衷心期待广大读者能从本书中有所收益。

中国国际问题研究基金会理事长

2021年2月

目 录

第一章 疫情变局相互共振 世界经济深陷泥潭

2020年国际形势回顾与展望 …… 李 辉 3
世界经济在黑暗中艰难爬行，新冠肺炎疫情和经济危局尚未结束 …… 谷源洋 15
新冠肺炎疫情加速“大变局”演进 …… 吴正龙 33
新冠肺炎疫情彰显“一带一路”生命力 …… 姚培生 46

第二章 美国大选白宫易主 疫情肆虐重创经济

一次不同寻常的美国总统选举 …… 倪 峰 张 琦 59
美国新冠肺炎疫情失控，特朗普政府抗疫反智失职 …… 刘学成 75
新冠肺炎疫情严重失控下的美国经济 …… 周世俭 91
特朗普政府的外交遗产 …… 陶文钊 103

第三章　欧亚局势乱中趋稳　经济发展严重受阻

俄罗斯国内政局评估及前瞻……盛世良　123
俄罗斯与美欧关系的微妙变化及发展趋势……王宪举　140
全球变局下的“欧亚乱局”……丁晓星　153

第四章　欧洲内伤医治不易　对华关系竞合并行

新冠肺炎疫情冲击下欧盟内外处境与发展趋势……孙海潮　169
国际关系变局下的德国对华政策走向……梅兆荣　183

第五章　亚太安全面临困境　中日关系平稳发展

中美战略博弈与亚太地区安全：困境和破局
……杨希雨　张　键　197
日本政局变动后的对华政策走向……王泰平　213
“印太战略”与中印关系……郑清典　224

第六章　中东地区“乱”“变”交织　阿以僵局趋向缓和

中东地区艰难的一年……刘宝莱　237

阿联酋、巴林同以色列关系正常化及其对中东局势的影响
.... 李成文 252
险象环生的美伊（朗）对抗.. 李国富 264

第七章 非洲治理难点增多 拉美困境前所未有

新冠肺炎疫情下非洲政治经济形势的主要特征....... 钟伟云 281
拉丁美洲形势特点与未来展望................................ 张 拓 295
美国同拉美关系的发展新动向................................ 王卫华 308
委内瑞拉长期动乱的来龙去脉和拉美左翼的成败兴衰
.... 王 珍 317

第八章 中国外交迎难而上 复兴中华担当尽责

疫情下的中国外交逆势前行...................................... 罗兴武 331
中俄关系经受新考验，赢得新进展.......................... 俞 邃 347
中美关系生态变化之思考.. 陈永龙 359
中美经贸关系回顾和前瞻.. 何伟文 373
“重启”与“重置”之间的中欧关系...................... 崔洪建 388
中国—中东欧国家合作成就、经验及发展建议...... 刘作奎 400
中国与东盟：互为第一大贸易伙伴后的合作发展建议
.... 许宁宁 412
中阿合作抗疫全面战略合作关系得到新提升.......... 吴思科 426
共克时艰 携手推进中非命运共同体建设.............. 贺红燕 436
中拉关系在共同抗疫中持续发展............................ 徐世澄 449

第一章

疫情变局相互共振
世界经济深陷泥潭

2020年国际形势回顾与展望

李 辉

【内容提要】2020年新冠肺炎疫情暴发，在全球范围内产生难以估量的影响，不仅充分印证了“世界面临百年未有之大变局”的战略判断，更进一步加速大变局朝着纵深方向演进。疫情之下，国际力量对比深刻调整，大国博弈复杂激烈，经济全球化遭遇逆风，国际思潮多元涌动，全球治理面临更多挑战，世界进入动荡变革期。欧亚地区形势不确定性增多，转型之路艰难，但有望保持稳定。大变局之中，中国力量快速增长，成为推动大变局的关键变量。面对新冠肺炎疫情这场历史性大考，外交战线在党中央的坚强领导下，准确识变、科学应变、主动求变，打好严守国门与对外开放“两场战役”，同新冠肺炎和国际政治“两种病毒”作坚决斗争，坚定捍卫国家利益和民族尊严；同时，积极发展全球伙伴关系，参与全球治理体系变革，推动构建人类命运共同体，展现了新时代中国特色大国外交的坚定信念和强大力量。站在“两个一百年”奋斗目标的历史交汇点上，中国外交将坚持以习近平外交思想为指引，牢牢把握服务民族复兴、促进人类共同发展和进步这条主线，推动构建新型国际关系和人类命运共同体，与世界各国携手共建持久和平、普遍安全、共同繁荣、开放包容、清洁美丽的世界。
【关键词】2020年国际形势　大国力量调整　欧亚　中国外交
【作者简介】外交部原副部长，中国前驻俄罗斯、哈萨克斯坦大使。

2020年对中国和世界都是极不平凡的一年。在世纪大灾疫催化之下，世界百年未有之大变局向纵深方向发展演进。国际力量对比深刻调整，大国博弈复杂激烈，经济全球化遭遇逆风，全球治理面临更多挑战，世界进入动荡变革期。与此同时，中国进入新发展阶段，内外环境深刻变化既对中国形成诸多挑战，也带来难得的机遇，总体看危机并存、危中有机。大变局之下，中国外交坚决捍卫国家主权、安全和发展利益，成果有目共睹。

一、2020年国际及欧亚地区形势

新冠肺炎疫情是自第二次世界大战以来最严重的全球性危机，其广度、深度、烈度远远超过“9·11”事件和国际金融危机。短短一年时间，新冠病毒感染人数逾9500万，死亡人数超过200万。随之而来的是全球人员的交流近乎中断，贸易往来大幅萎缩，经济陷入严重衰退，一些国家政治动荡、危机频发。疫情加速国际形势复杂深刻演变。大变局之下，中国既面临经济、社会、外交等空前挑战，同时也面临前所未有的机遇。有几大动向值得关注。

（一）疫情如同一道分水岭，世界走到又一个十字路口

世纪大灾疫与世界百年未有之大变局叠加共振，使得世界面临的不稳定、不确定性更加突出，非传统安全威胁持续蔓延，全球治理体系中不适应、不匹配的问题增多，人类面临着越来越多的风险与挑战。不少国家自保内顾心态抬头，民粹思潮泛起，国际矛盾和地区冲突显著增多。个别国家大搞保护主义和单边霸凌，不断突破公认的国际关系准则，刷新人类良知与常识的下限。《时代》周刊更哀叹“2020年是最糟的一年”。疫情之下，世界前途难测，人类何去何从，历史发展又来到一个新的十字路口。

从全球视角和历史维度看，世界发展潮流与人类进步大势仍旧滚滚向前。国际格局演进正在提速换挡，新一轮科技革命和产业变革蓄势待发，疫情笼罩下的人类社会对健康安全、和平发展、合作共赢、命运与共的认知更加深刻，人类命运共同体理念更加深入人心。经历过跌宕起伏、波澜壮阔的2020年“大考”的中国人民，对未来更加沉着笃定。中国人民坚持走自己的路，在从全面建成小康社会迈入全面建设社会主义现代化国家、向第二个百年奋斗目标进军的新发展阶段，加快构建以国内大循环为主体、国内国际双循环相互促进的新发展格局，成为全球阴霾中难得的一抹亮色。正如狄更斯在《双城记》中所写的，“这是一个最好的时代，也是一个最坏的时代”。无论如何，2020年都将作为世界百年未有之大变局的特殊一页载入史册。

（二）大国力量对比加速调整，全球经济遭遇严重冲击

新冠肺炎疫情加速了新一轮国际力量的调整和分化。短期

看，突发疫情使全球经济要素流动陷入混乱甚至停滞，同步打击世界经济供需两端，冲击各国实体和虚拟部门，传统政策工具不同程度失灵，2020年全球经济预计萎缩4.4%，经济衰退程度逼近甚至超过2008年国际金融危机。中长期看，全球经济仍处于长周期下行阶段，疫情不过是加速了衰退的到来，即使未来疫情缓解或者消失，世界经济总体形势仍不容乐观。

随着疫情持续发展，抗疫成效对世界各国经济社会发展的影响进一步凸显。当前，许多国家的疫情仍处于峰值，囿于体制等羁绊，其救助重在挽救企业、减少失业，尚无暇顾及刺激经济增长、推进结构性改革等中长期目标。中国率先走出疫情阴影，不仅为自身深化改革、扩大开放创造了有利条件，也为全球经济早日恢复增长增添了希望。2020年12月经合组织（OECD）发布的报告显示：2020年中国、美国、欧盟的GDP增幅分别为1.8%、–3.7%、–7.5%；2021年三者GDP均有望实现正增长，分别为8%、3.2%、3.6%。疫情正加快国际力量对比演变的速度，使全球范围的利益、权力和观念格局发生重大变化。

纵观世界历史，大灾疫和大危机往往是大国兴衰、文明起落的加速器。由于亚洲特别是东亚国家独有的文化传统、价值观和集体主义精神，使东亚抗疫成效明显优于其他地区，因此，东亚国家有望在所有经济板块中率先复苏。而中国大力推动构建“双循环”新发展格局以及《区域全面经济伙伴关系协定》（RCEP）落地，必将进一步助推中国和亚太经济增长。16世纪以来，西方世界凭借地理大发现和工业革命率先迈入近代化门槛，迅速实现了对东方的历史性超越。进入21世纪，世界经济与战略重心加速回归亚太，国际力量对比正在经历关键变化，而中国的快速发展成为推动这一大变局的重大变量。

（三）逆全球化势头急剧上升，全球治理在低迷中前行

大疫之下，世界卫生组织、联合国等国际组织一筹莫展；国际公共卫生治理缺位、国际协调滞后等全球化内生缺陷暴露无遗；国际上民粹主义、保护主义、单边主义进一步抬头。疫情令全球产业“断链”“缩链”问题突出，各国更加注重产业安全，产业链、供应链布局本地化、区域化和多元化进程加速，全球化还将在低潮中徘徊较长时期。历史地看，经济全球化是社会生产力发展的客观要求和科技进步的必然结果，各国走向开放、走向合作的大势没有改变。人类再退回到“孤岛”状态，开逆全球化的历史“倒车”，不符合人类的根本利益。当前，经济全球化虽处于低潮期，但经过自我修正之后必将重拾动力。中国作为经济全球化的推动者和贡献者，将继续推动构建人类命运共同体，在主动适应新一轮全球化进程中实现高质量发展。

（四）国际思潮多元涌动，制度与模式之争加剧

大疫之下，国际思潮激荡碰撞，引发人类社会对命运前途的新一轮集体思考。当今世界多数国家，包括西方发达国家都不同程度面临经济社会转型带来的困境：贫富分化、族群冲突、社会撕裂、政治极化倾向有增无减；孤立、保守、单边、民粹、种族、排外主义等逆流重新回潮；文明冲突论、西方优越论、麦卡锡主义等沉渣泛起。一些国家的选举制度、金钱政治、个人主义等遭到空前质疑，而生命至上、集体主义、命运与共等理念日益赢得国际社会更多理解和认同。

在全球抗疫大背景下，各国对发展模式和道路的反思不断深化，“中国之治”与“西方之乱”对比愈加鲜明。中国政府坚

持人民至上、生命至上，率先控制住疫情，实现复工复产、驰援全球，展示出强大的国家治理能力、社会动员能力和改革创新能力。值得警惕的是，随着国际社会对中国模式、道路和理念的关注热度不断升温，西方一些反华政客对中国政治制度、内外政策的诋毁抹黑也甚嚣尘上，各种版本的中国“威胁论”“责任论”“阴谋论”层出不穷。事实胜于雄辩。即便是那些对中国抱持偏见的人最终也不得不承认，疫情没有成为中国的“切尔诺贝利”，反而成为中国发展的“跃升跳板”。

（五）科技与产业革命方兴未艾，成为大国争夺的制高点

进入21世纪，以大数据、区块链、5G、人工智能、量子科技、生命科学等为代表的新一轮科技革命和产业变革蓄势待发。各国着眼抢占发展先机、赢得未来，加大对基础研究、应用研究、尖端科技的投入，科技博弈日趋白热化，很可能产生赢家通吃的马太效应，并深刻重构全球政治经济版图。此次中国抗疫成果突出，举世公认，互联网、大数据、生物科技功不可没。科技竞争日益成为各国博弈的主战场和赢得未来发展的战略制高点。个别国家为谋一己私利，不择手段制裁打压中国高科技企业。中国要切实发挥集中力量办大事的体制优势，打赢这场攻坚战。

欧亚地区形势一年来的变化在全球形势中颇引人瞩目。2020年，欧亚地区大事频发，风云多变，欧亚地区各国历经疫情肆虐、局部冲突、经济下滑、政局动荡等多重考验，地区局势不稳定不确定性增加。欧亚地区不稳定态势是历史与现实、内部与外部多方因素交织的结果，也凸显欧亚诸国独立近30年来转型道路之艰难。尽管欧亚地区在相当长一个时期内，将同时面临战“疫”、维稳、重振经济等严峻挑战，外部环境也较

为复杂，但地区形势仍有望保持总体稳定。中国与欧亚地区国家守望相助，与多国建立联防联控机制，携手应对风险挑战，稳步推进共建“一带一路”，必将为地区稳定繁荣注入更多正能量。

二、疫情下的中国外交

2020年，突如其来的新冠肺炎疫情对所有中国人来说都是一场极不寻常的考验。以习近平同志为核心的党中央带领全国人民，上下一心，众志成城，打响了一场疫情防控的人民战争、总体战、阻击战。在这场历史性大考中，外交战线在党中央的坚强领导下，准确识变、科学应变、主动求变，同新冠病毒和“政治病毒”作坚决斗争，展现了新时代中国特色大国外交的坚定信念和强大力量。

一是打好疫情防控与对外开放“两场战役”。疫情暴发后，中国政府迅速采取了最全面、最严格、最彻底的防控措施。外交工作服务国内抗疫大局：在疫情之初，我们帮助国内争取防疫物资和国际支持；国外疫情暴发后，工作重点转向外防输入，严守“国门关”；国内防控常态化以后，积极推动复工复产与国际合作。我们坚持以人民为中心，心系海外同胞安危冷暖，在全球范围内开展领事保护专项行动。与此同时，中国开放的大门没有关闭。我们创造性地设立了中外人员往来“快捷通道”、物资运输“绿色通道”，助力国内经济社会恢复发展，维护全球产业链供应链稳定。服贸会、广交会、进博会如约而至。中欧班列在逆风中跑出“加速度”，在国际抗疫合作中发挥了重要作用；中国通过共建“一带一路”等国际公共产品，为世界经济复苏注入更多动力。我们积极促进贸易投资便利化，RCEP成功签署，《中欧投资协定》顺利结束谈判，积极考虑加入《全面与进步跨太平洋伙伴关系协定》（CPTPP）。我们全面实施《外商投资法》及其实施条例，进一步缩减负面清单。2020年，中欧贸易逆势增长，中国首次超越美国成为欧盟第一大贸易伙伴。

二是积极开展抗疫国际合作。中国坚持以人为本、生命至上，始终本着公开、透明、负责任态度，秉持构建人类命运共同体理念，既对本国人民生命健康负责，也对全球公共卫生事业尽责。疫情暴发以来，习近平主席以大国领袖的全球视野和使命担当，密集开展元首外交，积极运用"云外交"等创新方式，同外国领导人及国际组织负责人会晤、通话87次，出席重要外交活动22场，为全球抗疫凝聚共识，为国际抗疫合作指引方向。我们同世卫组织和有关国家密切协作，第一时间通报疫情信息，迅速公布病毒基因序列。我们毫无保留地与世界分享防控诊疗经验，组织上百场跨国视频专家会，开设新冠肺炎疫情防控网上知识中心，更新发布八版治疗方案。我们主动开展地区抗疫合作，与有关国家成立联防联控合作机制，中非团结抗疫特别峰会、中阿合作论坛第九届部长级会议、中拉应对新冠肺炎疫情特别外长视频会议成功举办。我们有序落实二十国集团"暂缓最贫困国家债务偿付倡议"，帮助有困难的发展中国家渡过难关。我们发起新中国成立以来规模最大的全球人道主义行动，向150多个国家和14个国际组织提供抗疫援助，为34个国家派出医疗专家组，向世卫组织提供5000万美元捐款。我们加入世卫组织"新冠肺炎疫苗实施计划"（COVAX），促进全球疫苗公平分配。我们发挥最大医疗物资产能国优势，极大地缓解了全球医疗物资紧张的情况。事实胜于雄辩，中国通过实际行动发挥了负责任大国作用，以坚定的信心践行着推动构建人类命运共同体的庄严承诺。

三是坚定捍卫国家利益和民族尊严。习近平主席指出，重大传染性疾病是全人类的敌人，国际社会最需要的是坚定信心、齐心协力、团结应对。然而，在国际社会最需要患难与共、同舟共济的时候，少数人却恶意挑起冲突，炮制谬论，甩锅推责，企图将世界推向意识形态对抗和文明冲突的深渊。新冠病毒是人类公敌，散播仇恨对抗的“政治病毒”同样威胁着世界的和谐与安宁。中国外交与“政治病毒”进行了最坚决的斗争。国务委员兼外交部长王毅同数十国外长保持密切沟通，中国驻外使节以各种方式积极发声并与国际社会交流互动，持之以恒地增进团结、互信与合作。越来越多的国家理解认同中方立场，明确反对疫情政治化、病毒标签化和针对特定国家的污名化。我们坚定回击对中国制度和道路的造谣抹黑，捍卫党和国家政权安全及制度安全。我们有力挫败了外部势力利用台湾、涉港、涉疆、涉藏等问题干涉中国内政的图谋，维护国家的主权独立和领土完整。

四是积极发展全球伙伴关系，推动构建人类命运共同体。我们不断深化与各国的友好关系，积极运筹大国关系，推动周边命运共同体走深走实，维护拓展发展中国家共同利益，积极推动构建新型国际关系。我们推动亚太区域合作取得实质性进展，周边命运共同体建设迈出坚实步伐。习近平主席出席亚太经合组织领导人非正式会议，倡导共建亚太命运共同体，为区域合作指明了方向。RCEP的签署，提振了各国共建亚太自贸区的信心。中国与东盟实现互为第一大贸易伙伴的历史性突破，中日韩自由贸易协定谈判稳步推进，区域经济合作水平进一步提升。

我们高举多边主义旗帜，有力应对全球治理面临的冲击和挫折。习近平主席出席一系列重要多边会议，全面系统地阐述中国的全球治理观，提出了积极应对全球性挑战的中国主张和中国方案。我们积极引导应对气候变化国际合作，宣布将力争于2030年前实现二氧化碳排放达到峰值，力争2060年前实现碳中和；我们广泛参与国际规则制定，提出《全球数据安全倡议》，努力解决国际社会普遍关心的网络安全关切；我们积极参与国际和地区热点问题应对，主张通过对话协商解决争端，通过国际合作应对共同威胁，推动建设持久和平、普遍安全的世界。

五是中国与欧亚地区各国互利合作持续深化。新时代中俄关系高位运行，两国元首五次通话，高层交往热度不降，战略互信水平持续提升，务实合作逆势前行。大项目建设稳中有进，"中俄科技创新年"正在打造合作新增长点；中俄在反对强权政治、维护国际公平正义领域的国际协作日益密切，中俄合作的全球意义更加凸显，已成为世界变局中的"稳定器"。"中国+中亚五国"外长会晤机制顺利启动，过境中亚的中欧班列数量大幅增长。上海合作组织成员国在携手抗击疫情、维护地区安全、促进经济发展等方面的合作不断深化。

三、2021年中国外交展望

2021年是中国共产党成立100周年，也是"十四五"规划开局之年。我们从未像今天这样接近实现中华民族伟大复兴的目标。"行百里者半九十"，在前进道路上我们面临的风险和考验只会越来越复杂。站在"两个一百年"奋斗目标的历史交汇点上，面对中华民族伟大复兴战略全局和世界百年未有之大变局，我们将以习近平外交思想为指引，增强“四个意识”，坚定“四个自信”，做到“两个维护”，统筹国内国际两个大局，牢牢把握服务民族复兴、促进人类共同发展和进步这条主线，全面推进新时代中国特色大国外交。

（一）集中精力做好自己的事

面对新的历史使命和时代潮流，中国外交应牢牢把握新发展阶段特征，更加积极有为地做好服务国内发展这篇大文章，通过更深层次的改革、更大范围的开放、更高水平的融合，不断开拓互利合作共赢的新局面，让中国的发展与世界的进步相辅相成、交相辉映。

（二）坚持多边主义，完善全球治理

今后一个时期，全球治理体系变革不可避免，破立转型节奏将提挡加速，我们面临维护利益、布局未来的双重任务、双重挑战。我们应着眼后疫情时代，加强联防联控国际合作，主动参与全球治理变革，践行多边主义，坚持联合国主导地位，坚持推进高质量共建“一带一路”，推动经济全球化朝着更加开放、包容、普惠、平衡、共赢的方向发展。

（三）深化全球伙伴关系，引导大国关系健康稳定发展

中国推动构建新型国际关系，与各国共同维护以联合国为核心的国际体系和以国际法为基础的国际秩序，维护世界和平稳定与国际公平正义。中国将尽己所能帮助广大发展中国家抗击疫情、恢复经济发展，为实现疫苗在发展中国家的可及性和可担负性作出中国贡献。

（四）顺应时代潮流，推动构建人类命运共同体

中国提出的共建“一带一路”、构建人类命运共同体等倡议和理念顺应时代潮流，展示出强大的生命力和吸引力，为解决当代和平与发展问题提供了中国方案。习近平主席在第七十五届联合国大会演讲中，呼吁国际社会“坚守和平、发展、公平、正义、民主、自由的全人类共同价值”，引发广泛共鸣和认同，为我们克服各种困难、挑战、障碍和杂音提供了强大的思想武器。

毫无疑问，2020年必将以其前所未有的沉重写入人类史册。历史的车轮滚滚向前。正如习近平主席所说：“从历史上看，不管遇到什么风险、什么灾难、什么逆流，人类社会总是要前进的，而且一定能够继续前进。”站在新的时代起点上，中国外交将不忘初心，在世界百年未有之大变局中勇毅前行，在逆风劲雨中为国家担当、对世界尽责，为实现中华民族伟大复兴的中国梦，为推动构建人类命运共同体作出新的贡献！

世界经济在黑暗中艰难爬行，新冠肺炎疫情和经济危局尚未结束

谷源洋

【内容摘要】新冠肺炎疫情肆虐全球，世界经济呈自由落体式坠入深度衰退。为防控疫情和拯救经济，各国不惜代价地推出更为激进的刺激政策。一系列政策起到了提振作用，但潜在的风险日渐彰显，国际金融市场存在的“风险点”进入易爆期。世界经济仍处在危险时期，给人类生产和生活带来前所未有的挑战和考验，因此不宜轻言“全球经济正从深渊中恢复过来”。世界各国应以“持久战”的心态，做好应对的思想和行动准备，坚韧地面对一系列国际挑战及“后疫情时代”世界经济的新变化。

【关键词】新冠肺炎疫情　深度衰退　救济政策　刺激效应　潜在风险

【作者简介】中国国际问题研究基金会世界经济中心主任。

我们在2019年《世界经济失衡和回落的总根源》的报告中指出，世界经济再次来到十字路口，全球普遍关注世界经济将拐向何方。大体有三种趋势性走向：世界经济止跌反弹，继

续温和复苏；世界经济从减速滑向失速，迈入“同步停滞期”；世界经济陷入萧条，面对新危机和新周期。[①] 国际货币基金组织（IMF）和经济合作与发展组织（OECD）都曾预测2020年世界经济增长率为3.3%，高于2019年的2.9%，主要依据是美对华加征关税，将导致2020年世界经济增长率减少0.8个百分点。然而，中美签署第一阶段贸易协议，刺激了全球市场兴奋的神经，2020年世界经济表现被普遍看好。即便如此，不少国际经济金融机构依然预期发达经济体及发展中经济体的增长将继续减速或失速，世界经济存在加速下行风险。

一、新冠肺炎疫情大流行致使世界经济陷入深度衰退

新冠肺炎疫情突如其来，在全球迅速蔓延扩散，严重打击了全球货物贸易与服务贸易，全球制造业供应链中断，生产经营活动“停摆”，国际投资锐减，制造业和服务业采购经理指数（PMI）降至荣枯线以下。疫情对各国经济和全球经济的伤害，无论是在广度上还是深度上都是史无前例的。世界经济衰退或危机再次成为各国和全球担忧的现实问题。

然而，人们对新冠肺炎疫情的认识及其对经济破坏程度的认知，却经历了复杂的演化过程，从盲目乐观到恐惧混乱再到理性冷静。疫情大流行的持续，使得越来越多的国家陷入“技术性衰退”，掉进经济负增长的泥潭，先前乐观的情绪和预期完全消失。从各方面的预测报告看，原本业已下行的世界经济

① 谷源洋:《世界经济失衡和回落的总根源》，载兰立俊主编《国际问题研究报告2019—2020》，世界知识出版社，2020，第33页。

在疫情冲击下呈自由落体式坠入深度衰退，其突出表现有以下十个方面：

（一）新冠肺炎疫情大流行造成世界经济大幅收缩，比2008年全球经济衰退更加严重

按年率计算，2020年第二季度全球GDP环比增长率为负30.4%，较第一季度下降24个百分点。随着前期各国宽松的货币政策和财政政策逐渐发挥作用，自第三季度起主要经济体加大复工复产力度，全球经济下滑程度收窄。国际货币基金组织在2020年10月13日发表的《世界经济展望》报告中预计2020年世界经济将萎缩4.4%，小于此前国际货币基金组织和世界银行预期。新冠肺炎疫情危机并非源自金融体系，而是全球产业链、供应链、价值链乃至全球实体经济遭到疫情破坏，导致全球经济衰退高度同步化。世界银行提供的统计数据显示：在新冠肺炎疫情之下，全球92.9%的经济体处在衰退之中，不仅高于2008年国际金融危机时期的61.2%，也高于20世纪30年代大萧条时期的83.8%，是过去两个世纪以来全球衰退同步性最高的一次。

（二）新冠肺炎疫情大流行导致各经济体同步萎缩，发展中经济体收缩幅度小于发达经济体

拉丁美洲和加勒比经济委员会预测2020年该地区经济萎缩幅度为9.1%，超过大萧条时期的5.2%，人均GDP收缩9.9%，降至2010年的水平。[①] 非洲面临自20世纪70年代以来最严重的

① 拉丁美洲和加勒比经济委员会：《受疫情影响，2020年拉美地区经济将萎缩9.1%》，埃菲社圣地亚哥2020年7月15日电。

经济冲击，整个非洲地区经济可能收缩3.2%。但非洲和拉美拥有绵长的海岸线，蓝色经济发展潜力巨大，拉美创意经济更是方兴未艾。亚洲地区的经济状况略好于拉美和非洲，但疫情肆虐也使各国经济增速锐减或陷入负增长。亚洲开发银行预测2020年亚洲发展中经济体经济萎缩0.4%，这是60年来从未有过的“不景气”。[①] 全球主要经济大国似乎均呈现衰退状态，但发展中经济体增长跌幅低于发达经济体，中国等少数国家逆势而上维持了经济正增长。IMF预测2020年发达国家经济将萎缩5.8%，2021年增长3.9%，而发展中国家经济在2020年将收缩3.3%，2021年则会增长6.0%。英国皇家国际事务研究所亚洲项目高级顾问蒂莫西·萨默斯指出，世界经济权力分配已总体出现由西方向东方、由北方向南方的转移，疫情不会改变这一趋势。[②] 数字经济和原始创新愈益成为推动经济发展的重要驱动力，全球创新格局正在发生变化，数字经济和世界创新核心区亦呈现由西向东转移的趋势，标志着世界经济将发生更多质的变化。

（三）新冠肺炎疫情大流行给全球经济各领域留下深深的伤痕

全球需求与供给疲软，汽车等制造业严重受损。德国裕利安怡集团的报告称“新冠病毒正在制造一个破产定时炸弹”，使2020—2021年破产的企业数量约累计增加35%，失业人口以难以想象的速度直线蹿升，形成一股全球失业大潮，大约

---

① 路透社马尼拉2020年12月10日电。

② 国传:《全球经济复苏：新目标、新动力》,《社科院专刊》2020年第524期。

1.5亿人陷入极端赤贫；跨境旅游规模收缩60%—80%；全球粮食供应形势严峻，有2.5亿人遭遇粮食危机，比2019年多出了1.3亿人，联合国可持续发展目标中的“零饥饿”目标遭到摧毁；国际生产和投资环境加剧恶化，企业盈利锐减，全球前5000家公司中有3226家公司收入显著下降。作为外国直接投资（FDI）主体，大型跨国企业收入大幅下跌，进一步压缩了资本性支出。联合国贸易和发展会议（UNCTAD）预测，2020年全球FDI规模将继续减少30%—40%，连续第五年呈现萎缩状态。全球FDI从最高的1.9万亿美元下滑至2019年的1.4万亿美元。疫情之下，2020年全球FDI将跌破1万亿美元甚至更低水平。

（四）新冠肺炎疫情大流行致使国际贸易局势更加严峻，全球贸易呈现失速态势

2010年“后金融危机”以来，国际贸易艰难前行，保护主义泛起，贸易摩擦与关税壁垒增加，政策不确定性加剧，多边协调机制失灵，贸易前景甚为黯淡。国际海运业、航空业一片萧条，货运和客运流量锐减，全球数十家航企倒闭，依靠政府援助渡难关。国际航空运输协会预估，2020年全球旅客数量将下降55%，需求疲软导致航空业蒙受1185亿美元的损失。根据世界贸易组织（WTO）预测，2020年全球贸易量将萎缩9.2%，虽好于早先预期，但远未恢复到疫情前的水平。

（五）新冠肺炎疫情大流行驱使国际大宗商品价格向下波动

全球有效需求不足，“欧佩克+”框架内产油国大幅减少原油日产量，但国际油价仍一度降至每桶为负值的低位。伴随着各国的复工复产，原油价格反弹升高，全年每桶油价在40美

元上下波动。基于原油需求回升，“欧佩克+”23个产油国决定自2020年8月开始将日产原油减少量从970万桶降为770万桶，2021年将每日平均减少至530万桶。然而，石油贸易商对“欧佩克+”大幅增加原油供给举措持有疑虑，欧佩克技术委员会亦认为全球油市遭受疫情二次冲击，建议推迟“增产计划安排”。疫情尚未完全控制住，风险仍高于预期。需求决定油价，油价依旧承压，难以大步走高。2020年内油价低于上年每桶45—50美元水平已成定局。伴随着经济复苏，需求增加，美元指数下跌，铁矿石和玉米等农矿资源价格狂涨，但有投机因素操纵及政治因素干扰。

（六）新冠肺炎疫情大流行对全球经济的破坏程度让统计学家难以达成共识

一般而言，经济增速放缓越严重，其损失也就越大，恢复期也就越长，甚至可能出现“双底衰退”。有分析人士认为，2020—2021年世界经济产出将损失8.5万亿美元，[①] 其破坏程度超过了两次世界大战。IMF估计新冠肺炎疫情对全球产出累积损失将从2020—2021年的11万亿美元增至2020—2025年的28万亿美元。[②] 联合国秘书长古特雷斯在疫情暴发初期就已指出新冠肺炎疫情可能会引发“近代历史上无可比拟的衰退”，呼吁各国立即采取协调一致的卫生应对措施遏制病毒，共同应对

---

① 保罗·汉农:《西方经济体遭遇金融危机以来的最大衰退》，美国《华尔街日报》2020年5月26日。

② 国际货币基金组织:《世界经济展望》，2020年10月，https://www.imf.org/zh/Publications/WEO/Issues/2020/09/30/world-economic-outlook-october-2020。

疫情带来的后果。[1]然而，一些国家却只关心自身利益。美国宣布退出世卫组织，使新冠肺炎疫情的外部性影响继续无国界地在全球范围内产生影响，加重了全球产出的损失程度。但美国不是世界，美国"单一说话算数的时代"显得有些过时了。美国"退群搅局"不会使世界结束"全球化时代"，不会使世界经济进入"失序时代"。实践表明，防控疫情需要合作，恢复经济、摆脱衰退需要合作。世界经济开放则兴，封闭则衰。中国宣布扩大对外开放，为世界经济复苏注入了信心和活力。

（七）新冠肺炎疫情大流行加剧国际金融市场剧烈震荡，推高债务危机概率

美国股市大起大落，前期涨得越多，后期就跌得越重。美国股市连涨连跌搅动全球金融市场，令市场感到不安。支撑股市的主导因素是美国联邦储备系统（简称"美联储"）长期维持"超低利率"，而不是企业业绩提高的结果。2000年3月美联储基准利率高达6.1%，而眼下仅为0%—0.25%。美国股市实际上早已与实体经济相背离，正在积累着"历史上最大的泡沫"。"巴菲特指数"已发出使人担忧的信息：美国股市市值已超过GDP总值。更有甚者，全球低利率和负利率，驱动全球债务规模急剧膨胀，非金融企业杠杆率不断上升，金融机构和投资者追逐高收益、高风险资产，进一步加大债务风险。全球债务规模现已高达277万亿美元，比2020年增加约20万亿美元，爆发债务危机可能性升高。美联储主席鲍威尔宣称将继续实施非常规的货币政策，现实通胀率即便是超过2%也不采取加息

---

① 《联合国秘书长称新冠疫情是"二战以来最大的挑战"》,《参考消息》2020年4月2日。

措施。截至2020年底，美国公开持有国债约占GDP的100%，2021年将超出GDP总额。美国白宫经济顾问委员会前主席奥斯坦·吉尔斯比警告金融危机或许在美国重演。世界经济靠债务支撑的风险愈益增高。

新兴市场国家和发展中国家既受疫情冲击，又受美联储等货币政策调整的溢出影响，遭遇到资本外流、货币贬值、出口减少和大宗商品价格暴跌的多重打击，需要有巨额资金投入，才能抗击疫情和挽救经济。但其内部储备和市场借贷能力有限，债务总额已飙升到GDP的170%，叠加经常项目顺差收窄，一些国家已深陷主权债务兑付泥潭，面临“四个两难选择”：抑制国内通胀所需的紧缩性货币政策与刺激经济增长所需的宽松货币政策的两难选择，控制国际资本大规模外流所需的资本管制政策与发展经济所需的资本自由流动政策的两难选择，缓解贸易赤字所需的货币贬值政策与避免美元债务违约所需的货币升值政策的两难选择，防止经济“滞胀”所需的积极财政政策与减少财政赤字所需的紧缩财政政策的两难选择。[①] 四个“两难选择”严重削弱新兴市场国家应对危机的能力，严防金融风险转变为金融危机已成为当务之急。

（八）新冠肺炎疫情大流行冲击全球非经济领域

全球政治、军事、安全、文化、国家关系和国际关系以及经济全球化、全球经济格局、国际经济秩序、全球经济治理、发展模式等都已受到新冠肺炎疫情的冲击，进而加剧了世界经济恶化程度。非经济领域的溢出影响不会像经济金融领域变化

① 钟红、赵雪情:《全球经济金融形势：疫情影响与趋势分析》，《国际金融》2020年第5期。

得那么快，但对世界经济和国家经济的影响是长期的、严峻的、巨大的、深远的，短期内更加难以解决。现实再次告诫世人：经济的背后有政治，政治的背后有经济。当今全球面临的问题都是经济与政治相互交错的问题，其中政治因素的作用往往更为明显。

（九）新冠肺炎疫情大流行造成家庭预防性储蓄增多和商业投资减少，家庭储蓄快速上升，央行处于两难预期与选择之中

新冠肺炎疫情暴发以来，失业率骤增，居民担忧未来，储蓄率上升。尽管世界各地的消费者已从各自政府获得约2万亿美元的现金救助，但大量储蓄者倾向于将当前收入的较多部分留到未来支出，政府救援资金并未完全用于消费，而变成个人和家庭储蓄。需求不足与高储蓄相伴。欧盟统计局数据显示，2020年前三个月，欧元区家庭储蓄率从2019年第四季度的2.7%升至16.9%，为1999年有记录以来的最高水平。在储蓄率急剧上升的同时，银行存款迅速增长，不良贷款增加。储蓄率飙升让各国央行为难。如果消费者等待时机进行“报复性消费”，那么政府采取额外刺激措施就有可能导致支出过多从而引发通胀；如果消费者把其收入积存起来，那么刺激措施减少就有可能造成支出疲软、经济复苏缓慢和失业率上升的恶性循环。[①] 但有些国家受疫情影响，家庭储蓄则呈下降趋势。随着复工复产、复市复业的推进，经济数据已显示出经济逐步恢复的信号。各国需要高度关注某些资产价格上涨给经济造成的负

---

① 《飙升的储蓄率给全世界央行行长带来政策难题》，英国《金融时报》2020年7月5日。

面影响，避免在流动性比较充裕的环境下，产生结构性的通货膨胀，影响经济稳定大局。

（十）新冠肺炎疫情大流行常态化使全球经济复苏难以呈现V形曲线

疫情暴发初期，各机构和市场大多认为新冠肺炎疫情冲击是短期的，一旦经济复苏，就会很快迎来V形反弹。其主要依据是：新冠肺炎疫情导致大批人员死亡，但没有像飓风、地震等自然灾害那样造成各种经济设施与物质大破坏；疫情引发的危机不是传统的金融危机，主要国家的金融系统较为正常，无论是货币政策还是财政政策仍有牌可打，能够推出史无前例的刺激计划。然而，这样的判断及其立论已遭到现实的挑战。首先，新冠肺炎疫情的暴发—蔓延—重大公共卫生突发事件—大流行，远远超出了人们早期的认知。其次，疫情大流行造成的伤害不是初期所想象的只是一个或两个季度的短期现象，其负面影响可能延续到整个2020年和2021年，甚至更长时间。世界银行首席经济学家卡门·赖因哈特表示，经济可能会迅速反弹，但全面恢复将需长达五年时间。[①] 再次，从复工复产到正常生产经营，需要经历渐进的过程，且复工复产后的产品，其销售受内外需求不足制约，既影响出口又抑制投资。最后，各国暴发疫情和摆脱疫情的时间不同，后期暴发疫情的国家会拖累先期开始复工复产国家的经济复苏步伐。

各国面临的“封锁悖论”博弈，则进一步拉长了经济复苏的时间表。特别是受心理作用影响，即使全球新冠肺炎疫情得

① 《新冠危机打击后，全球经济复苏或需费时5年》，路透社马德里2020年9月17日电。

以“清零”，全球航空业、旅游业、餐饮业、影视业、交通运输业等，也都很难在短期内恢复到疫情暴发前的水平。疫情抑制了全球消费，报复性消费迟迟未至。法国兴业银行发表的报告指出：“没有人知道新冠肺炎疫情将如何发展，但显而易见的是，这是增长面临的一个重大冲击，它持续的时间越长，爆发全面危机的风险就越大。”①

二、世界各国不惜代价防控疫情和恢复经济

各国为应对新冠肺炎疫情作出的反应行动极为迅速，但基本上使用的依然是为摆脱2008年国际金融危机时的政策工具，不同的是政策工具刺激力度明显增强，使防控疫情和恢复经济所消耗的资源和资金难以想象与统计。美国银行预计2020年全球政策刺激金额高达20万亿美元，其中，因货币政策刺激带来的资金为8.5万亿美元，财政刺激资金为11.4万亿美元。临近2020年末，一些国家又在追加投入和扩大支援范围，当选总统拜登力挺加码财政刺激应对疫情，支持国会通过的9080亿美元的“抗疫新计划”；继美国之后，日本政府推出2020年内第三次经济对策安排，规模为73万亿日元。从趋势看，2021年发达国家经济难有明显起色，激进政策将延续下去，但一些国家已在考虑和探索退出之路。

美国是全球经济金融强国，因而自疫情暴发以来，无论是大国还是中小国家一直高度关注疫情之下美联储采取的“降息

① 贾斯廷·卡里根：《市场面临“全面危机”：油价暴跌加剧冠状病毒冲击》，澳大利亚《悉尼先驱晨报》2020年3月9日。

与扩表”举措及其溢出影响。美联储于2020年3月3日宣布降息50个基点，3月15日再降100个基点，两次“紧急降息”释放出1.5万亿美元流动性。“紧急降息”的背后因素主要有以下几点：一是疫情愈益严峻，需求大幅减少，失业率急剧攀升。特朗普总统引以为荣的3.5%的失业率业已成为“过去时”。二是疫情扩散给美国金融市场造成严重冲击，股市频频暴跌与暴涨，市场和投资者陷入极度恐慌之中。三是防控疫情及维持经济运行需要流动性支持。疫情暴发初期，美国流动性严重不足，需要紧急“放水救市”。四是七国集团央行行长会议要求各国央行采取联合降息，共同应对疫情威胁。五是美国经济衰退已成定局。美联储不得不及时出手挽救经济。

美联储“紧急降息”不同于2019年“预防性降息”：首先，“预防性降息”，其降息幅度不大，三次共计降息75个基点。“紧急降息”，力度则明显增强，12天内迫不及待的两次降息为三次“预防性降息”75个基点的两倍，导致联邦基金利率重返2015年12月至2018年12月美联储连续九次加息前的0%—0.25%。其次，在“紧急降息”的同时，美联储又无限量地购买国债、商业票据、抵押贷款支持证券及企业债，形成“资产购买+紧急降息”的货币政策格局。美联储资产负债表规模扩大到2020年6月底的7.13万亿美元，相比上年底扩张了70%，缓解了美元流动性紧张，降低了美元融资成本。美联储不仅自身“扩表”，还购买美国财政部发行的巨额国债，开启了“财政赤字货币化”路径，即“政府花钱”“央行买单”。再次，美联储将银行存款准备率降至零水平，向市场提供了更多流动性，起到了抑制“美元荒”在国内外蔓延的作用。最后，从理论层面而言，“预防性降息”和“紧急降息”理应推动美元走低，刺激扩大出口，纠正贸易失衡，最大限度稀释各国外汇储备和美元资产，但事实却是“预防性降息”后，美元指数波动幅度不大，大体在95附近浮动。然而，“紧急降息”后，美元指数却一路狂升，一度突破103关口，创2017年2月以来新高，其主因是欧盟、欧元区及英国经济不景气，欧元和英镑持续贬值，美元成为各国避险工具，从而拉动美元走强。但2020年6月初以来美元指数走软，下滑至90上方，其主要原因有三：“美元荒”状况改善后，金融机构的聚焦点转向美联储无限量量化宽松（QE）措施所引发的美元流动性泛滥；美国社会分裂动荡让不少海外资本对美国经济复苏持悲观态度，纷纷抛售美元资产避险，美元全球避险资产角色式微；美元被高估，适度回跌有助于减少持续不下的贸易逆差，其总体偏软趋势将持续一段时间。“强美元”有强的问题，“弱美元”有弱的麻烦，但“强美元”始终是美国搞霸权、霸凌、霸道的重要基础，美元在疲软中会有所反弹。

继美联储“紧急降息”步入零利率时代，多个国家和地区选择跟进美联储量化宽松的货币政策。由于欧洲央行和日本央行早已步入负利率时代，面临降无可降的尴尬局面，因而多次宣布维持现行利率不变。美欧日央行都将其重点转向购买债券，导致美联储资产负债表规模以惊人速度膨胀。日本央行行长黑田东彦宣称，日本央行将不设上限，积极购买国债、公司债券和商业票据。欧洲央行则推出新举措，包括承诺购买大量欧洲政府债券以及对其成员提供低息贷款，通过发债方式筹集总额为7500亿欧元的复苏基金，其中5000亿欧元将作为共同债务由欧盟未来的预算偿还，余下的2500亿欧元将作为贷款，以满足共同应对疫情和重建经济的需要。债务共担及低息贷款将助力欧元区重塑团结，其意义不可低估。然而，实施新政仍存在不确定性，内部成员间持有歧见。欧元区是单一货币的国家群体，各国经济社会结构存在差异性，疫情对各国影响不对称。如果缺乏政治支持，欧洲央行就无法有效地将这场危机的成本共有化和货币化。欧洲各国是否能够集体允许和接受这种状况，将在很大程度上决定“后疫情时代”欧洲的经济和政治格局。德国作为欧盟经济的发动机，过往一直反对用纳税人的钱去支持南欧国家，但当下默克尔宣称复苏基金将是欧盟历史上首次大规模的财政互助计划，将成为欧盟财政一体化的里程碑事件。英国央行报告称英国遭遇300年来最严重经济衰退，英国央行把其利率从0.5%降至0.25%，将银行业者的逆周期资本缓冲率由1%调降至零，并推出支持对中小企业放款的新措施。马尼·卡尼行长指出这是一项庞大的计划，其规模相当于英国经济产出的1%，旨在2020—2021年两年将经济增速提高0.5个百分点。世界其他一些国家央行亦加大货币政策和财政政策支持力度，宣布将根据疫情对经济影响程度的变化，及时作出对货币政策和财政政策的调整安排。各国业已推出的新量化宽松及财政支持符合市场预期，对防控疫情及恢复经济产生了刺激效应。IMF、世界银行、OECD等对世界经济、各地区经济及各国经济所做的预测都已考虑到各国已经出台的措施及其措施的力度和强度。正如IMF所言，假若没有各国刺激经济政策的综合作用，那么世界经济形势将会更加糟糕。

美联储在疫情中紧急“放水救市”产生了两种效应，既对市场发挥了提振作用，又因“放水”过大、过急，让市场震荡，令投资者恐慌，进而对经济形势及前景丧失了信心，内外投资者争先恐后地抛售持有的股票，致使全球股市在剧烈动荡中遭受了天文数字的损失。股市是敏感的，有涨就有跌，有跌就有涨。疫情之中的美国股市波动更显频繁，但股市依然保持较强的“牛劲”。关键因素是美联储为应对新冠肺炎疫情冲击，加大了非常规货币政策的力度，推动债券收益率下跌和股市上扬。然而，投资者都对美国股市表现出明显谨慎的态度，2020年内美国股市难以恢复到新冠肺炎疫情前的繁荣状态。拜登政府提出的“百日计划”抑或“四年执政计划”等能否扭转美国经济颓势，促使美国股市回归理性，尚存在众多未知数。

三、全球经济刺激政策的潜在风险日渐彰显

IMF于2019年11月5日发布的《全球金融稳定报告》指出，全球金融市场存在三个危险点：企业负债加剧，融资层面风险提高；机构投资者倾向于持有高风险、较低流动性的资产；新兴市场和前沿市场经济体对于外部债务的依赖程度增强。IMF市场和资本市场部副主管法比奥·纳塔卢奇认为全球金融市场脆弱性处于高位，“黑天鹅事件”一旦出现，可能会带来极大的负面影响。新冠肺炎疫情大流行，推动国际金融市场三个风险点进入易爆期。

新冠肺炎疫情迅速扩散，多国央行先后降息与扩表，其背后隐含着决策者对于经济形势恶化的预期，也折射出疫情对全球经济冲击之深。发展实践表明，自2008年金融危机以来，主要发达经济体所实施的非常规货币政策，其政策效果逐渐递减。在货币正常化半途而废时期，再次使用量化宽松政策，能否获得理想效果，市场疑虑重重。

各国为应对疫情和恢复经济采取刺激政策是一把“双刃剑”，一方面有利于防控疫情及恢复经济，另一方面又需付出巨大代价，其副作用和潜在风险将逐渐显现：一是通过政策手段降低了银行提供信贷的意愿和能力，但银行惜贷使企业更加

难以获得必要的生产资金。银行无法保持盈利，银行合并、破产等随时都有可能发生。二是长期低利率、负利率带来流动性泛滥，股市不断积累泡沫，形成虚假股市繁荣，导致虚拟经济扩张，实体经济遭到削弱。三是欧洲央行、日本央行和美联储的基准利率分别降为负利率和零利率，退休人员资产收入锐减，超级富豪更加富有，加剧社会收入不平等。四是多国财政政策已捉襟见肘，继续加大财政政策支持力度，势必促使财政赤字再创新高。美国国会预算办公室预计，2020年美国政府财政赤字高达3.1万亿美元；欧盟委员会预测2020年欧元区总预算赤字高达GDP的8.5%，被迫宣布暂停实施财政“铁律”，允许27个成员为防控疫情，其财政投入可不受3%赤字上线的约束；其他主要经济体的财政赤字亦节节升高，全球财政赤字已扩张到全球GDP的4.5%或更高。政府财政赤字无节制扩大，最终将拖累整个国家和全球经济中长期前景。五是疫情冲击驱使各国政府和企业利用零利率、负利率大肆举债，通过债务膨胀刺激经济。2020年美国主权债务将超过GDP，欧元区公共债务占GDP之比重将从2019年的86%上升至2020年的105%，从而引发一些国家和企业债务违约和重组。新冠肺炎疫情持续肆虐，新兴市场国家债务总额亦持续攀升。世界银行警告称，大多数发展中国家的经济都由债务驱动，更加难以控制债务违约风险。政府和企业债务违约和重组将成为金融动荡和金融危机的导火索。六是美联储及欧洲央行、日本央行在疫情之下重启“降息与扩表”，无限制地购买债券与加大回购操作力度，增大了大宗商品和国际原油价格波动，初级产品价格总体呈下跌趋势。农矿产品价格无序震荡无益于全球经济稳定和健康运行。七是美联储货币政策调整具有很强的外溢性，海外金融机构担心美国相关部门释放流动性与引导美元贬值，将会向世界转嫁美国经济风险。美元的全球储备货币地位，加上其扩张性财政政策与宽松货币政策相配合，本质上是将美国国内的调整成本转嫁给世界各国。

然而，大衰退的背后依然蕴含着发展机遇。2020年6月以来，一些国家又先后推出新一轮的经济刺激安排，2020年下半年经济表现略好于前两个季度；全球制造业和服务业PMI指数缓慢回升，就业状况有部分改善；各国逐渐打开了边界，使其人流、物流、资金流和信息流日渐增多；国际贸易显露复苏迹象；新冠疫苗运送，激活了航空运输业的生机。中国作为世界第二经济大国，各种经济指标皆好于预期，这彰显了中国经济的韧性，中国成为全球经济恢复的有力推动者。因此，市场对世界经济和各国经济增长预期向上调整。IMF、世界银行、OECD的预测值虽均有改善，但依旧下调了2021年全球经济增长预期。2020年第三季度前后，欧美大陆及印度、巴西等国疫情加重，经济复苏进程放缓，因而不宜轻言“全球经济正从深渊中恢复过来”。美国里士满联邦储备银行行长托马斯·巴尔金把当下全球经济的运行轨迹比喻为“下滑乘电梯，复苏爬楼梯”[①]。英国《经济学人》杂志旗下的经济学人智库称，七国集团2020年第三季度GDP相比上一季度由负转正。但从GDP规模看，美国经济只恢复到2017年的水平，英、德、法及加拿大恢复到2016年的水平，日本恢复到2012年的水平，意大利仅恢复到1997的水平。[②] 新冠肺炎疫情冲击长期化带来的影响

---

① 《美媒分析：全球经济复苏“如爬楼梯般艰难”》，参考消息网，2020年7月5日，https://baijiahao.baidu.com/s?id=1671616593921564665&wfr=spider&for=pc。

② 《全球主要国家第二季度经济萎缩近一成》，《日本经济新闻》2020年8月18日。

不单纯是经济增速下跌，更影响到企业和个人对未来增长的预期，致使经济复苏之路将更显崎岖。如果新冠肺炎疫情平息时间推迟，2021年世界经济增长率将由5.2%下降至2.3%。俄罗斯有学者认为，2021年全球经济增长趋势有四种前景，第一种前景是世界经济仍处于“萧条”区间，其概率高达45%至50%，① 其他三种预期前景都概率较小。

新冠肺炎疫情仍在全球肆虐，世界经济尚处在危险时期，这给人类生产和生活带来了前所未有的挑战和考验。然而，疫情总有结束的时刻。预计2021年世界经济依然疲软，但不会出现二次衰退，有可能逐渐迈向“后疫情时代”。伴随全球经济总体形势的改善，全球货币、财政、股市、债市、楼市、需求、供给、投资、利率、美元指数、大宗商品价格及“三链”等都会发生反转，既可为各国带来新机遇，也会使各国面对新挑战。世界各国应以持久战心态，做好应对的思想和行动准备，坚韧地面对一系列国际挑战，在危机中捕捉发展机遇。

① 雅科夫·米尔金:《2021年将会怎样：四种情况》,《俄罗斯报》2020年12月7日。

新冠肺炎疫情加速“大变局”演进

吴正龙

【内容提要】新冠肺炎疫情全球肆虐加速世界百年未有之大变局演进，世界经济陷入二战之后最严重的衰退，世界政治经济中心继续向东转移，国际格局与世界秩序急剧动荡，全球化出现“回头潮”，全球治理面临前所未有的困境，世界局势呈现史上罕见的不稳定性和不确定性，世界进入一个动荡变革的时期。

【关键词】世界经济　世界政治经济中心　国际格局　国际秩序　全球治理

【作者简介】中国国际问题研究基金会高级研究员，中国前驻外大使。

2020年，注定将成为人类历史上极不平凡的一年。新冠肺炎疫情全球肆虐，引发巨大的冲击，加速世界百年未有之大变局演进，对当今世界经济、国际格局、世界秩序、全球治理等方面产生了广泛、深远的影响。

一、世界经济遭受重创

新冠肺炎疫情对世界经济造成的冲击堪比2001年“9·11”事件和2008年全球金融危机叠加。国际货币基金组织（IMF）2020年10月发布最新的《世界经济展望》报告，预计2020年全球国内生产总值增长率为–4.4%，并预计未来解决疫情“进展有限”，2021年增长率将反弹至5.2%，比2020年6月的预测低0.2%。报告还预计发达经济体经济2020年将萎缩5.8%，其中美国将萎缩4.3%，英国、法国、意大利和西班牙将萎缩大约10%，日本将萎缩5.3%；新兴经济体和发展中国家将萎缩3.3%，其中印度将萎缩超过10%，巴西将萎缩5.8%。[①]这是自20世纪30年代以来最严重的世界经济衰退。

为应对疫情对经济的冲击，各国推出超常规的大规模财政、货币和监管措施，例如：直接派发现金给民众和企业，零利率甚至负利率，超大规模举债，美联储绕过金融机构直接购买美国公司债券等。这些非常规措施挽救了生命，拯救了经济，但是在经济衰退引发税收收入骤降的情况下，也付出了高昂的代价。全球债务可能创历史新高，达到全球国内生产总值（GDP）的100%。不过，就多数发达国家而言，超低利率大幅降低了政府融资成本，经济增速反弹后也将有助于债务率下

① 国际货币基金组织:《世界经济展望》，2020年10月，https://www.imf.org/zh/Publications/WEO/Issues/2020/09/30/world-economic-outlook-october-2020。

降。国际货币基金组织预计2025年后债务率将趋稳下行。[①]

当前全球银行体系资本金充足，但是如果疫情久久不能得到控制，衰退加深，复苏疲弱，一些国家的银行体系可能面临严重的资本短缺，银行贷款能力也将受到抑制。此外，一些新兴经济体和低收入国家面临融资挑战，这可能使部分经济体陷入债务困境或引发金融不稳定。

世界经济前景存在很大的不确定性，如无法确定美欧国家疫情得到控制的时间，疫苗的安全性、有效性和可及性，发生金融危机的概率等。全球危机需要全球解决方案，只有国际社会携手合作抗疫，才能最终控制疫情的全球蔓延。没有这个前提，恢复和提振世界经济就无从谈起。

二、世界政治经济中心加速向亚太转移

自近代以来，世界政治经济中心首次开始向非西方世界转移。中国崛起开启世界经济中心向亚太转移的进程，带动东北亚复兴、东南亚振兴、印度崛起，使亚太地区成为世界经济最活跃的地区。国际权力在少数几个西方国家之间“倒手”的局面走向终结，百年来西方国家主导国际事务的情况正在发生根本性改变。

从奥巴马总统推行亚太再平衡战略，到特朗普总统提出“印太战略”，一脉相承，美国将亚太地区视为维护其霸权的主

① David Lawder, “IMF sees debt soaring but stabilizing at 100% of GDP—if pandemic eases, growth resumes,” October 14, 2020, https://www.msn.com/en-us/money/markets/imf-sees-debt-soaring-but-stabilizing-at-100-25-of-gdp-if-pandemic-eases-growth-resumes/ar-BB1a0UzU.

战场。这一战略转变引发俄罗斯、印度、澳大利亚等地区相关国家的连锁反应，亚太地区在迈向世界经济中心的同时，也成为世界政治中心，其地缘政治和地缘经济分量远非其他地区板块可以相比。

疫情加速了这一进程。由于采取了严格的管控措施，最先遭遇疫情的中国等东亚国家迅速走出了“封城”状态，遏制住疫情扩散，恢复正常的生活和生产秩序。中国成为2020年世界主要经济体中唯一保持经济正增长的国家。据国际货币基金组织预测，中国2020年经济增长为1.9%。[①] 经济正增长的国家还有越南（1.6%）、缅甸（2%）、老挝（0.2%）、孟加拉国（3.8%）等东亚和南亚国家。[②] 而美欧国家疫情还在蔓延，主要欧洲国家出现疫情第二或第三次反弹，美国成为世界疫情重灾区，确诊人数和病亡人数均为世界第一。

国际货币基金组织秘书长预测，全球经济要恢复到危机前水平至少要在2022年后。[③] 这三年，大多数经济体的产出低于疫情暴发前的水平。据此推断：美欧等西方国家在全球经济中的占比将进一步下滑，而中国等东亚国家的占比将进一步上升；中美综合实力对比的天平将进一步朝有利于中国的一边倾斜，中国国内生产总值超过美国的时间也可能因此而提前。

---

① 国际货币基金组织:《世界经济展望》，2020年10月，https://www.imf.org/zh/Publications/WEO/Issues/2020/09/30/world-economic-outlook-october-2020。

② 国际货币基金组织:《区域经济展望》，2020年10月，https://www.imf.org/en/Publications/REO。

③《国际货币基金组织秘书长：预计全球经济2022年后才能恢复至危机前水平》，新浪财经网，2020年11月21日，http://finance.sina.com.cn/roll/2020-11-21/doc-iiznezxs2990443.shtml?pos=3_7。

另外，不久前签署的《区域全面经济伙伴关系协定》（RCEP），标志着全球约三分之一的经济体量将形成一体化大市场，成为世界上最大的自由贸易区。更重要的是，《区域全面经济伙伴关系协定》不但在中国与日本、韩国与日本之间构建起自由贸易的“桥梁”，也将为早日达成中日韩自贸协定提供有利的条件。《区域全面经济伙伴关系协定》将进一步加速世界政治、经济重心向亚太转移的趋势。

三、国际格局剧烈动荡

特朗普政府打着“美国优先”的旗号，大搞单边主义，任性蛮横乖戾，不但乱了自己，也乱了盟国和世界，而疫情的推波助澜，进一步激化了国际格局的动荡，其强度之大为多年之罕见。

（一）美国软实力受损

特朗普政府外交政策的宗旨是，将自身利益凌驾于其他国家利益之上，以牺牲他国和世界人民的利益为代价，谋求美国利益最大化。“美国优先”政策削弱了美国的软实力，损害了美国的国际信誉，美国在世界上的号召力、凝聚力和吸引力下降。2020年8月，美国向安理会提交的延长对伊朗武器禁运的决议草案未获通过。在安理会15个成员国中，除美国和多米尼加共和国投了赞成票外，中国和俄罗斯投了反对票，法国、英国、德国等11个国家投了弃权票，足见美国众叛亲离。

（二）国家自主意识增强

特朗普政府的霸凌做法令法、德等盟国看清美国不可靠的一面，美国盟国自主意识增强，设立了欧洲防务基金，实施“永久结构性（防务）合作”项目，出台由法、德、英等10国参加的推动欧洲防务合作的“欧洲干预倡议”。日本在维护日美同盟的大前提下，改善对华关系，稳定对俄关系，自主意识也有所上升。正是在这个大背景下，中欧合作关系得到进一步加强，中日关系重回正轨。在大国竞争的情况下，国家自主意识普遍上升，正成为塑造国际关系的一支重要力量。这不仅在美国盟国身上得到了反映，也在地区国家组织对外交往中得到了体现。作为世界地区一体化的重要组织之一，东盟强调战略自主性和独立性，不在中美之间选边站队，同时积极发展与中国的经贸关系，中国与东盟互为第一大贸易伙伴。

（三）美国与盟国关系陷入二战以来最低点

美国自恃实力世界第一，不把其盟国放在眼里。美国出台重要举措时，往往置盟国利益和主张于不顾，盟国普遍有一种失落感和挫败感。虽然美国与盟国的关系还没有坏到分道扬镳的地步，但盟国大多已对美国怀有二心。越来越多的盟国认识到，美国靠不住，必须把命运掌握在自己手中。作为2020年七国集团的轮值主席国，美国本应举行七国集团首脑峰会，但一波三折，最终不了了之，这充分说明美国同盟体系已陷入风雨飘摇之境。而与以往危机不同的是，这次疫情很少有盟国指望美国领导。

候任总统拜登誓要改变特朗普的做法，修复与盟国的关系，而饱受特朗普四年“火与怒”欺凌的盟国也有强烈愿望要缓和与美国的关系。拜登上台之后，美国与盟国关系会有一定程度的改善，但不能指望会回到过去的“美好时光”，盟国也不会成为美国外交政策的工具。

（四）中美关系面临严峻局面

早在疫情之前，特朗普政府就把中国确定为主要战略竞争对手，对华关系发生了根本性转变，遏制施压取代接触交流，竞争对抗代替合作协调。美国试图在全球范围内全面围堵中国，从贸易战向科技战拓展，又向外交战升级，美方官员叫嚣中美对抗，鼓吹对华“新冷战”。

疫情本应成为中美相互接近与合作的契机，但是在美国极右翼势力推动下，美国对华战略竞争与挤压更趋强化。美国把自身抗疫不力归咎于中国，向中国“甩锅”，指责中方掩盖疫情，甚至对中国搞“滥诉”和“追责”，并在涉台、涉港、涉疆、涉藏以及南海问题上更加露骨地干涉中国内政、侵犯中国主权。目前中美关系出现严重倒退，两国关系面临建交以来最严峻的局面。

然而，中美不会走向“新冷战”。与美苏冷战不同，当前中美之间并不存在两个对立的军事和经济集团。相反，世界各国利益深度融合，彼此都无法承受长期对立的代价；美国同盟体系裂痕因疫情继续扩大，美国和盟国对华政策并不一致；中俄关系总体坚固，美联俄制华的愿望难以成真。这也是国际社会对美国国务卿蓬佩奥提出构建“反华同盟”的倡议没有呼应的缘由。

美国卡内基国际和平基金会于2020年9月发表的朝野两党专家撰写的外交政策报告提出，“没有证据表明，美国中产阶级会支持恢复美国在单极世界中的主导地位，升级与中国的‘新冷战’”[①]。与特朗普相比，拜登对华政策在遏制中国崛起方面是一致的，也将对华采取强硬的姿态，不同的是特朗普实施对抗和极限施压的政策，而拜登讲究策略，将更多地利用盟国实现其外交政策目标。拜登主张在经济领域与中国展开竞争；在应对疫情、气候变化、核扩散等全球性问题上推动对华合作；强调人权和意识形态问题在对华政策中的重要性，建立更紧密的“民主国家联合体”，帮助美国在与中国竞争中打造“优势地位”。中国一贯主张中美合作，但并不惧怕竞争，只是竞争应该是积极和良性的，要防范可能出现的风险，特别是要避免冲突。未来中美关系可能会在一定程度上稳定下来，但持续的争执和较量将是双边关系的主基调。

（五）亚非拉国家群体性崛起势头受阻

在过去几十年中，新兴经济体和发展中国家一直是促进世界经济增长的引擎。然而，如果把中国排除在外，2020年这台发动机可能要“熄火”了。中东地区遭受疫情袭击、油价暴跌、股市动荡、经济下滑等多重打击，叠加效应突出，前景黯淡；疫情加剧了非洲政局动荡、经济萧条、社会不平等，打断了非洲经济整体上升发展的势头；拉美国家长期深陷中等收入陷阱，加之政局不稳、社会治理缺失，疫情对卫生、金融、经济等领域造成严重的打击，拉美地区经济陷入二战以来最困难的局面。印度经济在疫情暴发前便失速下滑，疫情的暴发进一步增强了其经济下行的趋势。

---

① Salman Ahmed et al., “Making U.S. Foreign Policy Work Better for the Middle Class,” September 23, 2020, https://carnegieendowment.org/2020/09/23/making-u.s.-foreign-policy-work-better-for-middle-class-pub-82728.

当然，疫情防控期间，亚非拉国家发展受挫是暂时的现象。随着疫情得到控制、世界经济复苏，新兴经济体和发展中国家将重续发展势头。

四、世界秩序呈现坍塌危险

二战之后形成的现行国际秩序基本上是由以美国为首的西方发达国家主导建立的。但是特朗普政府却认为现行国际秩序让美国吃了大亏，便肆无忌惮地破坏现行国际秩序。

美国“退群毁约”，先后退出《巴黎协定》、联合国教科文组织、伊核协议等，对现行国际秩序造成严重打击；在贸易问题上，特朗普政府无视世界贸易组织规则，以“国家安全”为由征收钢铝产品进口关税，阻挠世界贸易组织上诉机构成员遴选，致使该机构陷入瘫痪境地；美国相继退出《反导条约》《中导条约》和《开放天空条约》等军控条约，国际军控进程遭受重大挫折；在其他国际问题上，美国置现行国际规则于不顾，以牺牲别国利益为代价，拓展自身利益，变成一个纯粹的利益索取者。美国是现行国际秩序不折不扣的“修正主义者”。

作为一场全球性公共卫生灾难，新冠肺炎疫情最需要全球治理。然而，美国不仅未承担起应有的世界领导责任，反而为转移美国民众对抗疫不力的不满，指责世界卫生组织工作效率太低，在要求其作出改革的同时，宣布退出世界卫生组织，并停止交纳会费和提供资金。美国此举无疑是对现行国际秩序的又一重击。

此外，大国就疫情等重要的国际问题进行协商并展开合作的有效机制并不存在。全球举行多边论坛的次数超过了历史上任何一个时期，而这些会议频繁召开并没有形成有效的全球治理机制和路径。美国动辄以本国利益受损为由推行单边主义，对于国际规则采取实用主义态度——合则用，不合则弃。现行国际秩序已处于坍塌边缘。

旧秩序难以为继，新秩序又没有建立，世界进入“失序”状态。针对“美国优先”导致“美国孤立”，拜登提出“美国重新领导”的外交政策。但今日世界已非四年前的世界。美国大选进一步加深社会撕裂，美国社会疫情失控，经济低迷；国际上盟国自主意识上升，世界对美国的信任度下降。内外交困，拜登要“重新领导”世界恐是一厢情愿。美国已失去“单极世界”的主导地位，但仍有足够的力量阻止别国取而代之。当前的世界是“群雄逐鹿”的时代。为了获得有利的战略态势，大国之间合纵连横，各种组合屡见不鲜，发力与借力层出不穷。

国际秩序存废往往与超级大国兴衰同步发生，谁执教育发展水平、创新和竞争能力、经济产出、军事实力、世界贸易份额、金融能力和储备货币地位的牛耳，谁就掌握塑造国际秩序的主导权。从这一点来看，新旧力量博弈将定义未来秩序的塑造进程和结果，这将是一个长期曲折的过程。

五、全球化遭遇“回头潮”，全球治理面临困境

新冠肺炎疫情对经济全球化影响深重，虽不会终结全球化，但将助推全球化“回头潮”，令全球治理陷入空前的困境。

从20世纪80年代开始，全球化飞速发展，到21世纪初达到高潮。2008年世界金融危机标志着这一轮全球化进程的历史性转折。以2010年为界，之前几十年世界贸易增长高于世界经济产出，全球贸易和投资自由化便利化达到前所未有的高度。

之后这种情况不复存在，世界贸易增长一直步履蹒跚。尽管世界经济增长相对稳定，但世界贸易额实际有所下降。

疫情暴发前，已经有许多因素促使全球化进入低潮。特朗普入主白宫后，鼓吹“去全球化”，例如：退出跨太平洋伙伴关系协定；发动贸易战，减少中美双边贸易；对诸多国家发起名目繁多的制裁，打压贸易增长需求；推行大国竞争政策，导致全球供应链收缩或停顿。事实上，在疫情暴发之前，世界已经进入全球化低潮，而疫情进一步助推并强化了这一趋势。

其一，疫情促使人们重新审视全球化。此次公共卫生危机凸显一味追求降低成本，将零部件生产外包所引发的供应链断裂风险，促使人们反思全球化弊端。法国总统马克龙表示，新冠肺炎疫情“将改变我们过去40年来一直生活在其中的全球化的性质”，并称“很明显，这种全球化正走向其周期的尽头”。

其二，调整供应链布局成为疫情后许多国家的优先事项。由于具有很大的经济效益，供应链不会在疫情后消失。综合来看，供应链布局调整将主要在三方面展开。一是实现供应链多元化，构建一个没有任何国家成为某种产品单一来源的格局；二是针对供应链过长所带来的风险，不少国家正在酝酿对主要零部件生产基地重新布局，使其尽可能靠近消费地；三是具有重要战略意义的企业，过去由于环保融资等原因外迁他乡，现在则需要将其留在本国国内。这些调整必须在开放市场与相互依存之间取得某种平衡，不然很容易滑入保护主义泥淖。即使掌握好这个度，这些调整也会造成全球化一定程度的收缩。

其三，强化对外国资本投资的审查将遏制资本流动。疫情过后，主要西方国家将步美国后尘，加强对外国资本投资本国核心部门的审查和控制，以防止高端技术外流，削弱本国竞争优势。具有讽刺意味的是，中国不断出台开放措施，取消外资入股比例限制，而美国等发达国家却转为内向，抬高市场准入门槛。其结果只能是限制资本自由流动和生产要素市场配置，拖全球化的后腿。

其四，疫情防控期间美国出台一系列“去中国化”措施。特朗普政府变本加厉展示对华“强硬”，以挽回大选颓势。美国推动在华美资企业回流，促使中美经济脱钩；宣布升级对华为公司的制裁，阻止全球使用美国技术的芯片制造商向华为提供半导体元件；禁止美国企业投资与中国军方有关联的企业；宣布将更多中国企业、高校和个人列入制裁名单等。对遭受疫情打击的国际贸易和全球供应链来说，美国这些做法无疑是雪上加霜，将进一步阻碍全球化发展。

疫情再次给人类敲响了警钟，促使各国重新思考和理顺全球化的内在逻辑和发展方向，重新认识全球治理的重要性，但迄今为止的结果却正好相反，全球治理陷入空前的困境。

全球化进入低潮并不意味着全球化的结束，而只是一个局部停滞或倒退。当前根本的应对之策是坚持开放，改善营商环境，加强供应链效率和稳定，推进贸易和投资自由化便利化，促进地区经济一体化进程。核心技术是花钱买不来的，立足点要放在自主创新上。我们要坚持合作共赢，着力解决发展包容性、普惠性、平衡性不足等深层次问题，共同建设一个开放、包容、普惠、平衡、共赢的世界经济体系。

六、国家治理和高新科技比拼是国际政治较量的核心

疫情不但是对各国治理能力的大考，也是对各国高新科技运用和创新的检验。在应对疫情的过程中，中国展现的执行力

与美欧等国令人失望的应对形成鲜明对比，而这种悬殊表现在近百年之中几乎是前所未有的。不仅如此，由于中国大体控制住了疫情的传播，并且在力所能及的范围内对其他国家施以援手，无形中加深了部分国家的戒备心理，有些国家甚至不自觉地将这种对比提升至社会制度与价值观的层面。这种心态应该引起中国的警惕。毫无疑问，即使国家治理与国家体制是不可分割的，但是在同一种国家体制之下，由于国家治理能力不同，应对疫情的效果也有天壤之别。那些把中国模式的成功看作“威胁”的人，只能说是别有用心，是意识形态在作祟，这对国际合作战胜疫情有百害而无一利。

疫情再次展现了科技的力量。中国之所以较快地稳定了局势，控制了局面，得益于近年来在电商、物流、社交和支付四个方面的创新和发展，充分发挥了数字抗疫的作用。同时，在抗疫中逆势发展起来的在线消费、在线办公、在线教育等新的生产生活方式，也为经济复苏提供了新的增长点和新动能。

在新一轮科技革命中，谁能抢占科技高地，谁就有可能站在产业变革的前沿、占领全球价值链的高地，从而在未来的竞争中赢得先机。从美国打压华为和中兴的案例中，不难看出，为了将中国遏制在产业链低端，美国科技竞争的手段无所不用其极。国家治理和高新科技的竞争将成为未来国际政治较量的核心。

新冠肺炎疫情对世界的影响是广泛而深远的，但不是转折性、结构性的，只是凸显或加剧世界百年未有之大变局之下已经出现的国际现象或潮流。疫情没有改变大变局的基本态势，没有改变中国与世界关系的基本面貌，也没有改变中国仍处于并将长期处于战略机遇期的基本判断。我们要勇于创新，奋发有为，在危机中辨析新机，于变革中开拓新局，在构建人类命运共同体的征程中不断创造新的辉煌。

新冠肺炎疫情彰显“一带一路”生命力

姚培生

【内容提要】2020年突发的新冠肺炎疫情冲击了中国和全世界。史无前例的灾难也考验了中国，中国抗疫的重大胜利对世界作出了贡献。“一带一路”在疫情中成为健康之路、合作之路，彰显了重大作用和意义，发挥了不可替代的作用，前景更加看好。新形势下，“一带一路”宜更加优化资源配置，非洲应成为规划和合作的重点区域。“一带一路”是培养新型人才的大学校和提升中国软实力的好平台。

【关键词】新冠肺炎疫情　“一带一路”　优化配置　利用平台

【作者简介】中国国际问题研究基金会研究员，中国前驻哈萨克斯坦、乌克兰等国大使。

一、新冠肺炎疫情是一部“压力测试机”

尽管2020年突如其来的新冠肺炎疫情冲击了“一带一路”建设，但国家发展和改革委员会（国家发改委）于2021年8

月17日发布的数字证明了“一带一路”的生命力和可持续性：2021年上半年，中国与“一带一路”沿线国家的进出口总额为8245.5亿美元，中国对沿线国家非金融类投资达95.8亿美元，同比增长18%；中国与共建“一带一路”国家携手构筑国际抗疫“防火墙”，在产能有限、自身需求巨大的情况下，截至2021年6月已向150多个国家和14个国际组织提供抗疫物资援助。疫情期间，中欧班列已累计向欧洲国家运送防疫物资1280万件、9.9万吨。这些数字证明，中国在国内抗疫的同时，没有忘记自己的国际担当，心忧天下，秉持同患难共命运的人道主义精神，通过多种途径和方式，积极参与国际抗疫。

新冠肺炎疫情冲击了全世界，但疫情同时也是一部最具权威的“压力测试机”，公正地测出了每一个国家特别是大国在无准备情况下的应急反应能力、决策能力、动员能力和组织能力。美国特朗普政府抗疫测试及格了吗？凡是持客观公正立场的人都会有自己的结论。在这个自诩为最发达的超级大国中，竟有那么多人罹难、染病、失业，结果令人震惊！有比较才有鉴别。看一看中国——最大的发展中国家，却向世界交出了最优秀的答卷：人员损失最少，经济依然增长，社会持续稳定，创造了全球抗疫的奇迹！以习近平同志为核心的党中央，坚持人民至上、生命至上，不惜任何代价，领导全国人民，动用所有社会资源，在短时间内就取得了抗疫的决定性胜利，为全球抗疫提供了最宝贵的经验。

二、“一带一路”发挥不可或缺的独特作用

新冠肺炎疫情改变了世界，改变了人们的生产方式、生活

方式和交往方式。新冠病毒生存力顽强，杀伤力惊人，造成的全球性灾难将在人类历史上留下黑色的印记。新冠肺炎疫情还在肆虐，吞噬着大量生命和全球经济。各国一方面在加速研制疫苗，一方面在努力寻找重启经济、弥补损失的途径。如果现在鸟瞰世界，不难看到一幅引人深思的景象：虽然陆海空运输网络空前繁忙，但最抢眼的还是中欧班列。据《人民日报》2021年9月7日发布的消息，中欧班列开行量保持强劲增长态势，“2021年前8个月中欧班列累计开行10030列，同比增长32%”。如前所述，在中国发运的物资中，大部分是各国急需的抗疫医疗用品，这一事实再清楚不过地显示了“一带一路”的重大作用。试想，今天如果没有“一带一路”的高速运作，境外肯定会有更多的民众因受新冠病毒之害而失去生命。因此可以说，疫情中的“一带一路”已成生命之路、健康之路、希望之路。

（一）“一带一路”倡议的磁力效应不断增强，其核心理念已被国际社会广泛接受

2016年11月，联合国193个会员国协商一致通过决议，支持中国的倡议。这是新中国外交史上极为亮丽的一页。国家发改委2021年7月22日在《人民日报》发文透露，中国已与138个国家、32个国际组织签署了200多份“一带一路”合作文件。除了西方少数政客说三道四外，绝大部分发展中国家，特别是非洲地区国家，都从内心支持中国倡议。“一带一路”已成为公认的中国与国际社会合作的名词符号。

（二）经济体量不断增大是推进“一带一路”的主要动力源

中国成为全球第二大经济体之后，对全球的贡献日益增多。实际上，中国的贡献并不始于今日。早在1998年亚洲金融危机时，中国没有为保住自己的钱柜而实施本币贬值，从而有力地遏制了索罗斯等金融大鳄在亚洲资本市场的疯狂进攻。可以说，从那时起中国就已经对大区域经济作贡献了，使妄图做空中国的大鳄们屡遭失败。而中国今天的经济体量，与当年相比已不可同日而语。中国已成为最大的世界工厂，并有望在“十四五”期间成为全球最大的消费市场，强大的溢出效应与吸纳效应形成的叠加效应，为“一带一路”发展注入了持久强劲的动力。

（三）设施联通客观上扩大了地缘合作优势

在道路联通方面最突出的成就是，横贯亚欧大陆的中欧班列已连接地区各国的运输动脉。值得一提的是，中俄2020年1—11月的双边贸易额接近974亿美元，全年完全有望超过1000亿美元，这应该归功于两国间日益完善的运输网络。地缘合作优势和经济的互补性保障了两国贸易不会大起大落。在中俄总理第二十五次定期会晤上，双方同意推动签署《至2024年中俄货物贸易和服务贸易高质量发展路线图》，这非常利于疫情后实现两国贸易的大目标。据《国际商报》2020年12月9日报道，此次疫情还催生了跨境电商合作的多样性，如黑龙江省创建的跨境电商海外仓、边境仓、中继仓、前置仓之间数据集成“多仓联动”集运模式，打通了对俄进出口的双向通道。

现在，亚欧大陆上内陆国的地理经济概念已发生根本改变，每个内陆国现在都有了出海口，货物可无阻碍地到达世界任何地方，国界的“障碍”在逐步消失。以面积最大的内陆国哈萨克斯坦为例，它已成为亚欧大陆上最大的货物运输过境国，约有三分之二的中欧班列要途经此国，每年仅过路费一项收入就非常可观。哈萨克斯坦首任总统纳扎尔巴耶夫在2014年就希望这些“买路钱”成为政府未来预算收入的主要来源之一。

（四）各项对接没有止步

虽然受到新冠肺炎疫情的影响，但“一带一路”框架下的双边多边对接仍在推进。中国与欧亚经济联盟签订的经贸合作协定在2019年10月正式生效，具有里程碑意义，成为欧亚地区2019年的一大亮点。2020年11月，上海合作组织峰会举行第20次会议（视频方式），同意深化共建“一带一路”同各国发展战略和区域合作倡议对接。2020年11月10日在北京中非合作论坛高官会上，非洲驻华使节均表示希望积极参与“一带一路”建设。俄罗斯总统普京于2020年12月11日再次明确表示，希望欧亚经济联盟加快与“一带一路”倡议的对接。另外，在东盟成为中国第一大贸易伙伴，《区域全面经济伙伴关系协定》（RCEP）正式签署后，客观上也会加快中国与其他地区成员国以及相关经济合作组织的对接。

三、优化共建“一带一路”中“城市”和“农村”的力量配置

在新冠肺炎疫情的冲击下，“一带一路”面临新挑战。由于全球经济总体衰退和人员流动受阻，导致部分产业链和供应链

中断，沿线产业园订单减少，开工不足，一些重大基建项目不得不放慢，这迫使基建参与者承受了巨大的海外市场风险。但最令人愤慨的是，美国乘人之危，利用疫情加强了对“一带一路”的抵制。“美国国会最近立法，要对接受中国‘一带一路’项目投资和贷款的国家，停止美国官方援助资金项目。这将对发展中国家产生恶劣影响。”[①] 因此，为了扎实推进工作，减少损失，需要审时度势，更加科学地谋划调整资源配置。在今后“一带一路”的工作中，宜把更多的资源投放在“农村”，而非洲又是“农村”中的重点。因为对中国而言，非洲地区民心基础最扎实，民心相通已取得很多成果。经济学家林毅夫先生认为“一带一路”倡议可以帮助发展中国家消除经济增长瓶颈，提供发展机遇，引入造血机制。非洲基础设施最薄弱，也最需要重建或完善，而中国恰在这方面有最明显的优势。加大在非洲的投入，对中国还有一个特别有利的条件是，非洲除了少数国家政局不稳外，总体上政治生态呈良性发展态势，这是我们在那里拓展合作的政治保障。中国大部分到非洲投资的中小企业在不同程度上都已获得了成功，做到了合作双赢；中国国有和民营大型企业可以更多地参与非洲地区的基础设施合作。非洲大陆潜力极大，应继续不断加大非洲在“一带一路”倡议中的分量。从“一带一路”未来发展而言，目前“城市”地区市场基本饱和，西方不但不承认中国市场经济地位，还不断对中国设置障碍。西方制造的价值观对立，更是不易排除的麻烦。因此，目前要拓展“城市”的业务，有很大难度。当然，在那里已取得的成果，也要全力保住。

---

① 黄仁伟:《疫情下“一带一路”面临的新挑战和新机遇》,《环球时报》2020年6月9日。

2020年12月10日在北京举行的中非合作论坛第十四届高官会上，论坛共同主席国塞内加尔驻华大使恩迪亚耶说："非中合作永不止步，永不停歇，新冠肺炎疫情也不能阻碍非中合作。"在疫情仍在全球肆虐的时刻，这位大使的讲话代表了非洲国家的主导声音，意义不言自明。中国在20世纪60年代已与非洲国家建立起政治互信关系，而可贵的政治互信也不断提高双方在国际上的政治地位。正是有了非洲朋友的有力支持，中国得以在国际上一次次挫败以美国为首的西方国家在中国人权和其他核心利益问题上发起的罪恶挑衅。今天，我们宜继续秉持"共商、共建、共享"的基本原则，与非洲各国将共建"一带一路"推向历史新台阶。这是我们对非洲国家最好的政治回报和最有力的经济支持。2021年举行的中非合作论坛会议是中非关系中的又一重大事件，双方宜尽早细化落实议题，使会议取得重大成果。

四、"一带一路"利于培养人才，增强国家软实力

（一）"一带一路"是广泛培养人才的大学校

40多年的改革开放，给我们的最大启示是，中国只有全面走向世界兼收并蓄，才能成为真正的强国。但无论是走向世界还是兼收并蓄，需要大批有真功夫、能够纵横天下的高手：他们能够担当重任，善于公关应变，懂得国内国际法律，掌握科技、文化知识，具有广阔的国际视野，掌握通用外语，会搞外交。除此之外，还需有一项特别重要的素质，即能适应任何艰难困苦的环境。以对非工作为例，中国的成功，是在基于中央制定的基本方针政策基础之上，同时还有一批批将全身心奉献

给中非合作事业的志士仁人，他们在非洲早就给人留下了良好的中国形象。西方国家没有做到这一点，也不可能做到。今天，中国已经全部脱贫，更有义务和条件，通过推动共建“一带一路”，助力非洲脱贫走上发展之路。这需要大批适应新时代、勇于奉献的新型人才。经验证明，能够在非洲胜任重担的人，更能在其他地区施展才能。“中国石油集团”就是一个例子。这个集团是中国能源行业在海外创业的一面旗帜，集团首先在非洲取得了成功，然后再把业务扩展到中亚、俄罗斯和拉美等地区国家。30多年来，该集团不但为国家挣得了大量财富，还培养了不少复合型干部，值得其他行业借鉴。今天，“一带一路”已将中国与世界紧密联系在一个平台上，业务不分内外，行业相互融合，知识相互渗透。这个平台就是个大学校，客观上要求国内各个地区、各级领导、各个部门面向未来，紧盯目标，培养担当型人才。我们相信，若干年后，其中相当一批人将成为国家各个领域的骨干和栋梁，这对进一步增强国家软实力、提升国家形象和国际竞争力有重大意义。

（二）“一带一路”是提升中国软实力的大平台

长期以来，西方一些学者和少数政客，垄断了软实力的解释权和“签署权”，一味美化自己的“文明”形象，而对中国的一切进步和成就，或贴上黑色标签进行污名化，或尽量封锁不达受众。趁此次新冠病毒流行全球之机，西方更是借机使劲抹杀中国的抗疫成就和经验，所言所行几乎到了失去理智的地步。为何这么做？答案只有一个：中国因抗疫成功明显提高了自己的国际影响力，这自然深深地刺痛了他们的主神经。影响力自然包括软实力，西方最怕的就是这个。实际上，中国改革开放40多年来取得的一个个成就，对世界的正面影响不断增强。特别是发展中国家，对中国的发展一直持欢迎赞扬的立场。习近平主席提出的“一带一路”和建立“中非命运共同体”的倡议，在国际社会尤其在非洲国家获得广泛支持，这是中国软实力明显提升的最好证明。实际上，一个国家国内政局稳定，民生质量提高，国际上做到平等合作、互利共赢，就能产生真正的软实力。

2013年12月30日，习近平总书记主持了中共中央政治局第十二次集体学习，主题就是如何提升中国的文化软实力。习近平总书记在讲话中特别强调：“我国成功走出了一条中国特色社会主义道路。实践证明我们的道路、理论体系、制度是成功的。要加强提炼和阐释，拓展对外传播平台和载体，把当代中国价值观念贯穿于国际交流和传播方方面面。”大家知道，“民心相通”就是“一带一路”的“五通”之一，是不可或缺的重要方面。十一年来，中国与共建国家开展了形式多样、内容丰富的文化交流活动，增进了相互理解和认同。但是，目前的进展只能说是初步的，改进和提升此项工作的空间依然很大，多个领域还等待我们去发掘。随着新冠肺炎疫情的出现，更需要通过工作增进共建国家民众的共同体意识、相互吸引力和认同感，尤其要在共建卫生健康共同体和青年交流平台方面下更大力气。当然，这里也涉及人才问题，因为现在迫切需要有一批“能说会道”的专家，既能向世界解读博大精深、光辉灿烂的中华民族文化，又能吸收世界各国特别是发展中国家的文化精华。因此，“一带一路”是大有可为的平台。

五、结束语

“一带一路”既是中国通往世界的快车道，同时也是世界来到中国的高速路。新冠肺炎疫情非但没有冲毁此路，反而彰显了它的生命力和重大价值。当今，中国已经进入全面发展的新阶段，将通过推动共建“一带一路”，把自己的前途命运与世界联系在一起，努力与各个国家、各个地区共筑命运共同体，最终旨在建立一个没有战争、远离贫困、文明交流、环境优美的和谐世界。

第二章

美国大选白宫易主
疫情肆虐重创经济

一次不同寻常的美国总统选举

倪　峰　张　琦

【内容提要】2020年美国总统选举是一次极不寻常的总统选举，除了围绕选举投票、结果方面的争议外，以新冠肺炎疫情为代表的多个于2020选举年出现的重大社会、经济事件，都构成了此次总统选举的独特之处，并对选举过程与选情造成了深刻影响。虽然此次总统选举的主要流程已经结束，拜登胜选大局已定，但是围绕此次选举的一系列争议尚未平息，现任总统特朗普尚未承认败选。而从选举的结果来看，并未像美国主流媒体预测的那样，拜登和民主党获得压倒性胜利，特朗普获得了高达7400万张普选票，民主党在众议院原先的领先优势被缩小，共和党大概率仍掌控参议院，整个选举结果如同一锅“夹生饭”。未来拜登政府推行内外政策将遭遇严重掣肘。

【关键词】美国大选　新冠肺炎疫情　经济衰退　社会骚乱　邮寄选票　选举争议

【作者简介】倪峰，国际问题研究基金会中美关系研究中心特约研究员、复旦大学美国研究中心兼职研究员；张琦，陕西师范大学马克思主义学院讲师。

2020年，美国迎来四年一度的大选，谋求连任的现任总统、共和党总统候选人特朗普和民主党总统候选人、前副总统拜登进行角逐。由于美国国内社会“裂痕”加深、政党政治趋于“极化”以及疫情下采取邮寄投票方式等因素，此次大选成为美国数十年来颇具争议性的总统选举。美国当地时间2020年11月7日，拜登在特拉华州威尔明顿市竞选总部发表演说，宣布自己赢得2020年大选。但特朗普拒绝承认败选，并在美国多个州针对所谓选举欺诈问题发起诉讼，要求重新计算选票。这场大选暴露了美国社会存在的诸多问题，竞选双方斗争之激烈、选民观点之对立、大选结果争议之强烈、社会撕裂之严重、全美民众卷入之广泛、世界各国关注之深切，为美国立国以来所罕见。正如美国重要时政杂志《大西洋月刊》刊文称，2020年大选是美国经历过的最尖锐和最分裂的选举之一。

一、2020年美国总统选举的主要特点

2020年美国总统选举自2019年下半年拉开帷幕，至2020年12月下旬已经完成主要流程，然而，不论是从此次总统选举的背景、过程而言，还是从其结果及影响来看，2020年美国总统选举都是一场不同寻常的总统选举。总体来说，此次总统选举的不同寻常之处，主要体现在以下四个方面：

（一）新冠肺炎疫情与大选过程相互叠加，候选人选情与选举进程均受影响

2020年美国总统选举之所以是一场极不寻常的选举，首要原因就是在此次选举期间，百年未有的新冠肺炎疫情与美国大

选相互叠加，包括在任总统于选举年的执政表现、总统选举的主要进程等均受到了新冠肺炎疫情的深刻影响。

据报道，2020年1月下旬，美国国内确诊第一例新冠病毒感染者，至2020年11月3日大选投票前，美国确诊感染新冠病毒人数已经抵近1000万，死亡人数超过23万。美国国内疫情的演变一方面与部分民众对新冠肺炎疫情的错误认知有关，即低估了新冠病毒的传染性、盲目乐观等；另一方面，也与特朗普政府在疫情发生后一系列有违科学规律的表态与操作有着密切关系。相比多数国家在疫情发生后所采取的严格防疫、抗疫措施，特朗普政府在疫情发生之初，更多地把重点放在预防输入而非预防传播上；而当美国国内疫情逐步扩大之后，特朗普政府并未及时果断地采取科学、有效的措施，而是长期淡化国内疫情状况，数度呼吁尽快重启经济，同时多番将美国疫情“甩锅”中国，试图制造所谓“中国责任论”。总而言之，特朗普政府对于国内新冠肺炎疫情的错误应对，不仅引发了美国国内外的广泛批评，而且客观上导致美国成为此轮公共卫生危机之中应对最为不力的发达国家。

上述新冠肺炎疫情对于此次美国总统选举的主要影响之一，就是对于在任总统，同时也是2020年大选共和党总统提名人特朗普造成严重冲击。自2020年1月下旬美国国内确诊首位新冠病毒感染者以来，包括白宫高级顾问在内的多方专家明确警告，强调新冠病毒的传染性，呼吁联邦政府采取积极措施。然而直到2020年3月初，特朗普政府仍在淡化国内新冠肺炎疫情状况。同年3月中旬，面对美国国内逐渐扩散的新冠肺炎疫情，特朗普正式宣布美国进入“国家紧急状态”，同时发布社交疏离指导意见，建议在全美范围内居家防疫；但是特朗普政府拒绝发布强制性居家令，并将此权力交由各州自行决定。2020年4月16日，就在美国新冠肺炎疫情呈现蔓延态势之际，特朗普政府宣布分阶段“重启经济”指导方针，并将何时取消居家令等限制措施的决定权授予各州。上述“重启经济”指导方针受到纽约等多州的公开抵制，而特朗普政府，特别是特朗普个人自疫情发生以来的一系列有违科学规律的表态，也对美国国内防疫、抗疫，乃至国内社会的稳定造成一定的负面影响。2020年4月底，美国确诊感染人数突破100万；2020年8月上旬，美国累计确诊突破500万例；而至2020年11月3日大选投票前，美国国内确诊感染人数高达900多万，累计死亡人数达23万多人。虽然特朗普政府自疫情发生以来就试图通过“甩锅”中国等举措撇清自身责任，但是美国疫情火箭式的增长态势与特朗普政府的种种争议性言行，还是难以避免地对特朗普在大选之年的执政成绩及其选情造成了影响。

新冠肺炎疫情对于2020年总统选举的影响，还体现在随着新冠肺炎疫情的延续，此次总统选举的主要进程也受到直接影响，从初选阶段的各州投票到大选阶段的关键安排，都因疫情因素改期或取消。

从2020年2月两党开始进行各自党内提名人选举，到2020年年中两党全国代表大会举行，这一阶段为初选阶段；而随着两党全国代表大会相继闭幕，2020年总统选举旋即进入大选阶段。由于2020年新冠肺炎疫情这一非常规因素，早在初选阶段，两党的选举活动就被迫作出多番调整。2020年3月以来，随着美国国内疫情的逐步扩大，特朗普政府宣布进入“国家紧急状态”，包括纽约州、俄亥俄州、宾夕法尼亚州在内的全美多州宣布初选投票延期，而桑德斯、拜登等主要参选人也陆续宣布取消或延迟在多州的选举集会。同年4月初期，民主党方面宣布，原定于2020年7月中旬举行的全国代表大会延期一个月举行。

2020年8月中下旬，随着两党全国代表大会相继举行，总统选举进入大选阶段，而新冠肺炎疫情对于此次大选的影响也更为显著。一方面，因受疫情影响，双方候选人在竞选策略方面体现出显著差异，就特朗普方面而言，在疫情尚未得到有效控制的情况下，特朗普一方仍然力图通过较为密集的竞选集会来拉抬自身选情，同时尽可能淡化疫情所造成的负面影响；而拜登一方则在疫情延续的大背景下采取相对保守的策略，即在取消或推迟多州竞选集会的同时，尽量避免举行大规模的户外集会，即使举行也往往伴随严格的人数限制与社交隔离措施。

另一方面，就在选举进入关键时期之际，特朗普本人确诊感染新冠病毒，这对大选阶段的主要进程及其竞选活动都产生了重要影响。2020年10月2日凌晨，就在两党总统提名人首场电视辩论举行两天之后，特朗普透过社交媒体证实，其本人与第一夫人梅拉尼娅确诊感染新冠病毒。这不仅给美国社会投下一颗“震撼弹”，也直接改变了大选阶段的原有进程。根据2020年总统选举的早期计划，大选阶段将举行三场总统提名人电视辩论与一场副总统提名人电视辩论，同时两党提名人在全美各地的竞选拉票活动也是这一阶段的重头戏。而受到特朗普确诊感染新冠病毒的影响，原计划于2020年10月15日举行的第二场总统提名人电视辩论被迫取消，而特朗普本人在2020年10月中上旬这一选前关键时期的系列竞选活动，也因相应治疗或隔离措施受到广泛影响。同年10月下旬，在确认特朗普所感染的新冠病毒不具备传染性之后，原第三场同时也是最后一场总统提名人电视辩论如期举行，特朗普方面也迅速恢复在全美多地的竞选拉票活动。然而，考虑到2020年总统选举的整个进程，特别是特朗普确诊感染新冠病毒的特殊时间节点及其系列影响，新冠肺炎疫情对于此次总统选举的影响可谓是“独一无二”。

（二）经济衰退与社会动荡如约而至，多重危机共塑2020年大选复杂背景

作为一场极不寻常的总统选举，此次美国大选的特殊之处还体现在2020年选举年内，美国国内同时发生经济衰退与社会动荡，二者与新冠肺炎疫情共同构成了此次美国大选复杂而又沉重的底色。

就在2020年2月新冠肺炎疫情于美国国内蔓延之际，美国经济迎来2008年金融危机以来的首次衰退，此次衰退终结了此前长达128个月的经济增长周期。2020年3月9日，美股出现历史上第二次熔断，其后十天内又接连见证三次历史性的熔断。而伴随着经济低迷引发的后续效应，以及国内不断恶化的新冠肺炎疫情，众多企业被迫裁员或关闭，国内失业率迅速攀升。根据美国劳工部2020年5月公布数据，仅2020年4月一个月美国的失业人数就超过2000万人，失业率飙升至14.7%，创经济大萧条以来历史最高水平。根据美国商务部数据显示，2020年第二季度，美国国内生产总值下滑32.9%，创两个世纪以来新低；美国国内生产总值2020全年负增长已是大概率事件。

针对2020年2月开始的经济衰退，特朗普政府采取了一系列应对措施，如2020年3月上旬至4月下旬，先后通过总计接近3万亿美元的多轮经济刺激计划等。也是在这一时期，特朗普政府在宣布包括进入“国家紧急状态”等疫情应对措施之后不久，又很快倡导在全国范围内“重启经济”，并于2020年4月中旬提出相关指导方针。然而，由于美国联邦政府与州政府之间的复杂关系以及全美多州针对新冠肺炎疫情的不同举措，

特朗普政府的上述表态并未得到全面响应。而在特朗普反复呼吁“重启经济”的影响下，密歇根州、加利福尼亚州、纽约州、俄亥俄州等州虽然出现多起抗议地方政府严格防疫、旨在呼吁立刻“重启经济”的示威游行，但是这些游行并未对经济恢复起到积极作用，反而在一定程度上为疫情扩散大开方便之门。2020年9月10日，受到两党党争等因素的影响，总规模为5000亿美元的第五轮经济刺激方案在参议院遭到否决，标志着大选投票前出台新一轮经济刺激方案化为泡影。而至2020年11月3日大选来临之时，美国经济衰退依然未见明显起色。

与经济衰退异曲同工，2020年5月以来，美国多地的社会动荡也构成了2020年总统选举的一大特殊背景，而特朗普政府围绕相关事件的一系列言行表态，不可避免地对美国社会的稳定与此次美国大选的选情产生了复杂影响。

2020年5月下旬，在明尼苏达州明尼阿波利斯市，白人警官德里克·肖万在执法过程中“跪杀”黑人乔治·弗洛伊德的视频曝光，随即在全美范围引发轩然大波，这一事件被广泛认为是美国国内长期存在系统性种族歧视的典型体现。自这一事件曝光以来，全美多地发生游行示威，包括“黑人的命也是命”（Black Lives Matter）在内的多个团体或组织走上街头，表达对于种族不平等、警察暴力执法等美国社会深层问题的抗议。而随着“弗洛伊德事件”的不断发酵，部分地区的示威游行活动逐步出现暴力色彩，导致美国多地出现社会动荡。如俄勒冈州波特兰市从2020年5月底开始陷入连日暴动之中，武装民兵与相关组织持续对抗，之后介入的联邦执法人员又与示威者激烈对峙等，严重影响当地社会的正常运转。而自2020年5月底以来，尽管新冠肺炎疫情与经济衰退仍在持续蔓延，但是美国多地的动荡局面并未很快平息，直至2020年11月大选投票前，宾夕法尼亚州等美国多地的社会动荡仍在延续。

在“弗洛伊德事件”曝光之初，美国多地发起的示威游行多以反对种族不平等、反对警察暴力执法作为主要诉求，总体而言相对温和。2020年5月底，特朗普本人针对美国多地的示威游行发表谈话，表示“乔治·弗洛伊德之死是一场‘严重的悲剧’”，同时把部分抗议中所出现的暴力事件归咎于“激进的左翼组织”。鉴于特朗普自2016年参选以来在种族议题上多次有争议性的表态，特别是对白人至上主义的模糊态度，特朗普在这一时期对“弗洛伊德事件”的表态并未改变其长期以来的既有形象。而随着“弗洛伊德事件”引发的抗议浪潮不断延续，特别是部分地区的示威游行逐步演变为严重影响当地社会运转的暴力活动，且在短期内并无停止迹象，一些民众逐渐将有效遏制暴力活动、恢复正常社会生活秩序视为当务之急。而自暴力活动出现以来，特朗普政府及其个人多次呼吁联邦执法力量介入相关制暴事务，并在个人竞选集会等多种场合反复强调尽快恢复“法律与秩序”。自2020年6月下旬以来，特朗普政府通过行政命令等向波特兰等地区派出联邦执法人员，然而后者的相关行为未能有效地遏制有关地区的暴力活动，反而因其富有侵略性的执法引发更为激烈的争议。总而言之，2020年5月底曝光的“弗洛伊德事件”及其后续演变，也是2020年总统选举的特殊背景之一，但是不同于新冠肺炎疫情与经济衰退，上述事态特别是后续发生的社会动荡对于2020年选情的影响更为复杂多面，这也是导致此次总统选举不同寻常、更为特殊的重要因素之一。

（三）邮寄投票成为最大焦点，计票过程延长且争议重重

新冠肺炎疫情直接影响了2020年总统选举的进程，而它与

同样发生在选举年的经济衰退、社会动荡一起构成此次总统选举不同以往的大背景。然而，相对于上述“外围因素”，围绕2020年总统选举的投票、计票，特别是“邮寄投票”所产生的影响和争议，可谓是极不寻常的2020年美国大选的最大焦点。

美国总统选举投票通常于选举年11月第一个周一之后的周二举行；而根据最近几届美国大选惯例，总统选举的初步结果通常于投票当日晚间或次日凌晨初步确定。2020年美国总统选举投票于美国时间2020年11月3日正式举行；而在11月3日之前，根据多个州的不同规定，美国多地的选民也可通过邮寄方式寄出选票，即邮寄投票（Vote by mail），或者前往指定投票点提前进行投票。在此次总统选举中，由于邮寄投票比例大幅增多等因素，大选的计票过程并未按照此前数届的正常剧本上演，而是演出了一幕长达数日的“连续剧”；与此同时，围绕“邮寄投票”的有关争议也成为2020年总统选举的主要争议议题。

在以往多届的美国大选中，邮寄投票一直是大选投票的重要组成部分，但其在选票总数之中的比例一直较低。也是基于上述因素，邮寄投票在往届大选中受到的关注相对有限。2020年以来，受到新冠肺炎疫情等因素的影响，普遍预期此次大选中邮寄投票将会显著增多。截至2020年11月2日晚间，根据美国媒体报道，全美范围已有超过1亿人完成提前投票，这一数字远超2016年4700万的提前投票人数。根据“美国选举计划网站”统计，在1亿余张提前投票的选票中，邮寄投票超过6500万张。而根据美国全国广播公司（NBC）等媒体估算，2020年美国大选总体投票人数达1.598亿，这一数字占到登记合格选民人数的66.8%，创造了自1900年以来的最高投票率；而在此次大选所有投票中，邮寄投票所占比例高达50%左右。

邮寄投票大幅增多带来的首要“问题”就是，此次大选计票过程延长，无法按照以往惯例于投票日晚间或次日产生初步选举结果。截至美国时间2020年11月4日凌晨，根据已经初步确认的多州投票结果，特朗普与拜登两位总统提名人均已取得200张以上的选举人票，但是由于内华达州、佐治亚州、宾夕法尼亚州等州的计票工作仍未完成，究竟哪位候选人能够获得胜选所需的270张选举人票仍旧存在变数。由于上述因素，以往在选举次日基本能够确定的大选结果并未“按时”出现。

与此同时，相对于计票过程的延长，邮寄投票所引发的另一方面问题则更为严重，即邮寄投票的合法性争议。2020年上半年，围绕邮寄投票的有关争议就已经开始出现。2020年5月以来，特朗普方面多次表达对于邮寄投票的负面态度，指称邮寄投票更容易发生“大规模选举欺诈”，并且表态应该严格限制甚至取消邮寄投票；而拜登与民主党方面则主张坚决维护选民邮寄投票的权力，指责特朗普方面试图通过加大投票难度来限制部分群体的投票。而除了上述有关邮寄投票本身的争议之外，围绕邮寄投票的认证、计票等环节也成为本次大选投票的一大关注热点。根据多家美国媒体报道，截至美国时间2020年11月3日晚，仍有相当数量的邮寄投票未能得到统计，宾夕法尼亚州等州尚有数以万计的邮寄投票还未送至计票点。而鉴于全美各州关于邮寄投票的具体规定不尽相同并且相当繁复，以上述未计票、迟到选票为代表的邮寄投票的认证、计票事务也引发了特朗普与拜登双方、国会两党，乃至部分选民的公开争拗，并且直接影响此次美国大选最终结果的产生。2020年11月4日凌晨，在内华达州等州的计票工作尚未结束的情况下，特朗普方面召开记者会，表态“我们正准备赢得这次选举。坦白说，我们确实赢得了这次选举”，同时呼吁仍未完成计票的数州停止接收邮寄投票。特朗普方面的表态很快引发拜登和民主党方面的强烈回应，拜登方面强调已做好通过法律手段回应的准备。而自2020年11月4日开始，特朗普一方即开始在全美多州发起有关邮寄投票的多项法律诉讼，申请在相关数州停止或重新计票等。如上所述，相比上述新冠肺炎疫情、经济衰退、社会动荡等数十年难遇的选举年复杂背景，进入大选投票环节之后，基于邮寄投票所引发的波折与争议丝毫不落下风，并且后者直接对此次总统选举结果的及时产生造成了严重影响。

（四）选举结果出现争议，选举双方各执一词

四年一次的美国大选旨在选出未来四年的美国总统人选，而2020年总统选举的不寻常之处，还在于至2020年12月下旬即大选投票过后50余天，围绕“谁赢得此次选举”，即“谁将成为下一届美国总统”这一核心问题仍然争论不止，这也是此次美国大选的最不可思议、最不寻常之处。

美国时间2020年11月4日凌晨，根据已经确定的计票数据，拜登在选举人票上以230余票领先特朗普的210余票，与此同时特朗普在尚未结束计票的数州中暂时处在相对微弱优势。拜登与特朗普双方于4日凌晨先后发表公开讲话，拜登在讲话中呼吁美国民众保持足够的耐心，并对大选最终结果保持乐观态度；而特朗普稍后于白宫召开记者会，表态“赢得这次选举”，呼吁停止接收邮寄投票。而自2020年11月4日以来，特朗普方面开始在内华达州等多州提起有关诉讼，指责部分选举存在“选举舞弊”。例如，佐治亚州一些海外军人的选票没有被计算在内，内华达州出现已死亡选民和非本州选民填写的选票。美国当地时间11月7日，特朗普的私人律师朱利安尼在宾夕法尼亚州表示，新闻媒体无权决定谁当选总统。特朗普团队已与共和党50多个计票观察员谈话，他们都表示未被允许进入投票场地，其监督投票的权利被剥夺了，特别是邮寄选票没有被监督，这完全不符合选举要求。为此，特朗普方面要求相关数州采取重新计票等措施，而拜登方面则重申对于所有选民投票权的维护，并且表态如有必要将采取相应法律措施。

2020年11月7日中午，随着宾夕法尼亚州等最后几州陆续公布计票结果，包括美国有线电视新闻网、美国全国广播公司、福克斯新闻台在内的多家主流媒体，宣布拜登获得超过270张选举人票，即确认拜登当选为第46任美国总统。7日晚8时，拜登与卡玛拉·哈里斯以当选总统、副总统的身份向全国发表讲话，呼吁全体美国民众团结一致，并且宣称就任后的主要任务就是抗击新冠肺炎疫情、弥合社会分歧。2020年11月13日，根据美国有线电视新闻网、哥伦比亚广播公司（CBS）等多家主流媒体报道，全美50个州与哥伦比亚特区的所有选举人票均已尘埃落定，拜登获得306张选举人票，特朗普获得232张选举人票。同年12月14日，根据美国总统选举的规程，全美各州的选举人团对于11月3日的投票结果进行确认，而在美国国内外的广泛关注之下，此次选举人团确认投票的结果为拜登与特朗普分别获得306张与232张选举人票，与早前各州最终投票并无二致。

然而，虽然从上述主流媒体的报道与既有计票结果来看，拜登方面已经笃定成为2020年总统选举的最后赢家，而且包括欧洲盟国在内的多国领导人也于2020年11月7日之后向拜登方面表示祝贺，但是直至2020年12月下旬，特朗普方面，特别是特朗普本人始终未曾正式接受选举结果，拒绝承认选举失败。一方面，虽然特朗普方面所发起的绝大多数诉讼均败诉，但是特朗普方面仍未完全放弃通过法律手段挑战大选结果的可能；另一方面，特朗普本人在2020年11月7日选举结果通过初步确认，甚至于2020年12月14日选举人团确认投票结果之后，仍旧以现任总统身份数度发表继续施政的相关表态。值得一提的是，在特朗普个人及其团队继续“坚持”的同时，直至2020年12月中下旬，仍有相当比例的特朗普支持者或其他选民对于此次选举结果持怀疑态度，并且通过社交媒体与示威游行等方式表达对于特朗普方面的支持。换言之，虽然此次总统选举的结果已经出炉，但是围绕上述结果的争议仍在延续。

综上所述，2020年美国总统选举的确是一场不同寻常的总统选举，新冠肺炎疫情、经济衰退、社会动荡，三者共同构筑了此次选举非同以往的沉重底色，特别是新冠肺炎疫情更是直接对选举进程产生影响；邮寄投票的大幅增多，在导致此次总统选举计票过程延宕的同时，也引发了一系列围绕邮寄投票认证、计票的相关争议；而关于总统选举的核心问题，即“谁赢得此次总统选举”，也因为“选举舞弊”的争拗，特别是特朗普方面的坚持而依然存在争论。这一切共同构成了2020年这一届非同以往的美国总统选举。

二、2020年美国总统选举的结果与影响

至2020年12月下旬，2020年总统选举的主要流程已经基本完毕，但是其引发的争论与体现出的问题还将长期延续。作为四年一次直接关系美国政治、社会发展演变的选举筵席，2020年这一轮却注定被做成了一锅食之无味、观之无奈的“夹生饭”。

（一）投票结果与早前预测出现显著差距，拜登未能大胜，特朗普也未完败

2020年大选投票之前，多家美国媒体普遍预测此次大选投票率将会创造新高，而依据透明政治等专业政治网站数据，拜登有望在此次总统选举中以显著优势获得大胜。从此次大选结果来看，一方面，总体投票率、提前投票率、邮寄投票比例等多项投票统计均有显著提高，甚至创造了历史纪录；但另一方面，拜登与特朗普双方的得票情况并非如部分媒体或专业网站预期的那样悬殊，拜登方面可能取得的压倒性胜利并未出现，而特朗普方面也并未迎来所谓的“大败”，甚至“崩盘”。而通过两位参选人的普选票得票情况——拜登凭借8000多万张选票成为史上得票数最高的当选总统，而特朗普凭借7400多万张选票不仅成为史上得票数第二高的参选人，同时也成为史上得票数最高的大选输家——可以看出，不论是原先寄望于通过此次选举彻底涤清特朗普影响的拜登或民主党的支持者，还是在目睹了特朗普的四年执政与两党建制派的政治反应后依然选择支持特朗普执政的选民，都未能得偿所愿。简而言之，不论是对于参选双方而言，还是对于所有选民来说，2020年总统选举都不是一次值得推崇的“标志性”选举。

（二）总统选举争议不断，国会选举仍有悬念，2020年选举整体尚存“疑问”

如前所述，至2020年12月下旬，此次总统选举的主要流程基本完成，投票结果也已出炉，但是围绕邮寄投票、“选举舞弊”的诸多争议仍未平息，而特朗普方面的“坚持”也为总统选举之后的权力移交工作带来极大的不确定性。而至2020年底，与总统选举同步举行的国会选举，也因为参议院席位的胶着态势使得最终结果留有悬念，并在2020年内难以尘埃落定。此次国会选举过后，虽然民主党方面依然在众议院层面占有相对多数优势，但是与其早前预期形成鲜明对比的是，在绝对数量上民主党方面不仅未能扩大自身优势，反而相较第116届国会之时席次数量显著减少，并且可能在新一届国会迎来最近20年来最少的相对多数席位。而在参议院层面，虽然共和党方面在绝对数量上有所减少，民主党方面有所增加，但是截至2020年12月下旬，在已经决出的98个参议院席次中，共和党已经赢得50席，换言之，在2021年初举行的剩余两席参议院特殊选举中，共和党方面获得一席胜利即可保住参议院多数席位，而民主党方面则必须同时赢得两席，才有可能在新一届国会之中借助当选副总统获得参议院优势。总而言之，虽然相较于2020年总统选举，同步举行的国会选举并未引发广泛争议，但是从其目前的结果来看，此次国会选举也因不同以往的“加时赛”悬而未决，这也使得2020年所举行的两场事关美国政治、社会发展演变的重大选举都变得“半生不熟”、“疑问”尚存。

（三）美国政治社会的多重问题并未改观，政治僵局、社会撕裂还将持续

“拨乱反正”“弥合分歧”是2020年总统选举之前被美国媒体与拜登等主流政治人物频频传达的两个讯息，然而经过此次总统选举，不论是美国政治的乱象或困局，还是美国社会近年来愈加深重的撕裂与分歧，不仅都未得到减缓与平息，反而透过此次选举体现得更为淋漓尽致。从美国政治的角度来看，一方面就选举制度而言，从选举人团的制度设计到邮寄投票等具体细节，在此次总统选举中都暴露出诸多不足；另一方面从选

举结果来看，特朗普与拜登，或者说特朗普与反特朗普背后的政治基础依然庞大。换言之，经过特朗普的四年执政，特别是此番不同寻常的2020年总统选举，美国政治中的一系列僵局并未改善，反而有进一步延续与固化的可能。从社会撕裂层面来看，此次总统选举的高投票率背后所体现出的高参与度，不仅折射出普通美国民众对于2020年总统选举的重视，同时也更多地蕴含着广大美国民众对于美国政治、社会现有状况的深刻焦虑与巨大分歧。特别是考虑到两位参选人创历史纪录的普选票得票数量，以及特朗普所获普选票数量相较2016年大选还有大幅上升，上述数据不能不说是对具有严重方向性分野的美国社会的残酷写照。诚如多家美国政治评论网站所言，经过2020年总统选举，特朗普或将在2021年1月20日离开白宫，但是“特朗普主义”，甚至是“特朗普选民”都将继续存在并且影响着美国政治与美国社会，而近年来美国社会严重撕裂的现实在短期内难以得到根本改观。

美国新冠肺炎疫情失控，特朗普政府抗疫反智失职

刘学成

【内容提要】2020年美国一直面临政治恶斗、种族骚乱和新冠肺炎疫情蔓延三重危机叠加的严峻局面。这三重危机相互影响，导致美国应对新冠肺炎疫情完全失控，美国的经济生活几乎停摆，陷入严重的经济衰退和社会危机。美国成为全球疫情最严重的国家，无论是确诊感染的病例还是因新冠肺炎死亡的人数均居世界榜首。这场危机仍在发展中，人们担心2020年的冬天将是美国最黑暗的时刻。全世界都在思考，为什么美国拥有世界最强的经济实力、最先进的医疗技术和最完备的医疗防疫体系，并拥有最优秀的防疫专家和医学科学家，却没能阻止新冠肺炎疫情的疯狂蔓延？到2020年底美国近2000万人受到感染，超过34万鲜活的生命因感染新冠肺炎在2020年结束之前消失。毋庸讳言，这场新冠肺炎疫情对美国的打击和伤害是史无前例的，也葬送了在应对疫情过程中反智失职的特朗普总统连任的美梦。随着新冠肺炎疫苗相继被批准投放并开始大规模接种，在抗疫方面即将上任的拜登政府被寄予厚望，人们期盼美国的疫情能在2021年夏天得到控制。

【关键词】美国新冠肺炎疫情　新冠疫苗　群体免疫　抗疫政治化　反智失职

【作者简介】中国国际问题研究基金会研究员，中国国际问题研究院研究员。

2020年是美国处于充满疫情恐怖和社会动荡不安的一年。这一年，美国一直面临政治恶斗、种族骚乱和新冠肺炎疫情蔓延三重危机叠加的严峻局面。这三重危机相互影响，导致美国对新冠肺炎疫情完全失控，美国的经济生活几乎停摆，陷入严重的经济衰退和社会危机。美国成为全球疫情最严重的国家，无论是确诊感染的病例还是因新冠肺炎失去生命的人数均居世界榜首。这场危机仍在发展中，人们担心2020年冬天将是美国新冠肺炎疫情最黑暗的时刻。美国虽然拥有世界最强的经济实力，最先进的医疗技术和最完备的医疗防疫体系，并拥有最优秀的防疫专家和医学科学家，却没能阻止新冠肺炎疫情的疯狂蔓延，到2020年底美国有近2000万人受到感染，超过34万鲜活的生命在2020年结束之前消失。毋庸讳言，这场新冠肺炎疫情对美国的打击和伤害是史无前例的，也葬送了特朗普总统连任的美梦。本文首先介绍美国新冠肺炎疫情发生、蔓延和失控的基本情况，其次分析特朗普政府在应对新冠肺炎疫情方面的反智反科学的行为和抗疫政治化的失职，最后对美国新冠肺炎疫情的未来发展和抗疫前景进行探讨和展望。

一、美国新冠肺炎疫情疯狂蔓延失控

美国疾病控制和预防中心（CDC）公布的疫情数据显示，

截至2020年12月24日14时59分，在圣诞节平安夜来临之际，美国确诊病例累计达18917152例，死亡病例累计334218例，当日新增确诊病例为232689例，死亡病例为3404例。截至美国东部时间12月30日17时22分，美国新冠肺炎累计死亡病例为341059例。美国约翰斯·霍普金斯大学的统计数据显示，截至美国东部时间2020年12月31日17时，美国新冠肺炎确诊病例总数达到19893290例，死亡病例总数达到344399例。较前一日同一时间相比，在过去24小时内美国新增死亡病例3849例。美国以上两项指标均创疫情暴发以来新高，在2020年最后一周内确诊新冠肺炎病例近100万例，每天因新冠肺炎死亡的人数相当于2001年9月11日美国遭受恐怖袭击死亡的人数。

美国疾控中心首席副总监安妮·舒恰特指出，新冠病毒在美国传播的速度太快、范围太广，很难像其他一些国家追踪接触者，及时隔离阻止进一步传播，这导致美国新冠肺炎疫情无法控制。美国新冠肺炎死亡人数在2020年5月突破了10万例，四个月后突破20万例，其后在三个月内死亡人数就超过了30万例。据CDC的模型预测，达到40万例只需要一个月的时间。据媒体报道，美国2020年因新冠肺炎死亡的人数，已经超过了最近五次战争中美国死亡人数的总和。其中，越南战争死亡47434人，朝鲜战争死亡33739人，伊拉克战争死亡3519人，阿富汗战争死亡1909人，海湾战争则死亡148人。[①]

在美国圣诞节和新年假期期间，虽然第二波新冠肺炎疫情

① 《2020年美国新冠肺炎疫情》，百度百科网站，https://baike.baidu.com/item/2020%E5%B9%B4%E7%BE%8E%E5%9B%BD%E6%96%B0%E5%86%A0%E8%82%BA%E7%82%8E%E7%96%AB%E6%83%85/50254640?fr=aladdin。

仍在疯狂蔓延，但是数百万人仍不顾居家不外出旅行的劝告，踏上了观光旅游的征程。专家担心，2021年初，这场疫情洪峰难以回落。美国消费者新闻与商业频道（CNBC）报道，科罗拉多州发现英国变种新冠病毒感染者，这是首起出现在美国的变种病毒病例。其变异病毒比原本的新冠病毒更具传染力。美国健康指标和评估研究所一项模型预测，到2021年1月20日新总统就职日，美国死于新冠肺炎的人数预计会达到40万。若美国放松疫情措施，到2021年4月1日，全美新冠死亡病例最高可能超过73万；如果采取必要的防控措施，该数据或降低至567195人。[①]

如表1所示，美国疫情暴发和蔓延有两个高峰期。第一个高峰期始于2020年5月底，第二个高峰期始于2020年11月上中旬。

表1 美国2020年疫情发展数据表[②]

时间	累计确诊	死亡病例	备注
1月21日	1	0	首次发现病例
2月6日	12	1	首次死亡病例
3月10日	1001	28	
4月16日	653825	30998	
4月29日	1030487	60207	
6月1日	1808291	105003	
7月2日	2731939	128643	

① 《美模型预测：明年4月全美新冠死亡病例或超73万》，凤凰网，2020年12月25日，https://tech.ifeng.com/c/82UwuOoZvXa。

② 引自《2020年美国新冠肺炎疫情》，百度百科网站，https://baike.baidu.com/item/2020%E5%B9%B4%E7%BE%8E%E5%9B%BD%E6%96%B0%E5%86%A0%E8%82%BA%E7%82%8E%E7%96%AB%E6%83%85/50254640?fr=aladdin。

续表

时间	累计确诊	死亡病例	备注
8月2日	4657207	154779	
9月2日	6107350	185594	
9月14日	6550629	194411	
10月13日	7847714	215702	
11月16日	11172779	247019	
12月1日	13666470	269948	
12月12日	15792384	294320	
12月24日	18917152	334218	
12月31日	19893290	344399	

从2020年1月底到3月中旬，美国的疫情发展是相对平稳和可控的。2020年1月21日，美国发现首位新冠肺炎患者，2020年2月6日出现首例新冠肺炎死亡病例。在此后的一个多月里，疫情主要发生在加利福尼亚州、纽约州以及北部的几个州。到2020年3月10日，美国确诊1001个病例，因新冠肺炎死亡28例。

为了重启因新冠肺炎疫情停摆的经济，也为了给特朗普总统竞选连任做铺垫，特朗普总统于2020年4月16日宣布分阶段“重启”美国经济的指导方针，将何时取消居家令等防控限制措施的决定权授予各州州长。由于过早启动复工复产复学复商，各州也没有严格按照相应规定予以执行，防控检测措施不到位，导致许多州疫情急剧恶化，成为疫情重灾区，到2020年6月底就有17个州不得不停止经济重启计划。美国传染病专家福奇于2020年6月30日指出：“如果看一看新增病例数的曲线，就会知道我们的方向错了，现在必须尽快采取措施。”①

2020年5月25日，黑人男子乔治·弗洛伊德在明尼苏达州明尼阿波利斯市被一名白人警察在执法时用膝盖压住颈部，虽然乔治不断呼喊“我不能呼吸”，但白人警察仍不松腿，导致乔治窒息而死。2020年6月1日，由于白人警察暴力执法致一名非洲裔男子死亡的相关视频在社交媒体迅速扩散，引发全美反种族歧视的抗议浪潮。一些城市的抗议示威演变为暴力骚乱。洛杉矶、费城、亚特兰大、芝加哥等超过20个城市实施宵禁。拥向街道和广场的示威者不戴口罩、没有保持社交距离，大规模的抗议示威加剧了疫情蔓延。

2020年10月，美国报告单日新增新冠病例约7万例。新冠肺炎新增确诊病例数在27个州呈上升趋势，21个州呈稳定趋势，夏威夷和佛蒙特州的病例数呈下降趋势。第二波新冠肺炎疫情高峰期始于2020年11月3日总统选举以后。在选举当天大批邮寄选票还未清点的情况下，特朗普总统就提前宣布自己已经胜选。2020年11月7日，各州投票结果显示拜登赢得超过270张选举人票，各主要媒体宣布拜登胜选，11月8日拜登正式发表了胜选演说。特朗普总统拒绝承认败选，诡称拜登偷了他的胜利。在美国首都和全美各地，特朗普的支持者们走上街头进行大规模示威游行，很多示威者不戴口罩，游行示威的人群也无法保持社交距离，这对第二波新冠肺炎疫情起到了推波助澜的作用。

2020年11月4日，美国最新报告单日新增新冠病毒感染病例首次在一天之内超过10万人。住院人数持续暴增，使部分卫

---

① 《美国17个州暂停经济重启计划》，南方网，2020年7月2日，http://economy.southcn.com/e/2020-07/02/content_191111379.htm。

生系统不堪重负。截至美国东部时间2020年11月16日晚6时，全美共报告新冠肺炎确诊病例11172779例，死亡病例247019例。在过去的24小时内，美国新增确诊病例169310例，新增死亡病例946例。在过去一周内，美国平均每天报告新增病例150265例，比两周前的平均水平增加了81%。自2020年11月中旬以来，每日报告的死亡病例都在千人以上，全美几乎所有地区的发病趋势都在上升。

2020年12月以来，美国新冠肺炎疫情空前暴发：12月3日，美国新增死亡病例2879例，是疫情暴发以来的最高值；12月4日，累计确诊病例达14297251例，4日单日新增死亡病例2827例；12月9日，美国新增确诊病例达231396例，新增死亡病例达3411例，两项指标均创疫情暴发以来的新高。

在美国第二波新冠肺炎疫情仍处于急剧暴发的情况下，美国迎来了一年中最重要的圣诞节长假。虽然防疫专家和政府官员力劝人们居家度假，但是数百万人已经走上了旅游观光的征程。据美国运输安全局统计，2020年12月23日当天有将近120万人次搭乘航班出行，创下了疫情暴发以来出行人数的最高纪录。美国当地时间2020年12月18—24日，全美通过机场安检的人数超过600万人次。医学专家担忧，美国出行人数居高不下将进一步加剧新冠病毒在美国的扩散，新年假期过后，新冠肺炎疫情将会进一步恶化，2020年冬天至2021年春天将很可能是美国新冠肺炎疫情最黑暗的时刻。

二、特朗普政府应对新冠肺炎疫情反智失职

2020年新冠肺炎疫情肆虐全球，美国成为世界上新冠肺炎

疫情的重灾区和“震中”，是受打击最严重的国家。2020年美国新冠肺炎确诊人数约2000万，感染新冠肺炎死亡人数35万。呈现在世人面前的超级大国政治极化严重，经济停摆，社会动荡不安。新冠肺炎疫情既是特朗普政府领导能力的试金石也是照妖镜，特朗普是全能的超人天使还是无知自恋的权欲狂，血淋淋的现实都暴露在光天化日之下。特朗普政府抗疫失败的主要原因是其对新冠肺炎反智的认知，抗疫政治化服务于特朗普的竞选连任，以及其推卸责任“甩锅”中国。特朗普总统也为此付出了失去总统连任的政治代价。

（一）对新冠肺炎认知反智

在美国反智主义与基督教原教旨主义相关，即惯于按基督教原始教义解释当今世界发生的现象和事件。特朗普总统一生经商，是否是虔诚的基督信徒只有他自己知道。

特朗普就任总统后，在白宫里成立由福音派牧师拉尔夫·德罗林格领导的《圣经》研读小组，副总统彭斯和国务卿蓬佩奥等政府要员均参与其中。2018年特朗普还主张“圣经治国”；2020年在“黑人的命也是命”的抗议运动中，特朗普在军人护卫下特地到白宫对面的大教堂门前手举圣经照相。特朗普排斥移民、诋毁伊斯兰教、反对堕胎等观点，颇得右翼保守派基督徒的好感。据美国《新闻周刊》报道，在2016年的总统选举期间，特朗普接受基督教神职人员的祈祷，至少有78%的福音派教徒支持特朗普。在各种令人震惊的讴歌中，还出现过比喻特朗普为“大卫王”（King David）、“他是上帝的选择……

神说我安置他为总统”的言论。[①] 把特朗普总统加以神化。在新冠肺炎疫情期间，神父专门到白宫为他祈祷辟邪消灾。

美国有线电视新闻网（CNN）于2020年6月16日发表题为“为什么白宫里没人戴口罩”的评论，指出“特朗普团队的所作所为与美国公共卫生专家的建议背道而驰，是在刻意引导民众忽视新冠肺炎疫情的严重性”。特朗普把口罩政治化，拒戴口罩成为特朗普支持者的政治标志。他不但自己不戴口罩，还嘲笑拜登在公众场合戴口罩。特朗普总统这种反科学的言行对他的支持者产生了很坏的影响。特朗普声称口罩是政治工具，并非有效控制感染的工具。美国众多民众在公开场合不戴口罩，对基督教徒来说，生老病死和感染病毒是上帝的安排和惩罚，任何人为措施也不能改变上帝的旨意。

美国疾控中心主任雷德菲尔德于2020年9月15日表示，目前新冠疫苗只有70%的预期免疫效果，其效果可能比戴口罩还要低。他表示疫苗固然相当重要，但戴口罩、洗手及保持卫生仍然是目前最有效的防疫方法。特朗普在第二天的白宫记者会上反驳雷德菲尔德的说法，声称口罩没有疫苗重要，很多人已戴口罩，但戴口罩的人仍然感染了新冠肺炎。西班牙《世界报》网站于2020年6月25日发表文章称，遏制流行病的斗争在美国

---

① 涂柏铿:《美国疫情几近失控　这群人缘何铁了心仍要“反疫苗”》，多维新闻网，2020年10月20日，https://www.dwnews.com/%E5%85%A8%E7%90%83/60215746/%E7%BE%8E%E5%9B%BD%E7%96%AB%E6%83%85%E5%87%A0%E8%BF%91%E5%A4%B1%E6%8E%A7%E8%BF%99%E7%BE%A4%E4%BA%BA%E7%BC%98%E4%BD%95%E9%93%81%E4%BA%86%E5%BF%83%E4%BB%8D%E8%A6%81%E5%8F%8D%E7%96%AB%E8%8B%97?。

演变成一场政治斗争。法新社华盛顿于2020年6月25日报道，在美国是否戴口罩反映了美国两极分化的政治生态。

在美国“反疫苗”的现象相当普遍。一是担心新冠疫苗的安全性，二是流传着反科学的“阴谋论”。英国舆论观察公司多次的民调显示，2020年5月愿意接种疫苗的美国人比率只有55%，到2020年7月时降至41%。当微软创始人比尔·盖茨决定投资研发新冠疫苗时，美国竟有相当多的人怀疑他想借接种疫苗植入监控人类的芯片。民调显示，有28%美国人相信了如此荒谬的说法。特朗普总统宣称，他的小儿子巴伦感染新冠肺炎后“大概15秒之后就痊愈了”，特朗普靠这种反科学的谎言神化自己。不愿意接种新冠疫苗的美国人要么乞灵于宗教，要么甘愿“自体免疫”。如此恶劣的反智舆论氛围严重妨碍了抗疫措施的顺利实施，加剧了新冠肺炎疫情的蔓延。

（二）抗击疫情服务于竞选

2020年新年过后，共和党控制的参议院在未进行审理的情况下，就投票否决了众议院对特朗普总统的弹劾案，使特朗普总统逃过一劫。依仗2019年美国利好的经济形势和少有的高就业率，在共和党内没有实际竞争对手的情况下，特朗普成为2020年美国总统候选人。他对成功竞选连任信心十足。新冠肺炎疫情在东亚蔓延，身处北美的特朗普隔岸观火、幸灾乐祸，抹黑中国是“东亚病夫”，他认为此情势有利于美国制造业返回美国本土，对振兴美国的制造业和增加就业来说都是好消息。

天有不测风云，新冠病毒突然袭击美国，美国情报部门、疾病防控部门和顾问班子传递了新冠肺炎疫情的严重性和对社会经济生活的破坏性。特朗普总统担心利好的政治经济形势会被新冠肺炎疫情所葬送，因而对外界介绍疫情时避重就轻、轻描淡写，声称新冠肺炎类似流感，误导了公众对新冠肺炎疫情的认识。

随着世界卫生组织宣布新冠肺炎为全球流行病，美国于2020年3月中旬后确诊病例明显增加并出现死亡病例，特朗普于2020年3月13日宣布进入“国家紧急状态”以应对新冠肺炎疫情。2020年3月20日特朗普称，他并未考虑从联邦政府层面发布全美范围的“居家令”来应对疫情。他在白宫记者会上回答提问时说，他不认为发布全美范围的“居家令”有必要，称“一些地区疫情并不严重”。[①]

经济表现和就业状况历来是美国总统竞选连任的关键。随着疫情的迅速扩散，美国经济于2020年第一季度萎缩了14%以上。到2020年4月中旬，美国经济形势和新冠肺炎疫情急剧恶化。特朗普总统急于保政绩，在新冠肺炎疫情正在全国持续蔓延的情况下，于2020年4月16日宣布了经济重启计划，分三个阶段重启各州的经济。由于在疫情未被有效控制的情况下过早恢复正常的社会经济生活，导致疫情在全美国大面积扩散和蔓延，几个紧跟特朗普政府的红州成为疫情重灾区，其中有17个州在2020年6月先后退出经济重启计划。至此该项计划半途流产，2020年第二季度美国经济继续萎缩34%以上。

当总统选举进入关键的辩论阶段时，特朗普总统为了显示其抗疫的成绩，2020年9月16日他在白宫记者会上表示，政府可能最早在2020年10月中旬就开始提供新冠病毒的疫苗，时

---

① 《美国四州发布“居家令”　特朗普宣布纽约州出现“重大灾难”》，新华网，2020年3月21日，https://baijiahao.baidu.com/s?id=1661748967342448432&wfr=spider&for=pc。

间比美国疾控中心对疫苗接种的预期早得多。疾控中心先前预料疫苗最快可在2020年11月或12月开始提供。这种在总统选举日之前和之后的时间差反映了特朗普总统不是采用科学家的预估，而是服务于其总统竞选的需要。

2020年11月上旬，各州点票结果显示拜登赢得总统选举，而特朗普拒绝承认败选。面对日益恶化的新冠肺炎疫情，作为在任总统，特朗普把抗疫大事抛在一边，全力在六个摇摆州发起数十起法律诉讼，企图推翻选举结果。虽然所有诉讼均已失败，特朗普还企图通过修改选举点票法案，并让副总统彭斯在2021年1月6日国会联席会议上宣布几个摇摆州的选举人票无效。特朗普还号召他的支持者们于2021年1月6日“在华盛顿见”。在新冠肺炎疫情已经失控、新冠变异病毒正来袭的情况下，这样不负责任地号召大规模游行集会等于在草菅人命。

2020年以来，美国疫情的失控和特朗普政府应对疫情的举措表明，面对来势汹汹的新冠肺炎大流行，特朗普作为政治领导人是把人民的生命放在第一位，还是把个人的政治私利放在第一位。人民的眼睛是雪亮的，只顾自己的私利而不顾人民的生命和疾苦，这样的政治领导人最终只会被人民所抛弃。

（三）推卸责任，“甩锅”中国

美国新冠肺炎疫情的暴发和蔓延一直伴随着美国的总统竞选。自疫情暴发以来，美国新冠肺炎疫情形势一直很严峻，但特朗普政府将应对疫情失败的责任归咎于中国，并且非常无理地要求中国赔偿。美国一直试图为自己抗疫不力推卸责任，企图将这个“锅”扣在中国身上。在疫情暴发初期，美国没有能力进行有效的病毒检测，甚至不能给医护人员和公众提供最基本的防护设备。病毒检测能力持续远远落后于疫情发展的速度，暴露了美国防疫准备严重不足。新冠肺炎疫情来袭后又手忙脚乱，失去了有效控制疫情的“窗口期”。

在总统选举策略中，特朗普把抹黑中国、敲打中国、归罪中国作为他制服竞选对手拜登的如意算盘。进入2020年第二季度，随着美国因应对不当而使疫情失控，转移选民视线、推卸失职的责任、追责中国、向中国索赔，便成为特朗普政府的政治操弄。美国《华尔街日报》于2020年6月18日刊登了该报对特朗普的专访。特朗普模棱两可地散布“中国病毒阴谋论”。他声称，中国可能出于经济动机让新冠病毒传播到境外，以动摇与之竞争的经济体。特朗普于2020年6月3日在接受采访时表示，病毒传遍了世界，却没能在中国传开，真是“奇怪的事情”。包括美国国务卿蓬佩奥在内的多名美国政客不断地声称新冠肺炎“疫情源头在中国武汉”，指责“中方没有及时分享信息”。两名美国国会议员发起议案要求允许美国公民和地方政府就疫情问题起诉中国政府。蓬佩奥指责中方没有及时向国际社会通报疫情。美国白宫贸易与制造业政策办公室主任纳瓦罗声称，中国以世卫组织为挡箭牌隐藏病毒，还囤积个人防护设备牟取暴利。尽管美国情报部门和医疗专家都公开否认新冠病毒是人为制造，但“中国制造病毒论”的阴谋论充斥国际媒体。

事实上，美国疾控中心主任雷德菲尔德曾坦诚表示，此前发生在美国的流感中已有新冠肺炎病例。《北京晚报》于2020年5月22日报道，雷德菲尔德在国会作证时表示，美国疾控中心早在2020年1月2日就与中国疾控中心取得联系并进行了探讨。北京时间2020年1月12日，中国向世界卫生组织分享新型冠状病毒基因组序列信息，为全球开展疫苗研发、药物研究、疫情控制等奠定了重要基础。俄罗斯外长拉夫罗夫接受媒体线上采访时表示："当我们听说有言论称中国应该为疫情传播和似乎并未及时通报疫情买单时，我们认为这已经超出了底线并且有失体统。"[①]

美国政客和媒体借新冠肺炎疫情渲染向中国索赔，特朗普总统和蓬佩奥国务卿等美国政府要员和国会议员言必谈"中国病毒"和"中国责任"，信口向中国索赔亿万美元。在2020年9月22日举行的第七十五届联合国大会一般性辩论上，特朗普通过视频形式发表演讲时也多次使用"中国病毒"来攻击中国。美国一些反华国会议员推动让中国政府承担责任的法案，并要求中国赔偿。"索赔论"毫无法理和事实依据，颠倒黑白，诽谤栽赃，荒谬反智，愚昧透顶。这是当前由西方掌握主导权的国际舆论场的一个缩影。世界顶级医学杂志《柳叶刀》发表题为"把权力还给美国疾控中心"的社论指出，隐瞒信息、压制科学、保全私利、逃避质疑、栽赃陷害，几乎成了美国政客应对疫情的"二十字箴言"，也让人们看清导致美国疫情悲剧的根源。[②]

美国《新英格兰医学杂志》于2020年10月8日刊登了由35名编辑签名的题为"死于领导力真空"的评论，指出新冠肺炎疫情给各国领导力带来巨大考验，但美国领导人没有经受住考验，使这场危机变成了悲剧。这篇评论文章说，美国在应对疫

---

① 《因新冠疫情"向中国索赔"？国际社会不接受》，中国新闻网，2020年4月22日，https://www.chinanews.com/gj/2020/04-22/9164475.shtml。

② 《疫情疑点越来越多，"美式大片"要演到什么时候？》，《北京晚报》2020年5月17日。

情的过程中，几乎每一步都是失败的。[①] 由《今日美国》和萨福克大学于2020年12月24日公布的一项最新民调显示，历史会将特朗普评价为一个“失败”的总统。

三、曙光与厚望

如果说新冠肺炎是自然病毒，特朗普则是“政治病毒”。面对新冠肺炎疫情大流行，人民的生命重于一切，“人民至上，生命至上”本应成为应对疫情的最高原则，特朗普政府却把抗疫扭曲为竞选连任的政治操弄，视人命为草芥，保总统宝座至上。美国老百姓对当选总统拜登寄予厚望，盼望他能尽快团结全国，与各国合作，依靠专家，尊重科学，聚焦抗疫，重启深陷危机的经济，使整个社会生态恢复正常。

自2020年12月开始，两种有效的新冠疫苗已经开始投放接种，更多的新冠疫苗将陆续投放，人们依稀看到战胜新冠肺炎的曙光。拜登任命的白宫首席医学顾问福奇于2020年12月31日与加利福尼亚州州长加文·纽瑟姆在线讨论疫情时表示：2021年4月，疫苗将根据需求向公众广泛提供；如果广泛的疫苗接种工作持续到同年5—7月，“到初秋时，我们将有足够好的群体免疫力，恢复某种表面上的正常——学校、剧院、体育赛事、餐馆（正常运营）”[②]。

全球的新冠肺炎疫情乃是全球的敌人，全球的敌人需要全

① 《美国应对新冠肺炎疫情几乎每一步都失败》，《光明日报》2020年10月11日。

② 《福奇：美国将于明年秋季控制住新冠疫情》，环球网，2020年12月31日，https://world.huanqiu.com/article/41KIe298YUg。

球共同应对。在抗击新冠病毒的战役中，中国和美国是合作的伙伴，不是对抗的敌人。希望两国领导人重建信任，重启对话，重新回到合作共赢的正确轨道，造福于两国人民，维护世界的和平与繁荣。

新冠肺炎疫情严重失控下的美国经济

周世俭

【内容提要】美国经济自2019年步入下行轨道，2020年遭遇新冠肺炎疫情重创。特朗普政府对疫情防控工作严重失职，无视医学专家的建议，不顾疫情，强行复工复课，以便实现连任，致使疫情肆虐，病亡惨重。美联储被迫实行无限量量化宽松的货币政策，降息扩表，滥印美钞；财政部滥发国债，给美国经济造成巨大压力和后患。特朗普政策不稳定导致吸收外资急剧下降，美国对全世界发动贸易战，给经济造成负面影响，对华贸易战也宣告失败。美国经济出现严重衰退。

【关键词】美国经济　新冠肺炎疫情　财政赤字　降息扩表　债务猛增　失业严重　经济衰退

【作者简介】清华大学中美关系研究中心高级研究员，中国国际问题研究基金会世界经济研究中心执行主任。

2019年9月，美联储和世界主要经济机构均预测2019—2020年美国经济进入下行通道。

特朗普总统急需维持经济增长，繁荣的经济才能确保他赢得2020年的大选，实现他竞选连任的美梦。如何刺激经济继续增长，他首先想到的是继续减税，推行减税2.0版，即给企业的盈利减税，又给年收入高于13.6万美元的人减免所得税等。但是，新的减税方案在众议院遭遇巨大阻力。中期选举后，民主党控制了掌握财权的众议院。民主党的传统理念是加税，给大中型企业和富裕阶层加税，努力削减政府的财政赤字，减少国家的债务负担，因而不接受特朗普总统的新的减税方案。

一、特朗普施压美联储降息与扩表，挽救下行的美国经济

特朗普总统多次发推特和讲话，逼迫美联储大幅度降息，甚至降至负利率。在巨大政治压力下，美联储主席鲍威尔不得不在2019年7月、9月和10月连续三次降息，将其利率从2.25%—2.50%降到1.50%—1.75%，共计降息0.75个百分点。2019年10月30日，美联储发表的政策声明中删除了“将继续采取适当行为以维持经济扩张”的词语，并且指出当前美国经济面临的风险是贸易战。

特朗普总统再度警告美联储如果不降息，不采取刺激措施就是失职，并指责美联储加息加得太快，降息降得太慢。2019年11月18日，特朗普总统在白宫召见美联储主席鲍威尔，面对面地施压。在多种因素的作用和压力下，美联储不得不在2019年10月30日议息会上作出重大调整，从缩表改为扩表。每个月购买600亿美元的短期国债直到2020年6月底为止，借此向市场提供必要的资金流动性，为大肆发行国债刺激经济的特朗普总统构建了一座国债蓄水库。

进入2020年，由于新冠肺炎疫情的袭击，特别是由于特朗普政府没有采取任何防控疫情的有效措施，商店、工厂大范围停工停产，大批工人失业，致使美国2020年第一季度GDP出现了5%的萎缩。美联储于2020年3月3日和3月15日一个月内连续两次降息，将美元利息降到0%—0.25%的水平，并表示至少持续到2023年。此外，美联储宣布从2020年6月开始，每月将购买1200亿美元的国债和抵押贷款支持证券（MBS）。数据表明，美联储的资产负债表已从2020年1月6日的4.15万亿美元扩大到同年12月16日的7.18万亿美元，相当于2019年美国GDP的33.5%。

从2019年7月31日至2020年3月15日，美联储五次降息，并从2019年10月30日起将“缩表”改为“扩表”。这充分说明拥有百年独立自主的美联储不再是一个主导市场的金融机构，而是被政治和市场牵着鼻子走的金融机构，让美国乃至世界金融市场失去了心理之锚。

由于美联储五次降息，大幅度扩充资产负债表，再加上滥印美钞和财政部滥发国债，导致资金市场活跃，大大地刺激了股市和债券市场。2020年以来，美国经济下滑，但股市却出现了异常的繁荣景象。大量资金没有进入实体经济，大量财富都涌入了股市。2020年年内纽约三大股指多次冲破纪录，道·琼斯指数从2020年1月2日的28868点到2020年11月24日冲破了30000点，创125年以来最高纪录。特朗普总统对此引以为荣，将其归为自己的伟大成绩。殊不知，股市已形成巨大的泡沫，一旦破灭将对美国乃至世界的金融市场造成巨大的危害！在美国，10%的富人拥有92%的股票，股市异常繁荣造成社会两极严重分化，社会阶层更加对立。

美联储无限量量化宽松的货币政策致使美元贬值，美元汇率下跌。2020年12月3日，美国消费者新闻与商业频道（CNBC）网站引用当天日本野村证券分析称，美元对一揽子货币汇率跌至两年半以来最低点。花旗银行对2021年美元走势持悲观看法，预计美元指数可能再跌20%左右。按照经济学原理，一个国家滥印钞票的结果会造成通货膨胀。美国之所以尚未通胀是因为沾了美元是国际货币的光，但是这样滥印下去，迟早也会导致通货膨胀加剧。

二、新冠肺炎疫情严重失控，重创美国经济

美国这次大选，不是拜登胜了，而是特朗普输了，输在对新冠肺炎疫情防控方面的严重失误上。众所周知，美国总人口3.3亿，占世界总人口的4.2%。而到2020年12月17日，美国新冠患病人数高达1717万，占全世界患病总数7285万的23.6%，新冠死亡人数高达30.99万，占全世界死亡总数164万的18.86%。2020年12月10日，美国死于新冠肺炎的人数为291754人，超过了第二次世界大战美国士兵阵亡总数291557人；2020年12月9日这一天死亡人数为3124人，超过了2001年“9·11”事件的死亡人数。

美国是世界头号强国，经济最发达，医疗资源最充足，现在竟然成为新冠肺炎疫情灾难最深重的国家，这是怎么造成的？就是因为凡是与竞选连任无关的事特朗普从不关心（美国前总统安全顾问博尔顿语）。特朗普不参加白宫疫情防控领导小组的会议长达半年之久。2020年1月下旬，卫生部长阿扎给特朗普总统打电话请求防控新冠肺炎，否则美国将面临灾难，特朗普总统竟然训斥他危言耸听。白宫贸易顾问纳瓦罗向特

朗普递交了防控疫情的备忘录，特朗普总统完全置之不理。从2020年1月20日美国出现第一例新冠肺炎确诊病例到特朗普总统装模作样地戴上口罩竟然过了101天。特朗普多次阻止美国疾控中心出台外出必须佩戴口罩的命令，声称戴不戴口罩是公民的自由，新冠肺炎并不可怕，就像一场小流感。特朗普多次在记者会上欺骗群众："新冠病毒很快就会消失了。"2020年3月，他说"病毒4月份就消失了"；2020年10月22日，在最后一场总统候选人辩论会上他还说病毒很快就消失了！特朗普最关心的就是经济复苏和竞选连任，他在2020年3月底就要求复活节后全面复工，同年8月要求9月全面复课，结果造成新冠病毒迅速传播，疫情肆虐，祸国殃民！

美国进入2020年11月，新冠肺炎病例剧增，当月新增病例超过400万，占2020年1月下旬以来累计新增病例1354万的三分之一左右，住院重病人数翻倍猛增，平均每70秒钟就有1人死于新冠肺炎；进入12月，头五天新增病例就超过百万，占全世界新增病例的三分之一。2020年12月1日，美国疾控中心主任罗伯特·雷德菲尔德预测，未来三个月全美国卫生系统将迎来历史上最困难的时期，到2021年2月，死于新冠肺炎的人数将达到45万左右。

新冠肺炎的大流行严重地冲击了美国经济，特别是对第三产业的服务行业。大批工人失业，失业率从2020年3月的4.4%猛增到4月的14.7%，5月为13.3%，6月为11.1%；进入2020年第三季度有所缓和，7月为10.2%，8月为8.4%，9月为7.9%，10月为6.9%，11月为6.7%。2020年11月新增就业只有24.5万人，远低于经济学家预测的44万人。大批工人长期失业，无钱缴纳房租，无钱消费，失业救济金也不能长期发放。根据美国媒体报道，进入2020年12月，排队领取食品救济的人数高达

5000万，占美国总人口的15%左右。

美国第三产业产值占全国GDP的80%左右。新冠肺炎的大流行造成美国经济严重衰退。2020年一季度GDP环比下降5.0%，二季度环比下降31.4%，三季度环比增长了33.1%；若以同比来看：一季度增长0.3%，二季度下降9.1%，三季度下降2.9%。进入2020年11月以来，新冠肺炎疫情持续恶化，加上特朗普总统对大选结果不服，千方百计想翻盘，对疫情防控完全撒手不管，这种状况会持续到他离开白宫。因此，有理由认为，2020年第四季度和2021年第一季度，美国经济依然处于衰退之中。美国著名经济学家史蒂文·罗奇甚至预测美国经济或在2021年中期二次探底。[①] 2020年9月16日美联储预测美国GDP下降3.7%，2021年增长4.0%；同日，经济合作与发展组织（OECD）预测美国GDP 2020年下降3.8%；2020年10月13日，国际货币基金组织（IMF）预测美国GDP2020年下降4.3%，2021年增长3.1%；12月16日美联储预测2020年美国GDP为–2.4%，2021年增长4.2%。在失业率方面，美联储预计2020年底美国失业率为6.7%，2021年失业率预期中值为5.0%。这些都表明这次新冠肺炎疫情导致美国经济严重衰退，对其经济及产业结构造成的影响是长期和深远的。

新冠肺炎疫情对经济的影响并非一点好处都没有。首先它刺激了医疗救护设备、医药业和信息产业的发展，平板电脑、笔记本电脑、手机和家用的彩电销量大增。中国工商银行宋玮博士和周伟称："新冠肺炎暴发以来，受益于抵押贷款利率下降、纾困政策和储蓄率提高，再加上疫情引发的'家里蹲'新

① 《美国经济或于2020年中期二次探底》,《第一财经日报》2020年12月7日，第A11版。

常态，全球部分国家出现了房地产销售热现象，美国也不例外。从景气度看，美国房地产行业景气程度已超过危机前的高点水平。全美住宅建筑商协会/富国银行住房市场数据显示，2020年10月美国住房指数为85，这已经超过经济危机前期的高点，创下了该数据有纪录以来的最高水平。从房地产住房销售看，美国房市成交火热。其中，2020年7月和8月美国新建住房销售同比增速均位于40%以上。”①

三、特朗普大搞赤字财政给经济造成巨大压力

减少税收政策历来是一分为二的。一是刺激了经济的增长，二是减少了政府的财政收入。特朗普入主白宫后，急功近利，只顾眼前，根本不考虑持续发展。在这种思想指导下，联邦政府的财政赤字急剧增加：2019财年财政赤字为9844亿美元，占GDP4.6%，同比增长了26%；2020财年财政赤字高达3.13万亿美元，占GDP比重15.2%，同比净增长218%，大大超过了2009财年大衰退之年1.4万亿美元的财政赤字。连续四年下来，财政赤字累计高达55594亿美元。与此同时，国债急剧增加。特朗普搬进白宫之日的2017年1月19日，国债为19.97万亿美元；2019年11月4日，国债就突破了23万亿美元；2020年国债猛增，到同年12月14日达到27.37万亿美元，一年里净增4.36万亿美元。特朗普这一任期下来，举债将达到8万亿美元，快赶上奥巴马总统八年举债的总和。

① 《假如拜登上台美国经济怎么走》,《第一财经日报》2020年11月16日。

急剧增长的国债加重了国家偿债的负担。2019年2月12日，关注美国财政问题的彼得·彼得森基金会首席执行官麦克尔·彼得森指出，公共债务迅速突破22万亿美元大关，表明美国财政情况不仅不可持续，而且在加速恶化。量级的债务增长会导致高昂的利息成本，这将给经济带来巨大压力，使政府难以为未来的重点投资项目提供资金。现在美国政府每天要支付10亿美元的利息，未来10年需支付的债务利息将高达7万亿美元。照此计算，到2021年1月19日特朗普总统离开白宫，国债将突破28万亿美元。此后，美国财政部每天支付国债利息12亿美元，2021财年一年支付的国债利息将达到4380亿美元。特朗普总统是在动用子孙后代的钱来为自己的竞选连任服务。

四、特朗普政策不确定性导致吸引外资大幅下降

由于特朗普总统疯狂地向几十个国家发动贸易战并招致报复，美国媒体给他起了个外号叫“UFO”，即不明飞行物，因为谁也说不准总统明天要干什么。政策的不确定性给经济贸易带来严重负面影响。自特朗普总统上台以来，美国吸引外资大幅下降，影响了美国经济的稳定发展。

根据联合国贸易和发展会议（UNCTAD）的年度报告，奥巴马政府最后两年吸引外资大幅增加：2015年吸引外资4676亿美元，2016年吸引外资4718亿美元。特朗普入主白宫后，吸引外资的形势发生了严重逆转。2017年吸引外资2772亿美元，同比大跌41%；2018年降至2518亿美元；2019年降至2510亿美元。2020年10月27日，联合国贸易和发展会议发表报告，美国2020年上半年吸引外资仅为510亿美元，与2019年同比大

跌了61%，这动摇了美国几十年来吸引外资居于世界首位的地位。

必须指出的是，由于特朗普疯狂反华，按美国荣鼎咨询公司的统计，2017年中国对美投资455亿美元，2019年降至50亿美元，出现了断崖式的下降。美国是世界规模最大的经济体，它的发展需要大规模的世界资金来支撑，并用以巩固美元的国际货币地位。由于特朗普总统坚持反对经济全球化，倒行逆施，造成美国连续四年吸引外资大幅度下降，这对美国经济是个沉重的打击，而且留下了难以弥补的后患。

五、特朗普疯狂发动贸易战，拖累美国经济发展

2018年3月23日，特朗普总统对全部进口钢材和铝制品加征高关税，此举打击了34个国家和地区对美出口，这些国家和地区除台湾地区之外，都对美国采取了报复性措施。2017年美国进口了3592万吨的钢材，金额为690亿美元。限制措施有效地保护了美国的14万钢铁工人，却大大地伤害了使用海外物美价廉的钢材和铝制品加工制成品的651万企业职工的利益，并导致了钢铁价格暴涨，整个美国制造业成本上升，相关企业利益受到损害。2020年11月20日，世界报业辛迪加网站发表题为“美国必须修补多处贸易樊篱”的文章，世界银行前首席经济学家安妮·克鲁格指出：“在特朗普总统即将离任的情况下，目前首要任务应该是撤销美国对进口钢、铝产品加征的关税。”

美国利用高新技术无端打压中国企业，既破坏了国际产业链，也伤害了国际资金链，其结果是严重损伤了美国高新技术企业的利益，造成两败俱伤。2019年5月16日，特朗普总统宣

布对中国民营企业华为公司实行全面制裁，停止对其所有芯片和零部件的供应。谁知次日，高通、英特尔、美光、博通、赛灵思、伟创力、英伟达、谷歌和微软等11家高新技术大企业的CEO联合到白宫请愿，请求允许他们为华为公司生产高达110亿美元的通信器材。此事影响了纽约股市，此后连续三天纳斯达克指数大跌了2.48%。在美国高新技术大企业的压力下，特朗普总统不得不于2020年5月19日夜宣布向华为公司提供三个月的制裁豁免期，执行日期推迟至2020年8月19日。此后在美国大企业的压力下，特朗普政府先后六次推迟对华为公司的制裁，一直推迟至2020年9月15日。2020年9月初，特朗普政府宣布从2020年9月15日起，对华为公司实施更为严厉的全面制裁，不仅局限于美国企业，范围扩大至全世界，凡是使用了美国技术生产的芯片一律不准出售给华为公司，大有“黑云压城城欲摧”之势。谁知过了半个多月，即9月18日，英特尔公司和美国超威半导体公司宣布已获得美国商务部批准可以向华为公司出口用于平板电脑和笔记本电脑的芯片；同年11月13日，高通公司发言人宣布已获得美国商务部批准可以向华为公司出售生产4G手机的芯片，华为公司表示可以接受。此时人们才感觉虚惊一场。原因有二：一是美国高新技术企业对美国政府施加了巨大压力，例如，高通公司扬言，停止向华为公司供应手机芯片一年将损失80亿美元。二是2020年10月，中国全国人大通过对战略物资和敏感技术的出口管制法，中国商务部于2020年12月1日对重要的战略物资，如稀土、钨、锡、锑、钼、铌、钛、钴等实行出口管制。这直接威胁到美国高新技术企业、国防工业和航空航天业的发展。没有稀土造不出芯片，没有稀土F–35战斗机上不了天，铌、钛、钴直接影响到美国航天工业和波音飞机的生产。三年来，笔者一直在讲，利用中国的稀土资源生产芯片却对中国企业实行封锁，这是中国人民不可接受的，用芯片来换稀土是互惠互利。

铁的事实证明，蛮横霸道的特朗普总统在中国一家民营企业——华为公司面前束手无策，气急败坏，这充分表明打贸易战必然是两败俱伤。人们还记得，2018年初特朗普总统多次在推特上说："打贸易战很好玩，很容易赢。"事实证明贸易战并不好玩，是搬起石头砸自己的脚。中美贸易战的事实让特朗普在2019年说出了这样的话："中国太大，不是一棍子能打死的。"

特朗普总统疯狂地发动贸易战，最拿手的就是对外国进口产品加征高关税。上台伊始，特朗普多次在推特上说："加关税，加关税，我就喜欢加关税。"此后，他也几次说对中国输美产品加征高关税，上千亿美元的财富就会从中国流向美国。特朗普是个房地产开发商，根本没有国际视野，既不了解国际贸易的规则，也不知道经济全球化产业链情况。他甚至认为加征的高关税是由出口国的出口企业来承担，而实际上进口商品的关税是由美国进口商承担，再转嫁给使用企业和广大的消费者。特朗普总统在对外关系上只会实行制裁，据美国格信律师事务所统计，到2020年12月9日，特朗普总统对外实施了3900次的制裁。

在中美贸易战中，特朗普总统疯狂地给几乎全部从中国进口的商品加征高额关税。2020年9月15日，世界贸易组织认定，美国在与中国的贸易战中加征巨额关税的做法违反了全球贸易规则。据路透社华盛顿9月25日电："过去两周，包括特斯拉公司、福特汽车公司、塔吉特百货公司、沃尔格林公司和家得宝公司在内的大约3500家美国企业就政府对逾3000亿美元的中国输美商品加征高额关税一事，在纽约国际贸易法院起诉特朗普政府违法，要求退还所加征的关税及相应的利息。”

2020年10月8日，美国前常务副国务卿、前贸易代表、前世界银行行长罗伯特·佐利克发表题为“特朗普将输掉对华新冷战”的文章。文章写道：特朗普的对华政策向来注重摆出成功的姿态，但却彻底失败了。特朗普就职时曾宣布他将消灭美国对华的贸易赤字。但2019年的赤字3460亿美元与2016年的赤字不相上下。据美国海关统计，美国2016年对华贸易逆差3470亿美元，2019年为3456亿美元，三年共计减少14亿美元。这一趋势对中国有利。截至2020年8月，美国对中国出口仅增长了1.8%，而中国对美国出口猛增了20%。更糟糕的是，特朗普的全球贸易和服务赤字从2016年的4810亿美元增加到了2019年底的5770亿美元，增长了20%。原因之一是中国一些出口转移到其他国家而后进入美国，而不是直接通过美国生产商。特朗普对华贸易一揽子计划失败了。特朗普的贸易冲突还迫使他花费了280亿美元补偿美国农民。他还要求美国人每年为从中国购买的3500亿美元商品支付更高的税。2020年据穆迪公司估计，特朗普与中国的贸易战致使美国少创造了30万个就业岗位。

特朗普政府的外交遗产

陶文钊

【内容提要】特朗普打着“美国优先”的旗号，借助民粹主义入主白宫，他的外交政策正是民粹主义在外交上的表现。概括起来说主要是：实行极端自私自利的政策，顺我者昌，逆我者亡，反对多边主义，鼓吹和实施单边主义，并进而发展为“退群主义”，成为国际社会的“搅局者”；推行“印太战略”，力图打造亚洲版“小北约”，围堵中国；注重立竿见影的短期经济利益，大打贸易战；在巴以问题上，放弃美国历届政府主张的“两国方案”，一味支持以色列，打压巴勒斯坦；实行种族主义的移民政策；提出所谓“西半球战略框架”，反对拉美国家与中国、俄罗斯发展关系，试图恢复“门罗主义”。

【关键词】“美国优先”　退群主义　“印太战略”

【作者简介】中国社会科学院荣誉学部委员，中国国际问题研究基金会高级研究员。

特朗普作为一个“政治素人”，借助民粹主义入主白宫，他当政后继续鼓吹民粹，打出“美国优先”的旗号，实行极端自私的政策，顺我者昌，逆我者亡，反对多边主义，鼓吹和实施单边主义，并进而发展为“退群主义”，成为现行国际秩序的破坏者。他推行“印太战略”，力图打造亚洲版“小北约”，围堵中国。特朗普出于商人本心，注重立竿见影的短期经济利益，锱铢必较，与包括盟友在内的诸多贸易伙伴大打贸易战。在巴以问题上，他放弃美国历届政府主张的“两国方案”，竭力支持以色列，打压巴勒斯坦。特朗普实行种族主义的移民政策；提出所谓“西半球战略框架”，反对拉美国家与中国、俄罗斯发展关系，试图恢复早已声名狼藉的“门罗主义”。

一、臭名昭著的“退群主义”

一般说来，民主党人比较注重多边协调，共和党人更主张单边主义。特朗普当政后把单边主义发挥到了极致，演变为“退群主义”。在这四年中，美国退出的主要国际条约和组织有：

退出《跨太平洋伙伴关系协定》(TPP)

2017年1月23日，特朗普签署行政命令，正式退出《跨太平洋伙伴关系协定》，这成为他“退群主义”的开始。

退出应对气候变化的《巴黎协定》

不少共和党人对地球变暖这一科学结论仍持怀疑态度，特朗普本人就是其中之一。他在2020年9月视察加州森林大火时依然坚持这一观点。许多共和党人主张，使用何种能源要由市场来主导，实际是排斥绿色能源。特朗普刚刚当选，就匆忙表示要“终止对煤炭的战争”，恢复被奥巴马政府关闭的煤矿。

一上任，他就废止了奥巴马关于应对气候变化的多项行政命令。特朗普认为《巴黎协定》会使美国"牺牲数以千万计的工作岗位和成千上万的企业"，并于2017年6月宣布将退出《巴黎协定》，2019年11月4日，美国正式通知联合国退出《巴黎协定》。美国的退出给国际社会合作应对气候变化带来了非常负面的影响，这是2019年马德里气候峰会吵成一团，没有取得积极进展的一个重要原因。法国总统马克龙写道："他不仅对本国和本国人民犯下了错误，也对整个地球的未来犯下了错误。"

退出伊核协议

2015年7月，联合国安全理事会五个常任理事国及德国在与伊朗进行了多年艰难谈判后，达成了关于伊核问题的《全面联合行动计划》。根据协议，伊朗承诺限制其核计划，换取美欧和安理会解除核领域制裁。协议当时就遭到美国共和党的强烈反对，共和党认为它给盟友以色列带来了安全威胁。特朗普当政后，不顾国际社会的普遍反对，于2018年5月宣布退出伊核协议，但美国的欧洲盟国英、德、法仍坚持维护该协议。不可思议的是，到了2020年8月，美国又要求援引协议中和安理会决议的条款，启动"快速对伊恢复制裁"机制，此举自然遭到国际社会的一致拒绝和嗤笑。

退出世界卫生组织

在新冠肺炎疫情肆虐的2020年7月，美国竟以世界卫生组织（WHO，简称"世卫组织"）"拒绝执行美方所要求的改革"为由，宣布退出世卫组织，并停止对该组织的资助，甚至不再缴纳拖欠的8000万美元会费，这种破坏全球团结抗疫的做法激起国际社会的极度反感，多国领导人、医学专家、世界顶级医学期刊等，纷纷表示批评和质疑，并重申对世卫组织的支持。德国表示2020年将给世卫组织提供约5亿欧元的资金，创下该国有史以来对世卫组织资助的最高纪录。

退出《中导条约》和《开放天空条约》

《中导条约》全称为《苏联和美国消除两国中程和中短程导弹条约》，由美苏于1987年签订。条约规定，两国不再保留、生产或试验射程在500公里至5500公里的陆基巡航导弹、弹道导弹及其发射装置。2019年8月初，美国以俄罗斯多次“违反”条约为由宣布退出该条约。这样，美国的欧洲盟国将陷入缺乏相应武器应对俄罗斯陆基中程导弹威胁的困境。其实，美国军方一直认为该条约限制美国军备发展，退约后美国终于可以重新研制此前受限的武器了。俄罗斯方面批驳了美国的说法，称美国退约“将导致现有的军备控制系统开始真正的瓦解”。

《开放天空条约》是美俄于1992年签署，2002年生效的，有34个缔约国，包括俄罗斯和大部分北约成员国。缔约国相互间可对全部领土进行空中非武装侦察，以核查对方执行国际军控条约的情况，条约有助增强互信、增进军事透明度、减少猜忌。条约生效以来，缔约国已进行了1500多次观察飞行。2020年5月，特朗普政府宣布退出该条约。《中导条约》和本条约的废止，给欧洲安全埋下新的隐患。德、法等多个欧洲国家发表联合声明，对美国退约表示遗憾。目前，美俄间唯一有效力的军控条约只剩《关于进一步削减和限制进攻性战略武器措施的条约》（简称“新START条约”）。

另外，美国还撤销了在《武器贸易条约》上的签字。奥巴马政府在2013年签署了该条约，但条约并未得到美国参议院批准。

退出联合国相关组织和公约：

退出《全球移民协议》

2017年12月初，美国常驻联合国代表黑莉宣布美国退出《全球移民协议》。这是首份涵盖国际移民各方面问题的全球性文件，在美国退出后，该协议于2018年12月19日在第73届联合国大会上正式通过。

退出人权理事会

2018年6月19日，美国常驻联合国代表黑莉表示，美国将从联合国人权理事会中撤出，原因是该理事会对以色列“持有根深蒂固的偏见”以及“无法有效保护人权”。自2018年初以来，理事会已通过五个谴责以色列的决议。

退出联合国教科文组织

美方因不满教科文组织历年通过决议批评以色列占领东耶路撒冷以及给予巴勒斯坦成员国身份，特朗普于2017年10月宣布退出联合国教科文组织。2019年1月1日，美国正式退出该组织。

退出《维也纳外交关系公约》相关议定书

2018年10月3日，美国总统国家安全事务助理博尔顿宣布，美国退出《维也纳外交关系公约》中涉及国际法院管辖问题的相关议定书。

特朗普政府的上述退约行动严重损坏了美国自身的国际形象，削弱了美国的软实力。这是对现行国际秩序的破坏，遭到世界各国，包括其盟国的反对和谴责。

二、推行“印太战略”，力图打造“亚洲版小北约”

特朗普政府把中国视为对美国最主要的安全威胁，他的应对措施之一是推行“印太战略”，加紧打压中国。2017年底的《美国国家安全战略》报告开始推出“印太战略”；2018年5月美军太平洋司令部也正式改名为印度洋—太平洋司令部（“印太司令部”）；2019年6月又出台了《印太战略报告》，强调美国将加强与传统盟友日本、韩国、澳大利亚、菲律宾和泰国的联盟。美日和美韩首脑都进行了十余次会晤，特朗普还成为日本“令和时代”的首位国宾，也是近25年来首位对韩国进行国事访问的美国总统。① 安全关系是美日、美韩同盟的基石。2017年特朗普访日期间就要求日本大量购买美国的反导系统和F-35隐形战斗机。日本响应特朗普政府“买美国货，雇美国人”的号召，刻意要对美国经济做贡献，不惜增加国防预算，采购美国武器，其中仅F-35战机，日本2011年就已经订购了42架，2018年又增订105架，成为美国盟国中购买此类战机最多的国家。在美方压力下，日、韩也都同意与美国重新谈判驻军负担分摊问题。美国与泰国、菲律宾的安全合作有所恢复，年度军演规格得到提高。2019年3月，蓬佩奥重申了《美菲共同防御条约》，强调美国对菲律宾的安全承诺。

特朗普政府加强了在印太地区的多边安全合作，特别是提升与印度的关系。2017年11月，美日澳印时隔10年重启“四

① 凌胜利:《特朗普执政以来美国亚太联盟关系新调整》,《现代国际关系》2020年第5期，第32页。

边安全对话”，在美国“印太战略”框架内的四边安全合作进入新阶段。此后四国大体上形成了每年举行两次高官会的机制，对话强调开放、透明、包容和以规则为基础的印太秩序。2019年11月，四国对话由先前的司局长级升格为部长级，建立了外长防长的“2+2”机制。在四边对话重启后，美印、日印、澳印等双边机制，美日澳、美日印等三边机制也予以强化，防务合作取得进展，双边与多边的军演频繁举行。但由于特朗普政府突出“美国优先”，既要求盟国加强自主防卫能力，又漫天要价，“狮子大开口”，要日方把所承担的美驻军费用提高四倍，使美日在安全合作方面也出现分歧。

2020年10月26日至27日举行了美印“2+2”会谈，双方签署了一项《地理空间合作基本交流与合作协议》，根据该协议，美国将与印度分享敏感的卫星和传感器数据，帮助印度进行导弹瞄准或部署军队；美方还将在售印战机上引入最新导航技术，提高无人机的命中精度。中国在印度洋的海上安全合作活动可能被置于美印的全时段监控之下，还会受到美印的不间断干扰。此前印度已经与美国签订了《后勤交流协定备忘录》和《通信兼容安全协议》。这三项协议的签订标志着美印之间的准军事同盟关系正在形成。会晤后，蓬佩奥还访问了斯里兰卡、马尔代夫和印度尼西亚，试图拉拢这些国家一起制华。但斯里兰卡和马尔代夫等印度洋国家长期以来形成了“夹缝中求生存”的大国间平衡的战略，谨慎地既不轻易倒向一个大国，也不贸然得罪另一个大国。印尼则明确表示“奉行独立和自由的外交政策原则”，给了蓬佩奥一个“软钉子”。

美国对东南亚国家不愿在美中之间选边不满，试图以“四国安全对话+”的方式，向东南亚渗透，强化地区事务主导权，使东盟更加弱化、边缘化，在印太地区打造“小北约”，把东盟融合到美国主导的这个机制中来，围堵中国。[①] 2020年3月，美国以新冠肺炎疫情为由，邀集日、韩、澳、印、越、新西兰副外长举行七国对话会，此后，七国每个月举行一次视频会晤，使这一机制日渐成型。

美国打造“亚洲版小北约”能否成功，很大程度上取决于印度的立场。印度洋本来就在太平洋司令部的责任区内，如今更名，就是要强调印度的战略重要性，尤其是在制约中国中的作用。冷战后的历任美国总统越来越重视印度，美印关系尤其是军事关系也越来越密切。美国已成为印度的第二大武器供应国，仅次于俄罗斯。美国还是与印度举行联合军演最多的国家，美印各军种之间都建立了固定的军演机制。2019年美印还首次举行了“老虎凯旋”三军联合演习。2020年11月上旬，时隔13年，印度重新邀请澳、美、日举行为期九天的“马拉巴尔”海上联合军演，这是四国联盟概念的最新进展，也是美国今年第五次在第七舰队的作战地区与澳、日进行联合演习。美国还在10月26日至11月6日之间与加、日举行了“利剑-21”联合军演。但印度也是中国在金砖国家、上海合作组织框架内的合作伙伴，迄今为止，印度对其不结盟传统仍然十分重视。而美国推动的这一框架严重破坏了印度的战略自主权。在美印“2+2”会谈（2020年10月26—27日）之前，有印度媒体放风说，四国的松散联盟不是要创建“亚洲版小北约”，而是要发展一种基于共同价值观和利益的密切的安全伙伴关系，似乎是要降低对此次会谈的期望值。印度一向梦想成为一个世界大国，“一边倒”倒向美国有损印度的国际声誉。其实，只有美

① 胡波：《“亚洲版北约”难成，但须高度警惕》，《环球时报》2020年9月9日。

国在那里不遗余力地试图推动“亚洲版小北约”，印度、日本、澳大利亚虽因为对中国崛起不习惯不适应而产生种种被“威胁”感，但他们与中国又都有复杂的现实利益关系，现有的矛盾演化成你死我活的战略对撞的可能性是极小的。何况，通过成立新的军事集团来破坏亚洲现有的稳定是逆时代潮流而动，是难以得逞的。

对东南亚国家，美国以利诱为主、施压为辅，试图削弱、“推回”中国在该地区的影响，并要求他们在美中之间选边站队。2019年6月24日，美国助理国防部长薛瑞福在美国—东盟商会35周年晚宴上发表主旨演讲，敦促东南亚国家在美中之间选择独立、自由、公平、开放的伙伴关系，对地区国家施压。新加坡总理李显龙在亚太安全对话会议上回应说，不要强迫东南亚国家在美中两国间选边站队，并在美国《外交》杂志上发表文章详细阐述这一观点。[①]

三、对朝鲜的极限施压政策

奥巴马政府对朝鲜实行“战略忍耐”，这也是无奈之举。特朗普就任时，民主党和共和党均认为朝鲜的核武器是对美国最大的安全威胁。特朗普上任后就宣布，“‘战略忍耐’已经走到了尽头”，转而对朝鲜实行“极限施压”，加紧对朝鲜实行全方位制裁并施加军事压力，表示“所有选项都摆在桌上”，迫

---

① 刘卿：《美国东南亚政策转向及前景》，《国际问题研究》2020年第5期，第71页。

使朝鲜弃核。[①] 美国国务卿蒂勒森同时又表示，“我们在朝鲜不寻求政权更迭，不寻求现有政权崩溃，也不会寻找借口来加速半岛统一”[②]。2018年6月12日，美朝首脑在新加坡举行会晤。双方一致表示要建立新型关系，“美国承诺为朝鲜提供安全保证，而朝鲜也重申了对半岛完全无核化坚定不移的承诺”[③]。特朗普自命不凡，以为只要他一亮相，朝核问题就会迎刃而解，殊不知，除了这一纸声明，会晤没有任何成果。2019年2月27—28日，双方时隔八个多月再次会晤，美方坚持朝鲜必须采取废弃宁边核设施外的更多措施，美方才能放宽制裁。[④] 双方在“无核化”和解除制裁问题上仍存在巨大分歧，结果不欢而散，连个声明都没有，只是让世人看了一场外交闹剧。

四、注重立竿见影的眼前利益，大打贸易战

特朗普系商人出身，难改本性，从骨子里把看得见、摸得着、立竿见影的眼前利益尤其是金钱看得很重，不仅对中国开打贸易战，就连盟国也不放过。他一上任就退出了《跨太平洋伙伴关系协定》，原因是该协定让别的国家“占了便宜”，毫

① Rex Tillerson, “Remarks with Foreign Minister Yun Byung-se Before Their Meeting,” March 17, 2017, https://kr.usembassy.gov/031717-remarks-foreign-minister-yun-byung-se-meeting/.

② Rex Tillerson, “Interview with Brest Baier of Fox News,” April 27, 2017, https://www.state.gov/interview-with-bret-baier-of-fox-news-2/.

③ “The Trump-Kim Summit Statement,” June 12, 2018, https://www.nytimes.com/2018/06/12/world/asia/trump-kim-summit-statement.html.

④ 李枏:《冷战后美国政府对朝鲜的战略思维探究》,《美国研究》2019年第2期，第144页。

不掩饰对多边贸易协定的蔑视。2018年3月，特朗普政府宣布对美国进口的钢铁和铝制产品加征关税，起先对加拿大、墨西哥、欧盟等予以豁免，后来又取消豁免，反反复复，莫衷一是，但日本则始终没有得到豁免。特朗普首次访日就对美日贸易逆差进行猛烈抨击，表示必须解决这一存在多年的问题，此后不断敦促日本在贸易上作出让步。2019年9月，在联合国大会期间，美日双方签署初步贸易协议，取消或降低了部分农产品和工业产品的关税，但汽车关税未包括在内，而这是美方最主要的要求。特朗普还将美韩2012年达成的自贸协定称为“史上最糟糕的协定”，认为是美韩贸易逆差的主要原因。在美国的压力下，美韩于2018年9月签署新协议，韩国承诺进一步开放市场，增加从美国的进口，尤其是汽车。

特朗普政府以美方贸易赤字巨大和协议条款陈旧为由，要求与墨、加重谈《北美自由贸易协定》。在谈判过程中，美方设定议题，划定底线，提出有利于美国的原产地规则、协议期限、劳工标准等，步步紧逼，全面施压。历时13个月，三国最终于2018年9月30日达成对美国更加有利的新协议——“美国—墨西哥—加拿大协定”（USMCA，简称“美墨加协定”）。

五、片面支持以色列，打压巴勒斯坦

中东是一个矛盾丛生、纠葛缠绕的地区。特朗普的中东政策主要包括三个部分：加强以色列，打压巴勒斯坦；遏制伊朗；增加对海湾国家的军售。多年来，巴以关系是中东和平进程的枢纽。从克林顿、小布什到奥巴马，都支持巴勒斯坦和以色列同时建国的“两国方案”。但特朗普上任不久就对这一两党共识提出挑战。2017年2月，他在与到访的以色列总理内塔尼亚胡举行记者会时表示，实现巴以和平不限于“两国方案”，只要以巴双方愿意，他对以“一国方案”还是“两国方案”没有异议。[①] 此言一出，国际舆论大哗。不仅如此，特朗普政府还宣布承认耶路撒冷为以色列首都，并在2018年5月将美国驻以色列大使馆从特拉维夫搬迁至耶路撒冷。耶路撒冷归属是巴以争端中最敏感的问题，不仅涉及老城的历史定位、宗教权利和文化属性，更重要的是牵扯到犹太人和阿拉伯人（巴勒斯坦人）究竟谁是这片土地的真正主人的根本性问题。此前，美国历届政府在此问题上一直小心翼翼。在美国大使馆迁往耶路撒冷后，巴勒斯坦切断了与美国政府的联系。

2020年1月，美国在与以色列酝酿、磋商数年之后，推出了解决巴以问题的所谓“世纪协议”。协议试图促成海湾国家对巴勒斯坦超过500亿美元的投资以换取巴同意以色列的诸多要求，包括承认耶路撒冷为以色列“不可分割的首都”，以色列在约旦河西岸犹太人定居点的主权，巴勒斯坦实现“非军事化”等。协议理所当然遭到了巴方的坚决拒绝。

特朗普政府还撮合阿联酋、巴林、苏丹、摩洛哥先后与以色列建立外交关系。以色列欢欣鼓舞，巴勒斯坦则将其视为“背后插刀”。以色列与越来越多的海湾阿拉伯国家关系正常化，将对中东地缘政治格局产生巨大冲击。

特朗普认为奥巴马时期对伊朗的政策是“彻底的失败”，它使伊朗在核武能力、导弹计划和什叶派地区扩张三方面迅速

① 张小丁:《巴以问题，特朗普政府回归传统》,《人民日报》（海外版）2017年5月10日。

崛起，成为挑战美国在中东主导地位的地区大国。[①] 特朗普一上任就单方面退出了伊核协议，加紧对伊朗实施制裁，并重塑中东的盟友体系，尤其是通过支持以色列和加强沙特的武装力量（主要通过军售）来维持对伊朗的高压，并试图通过“长臂管辖”，切断伊朗与外部世界的经济联系。2020年1月，美国又暗杀了伊朗革命卫队司令、中东地区的风云人物卡西姆·苏莱曼尼。

向盟国和伙伴推销武器是特朗普政府十分热衷的事情。这既可以加强盟国的军力，又能为美国的军工复合体创造就业岗位，在中东地区也不例外。美国是全球最大的军火商，其对外军售占全球的三分之一。中东一些国家是主要买主，同时特朗普认定沙特和阿联酋是美国的重要战略伙伴，能够制衡美国在这一地区的主要对手伊朗。2017年6月特朗普访问沙特时，就与萨勒曼国王签署了价值高达1100亿美元的军售协议。但由于卡舒吉案和沙特对也门的军事干涉，军售受到美国国会的阻止。

六、以种族主义对待移民问题

特朗普是个种族主义者、“白人至上主义者”，这在夏洛茨维尔事件和弗洛伊德遇害引起的黑人抗议运动中表现得很充分，并且对内如此，对外亦然。他屡屡诋毁有色人种，称墨西哥人是“强奸犯”，拉美人是犯了罪的“畜生”，抹黑海地和整

① 刘畅:《特朗普政府伊朗政策评析——兼论其在中东的逆动》,《和平与发展》2019年第6期，第40页。

个非洲是“破烂国家”，如此等等，不一而足，引起国际社会尤其是非洲的震惊和愤怒。

特朗普上任后没几天，即于2017年1月27日签署了一份名为“阻止外国恐怖分子进入美国的国家保护计划”的行政命令，在未来90天内，禁止伊拉克、叙利亚、伊朗、苏丹、索马里、也门和利比亚等七国公民入境美国。该七国均为伊斯兰国家，此行政命令也被称为“禁穆令”。此令一出，美国国内和国际社会便是一片抗议之声。此后特朗普还颁布了新的针对一些中东、非洲国家的旅行禁令。

管控美国与墨西哥3100多公里长的边境，防止非法移民入境是美国历届政府面临的一个难题。特朗普在竞选时就多次扬言要驱逐一切有犯罪记录的非法移民，并在美墨边境建一堵实体隔离墙，阻止非法移民进入美国，并异想天开地提出要由墨方来负担费用。2017年1月25日，刚就任总统五天的特朗普就签署了建墙的行政命令。[①] 当晚，墨西哥总统培尼亚发表视频讲话，对美国的建墙决定表示遗憾和谴责，并重申墨西哥绝不会为此买单。据估算，建墙的花费将高达100亿—120亿美元。特朗普表示费用可先由美方“垫付”，但“百分百要由墨方偿还”。特朗普的建墙决定遭到美国国内民主党人和自由主义者的激烈批评，双方在预算案中发生激烈冲突，甚至一度导致联邦政府关闭。特朗普计划修建450英里（约720公里）的隔离墙，截至2020年1月，已建成160公里，特朗普自称其为“特朗普墙”。

---

① 沈镇:《特朗普政府的边境墙政策探析》,《美国研究》2019年第2期，第75页。

七、对拉美和非洲的政策

特朗普对拉美的左翼政权竭力打压。奥巴马政府与古巴实现了关系正常化，但冰冻三尺非一日之寒，两国长期而深刻的分歧不会瞬间消弭，要恢复中断了数十年的各方面关系绝非易事。当时一些共和党人就反对美古关系正常化。特朗普当政后再次收紧对古政策，并以所谓美国外交人员遭到“声波攻击”为由，驱逐驻美古巴外交官，并撤回六成美国驻古巴外交人员。美方还以启动“赫尔姆斯—伯顿法”第三条、缩短对古旅游签证有效期等政策，加强对古巴的封锁，导致美古关系再次严重倒退。

委内瑞拉长期以来反对美国的霸权主义和单边主义，特朗普上任后，打压马杜罗政府，支持反对派，一度甚至试图策动武装颠覆。此后，特朗普政府不仅加紧对委制裁，还拉拢一些拉美国家，挑拨离间，致力于打造“反对马杜罗政府的联盟”。对尼加拉瓜的左翼政权，特朗普政府也竭力施以高压手段。

近年来，中国和俄罗斯在拉丁美洲的影响力逐渐拓展。美国一向视拉美为其禁脔，不容地区外势力介入。2020年9月上旬，美国国家安全委员会出台了一份题为“西半球战略框架”的文件，进一步阐述了2017年底出台的《国家安全战略》中关于美洲地区的方针。文件以意识形态画线，打压拉美左翼国家，拉拢右翼国家，试图打造“地区共同体”。文件提出美国在拉美的目标是：在政治上促进民主价值观，尤其在古巴、委内瑞拉和尼加拉瓜促进自由选举；在社会领域，打击毒品交易和非法移民；并要扭转外部“敌对”行为者的“恶性影响”。

文件还正式提出了“新冷战”的说法，明确将俄罗斯和中国确定为对手。这个框架是新版的“门罗主义”，是2017年《国家安全战略报告》后第一个针对某一具体地区的后续文件，表明了特朗普政府对该地区的重视。

2018年12月，特朗普政府出台了新的对非洲战略。新战略在经济方面强调构建双向、互利、对等的美非关系，要求非洲为美国企业提供更多机会；在安全方面，支持非洲反恐；在援助方面，坚持附加政治条件，提出“民主”“法治”“善政”的要求，促进受援国进行改革。实际上，特朗普的非洲战略忽视非洲本身的发展，同样是以对抗中俄等域外国家为导向的。特朗普任内对非外交趋于边缘化。①

八、拜登新政府外交政策前瞻

民主党与共和党有不同的理念，拜登新政府会在若干重要外交领域与特朗普政府拉开距离，但同时又受到国家分裂、国会分裂的严重制约。新旧政府最大的分歧会表现在应对气候变化方面。对民主党人来说，实行低碳经济、应对气候变化是他们骨子里、基因里的东西。拜登已经表示将重返《巴黎协定》，并任命了美国前国务卿克里为气候变化问题总统特使，足见其重视程度。在这方面，中美有可能恢复合作。

美国的盟国体系是美国全球霸权的重要战略支柱，民主党又比较重视多边主义，拜登新政府将致力于修复被特朗普政

① 宋微:《美国特朗普政府的非洲战略及其影响》,《现代国际关系》2019年第3期，第60—61页。

府破坏的盟国关系，在重要国际问题上加强与盟国的磋商和协调。

在朝核问题上，拜登不会像特朗普那样“千里走单骑”，没有一定把握，是不会贸然举行美朝首脑会晤的。新政府将加强与盟国和有关国家的协调，但半岛无核化这个目标不会改变。在这一方面，中美既有合作的空间，又有分歧。在伊朗核问题上拜登政府寻求重返伊核协定，伊朗要求美国率先解除所有对伊朗的单边制裁，美方则要求伊朗恢复履约。这也将是与欧洲盟国协调的问题之一。

为了打压中国，拜登新政府可能继续寻求“亚洲版小北约”，尤其是继续支持、拉拢印度，对此我们要十分清醒。自然，中国也有破解的办法和做工作的空间。

但拜登新政府显然不可能与特朗普政府的外交政策统统对着干，尤其在中东，美国大概不会把使馆重新搬回特拉维夫，也不可能阻止一些中东国家与以色列建交。

新政府会继续把俄罗斯视为安全威胁，继续对俄进行遏制、打压、制裁，继续要求停建“北溪–2”管道，美俄关系的紧张态势难以缓解。

现在，特朗普政府正紧张地利用卸任前的最后几个星期满世界给拜登新政府“埋雷”“挖坑”，拜登的外交前路坎坷。

第三章

欧亚局势乱中趋稳
经济发展严重受阻

俄罗斯国内政局评估及前瞻

盛世良

【内容提要】2020年俄罗斯通过修宪加强国家主权和中央集权，为延续普京方针和政权稳定奠定坚实基础。统一俄罗斯党在地方选举中大胜，为2021年国家杜马选举胜出预做准备。受新冠肺炎流行、油价下跌和外需萎缩的影响，俄罗斯经济下滑，民生恶化，但民众支持当局，社会稳定。俄军把北约看作主要威胁，推进军队现代化，为国家安全和外交行动提供坚实保障。

【关键词】俄罗斯　修宪　政局　抗疫　经济　社会稳定

【作者简介】中国国际问题研究基金会研究员，新华社世界问题研究中心研究员。

一、内政三件大事：修宪、地方选举、抗疫

2020年俄罗斯通过修宪巩固了国家主权和中央集权，为延续普京方针和政权稳固奠定了坚实基础。统一俄罗斯党在地方选举中赢得胜利，为2021年国家杜马选举胜出预做准备。

（一）修宪加强主权和中央集权

俄罗斯于2020年6月25日至7月1日就宪法修正案举行公民投票，投票率为67.97%，其中赞成票占77.92%。这意味着，至少有52.95%的选民支持修宪，希望普京在2024年任期届满后继续参选总统，确保国家长治久安，继续走普京定下的俄罗斯道路。修订后的俄罗斯宪法已于2020年7月4日生效。

简称“普京任期归零”的法案表述得非常严谨：已担任过两任总统或在宣布下届大选时已在二任者，不得参选总统，但不排除修宪时在任总统在此法规定的期限内任总统。

普京获得在2024年再次参选总统的权利，有重要意义。

其一，俄罗斯面临严重挑战，需要强有力的领导人。美国全面施压，抗击新冠肺炎的形势严峻，油价和卢布汇率大跌，严重依赖外部行情的俄罗斯经济堪忧，需要普京稳定局面。民调表明，57%的被征询者意欲在2024年大选中再次投票给普京。

其二，促使政权机关心无旁骛，安心工作。普京说，如果他排除再次参选总统的可能性，各级政权机关两年后就会“忙于四处打听（普京的）接班人”而无心工作。获得2024年参选权，普京继续处于本国权力中心，有利于稳定统治精英。

其三，保证俄罗斯长治久安。据俄罗斯政治学家分析，现有法律难以保证接班人对普京及其大政方针的忠诚。在总统、议会、政府、最高法院、政党等政治机制中，真正发挥职能的仅有总统，即普京的权威和能力。

其四，断送右翼反对派2024年上台让国家“改弦易辙”的期望，消磨美国和西方干涉俄罗斯政治进程的意愿。

俄罗斯国家杜马主席沃洛金早有预言：“普京之后是普京！”

意思是普京不会离开政坛，他的治国方针在他卸任后也将长期维持。

修宪案有多项重要内容：

一是明确宣示俄罗斯是苏联的继承国，禁止以言论（违者罚款50万卢布[①]）或以行动分离俄罗斯领土，俄罗斯同邻国的国界不可更改；禁止贬低人民捍卫祖国的功勋，国家有权利和责任维护历史真相。

二是权力更趋平衡。联邦委员会（议会上院）权力加强，国家杜马（议会下院）获得批准总理人选的权利，总理对总统承担个人责任，法案要经宪法法院审核。

三是宣布俄罗斯宪法至高无上，其权威高于国际协议和国际法庭的裁决。

四是对联邦总统候选人提出严格要求：年龄不能低于35岁，在境内居住的年限不得低于25年，在任何时期拥有其他国家国籍或外国居住证的人不得担任总统。

五是禁止联邦总理和部长、议员、州级高官和驻外使节拥有外国国籍或外国居住证，禁止高官和议员在外国银行开设账户、存放现金和贵重物品。

六是保护传统家庭价值观，否定同性婚姻；认为子女是最重要的珍宝，家庭教育优先；强化国家保护和教育儿童的作用。

七是强化“社会国家”理念，最低劳动报酬（2020年为12130卢布）不得低于最低生活标准（2020年为11942卢布）；退休金将随通胀率上升而按比例提高；为残疾公民提供社会保护。

八是重申俄罗斯世俗国家属性，不得把任何宗教定为

---

① 2020年12月12日，73.09卢布折合1美元。

国教。

俄罗斯议会以修宪案为依据，通过了与之相关的一系列重要法律。

俄罗斯国家杜马于2020年11月通过卸任总统豁免权法，明确卸任总统不得被追究刑事和行政责任，不得被拘留、逮捕、搜查、审讯、安检，包括其住宅、办公地、交通工具、文件、行李和信函，只有被国家杜马提出叛国和重罪指控者才可能失去豁免权。

国家杜马立法委员会于2020年12月支持的修正案确定，离职总统有权申请成为终身参议员。

普京于2020年12月8日签署《国务委员会法》，规定国务委员会为国家元首领导的宪法机关，职能是协调各权力机构工作，确定内外政策基本方针和社会经济发展的优先方向。国务委员会成员有总理、两院议长、总统办公厅主任、地区领导人、议会党领袖等。

俄罗斯国家杜马于2020年12月通过法案，禁止被认定为“外国代理人”的自然人担任公职或接触国家机密。

（二）统一俄罗斯党在地方选举中获胜

在2020年9月13日举行的地方选举中，全国85个联邦主体除卡巴尔达—巴尔卡尔共和国和圣彼得堡外，83个联邦主体共举行了9000多项各级选举，其中最重要的是补选国家杜马4名议员，直选18名联邦主体行政长官。选举结果为：统一俄罗斯党赢得国家杜马4个空缺席位中的3个；在18个地方行政长官选举中，12名统一俄罗斯党候选人和该党支持的5名独立候选人赢得17个席位，仅1个州长职位被自由民主党获得。

2020年12月初的民调表明，本届议会各党拥有的潜在选民分别为：统俄党32%，俄共14%，自民党11%，公正俄罗斯党6%。加上其他有利因素，统一俄罗斯党2021年在新一届国家杜马450个议席中完全可能获得三分之二席位。

（三）抗疫暴露俄罗斯非传统危机应对能力不足

新冠肺炎疫情暴发之初，俄罗斯以为病毒来自东方，放松了西线防范。结果，在2020年5月上旬出现了感染高峰，一天1.2万例。为了制止经济下滑，俄罗斯于2020年秋季放开限制，期望“群体免疫”，结果发病率激增，经济却没有起色。从2020年10月1日到12月11日，俄罗斯新冠病毒发病率从0.61%上升到1.77%。截至2020年12月11日，俄罗斯感染新冠病毒人数近260万，在世界200多个国家和地区中仅少于美国、印度和巴西，病亡45893人。2020年11月到12月上旬，每天新增感染多于2万例。到2020年12月11日，莫斯科累计感染人数超过67万，病亡9645人。全市不得不再次加强防疫措施，55.3%人口完成了病毒检测，病床占满，医务人员疲惫不堪。总体而言，俄罗斯疫情尚处于可控状态，当局预计2021年末才能结束抗疫。

二、经济衰退，恢复危机前水平需一两年

受疫情、低油价和西方制裁影响，俄罗斯2020年经济衰退。政府的财政经济措施目标为，首先保证财政稳定、实体经济和民生。

（一）2020年国内生产总值负增长

2020年第三季度，俄罗斯国内生产总值（GDP）倒退到2008年二至三季度水平，居民生活水平退回至十年前。

俄罗斯经济发展部在9月把2020年GDP降幅由5%调为3.9%，略低于全球GDP降幅（4.4%）。俄罗斯中央银行预测，2020年GDP将下降4.5%—5.5%，预计2022年中期经济可恢复到危机前（2016年）水平。

2020年12月初俄罗斯央行预计，俄罗斯2021年经济增长率为3%—4%，2022年为2.5%—3.5%，均低于经济合作与发展组织预计的世界经济增长率——2021年为4.25%，2022年为3.75%。

俄罗斯审计署署长库德林于2020年9月28日表示，俄罗斯经济好于预期，原先估计2020年GDP下降8%，现在看将下降4%—5%（2009年曾下降8%），但贫困人口会增加百余万，总数将超过2000万。

2020年1—9月，俄罗斯外贸额下降18.2%，其中出口额下降24.4%，服务贸易下降18.7%。

与此同时，国际货币基金组织于2020年8月预测，2020年俄罗斯GDP按购买力平价计，将超过德国，进入世界经济五强；按汇率计，2020年德国GDP则是俄罗斯的2.5倍。

（二）工业和运输业萎缩，粮食丰收

俄罗斯自2020年3月30日起因疫情而实施大规模隔离，到同年10月，发电、冶金、机械制造、采掘、铁路运输和输油分别下降3.8%、3.5%、6%、10%、6.3%和23%。

大多数企业需要财政支持，但政府财力有限，获得政府支

持的企业仅占五分之一。

内需产业和中小企业受打击最严重。2020年9月底到10月初的一周内，洗衣业和餐饮业收入分别下降32%和20%，30%的影院和60%—70%健身俱乐部到2020年底将关闭。2020年1—10月，收费服务额同比下降18%。疫情期间内贸市场萎缩，但网购销售额增长了20%。高科技产品进口依存度高达70%—90%。

俄罗斯农业“一枝独秀”。2020年农业产值增长3.3%，谷物收获量达1.25亿吨，仅次于创纪录的2017年（1.354亿吨），到2020年11月中旬，谷物出口量同比增长7.1%。预计全年能出口小麦3700万吨，蔬菜产量增长5.4%。2020年1—10月牛奶销售量同比增长5.6%。肉奶果蔬的进口替代接近于完成。为防国内食品价格上涨过快，2024年食品出口比2017年增长一倍的目标将推迟到2030年实现。

（三）油气出口量价齐跌，经济对油气的依赖“减轻”

2020年1—10月，俄罗斯出口天然气1570亿立方米，同比下降11.4%，出口收入为190亿美元，同比下降44.4%；原油出口19986.2万吨，同比下降11%，出口收入为603.26亿美元，同比下降41.1%，其中2020年10月情况尤为严重，出口量和出口收入分别下降25.3%和52%；石油产品出口11659.9万吨，与2019年同期持平，但出口收入同比下降32.1%。

2020年9月23日，俄罗斯总统普京在会见上院议员时谈到，俄罗斯经济已成功摆脱对石油的依赖，财政预算收入和经济不再严重受制于原料价格的波动。

多年前，油气曾分别占俄罗斯GDP、预算收入、出口额的30%、60%和70%。2019年，油气在预算收入中的比重为

40%。原先估计2021年这一比重将降至三分之一，但由于2020年油气出口量价齐跌，这一目标可能提前达到。

2020年俄罗斯油气出口量价齐跌有三个原因：全球新冠肺炎疫情大流行和2020年3月OPEC+减产协议谈判破裂，全球石油天然气需求暴跌；世界各国因新冠肺炎疫情普遍采取限制措施，全球燃料消耗量下降，市场供过于求；俄罗斯油气的传统买家欧洲近年来一直致力于推广绿色能源。

（四）财政收入略减，外汇储备充裕

俄罗斯在疫情期间能维持宏观经济稳定，主要得益于低国债和高储备。2020年第三季度，俄罗斯国债仅相当于GDP的18%，美欧日这一指标分别为127%、115%和257%。黄金外汇储备在2020年8月曾超过6000亿美元，创历史新高，直至12月初仍有5830亿美元。

乌拉尔油价2020年1—10月为40.81美元/桶，2019年同期为63.53美元。油价维持在40美元以上，俄罗斯财政可处于安全区间。预计乌拉尔油价2021年为50美元，2022—2023年为55美元。

货币贬值。卢布兑美元平均比价，在2020年1—10月为77.59：1，2019年同期为64.54：1。

资本流出加大。2020年前10个月净流出资本444亿美元。新增外国直接投资仅47亿美元，而2019年同期为242亿美元。

俄罗斯前几年财政有盈余，而2020年1—8月财政赤字为1.69万亿卢布，预计全年赤字相当于GDP的4.4%，2021—2023年赤字将分别降为2.4%、1%和1.1%。

2020年俄罗斯国家债务占GDP的17.8%，比2019年（12%）大幅度上升，预计2021年这一比例将上升到20%，但不会越

过安全线（20%）。2020年俄罗斯政府、企业和居民总债务将相当于GDP的140%，但远远低于全球（365%）、发达国家（430%）和发展中国家（250%）的平均债务水平。

俄罗斯黄金外汇储备一年增加500多亿美元，国际储备额占世界第四位。2020年11月1日，俄罗斯外汇储备为4441.88亿美元，央行黄金储备合1386.57亿美元，居世界第五位。外债仅相当于GDP的2%。

2020年10月中旬，俄罗斯国民福利基金存量合1760亿美元，足以在油价过低时补贴财政收入若干年。

（五）采取措施稳定经济

1. 调整经济发展目标

2020年7月普京颁令，放弃全球“经济五强”的目标，把2024年目标改为2030年国家发展目标，主要有：GDP增速高于世界平均水平，固定资产投资和非能源产品出口比2020年各增长70%，人均预期寿命达78岁，贫困人口比2017年减少一半，居民收入和退休金增长率不低于通胀率，教育质量和科技研发进入世界十强。

2. 稳经济，保民生

包括抗疫、减税等在内的政府反危机措施，总开支相当于GDP的5%。

（1）央行把基准利率从6.25%降到4.25%。俄罗斯银行以2%的优惠利率向企业提供了4060亿卢布贷款，供企业为职工发放最低月薪（12130卢布），如果雇主保留职工的工作岗位，其还贷将被减免。

（2）与社会保障无关的开支削减10%，国家军备计划削减5%。军费在财政预算中的比重将逐年下降，2020年占2.9%，

2021—2023年将分别为2.7%、2.6%、2.5%。2021年财政预算中国民经济开支（3.37万亿卢布，占15.7%）自2014年以来首次超过军费（3.11万亿卢布，占比14.5%）。

（3）2021年暂停公务员按比例提薪，推迟公务员工资改革，两年可省2000亿卢布；推迟按比例提高近千万名在职退休者的退休金，每年省4800亿卢布。

（4）居民购房抵押贷款优惠利率（6.5%，仅比央行基准利率高2.25个百分点）延续到2021年底，惠及120万—130万户居民。

（5）卷烟价格和消费税从2021年起提高20%。拟把年收入高于500万卢布的公民的个人所得税提高到15%（目前个人所得税率一律为13%），并提高采矿税。

（6）为鼓励国内游，政府拨款150亿卢布，国内游参加者每人返还现金5000卢布—15000卢布。

3. 制订《摆脱大流疫后果　复兴经济国家计划》

联邦政府于2020年9月25日通过的这个计划包括约500项措施，两年内总开支达5万亿卢布。

第一阶段从2020年第四季度到2021年底，解决三项任务：居民实际收入和国民经济稳定增长；恢复受损最严重的经济部门，包括中小企业；失业率降到5%以下。

第二阶段为2022—2024年，主要指标有：GDP年增长率高于3%，居民实际收入增长约2.5%，基本投资年增长率超过5%，非油气出口年增长率达到3%—4%。[①]

① Вспомогательные источники, в Кремле назвали факторы макроэкономической стабильности в России РТ, 8 декабрь 2020.

（六）经济将长期低速发展

俄罗斯审计署署长库德林预测，俄罗斯2021年经济增长率为2.3%，2022—2023年增长率为2.5%—2.7%。实际GDP要到2022年才能恢复到2019年水平。

俄罗斯经济增长率将比前苏联某些欠发达国家更低。预计乌兹别克斯坦、塔吉克斯坦、土库曼斯坦和亚美尼亚2021年GDP增长率将分别为5.7%、5.5%、5.2%和5.1%。

俄罗斯经济增长率长期低于中国和美国。2013—2019年的名义GDP，中国从9.635万亿美元增加到14.2434万亿美元，增长47.8%；美国从16.623万亿美元增加到21.0244万亿美元，增长26.4%；俄罗斯从2.279万亿美元减少到1.5859万亿美元，负增长30.6%。2000年以来，俄罗斯经济平均增速低于前苏联11个共和国，从2015年起低于包括波罗的海三国在内的“新欧洲”十国。

预计俄罗斯在世界GDP中所占比重将逐渐下降，与主要经济体的差距将继续拉大，经济重构将举步维艰，但是出现系统性金融危机的风险比较小。

三、民众支持政权，保证社会稳定

（一）民众相信国家，普京拥有很高支持率

多年前说过“有普京就有俄罗斯，没有普京就没有俄罗斯”的国家杜马主席沃洛金，在2020年中发表新见解：“我们的优势不在于油气——油气会跌价，我们的优势在于普京！”

全俄社会舆论研究中心2020年8月的民调表明，64.9%的

人表示“完全信任”或“基本信任”普京总统，与2019年同期的73%相比略有下降。

民调显示，76%的人认为国家能为普通人保证平等的发展机会。48%的人认为俄罗斯走在正确的发展道路上，持相反看法的占42%。

与此同时，50%的人感受贫困，71%的人认为社会不公，88%的人认为最大威胁来自国内。把贫富悬殊、官民矛盾和劳资矛盾看作主要社会问题的人分别占76%、61%和57%。以美国为首的西方借此丑化普京，鼓动抗议示威，希望以改善生活为目的的社会抗议与政治抗议融为一体，冲垮普京政权。

（二）人口情势继续恶化

俄罗斯国家统计局于2020年11月6日发布的数据显示，2020年1—9月出生人口为106.8万，死亡人口为145.5万，自然减少38.7万，为14年来最高；人均健康寿命仅63.7岁，为欧洲最低（最高为冰岛，71.9岁）。

劳动人口（20—64岁）比例继续下降，从2010年的66%、2015年的65%，下降到2020年的60.5%。预计2025年和2030年将分别下降到58%和56.5%，2050年将为55%。

俄罗斯人口将不断减少，从现在的1.46亿，减少到2050年的1.36亿、2100年的1.26亿。

（三）贫困率上升，但民生无虞

普京于2020年11月22日表示，俄罗斯社会经济的主要风险是失业率维持高水平，引起贫困率上升。

到2020年10月底，俄罗斯登记的失业人数为370万人，是2019年同期的5.4倍。2020年8—9月，失业率一度高达6.3%。

预计2020年失业率为5.7%，2021—2023年失业率将从5.2%降到4.6%。

俄罗斯公众舆论基金会2020年12月的民调显示，33%的俄罗斯人自认为是穷人，自认为富人的仅为1%；20%的人认为今后数年难有转机，40%的人认为，俄罗斯缺乏消除贫困的机会。

工资水平低。俄罗斯国家统计局2020年8月数据显示，中位数月薪为47600卢布，同比增长3.7%，扣除通胀因素，仅增长0.1%。中位数月薪最低的是文教和娱乐业职工，仅2.5万卢布。2020年1—9月，居民人均可支配收入同比下降4.3%，其中第二季度同比下降8.4%，创1990年以来新纪录。

消费萎缩。2020年11月服装的销售额同比下降20%，酒类销售额同比下降59%。

贫困率（2020年第二季度“贫困线”为月收入11468卢布）从2019年的12.3%升到2020年的13.3%，原定2024年实现的贫困人口减半（从2017年的12.9%下降到2024年的6.6%）的目标，不得不推迟到2030年实现。

2019年11月到2020年11月，食品涨价14%，已经引起俄罗斯总统和总理的关注。

尽管民生恶化，但不至于到“民不聊生”的地步。俄罗斯城市居民每户起码拥有0.06公顷别墅和果菜园用地。以21世纪初为例，俄罗斯人自产水果蔬菜在全国食品总量中占比为：土豆90%、蔬菜70%、肉奶约一半。

（四）缺乏鼓舞人心的远大目标

俄罗斯公众舆论基金会2020年11月的民调结果显示，49%的人对未来缺乏信心，68%的人认为现在不是规划未来的时候。

民众普遍认为，国家发展前景不明朗，唯一明确的前景是普京有机会执政到2036年。

俄罗斯曾多次发布“全国目标”，但有的过于具体，如“20××年进入世界经济五强”；有的明知实现不了，如“人口显著增加”“贫困率降低一半”。

四、军事：少花钱，多办事

俄罗斯经济衰退，财政趋紧，2020年国家军备计划削减5%，军费在GDP中的比重将逐年下降，2020年占2.9%，2021—2023年将分别下降为2.7%、2.6%、2.5%，国防部力争把钱花在刀刃上。

（一）制订2021—2025年国家防御计划

鉴于北约把俄罗斯定为主要军事威胁，《2021—2025年国家防御计划》认定主要军事威胁来自北约。

新版国防计划分析当前全球及俄罗斯周边地区安全局势，重点考虑北约方向日益增长的不安定因素，以及面临崩溃的核军控体系，确定未来五年在完善国家国防管理体系、优化武器装备、提高部队动员和组织战备水平等方面的主要任务。

北约在欧洲国家年度军事训练活动增加到40次。2020年北约军机飞行和舰艇航行次数分别增长33%和24%。

（二）巧用核威慑

普京总统于2020年6月2日签署《俄罗斯国家核威慑基本政策》，取代十年前颁布、现已到期的同类文件。新政策规定，只要有人朝俄罗斯方向发射弹道导弹，俄罗斯就可以发动报复性核打击。在这种情况下，弹道导弹安装的是常规弹头还是核弹头无法判别，因而无关紧要。这是对美国在战略军备领域搞模糊概念或“低当量核袭击”理念的有力反击。

俄军于2020年底举行进攻性战略武器指挥与发射训练，检验服役年龄已达11—30年的核“三位一体”亚尔斯洲际弹道导弹、战略导弹潜艇和图–160式与图–95MS战略轰炸机的效能。

（三）军费精打细算

俄罗斯是世界上为数不多的军费占GDP比重超过2%的国家，2020年军费占GDP2.9%，但绝对值不大，约合491亿美元，仅为美国的十五分之一。俄罗斯用军费的8%维护与更新战略武器库，保持与美国平起平坐的核大国地位；用少量高精尖武器维持军事技术的领先地位；对“库兹涅佐夫海军元帅”号航母、“纳西莫夫海军上将”号核动力巡洋舰等苏联时代留下的巨舰进行现代化升级改造；用廉价高效武器应对西方军事威胁，例如，排水量不足千吨的“暴徒”级小型导弹舰一次能齐射八枚“口径”巡航导弹，理论上能摧毁一艘航母；利用参与叙利亚和乌克兰等地区军事冲突的机会锻炼部队。

（四）提高现代化武器占比

2020年俄罗斯军队现代化武器占比由68.2%提高到70%。俄军获得106件飞行器、565件装甲车、436件火炮和火箭炮、两个师的“山毛榉–M3”系统和六个师的“铠甲”系统、六架经现代化改造的图–95MS战略轰炸机、22个“先锋”高超音速导弹系统等。俄罗斯海军于2020年6月12日列装改进型“北风之神”战略核潜艇“弗拉基米尔大公”号。

2021年俄罗斯将把批量生产的T–14“阿玛塔”新型坦克、苏–57第五代歼击机和S–500“普罗米修斯”反导系统列装部队。

（五）军队维护安全，支撑外交行动

2020年下半年，俄罗斯在南千岛群岛部署配备时速近1.5万公里的S–300B4反导系统，防范美国将在日本和韩国部署的中程导弹。

俄军于2020年11月强行维和纳卡，制止阿亚战争，挽救亚美尼亚，遏制土耳其对南高加索的介入。

俄罗斯准备在白俄罗斯西部加强军事部署，应对北约军事部署东移；组织预备队，预防白俄罗斯国内骚乱，支持卢卡申科维护主权独立。

为了对抗北约和打击索马里海盗，俄罗斯时隔20年重返印度洋，获得在苏丹建立俄罗斯海军物资技术补给站的权利，补给站将可同时停靠四艘舰艇，驻扎300名官兵，实为海军基地。①

（六）训练重实战

自2020年12月1日起，俄军正式转入2021训练年度。俄军在2021训练年度将有1.8万余次各种层次和规模的战斗训练活动，其中最主要的将是“西部–2021”联合战略演习。其主要任务是提高部队战斗训练的有效性，提高各类军人的实践技能，使兵团与部队、分队做好在严峻的世界军事政治形势中执行任务的准备。俄军将着眼于提高演习效果，根据现代武装冲

---

① “Сапоги в океанах. Зачем России военная база в Судане,” 11 декабрь 2020, https://carnegie.ru/commentary/83430.

突经验引进部队训练的新形式、新方法，参与2021年国际军事大赛。

俄军将吸取亚美尼亚和阿塞拜疆第二次纳卡战争的经验教训，增加打击敌方无人机的训练设备，组建打击无人机的战术小组。

俄军将参照阿富汗、北高加索和叙利亚城市环境中近战、中远程作战、山区与沙漠地带战斗行动的经验，在火力训练中增加部队战术射击训练的科目。

俄罗斯与美欧关系的微妙变化及发展趋势

王宪举

【内容提要】2020年俄美关系有新的变化，既有缓和之处，也有继续紧张之处。有所缓和的原因主要是中美关系急剧恶化、特朗普本人对美俄关系持积极发展的态度以及美国国内主张拉拢俄罗斯的力量推波助澜。关系继续紧张的原因在于俄美存在战略分歧、军备竞赛、地区争夺、意识形态冲突等结构性矛盾；俄罗斯与欧盟的关系由于纳瓦利内中毒和白俄罗斯局势等事件而受到严重影响，同时俄德合建的“北溪–2”天然气管道即将敷设完毕。拜登入主白宫后，俄美在延长《新削减战略核武器条约》、北极开发、太空合作等方面会有所妥协，但在地区冲突、人权等领域的争斗可能更加复杂。俄欧关系也可能更趋困难。

【关键词】俄美关系　俄欧关系　好坏参半　前景复杂

【作者简介】中国国际问题研究基金会研究员，中国人民大学—圣彼得堡国立大学俄罗斯研究中心副主任。

一、俄美关系好坏参半，忧大于喜

2020年10月7日，普京总统在接受全俄广播电视公司“俄罗斯–1”频道专访时表示，特朗普总统上任以来，多次表示支持发展美俄关系。但受制于美国遏制俄罗斯发展的战略，两国关系发展好坏参半。积极成果包括俄美双边贸易额明显增长，以及就稳定国际能源市场开展协作。与此同时，美对俄制裁达46次。特朗普政府退出《中导条约》，并宣布启动退出《开放天空条约》的程序——这对维护世界稳定与安全造成了危险。[①]

普京总统对于俄美关系一分为二的看法符合客观实际。

（一）俄美关系有所缓和

在2019年俄美两国关系有所松动的基础上，2020年俄美关系有了某些改善，双边关系的气氛有了较大变化，完全不像奥巴马时期那么敌对和僵冷。主要表现在五个方面：

1. 普京和特朗普多次互通电话

一年来普京总统和特朗普总统互通电话八次，双方都表示了主动性。在通话中，两位总统讨论了新冠肺炎疫情在两国的蔓延及俄美合作、两国协作稳定国际石油市场价格等问题。特朗普邀请普京参加扩大的七国集团（G7）峰会。

---

① 《普京谈俄美关系：受制于美对俄遏制战略　俄美关系近年来发展好坏参半》，光明网，2020年10月8日，https://m.gmw.cn/2020-10/08/content_1301643358.htm。

2. 互相提供治疗新冠肺炎的药品和设备

2020年3月30日，一架载有医疗设备和防护用品的俄罗斯飞机飞往美国。特朗普对这一“带有人道性质的帮助”表示感谢。2020年5月19日，美国政府高级官员表示，应俄罗斯协助抗击新冠肺炎疫情的请求，美国将向俄方免费提供200台呼吸机。虽然相互提供的药品并不多，但表现了相互同情、慰问和支援的姿态，与美国竭力抹黑和“甩锅”中国形成对照。

3. 共同纪念二战胜利75周年

2020年4月25日，为纪念二战期间美苏军队在德国易北河会师75周年，普京和特朗普发表联合声明，称美苏军队在易北河会师预示着纳粹政权的最终失败。“易北河精神”是俄美摒弃分歧、开展合作的典范。

4. 高层官员开始恢复互访

继2019年蓬佩奥和拉夫罗夫外长互访后，2020年8月25—26日，美国副国务卿比根对莫斯科进行了为期两天的访问。比根与拉夫罗夫外长会谈一个半小时，讨论了白俄罗斯局势以及俄罗斯反对派人士纳瓦利内中毒事件。俄美军控专家进行了三轮谈判，讨论是否延长《关于进一步削减和限制进攻性战略武器措施的条约》。

5. 美国政界、智库和新闻媒体对俄攻讦减少

2020年6月底至7月1日，俄罗斯就修改宪法举行全民投票。70.92%的选民支持宪法修正案，这使普京在2024年任期届满后可以继续参加两届总统竞选。如果在奥巴马执政时期，美国官方肯定会竭力反对，美国主要媒体也会大力抨击，但是这一次特朗普政府和美国媒体的反应却比较平和。

（二）俄美关系有所改善是双方互有需求

近年来，特朗普政府竭力遏制中国的快速发展，把中国作为美国的主要对手，在贸易、经济、金融、外交等领域全面打压中国。挑拨俄中关系，拉拢俄罗斯，削弱俄中战略协作自然成为美国调整对俄关系的重要考量。俄罗斯对外情报局局长纳雷什金透露，俄罗斯对外情报局“记录到某些美国政府官员与自己的合作伙伴交谈的情况，他们挑拨离间，企图使俄中合作产生分裂和争执”[①]。

特朗普本人毫不掩饰对发展美俄关系的态度。由于受到“通俄门”困扰，他执政的头两年施展不开拳脚。2019年4月18日，美国司法部发布“通俄门”调查结果，认为特朗普竞选团队或其他美国公民在大选期间均未与俄罗斯政府合谋，这为特朗普采取措施缓和美俄关系打开了“绿灯”。2020年特朗普与普京频频通电话，并邀请普京到美国参加计划扩大的七国集团峰会。美国参议院民主党领袖舒默称，美国历史上没有任何一名总统像特朗普那样支持美国的敌人。

特朗普调整对俄政策的做法得到美国一部分政治力量的支持。2020年8月5日，美国《政治》杂志发表103位美国前政要、驻外使节和专家学者联名撰写的题为“重新审视对俄政策的时机已经到来”的公开信，呼吁特朗普政府立即采取措施改善美俄关系。这些作者中，包括美国前国务卿乔治·舒尔茨、前国防部长威廉·佩里、前驻俄罗斯大使洪博培、前驻中国大使芮

① 《俄对外情报局局长：美国企图挑拨离间分裂俄中合作》，新浪网，2020年11月3日，https://k.sina.com.cn/article_6192937794_17120bb4202001etla.html?subch=onews。

效俭、著名国际政治学者约瑟夫·奈。公开信表示，美国对华政策能否成功实施，很大程度上取决于美俄关系的现状是否允许美中俄三方在一些最重要的问题上开展合作。美国现行的对俄政策，只会使俄罗斯更多地支持中国。把指针调到相反方向并不容易，但这应该成为美国的政策目标。①

对于特朗普改善美俄关系的做法，莫斯科积极相向而行，但是改善俄美关系的球是在美国一边。美国摇橄榄枝，莫斯科自然积极回应。2020年8月30日，俄罗斯前外交部长、俄罗斯国际事务委员会主席伊戈尔·伊万诺夫在俄政府机关报《俄罗斯报》上发表题为“俄罗斯与美国：寻求妥协的时候到了”的文章，对改进俄美关系提出了具体建议，其中包括：第一，俄美两国总统发表联合声明，强调核战争中没有赢家；第二，毫不拖延地、不附加任何先决条件地延长“新START条约”，同时开始就广泛的战略稳定问题进行密集磋商；第三，俄美两国应进行高层次磋商，可以由俄罗斯联邦安全会议和美国国家安全委员会进行对口磋商，评估双方对国际威胁和挑战等级的看法。伊万诺夫透露，还有其他一些建议，已通过不同渠道呈交给俄美两国政治领导人。

（三）仍存不少矛盾和分歧

虽然近年来俄美关系在某些方面有所改善，但仍存在不少问题。主要有以下五个方面：

① 参见周力《美国前政要的两封公开信及俄罗斯的反应》，中国网，2020年8月30日，https://baijiahao.baidu.com/s?id=1676436551160988326&wfr=spider&for=pc。

1. 战略分歧依旧严重

美国没有改变对俄遏制战略，关系缓和只是策略和手段的变化。

2. 军备竞赛依旧激烈

继美国于2019年8月退出《中导条约》后，2020年11月22日，美国政府宣布正式退出《开放天空条约》。普京总统对此予以严厉批评。同时，美国对延长《关于进一步削减和限制进攻性战略武器措施的条约》提出了一系列条件，俄外长拉夫罗夫称，华盛顿坚持的这些条件并不现实。

俄美在研制更先进的武器方面仍存在竞争。2019年10月31日，普京在俄罗斯西北部城市加里宁格勒视察“轰鸣”号导弹护卫舰。该舰配备了最新的“锆石”高超声速反舰导弹系统，俄罗斯专家称，目前世界上还没有什么反导防空系统能够拦截“锆石”导弹。

北约和俄罗斯的军事对峙依旧严重。北约在2020年12月2日发布的一份文件中称，俄罗斯采取的“果断的政策和激进的行动”对欧洲—大西洋地区的安全产生了负面影响，“从长远看，直到2030年，俄罗斯很可能仍将是北大西洋联盟的主要军事威胁”[①]。

3. 在地区利益方面的冲突并未缓和

2020年俄美在独联体地区、中东、委内瑞拉等地区和国家的争夺依旧激烈。2020年1月底至2月初，美国国务卿蓬佩奥访问乌克兰、白俄罗斯、哈萨克斯坦和乌兹别克斯坦，宣布

① 《提中国还不忘抹黑俄罗斯，俄媒：北约将“恐怖的俄罗斯”视为十年内最大威胁》，环球网军事频道，2020年12月2日，http://mil.huanqiu.com。

“新中亚战略”，即《美国中亚战略2019—2025：促进主权和经济繁荣》，包括“支持和加强中亚国家的主权和独立，促进美国对中亚国家投资”。俄罗斯媒体则称美国“新中亚战略”是对俄罗斯的“挑衅”。在中东地区，美方继续谴责俄方“干涉”叙利亚和利比亚事务。2020年5月下旬，美军非洲司令部发表声明说，鉴于俄军在利比亚部署了规模可观的空中力量，协助俄方支持的“利比亚国民军”，美方“可能将派兵去突尼斯”。

2020年8月9日白俄罗斯总统大选前后，美国提供资金支持白俄罗斯反对派，试图削弱俄罗斯在白俄罗斯的影响。美俄互相警告对方不要干预白俄罗斯内政。甚至对俄罗斯的斯拉夫兄弟塞尔维亚，美国也没有放过。2020年9月4日，塞尔维亚总统武契奇访问华盛顿，和科索沃“总理”霍蒂签署了经济合作协议。这被看作是特朗普的“一次重大外交成就”，因其削弱了俄罗斯对塞尔维亚的影响。

4. 经济贸易合作困境依旧

在俄美相互进行贸易制裁的背景下，2019年俄美贸易额达到270亿美元，比几年前的200亿增长了35%。2020年，俄美又在遏止国际市场石油价格下跌方面进行了一些合作。然而，在美国和欧盟继续对俄罗斯实行严厉的经济和金融制裁的条件下，俄美经贸关系难有大的发展。

5. 美国政界、新闻界和智库反对美俄关系缓和者大有人在

2020年8月5日《重新审视对俄政策的时机已经到来》的公开信发表后，仅过了六天，即8月11日，33名美国前驻外大使、美国军情部门高级官员和专家学者，包括美国前驻波兰大使维克多·艾什、前驻阿塞拜疆大使理查德·考兹拉里奇、前驻乌克兰大使威廉·泰勒、前国防部长主管欧盟和北约事务的

副助理伊恩·布热津斯基（老布热津斯基之子）、《美国利益》杂志主编查尔斯·戴维森等，就发表了题为“不，现在还不是重启对俄关系的时候”的公开信，反对“无原则”地改善美俄关系。

俄罗斯总统新闻秘书德米特里·佩斯科夫表示，普京清楚，在美国对于美俄双边关系有一种反俄立场。

二、俄欧关系更趋复杂

与前几年相比，2020年俄罗斯与欧盟的关系既不平衡，也更趋复杂。2020年6月29日，欧盟峰会再度以乌克兰停火协议没有得到全面执行为由，把针对俄罗斯的经济制裁延长至2021年1月31日。

这一年在欧盟国家中与俄罗斯关系变化最大的莫过于德国。2020年8月20日，俄罗斯反对派领导人纳瓦利内在西伯利亚城市鄂木斯克乘坐航班时感到身体“极度不适”，被紧急送医救治。经纳瓦利内夫人请求，纳瓦利内被送往德国一家医院治疗。德国方面称，纳瓦利内中了“诺维乔克”类型的神经毒剂。德国为此对其认为与此案有关的一些俄罗斯强力部门高级官员实施制裁，并暂停“北溪–2”项目建设。在德国的推动下，欧盟于2020年10月15日宣布对俄罗斯联邦安全局局长博尔特尼科夫、国防部副部长波波夫和克里沃鲁奇科等六名高官以及俄罗斯国家有机化学与技术科学研究所进行制裁。欧盟将冻结这六人和实体在欧盟司法管辖范围内的财产，禁止他们入境欧盟，禁止欧盟成员国公民和实体向他们提供资金。

俄罗斯不甘示弱，一方面与德国打口水仗，另一方面对欧盟实行反制裁。2020年10月14日，俄罗斯外长拉夫罗夫说，“俄罗斯可能冻结与欧盟的联系，以回应欧盟因俄罗斯反对派人士纳瓦利内疑似‘中毒’事件而对俄罗斯实施的制裁”。拉夫罗夫说，俄罗斯可能不得不暂时停止与那些负责外交政策、不理解相互尊重对话必要性的欧盟官员对话。[①]

此外，2020年10月23日，俄罗斯国防部召见德国驻俄罗斯武官，表示反对德国参加北约组织的涉核武军演。俄指责说，德国作为无核武器的北约国家派人员和飞机参加涉核武军演，公然违反了《不扩散核武器条约》。由于新冠肺炎疫情肆虐和双边政治关系的影响，2020年1—7月俄德贸易额为221亿美元，比上一年同期减少26.8%。2020年全年经贸关系也呈下降趋势。

俄罗斯与波兰的关系也更加紧张。2020年6月30日特朗普表示，美国将把驻德国的军队从5.2万人减少到2.5万人。波兰政府立即表示愿意提供20亿美元，接收驻德美军。2020年8月15日，波兰国防部长布瓦什恰克与到访的美国国务卿蓬佩奥签署《加强防务合作协议》，规定把美国从德国撤出的1000名官兵派驻波兰，使驻波兰美军增至5500人。美波协议遭到俄罗斯的反对。俄罗斯国家杜马国防委员会副主席什维特金称，美国在波兰增兵将导致俄罗斯增强这一方向的军力。

甚至连与俄罗斯关系一直比较密切的法国，在白俄罗斯总统大选后也不承认选举结果，明确支持反对派领导人季哈诺夫斯卡娅，并呼吁欧盟一起支持白俄罗斯反对派。这一立场与俄

① 《欧盟决定因“中毒”案制裁俄罗斯，拉夫罗夫：俄欧有停止对话的可能》，新华网，2020年10月14日，https://baijiahao.baidu.com/s?id=1680496257395099463&wfr=spider&for=pc。

罗斯发生了尖锐冲突。

但是欧盟不是铁板一块，意大利等国与俄罗斯的双边关系依旧比较密切。2020年3月21日，意大利总理孔特给普京总统打电话，请求提供治疗新冠肺炎的药物和设备。普京立即答应，派遣俄罗斯空天军十四架伊尔–76运输机向意大利支援大批物资。俄罗斯100多名专家组成的八支医疗团队也驰援意大利。俄罗斯与匈牙利、希腊等国的合作关系也依旧比较密切。

三、拜登执政后俄罗斯与美欧关系的前景

美国总统竞选期间，拜登在接受哥伦比亚广播公司（CBS）记者诺拉·奥唐奈采访时表示："我认为，就破坏我们的安全和盟友而言，美国目前面临的最大威胁是俄罗斯。其次，我认为最大的竞争对手是中国。这将取决于我们如何应对，应对的结果将决定我们是竞争对手，还是最终处于与武力有关的更为严重的竞争中。"

拜登在进行总统竞选时表示，"我将致力于延长《关于进一步削减和限制进攻性战略武器措施的条约》的期限。这是美国与俄罗斯之间战略稳定的基础，我将其当作军控新协议的基础"。拜登的主要目的是，在新冠肺炎疫情和恢复经济的复杂形势下，他的政府需要缩减美国在核武器方面的财政支出。美国副国务卿比根称："白宫的正式立场是：与莫斯科对话很有必要，但由于一系列原因，讨论的空间很小。美国在今后发展与俄罗斯的关系上存在两种态度，一种是继续施加压力以改变俄罗斯的'行为'，另一种态度是同时开展合作，建立使美俄关系向前发展的空间。"

俄罗斯外长拉夫罗夫表示，俄方对俄美关系“采取务实立场，对两国关系不持过高期待”。俄罗斯联邦委员会国际事务委员会主席康斯坦丁·科萨乔夫也认为，没有理由对拜登抱乐观主义态度。“美俄关系或许将停留在现在的‘冷点’，或许将变得更坏。首先是俄罗斯的近邻，如乌克兰。其次是在马格尼茨基、纳瓦利内等人权问题上”[①]。俄罗斯议会上院议员普什科夫预测，拜登政府可能在三个问题上对俄罗斯加强压力：第一，北约在反俄基础上更加活跃；第二，拜登可能增加与基辅的军事合作，对俄罗斯施加影响；第三，在保护人权和少数民族等意识形态问题上谴责俄罗斯。[②]

俄罗斯科学院美国和加拿大研究所所长瓦列里·加尔布佐夫则认为：“一旦拜登胜选，华盛顿和莫斯科围绕《关于进一步削减和限制进攻性战略武器措施的条约》的磋商将会恢复，并帮助达成延长条约期限的某种决定。但总的来说，不应指望两国关系改善。”[③]

与此同时，俄罗斯也表现出仍将积极努力的态度。拉夫罗夫表示，俄罗斯仍将继续寻找与美国的共同点，只要美国尊重俄罗斯的核心利益，俄罗斯已准备好“耐心地解决这些问题”。他说，虽然俄美关系短期内不太可能转好，但是俄罗斯不会放弃修复与美国的关系。

俄罗斯国际事务委员会主席伊戈尔·伊万诺夫于2020年11

① Иван Половинин,“Хрен редьки не слаще: чего российские политики ждут от Байдена,” газета.ру, 10 Ноябрь 2020, https://www.gazeta.ru.

② 同上。

③ 《俄专家预测：拜登胜选对于美俄关系来说不是好兆头！》,《参考消息》2020年11月12日。

月5日在俄罗斯《生意人报》上发表文章说，“出于许多客观和主观的原因，俄罗斯和美国在目前和未来很长一段时间内，彼此都不可能成为真正的战略伙伴”。不少俄罗斯人对民主党候选人拜登有些害怕，认为他可能对俄罗斯采取更强硬的立场（首先是在人权问题上），甚至会扩大本已相当严厉的对俄制裁。但是，俄罗斯对美国采取什么策略，十分重要。“俄罗斯力争与美国构建独立平等的伙伴关系。在短期的未来，两国仍然主要保持竞争关系，仅可能在个别的、相对狭窄的领域开展合作。鉴于此，符合俄罗斯利益的做法是构建一种能够降低有关开销和风险的俄美关系。”

伊戈尔·伊万诺夫建议，“符合我国利益的做法是维护好俄美关系中合作大于竞争的领域，如北极、太空、核不扩散、教科文联合项目和民间组织协作。在保住这些微不足道但存在互谅互信的领域之后，我们可以期待迟早会在其他更为敏感的领域用上这些经过保留和积累的积极经验”“如果双边关系渠道不畅，那么就需要积极利用多边机制。非常重要的是，要降低俄罗斯新闻媒体批评美国的热度”。

至于俄欧关系，2021年的发展趋势并不妙。全俄保险业工作者协会主席、俄罗斯国际事务理事会成员伊戈尔·尤尔根斯指出，本来最理想的方案是俄罗斯与欧盟联合，成为美国和中国之间的第三种力量，以便在三角关系中实现平衡。但是在白俄罗斯总统选举风波、纳瓦利内中毒等事件后，这个方案已经胎死腹中。俄罗斯与欧盟联合的机会之窗已经关闭，这使俄罗斯自然成为中国的盟友。①

① Игорь Юргенс, “Стать третьей силой,” газета.ру, 3 Ноябрь 2020, https://www.gazeta.ru.

俄罗斯副外长格鲁什科表示，俄罗斯与欧洲关系恢复正常需要满足三个条件：一是欧盟应放弃敌视俄罗斯的立场，采取协作立场；二是北约应停止遏制俄罗斯的举措，并放弃将俄罗斯再次拖入冷战的企图；三是欧洲国家应摆脱美国影响，在执行对俄政策方面体现自主性。但是众所周知，欧盟无法满足这三个条件。①

与此同时，俄德合作的“北溪-2”天然气管道已经敷设94%，2021年即将完工。俄罗斯与欧盟在新冠肺炎疫情后的经济复苏方面也互有需求。可以预计，2021年俄罗斯和欧盟的关系仍将复杂而曲折，与欧盟成员国的关系仍将呈现不平衡的状况。

① 《俄罗斯外交部说俄欧关系恢复正常需满足三个条件》，新华社莫斯科2020年2月16日电。

全球变局下的“欧亚乱局”

丁晓星

【内容提要】2020年新冠肺炎疫情大流行加速全球大变局演进，国际格局进入动荡变革期。欧亚地区虽非全球疫情最严重的地区，但也受到了较大冲击。疫情下，欧亚国家在政治、经济转型过程中的短板被迅速放大，社会治理中的问题凸显，各国疫情形势严峻，经济发展受阻，民生恶化。在此背景下，欧亚一些国家纷纷出现动荡。白俄罗斯政治危机持续数月；吉尔吉斯斯坦议会选举后出现骚乱；格鲁吉亚议会选举后，反对派组织大规模抗议；亚美尼亚与阿塞拜疆爆发第二次纳卡战争，战场上的失利引发亚美尼亚国内动荡。一时间，欧亚地区风高浪急，全球变局之中惊现欧亚乱局。欧亚各国的发展与稳定面临严峻挑战，欧亚地区总体进入新的发展困难期。在此背景下，俄罗斯在维护欧亚地区稳定方面的作用进一步凸显，但其近邻外交也面临诸多挑战。2020年，中国与欧亚各国的关系经受住了疫情的考验，与各国关系持续深化，但也面临一些新情况、新问题。

【关键词】欧亚地区　俄罗斯　白俄罗斯　吉尔吉斯斯坦　纳卡冲突

【作者简介】中国国际问题研究基金会研究员，中国现代国际关系研究院欧亚所所长。

2020年，在全球疫情的冲击下，欧亚地区各国艰难应对，经济普遍下滑，社会矛盾加剧，民众不满情绪上升。一些国家出现动荡：白俄罗斯、吉尔吉斯斯坦、格鲁吉亚政局动荡，亚美尼亚与阿塞拜疆之间爆发第二次纳卡战争。在俄罗斯的周边似乎形成了一条不稳定带，俄罗斯不得不采取措施，努力维护欧亚地区的稳定。

一、各国艰难应对疫情

欧亚地区尽管不是全球重灾区，但也受到了新冠肺炎疫情的较大冲击。截至2020年底，疫情仍在欧亚各国加速蔓延。俄罗斯总感染人数突破280万人，乌克兰接近百万人，格鲁吉亚、哈萨克斯坦、阿塞拜疆、白俄罗斯、亚美尼亚在20万人上下，摩尔多瓦近13万人，乌兹别克斯坦、吉尔吉斯斯坦近8万人，塔吉克斯坦有1万多人。俄罗斯因新冠肺炎死亡人数达4万多人，乌克兰达1.3万人，其他国家大多在几千人。[①]

欧亚各国的疫情出现于2020年3月中下旬，属于受新冠肺炎疫情冲击的第三波，除白俄罗斯没有实行隔离措施外，其他国家均实行了严格的隔离及防疫措施。大部分国家在4月初到6月初都实行了紧急状态，学校停课，商场歇业，航班停飞，边界关闭。但严格的防疫措施并没有带来预期效果，主要原因是

① 霍普金斯疫情统计网，https://coronavirus.jhu.edu/map.html。

民众并未严格执行隔离限制措施，未完全遵守佩戴口罩和保持社交距离等规定。2020年6月中旬，在经济停摆的压力下，各国纷纷放宽限制，复工复产。或许与季节有关，疫情扩散的速度暂时放缓。进入秋冬季后，随着天气转冷，欧亚各国疫情形势再度告急。俄罗斯日均新增感染人数持续在2万人以上，乌克兰日新增人数过万。2020年9月中旬，格鲁吉亚总感染人数才有2000多人，但进入10月后，日新增人数突破4000人。欧亚各国的高官也纷纷“中招”，俄罗斯总理米舒斯京、哈萨克斯坦首任总统纳扎尔巴耶夫、乌克兰总统泽连斯基都被感染。乌克兰除总统外，乌克兰议长、副议长、总统办公厅主任、副总理、财政部长、国防部长、卫生部长等多位政要也相继确诊。俄罗斯文化部长、建设和住房公用事业部长也感染新冠病毒。哈萨克斯坦下院议长、多名部长也先后被感染。

在疫情冲击下，欧亚各国均陷入困境。一方面要加强防疫，需要严格落实隔离措施，甚至再次实行紧急状态，另一方面经济如再度停摆，将影响大多数民众的生计。两难之下，欧亚各国均未实行全国范围内的隔离措施，仅加强了重点人群的防疫，实行远程办公方式，一些中小学停课，并加大对重症病人的救治。乌克兰政府决定到2020年11月底实施周末隔离措施，大部分餐饮、服务行业周末停止营业，防止人员聚集。俄罗斯希望疫苗能在未来发挥关键的防疫作用。2020年8月中旬，俄罗斯总统普京宣布，俄罗斯卫生部已首次对本国研制的一款新冠疫苗给予国家注册。这款新冠疫苗由“加马列亚”流行病与微生物学国家研究中心研发，被命名为“卫星V”。[①] 随后，

① Совещание с членами Правительства, 11 августа 2020 года, http://www.kremlin.ru/events/president/news/63877.

俄罗斯卫生部表示，第一批新冠疫苗将在两周内投入使用。医务人员和教师等接触儿童的工作者将接种第一批新冠疫苗。俄罗斯首个疫苗注册后，引发了不同的反应。西方国家纷纷质疑俄罗斯疫苗的安全性和有效性，但欧亚国家对俄罗斯疫苗寄予厚望，希望能尽早使用俄罗斯疫苗抗击本国疫情。2020年10月初，白俄罗斯开始为志愿者接种俄罗斯疫苗，希望能在2020年底前开始生产俄罗斯疫苗并投入使用，哈萨克斯坦也希望与俄罗斯合作生产疫苗。

二、经济发展普遍下滑

在疫情的冲击下，欧亚地区各国经济普遍下滑，经济发展严重受阻。2020年1—9月，俄罗斯GDP下降3.5%，全年下滑幅度在4%—5%。乌克兰GDP下滑5.5%，白俄罗斯下降1.3%，亚美尼亚下降6.8%，格鲁吉亚下降5.1%，阿塞拜疆下降3.8%，吉尔吉斯斯坦下降6%，哈萨克斯坦下降2.8%。只有乌兹别克斯坦GDP增长0.4%，塔吉克斯坦增长3.5%，土库曼斯坦增长5.8%。①

欧亚国家经济受冲击的原因主要有三个方面：一是国际油价低位运行。疫情严重影响全球能源需求，能源价格大幅下降。2020年1—9月，国际石油均价仅为42美元，直接影响到能源出口型国家的经济，如俄罗斯、哈萨克斯坦、阿塞拜疆、土库曼斯坦。据俄罗斯海关数据，2020年1—7月，俄罗斯石油出口收入439亿美元，同比下降37.7%，同期，石油出口量只

① 根据各国统计局网站整理。

下降了6%。同年1—7月，俄罗斯天然气出口收入125亿美元，同比下降了51.4%，出口量仅下降17.6%。① 二是隔离措施严重影响服务业。一些对服务业依赖比较严重的国家受到更大影响。如旅游业是格鲁吉亚经济的支柱产业，但疫情严重影响了旅游业。2019年格鲁吉亚接待了近900万外国游客，旅游业产值达30亿美元，占经济总量的五分之一；2020年其旅游业全军覆灭，90%的酒店、餐厅关闭，大量从业人口失业。② 三是侨汇收入下降。疫情和俄罗斯的经济危机使中亚各国在俄劳工陷入困境。2020年1—6月，吉尔吉斯斯坦、塔吉克斯坦的侨汇收入同比下降23%和38%。大量民众失业，数百万中亚人的生活受到影响。

面对疫情对经济的冲击，欧亚各国政府均采取了各种反危机计划。俄罗斯政府在疫情开始后连续推出三批反危机计划，2020年9月下旬正式推出总体反危机计划，准备划拨6.4万亿卢布的资金用于纾困。俄罗斯经济发展部指出，俄罗斯将投入GDP的5%—6%用于扶持经济。哈萨克斯坦政府的反危机资金投入也达到其GDP的5%左右，阿塞拜疆反危机资金投入占到GDP的4.1%。③ 同时，为刺激经济，增加流动性，欧亚各国的央行也纷纷降低利率。俄罗斯央行从2020年初开始，已三次降

---

① Доходы от экспорта нефти из РФ за 7 мес. снизились на 38%, природного газа – на 51%, 9 сентября 2020, https://neftegaz.ru/news/finance/629915-dokhody-ot-eksporta-nefti-iz-rf-za-7-mes-snizilis-na-38-prirodnogo-gaza-na-51/.

② Грузия без туристов, 31 октября 2020, https://www.kommersant.ru/doc/4550955.

③ А.Лампси, “Поддержка экономики в странах СНГ в период пандемии,” *Россия и новые государства Евразии*, № III (XLVIII), 2020 г, Ст 84.

低基准利率，达到了4.25%的历史低点。面对严峻形势，欧亚地区一些国家经济困难，不得不求助外援。吉尔吉斯斯坦从亚洲开发银行和欧洲复兴开发银行贷款用于危机计划。国际货币基金组织（IMF）向吉尔吉斯斯坦紧急提供了1.21亿美元用于抗击疫情。IMF于2020年5月初向乌克兰提供了50亿美元的贷款，用于帮助乌克兰应对危机。受疫情影响，塔吉克斯坦的赤字增加到3.1亿美元，IMF向塔吉克斯坦提供了1.89亿美元贷款。[①] 疫情严重冲击了欧亚各国的服务业，各国纷纷推出救助计划。哈萨克斯坦对中小企业免税三个月；俄罗斯降低了所有中小企业社保的缴纳额度，还对受损重点行业实行免税；塔吉克斯坦总统于2020年6月初签署了总统令，对旅游、航空、餐饮、酒店等行业实行五个月的免税。但新冠肺炎疫情持续蔓延，国际能源价格持续低迷，各国资金捉襟见肘，反危机计划对经济纾困的效果仍有待现实的检验。

三、各国政局风起云涌

在经济下降、民生恶化的背景下，欧亚各国的政局出现动荡。2020年8月9日，白俄罗斯举行总统大选，现任总统卢卡申科以80%的选票连任，但反对派认为选举存在严重的舞弊，拒绝承认选举结果，发动了持续多日的街头抗议。每逢周末，抗议人群就走上街头，要求卢卡申科下台，这一骚乱持续了四

① А.Лампси, “Поддержка экономики в странах СНГ в период пандемии,” *Россия и новые государства Евразии*, № III (XLVIII), 2020 г, Ст 84.

个多月，白俄罗斯出现了独立后最严重的政治危机。卢卡申科坚决捍卫其执政地位，强力部门也采取了各种措施应对抗议，最终控制住了局面。卢卡申科虽得到了俄罗斯的明确支持，但白俄罗斯已难以回到从前的平静，面临着修改宪法和权力交接的重担。2020年11月底，卢卡申科对外界称，待新宪法通过后，他将“不再担任总统”。[①]

吉尔吉斯斯坦于2020年10月初议会选举后，反对派认为选举存在严重舞弊，拒绝承认选举结果。抗议人群冲击总统府，导致总统下台，国家一度陷入无政府状态，各地出现打砸抢现象，一些外资企业受到冲击。乱世出枭雄，具有民族主义倾向的政治家——扎帕罗夫脱颖而出，控制了政权，吉尔吉斯斯坦局势逐步恢复稳定。临时政府已决定于2021年1月10日举行总统选举，18名候选人正式登记。扎帕罗夫还提出了修宪方案，计划引导吉尔吉斯斯坦重回总统制，强化总统的权力，这在吉尔吉斯斯坦国内引发了强烈不满。吉尔吉斯斯坦政局动荡的风险仍然存在。

格鲁吉亚于2020年10月底举行了议会选举，执政党“格鲁吉亚梦想——民主格鲁吉亚”党赢得选举，获得了150个议席中的90个。“统一民族运动”党等反对派拒绝承认选举结果，抵制新一届议会工作，策动街头革命，定期举行游行示威，扬言要推翻现政权。

摩尔多瓦于2020年11月初举行总统选举，亲西方派桑杜在第二轮选举中获胜，成为摩尔多瓦独立后的首位女总统。摩尔多瓦已明显分裂为亲西方与亲俄两大阵营。桑杜上台后，为

---

① Лукашенко заявил, что не будет президентом при новой конституции, https://ria.ru/20201127/lukashenko-1586633734.html.

获得对议会的控制权，其支持者又掀起街头政治，要求解散目前的议会。在对外关系方面，桑杜明确要求俄罗斯的军人撤出德左地区。摩尔多瓦与俄罗斯的关系有可能会恶化，德左问题也有激化的可能。

2020年欧亚各国出现的一系列动荡与骚乱并非偶然，究其根本，是各国在转型过程中所积累的问题的集中体现。独立30年来，欧亚各国在转型道路上荆棘载途，一些国家照搬西方民主模式，与本国国情水土不服，没有找到适合本国历史传统与现实国情的发展道路。政治上的多党制、选举制加剧社会分裂，催生政治乱象，社会思想混乱，民粹主义盛行，街头政治频发。各国在经济上实行自由化、私有化，走向野蛮的资本主义，工业凋敝，贫富分化，民生恶化。而新冠肺炎疫情加剧了各国的困难，放大了各国的治理短板，到选举等重大节点时，民众的不满情绪爆发，导致各国政局动荡生乱。

四、第二次纳卡战争

纳卡冲突有着复杂的历史背景与现实因素。历史上，南高加索地区历来是各大帝国必争之地，亚历山大帝国、罗马帝国、阿拉伯帝国、蒙古帝国、奥斯曼帝国、波斯帝国、俄罗斯帝国等纷纷染指南高加索，你方唱罢我登场。南高加索曾是奥斯曼帝国与波斯帝国两百年战争的主要争夺地，19世纪又被俄国纳入版图。苏联时期，中央政府将亚美尼亚人占大多数的纳卡划给了阿塞拜疆，亚美尼亚人认为这是“历史的不公”。苏联解体前后，亚美尼亚与阿塞拜疆因为纳卡地区的归属问题爆发了第一次纳卡战争，亚美尼亚占得上风，不仅控制了纳卡地区，还控制了周边的七个区，总面积占到阿塞拜疆国土面积的五分之一。冲突后，以俄罗斯、美国、法国为主席国的“明斯克”小组成立，亚美尼亚与阿塞拜疆就纳卡问题进行了持续多年的谈判，但始终没有突破。阿塞拜疆以武力解决纳卡冲突的意愿不断增加。2020年9月底，阿塞拜疆与亚美尼亚爆发了第二次纳卡战争，双方大打出手，造成了严重的伤亡。初步估计双方仅死亡人数就达六七千人，除此之外还有大量受伤者。2020年11月10日，在俄罗斯的调解下，双方终于实现停火。亚美尼亚在战争中失利，根据停火协议，亚美尼亚向阿塞拜疆移交纳卡周边地区的控制权，俄罗斯维和部队进驻纳卡。协议签署后，亚美尼亚国内出现骚乱，民众对战争结果强烈不满，要求现政府下台。

纳卡问题在此时爆发有以下原因：一是阿塞拜疆决定用武力解决纳卡问题。1994年停火后，阿塞拜疆丢掉了大片国土，将此视为国耻。为解决纳卡问题，阿塞拜疆多年来一直在备战。20多年来，阿塞拜疆从综合实力上看已全面占优。阿塞拜疆人口为亚美尼亚的3.3倍，经济总量是亚美尼亚的3.7倍，军费开支超过亚美尼亚的预算总开支，是亚美尼亚军费开支的5—6倍。二是阿塞拜疆得到了土耳其的全力支持。土耳其近年来调整外交政策，与西方关系逐渐恶化，地区野心不断膨胀，意欲恢复昔日奥斯曼的荣光。土耳其介入叙利亚、利比亚内战，全力支持阿塞拜疆动武，在南高加索地区扩大影响。三是疫情之下大国无暇顾及。美国、欧盟、俄罗斯都忙于自身事务，介入纳卡的意愿下降，阿塞拜疆看准时机，既可收复领土，也可转移国内抗疫不力的矛盾。

阿塞拜疆一举扭转此前的被动局面，通过44天的战争达到了20多年没有达到的目标，收回了纳卡周边地区，并在未来的谈判中取得有利地位。虽然第二次纳卡战争告一段落，但纳卡地区的法律地位问题仍未得到解决，亚美尼亚国内的激进派也不甘心失败，未来双方仍有可能爆发冲突。同时，南高加索地缘形势发生巨变，阿塞拜疆与土耳其联盟的影响上升，格鲁吉亚也将与其加强合作。亚美尼亚战败，国内动荡加剧，亚美尼亚十多个反对党发起“救国运动”，要求总理帕希尼扬引咎辞职。

五、俄罗斯成为欧亚地区的“稳定器”

2020年，俄罗斯局势总体平稳，经受住了疫情的考验，并在欧亚地区发挥重要的“稳定器”作用。2020年初，普京总统就开始布局2024年问题，1月中旬更换了政府，米舒斯京成为新一届总理。米舒斯京上任后积极应对疫情，出台反危机计划，总体表现尚可，在俄罗斯受信任的政治家中排在普京之后，位居第二。[①] 2020年6月24日，俄罗斯举行修宪公投，修改了1993的宪法，普京获得了2024年后参加总统竞选的资格。此外，宪法还规定了国内法高于国际法，官员不得拥有外国公民身份，扩大议会在组建政府过程中的作用，扩大公民福利等内容。[②] 俄罗斯经济虽受疫情冲击，但俄罗斯相对从容，出台了多项反危机计划，经济下滑的幅度小于预期。统一俄罗斯党

① Дмитрий Орлов, “100 ведущих политиков России в ноябре 2020 года,” 2 декабрь 2020, https://www.ng.ru/ideas/2020-12-02/7_8029_100.html.

② Как изменится Конституция России. Главные поправки, 02 июл 2020, https://www.rbc.ru/politics/02/07/2020/5e689b689a7947e1824b2770.

在2020年9月举行的地方选举中全面获胜，进一步巩固了执政地位，为2021年的杜马选举打下了基础。

俄罗斯维护欧亚地区稳定的特殊作用凸显，近期在欧亚各国出现的危机中都发挥了举足轻重的作用。在白俄罗斯的政治危机中，俄罗斯力挺卢卡申科，强调卢卡申科是合法总统，坚决反对西方插手白俄罗斯事务。在俄罗斯的支持下，卢卡申科维护住了政权，难以被反对派推翻。由于西方加大了对白俄罗斯的制裁，未来白俄罗斯外交可能向俄罗斯“一边倒”，加速俄白联盟建设步伐。在吉尔吉斯斯坦的骚乱中，俄罗斯也发挥了关键作用。普京派出总统办公厅副主任科扎克赴吉访问，帮助吉尔吉斯斯坦稳定形势。吉尔吉斯斯坦新政权也强调与俄罗斯的特殊关系，认为俄罗斯是吉尔吉斯斯坦最重要的战略伙伴。第二次纳卡战争爆发后，普京多次打电话给亚美尼亚和阿塞拜疆的领导人，积极斡旋。俄罗斯采取的“相对中立、劝和促谈、守住底线”的政策，总体积极有效。11月10日，在俄罗斯的努力下，俄、亚、阿三国首脑就纳卡冲突达成停火协议，俄罗斯立即派出了近2000名维和人员进驻纳卡，纳卡战争终于实现了全面停火。

2020年下半年以来，俄罗斯周边地区一系列的动荡，并不能说明俄罗斯对周边地区作用的下降，反而可以看出美西方在欧亚地区的影响已江河日下。在白俄罗斯的政治危机中，美欧有心无力，对白俄罗斯没有实质性制裁。在纳卡冲突中，作为“明斯克”小组主席国的美国和法国，在此次纳卡战争中，作用严重下降，未能对局势实施任何影响。特朗普对纳卡复杂的历史背景毫无所知，甚至认为让亚美尼亚与阿塞拜疆停火是

“小事一桩”[①]，沦为笑柄。俄罗斯立场相对中立，得到了亚阿双方的信任。俄罗斯发挥了任何国家和国际组织都发挥不了的作用，只有俄罗斯才能让双方停火，只有俄军才有可能进驻纳卡，俄罗斯在南高加索的特殊影响凸显。此外，在美欧影响下降的同时，权力的真空迅速被一些地区大国所填补，如波兰和土耳其。波兰在白俄罗斯危机中走上前台，十分活跃，全力支持白俄罗斯反对派，波兰甚至批评欧盟对卢卡申科立场过软。土耳其则强势介入南高加索事务，在战争中全力支持阿塞拜疆，不仅向其提供武器装备，甚至还向纳卡地区派出雇佣兵。拜登当选美国总统后，美欧关系可能得到恢复，美欧或许将改变此前在欧亚地区较为消极的政策，与俄罗斯在该地区的地缘博弈可能上升，俄罗斯、西方、地区大国多个玩家的合纵连横将使今后欧亚地区的地缘态势更为复杂。

六、中国与欧亚地区各国关系经受住考验

新冠肺炎疫情发生后，中国与欧亚地区各国互帮互助、同舟共济，谱写了共同抗疫的合作篇章。中国疫情发生后，各国对中国都提供了援助，俄罗斯援助中国大量抗疫物资。中国疫情稳定后，欧亚地区的疫情加重，中国向欧亚各国提供了更多的防疫物资。中俄领导人多次通话，中俄关系经受住了疫情的考验，合作更加紧密。2020年1—10月，中俄贸易额达881亿美元，同比下降仅2.3%，出口增长0.9%，进口下降4.8%，考

① Трамп назвал конфликт в Карабахе “легким случаем,” https://ria.ru/20201025/karabakh-1581486370.html.

虑到能源价格下跌的因素，中俄贸易量其实增长不少。[①] 同年1—10月，中国与哈萨克斯坦贸易额达182亿美元，同比增长2.4%，从哈萨克斯坦进口增长了14%；中国与乌克兰贸易额达117亿美元，疫情下同比增长了20%，从乌进口增长75%；中国和亚美尼亚贸易额增长43%；中国与白俄罗斯贸易额也增长了4.2%。[②]

但新冠肺炎疫情也对中国与欧亚地区国家的经济合作带来不小的冲击。一是人员往来因疫情受阻，隔离措施影响到经济活动，一些合作项目被迫停工。疫情缓解后，各国需要采取措施使经济合作尽快回到正常轨道上来。二是欧亚地区部分国家形势动荡，风险上升。如在吉尔吉斯斯坦的骚乱中，一些中资企业受到冲击。扎帕罗夫以民族主义著称，他以前曾多次主张将一些矿产企业国有化，吉尔吉斯斯坦当局对外资的政策也将有可能影响到中吉合作。未来，中企在欧亚地区投资需做好前景调查，树立风险意识，增强风险防范能力。三是债务风险。在疫情冲击下，各国经济困难，债务风险上升。截至2020年7月，吉尔吉斯斯坦外债总额达41.7亿美元，对华债务有17.7亿美元，占比42%。塔吉克斯坦外债总额有39.6亿美元，对华债务占比36%，约为11.3亿美元。新冠肺炎疫情严重影响经济，各国为应对危机，不得不继续大笔借债，偿还债务的能力下降，中国可能面临一些国家债务违约的风险。

但同时，在危机中育有新机。中国与欧亚各国的合作也面

① 《2020年10月进出口商品国别（地区）总值表（美元值）》，中华人民共和国海关总署网站，2020年11月23日，http://www.customs.gov.cn/customs/302249/zfxxgk/2799825/302274/302277/302276/3395832/index.html。

② 同上。

临新机遇。中国是世界上唯一实现正增长的主要经济体，中国拉动世界经济的作用更加凸显，对地区经济的稳定作用也进一步增强。中国将坚持多边主义和共商共建共享原则，推动高质量共建“一带一路”，推进同欧亚各国发展战略和互联互通规划对接。疫情以来，中俄贸易紧密度进一步提升，跨境电商等新业态蓬勃发展，能源等战略大项目稳步推进，2020年以来俄罗斯对华农产品出口同比增长27%，中国成为俄罗斯农产品第一大进口国。中国从乌克兰的进口同比增长了72.8%，主要是从乌克兰进口的铁矿石和农产品大幅增长。未来，可以进一步对接“一带一路”与欧亚经济联盟建设，促进双边贸易投资尽快回到增长的轨道，进一步促进农业、交通、能源、基础设施等领域的合作。中国与欧亚地区各国还可以加强疫苗、医药研发合作，发掘数字经济、电子商务等新合作领域的潜力。

第四章

欧洲内伤医治不易
对华关系竞合并行

新冠肺炎疫情冲击下欧盟内外处境与发展趋势

孙海潮

【内容提要】新冠肺炎疫情充分暴露出欧盟领导力和执行力的严重缺陷，对欧洲建设的冲击将是长期的。欧盟各国经济和社会秩序的恢复前景并不乐观，有关经济救助计划的落实前景尚难预测。恐怖主义卷土重来，且与欧洲和中东国家的宗教与文明冲突交织在一起。欧盟反对美国从阿富汗和伊拉克撤军的战略考虑，即是基于恐怖威胁依然严重这一现实情况。欧美关系在特朗普当政期间受到根本性撼动，白宫易主符合欧洲期盼，但欧美关系改善的局限性仍然存在。双方都面临社会分裂和经济危机困局，"内伤深重"，医治不易。

【关键词】新冠肺炎疫情 欧盟经济与社会危机 文明冲突 欧美关系改善的局限性

【作者简介】中国国际问题研究基金会欧洲中心主任、高级研究员，中国前驻外大使。

欧洲在"紧张与恐惧"的状态下送走"极端困难的2020年"，在神经极度紧绷的状态下迎接"仍旧是前途未卜"的

2021年。

一、新冠肺炎疫情使欧洲建设之路更加坎坷

随着秋冬季到来，欧洲重新成为新冠肺炎疫情重灾区，每天感染人数达到数十万，医疗资源近乎枯竭。感染和死亡人数一直保持的“高平台期”，又呈现出爆炸性增长的失控状态。上半年控制较好的中东欧国家，也随着第二波疫情的到来而成为高风险地区。捷克上升为欧洲患病率最高的国家，每10万人里有591人确诊，远高于西班牙（299人）和荷兰（387人）。由于担心经济影响导致社会动荡的执政困难，欧盟各国普遍执行表面“宽严相济”实为“睁一只眼闭一只眼”的隔离政策，英国、瑞典等则提出后来被认为极端荒唐的所谓“群体免疫”举措。第二波欧洲疫情患者的年龄中位数，已从第一波的60岁下降到37岁左右，20岁以下的年轻人成为感染人数上升最快的群体，而且一半以上为无症状感染者。欧洲疾病预防控制中心数据同样显示，欧洲第二轮疫情整体感染患者趋于“年轻化”，多国内阁成员和政党领导人也相继被感染。奥地利880万人口，每天感染人数达5000多人，成为感染最为严重的国家之一。法英德等10多个国家相继宣布将进行全国性“封锁令”，在卫生紧急状态下实施宵禁，遏制疫情发展，以免酿成国家灾难。

欧洲多国因“最严峻卫生灾难”而宣布进入卫生紧急状态，但仍未能阻遏病毒在更加广泛的地域范围内快速传播。由于政权结构和政党政治的致命弱点，以及以个人为中心的社会形态，使得各国均无法有效应对新冠肺炎疫情这样超大规模的公共卫生事件。新冠肺炎疫情使近年来持续处于历史最困难时

期的欧盟经济遭受重创，各国一直在“救人与救经济”间摇摆，两者皆误。

2020年11月举行的年度巴黎和平论坛，主要内容是如何有效地应对新冠肺炎疫情。马克龙总统在视频讲话中强调“合作与国际团结”，要将新冠疫苗纳入“全球公共产品”策略框架，落实“获得抗击新冠肺炎工具加速器”（ACT-A）机制和“新冠肺炎疫苗实施计划”（COVAX），提供20亿剂疫苗，其中一半提供给发展中国家。法国将为“新冠肺炎疫苗实施计划”提供高达1亿欧元的资金，再为世界卫生组织提供5000万欧元，通过创新融资来寻求新的财政来源。法国作为世界疫情最严重的国家之一，马克龙的讲话难有号召力，法国希望在抗疫问题上发挥大国作用的努力自然大打折扣。

欧美之所以错过中国为世界抗疫争取的极为珍贵的两个月“窗口期”，首先是因为“傲慢与偏见”的惯常心理作祟，不屑于学习中国经验；其次是源于所谓的“制度优越与先进医疗技术”自信；最后是隔岸观火“看笑话”，甚至认为病毒不会在欧美传播。欧盟一些国家曾向中方提供过援助，美国口头援助却率先对华禁飞，并派出专机从武汉撤侨。当疫情迅速暴发并使欧洲成为“震中”之后，各国在惊慌失措之余争抢和截留过境的医护物资，英国、瑞典等国则提出被医界彻底否定的所谓“群体免疫”怪论，实际上是为无能解脱。瑞典成为北欧感染人数最多和感染率最高的国家。瑞士惊呼“医院业已爆炸”。

新冠肺炎疫情在欧洲迅速蔓延开来后，各国虽相继出台不同形式的隔离措施，但执行情况极不乐观。一是早已确定的大型群体活动如法国的半程马拉松赛事因经济原因照常举行；二是反对党和极端组织借疫情扩大影响，阻挠政府决策；三是民众绝不容许“个人自由”受限和抵制政府的惯性心态使然，“是否应该戴口罩”竟然成为一个大问题。各国均发生“反口罩”大游行，多人因劝说别人戴口罩而遭痛殴甚至被杀害。特别是政府担心经济损失而难以下决心采取果断措施，只能“进一步退半步”或“进一步退一步”。“居民半隔离，商业半关闭”状态无法阻断病毒传播，感染人数长期处于高平台期，更为后来的疫情大暴发留下巨大隐患。欧盟各国领导人对此十分清楚，却无力改变。

欧洲第二波疫情面积更广且迅速失控。2020年10月16日，主持欧盟峰会的欧盟委员会主席冯德莱恩因其接触者的新冠病毒检测结果呈阳性提前离会，第二次自我隔离。出席峰会的芬兰总理马林因同样原因提前离会。波兰总理莫拉维茨基因正在隔离而不能与会，改由捷克总理巴比什代表波兰参会。奥地利外长沙伦贝格的新冠病毒检测呈阳性，疑是在出席欧盟外长会议期间被感染。奥地利全部内阁成员接受检测。欧盟已决定下次峰会只能在线上举行。波兰总统杜达继英国约翰逊首相之后被感染，乌克兰总统泽连斯基与数名阁员及议长、副议长相继被感染。

第二波新冠肺炎疫情在高平台基础上暴发，迫使各国政府出台严厉的限制外出和强制隔离措施，民众经济活动基本停滞，文化与商业活动全面停摆。马克龙宣布巴黎大区和里昂、马赛等大中城市进入最高警戒状态，实施宵禁。默克尔指出德国处于极为严峻的大流行阶段，关闭酒吧、餐馆，禁止群体性活动。舆论惊呼“经济寒冬将至”。

欧盟虽是27国的领导机构但能力极为有限，成员国整体上仍在自救模式中挣扎。政府每项措施都要预留操作空间，为免民众抱怨而提前数天宣布，人们排长队采购生活用品，同时为各种抗议活动提供了时间和场所，结果却使感染人数直线上升，连创新高。

政府为遏制疫情持续蔓延而采取的行政限制措施引发了众怒。西班牙和意大利各地均发生大规模抗议游行，与警察发生激烈冲突。法国关闭所有“非必要性”小商店，只允许大型超市限流营业，由此引发了“不正当竞争”抗议。法国牧师要求政府解禁教堂弥撒活动，因为“上帝必会保佑祈祷健康的信众”，疫情不能干扰“信仰自由”。法国在举国禁足的情况下，仍允许1200万学生于2020年11月2日照常开学，老师、工会和社会各界极感忧虑和愤慨，不少老师罢课抗议，许多教员要求提前退休。法国“黄背心”运动为免遭“遗忘”而在两周年之际组织全国大游行，数十万人连续抗议“全面安全法”，并大肆打砸抢烧。

欧盟向来自诩为世界上最为成功的主权国家联合体，但在此次新冠肺炎疫情中其统管和协调能力低下的弊端却显露无遗。欧洲成为“震中”后，成员国“自扫门前雪”和封锁边境，欧盟领导机构因力有不逮、无所作为而备遭诟病。德法经过长时间协商并与欧盟成员国艰难协调后，终于在2020年7月的峰会上达成总额为7500亿欧元的抗疫财政和经济复苏计划。但此计划仍在峰会上遭到“节俭国家”的强烈抵制，“各方都较满意”的方案实为“各方都有保留”，如何落实尚难预料，而财政和金融扩张造成的“财政悬崖”问题更无答案。时隔数月之后，峰会通过的经济救助计划仍难以落实，波匈两国于2020年11月中旬联名致函其他成员国，认为该计划把经济援助与“司法独立和法治国家”相联系，是以此为借口粗暴限制成员国主权，两国因而对该计划和2021—2027年10000亿欧元的欧盟预算动用否决权。欧盟为寻求妥协，随即进入新一轮磋商。欧盟轮值主席国德国总理默克尔再次哀叹：“我们浪费了太多时间，新冠肺炎疫情进入第二波，欧盟随之进入第二场决策危机。”

新冠肺炎疫情使欧盟的领导力和执行力缺陷暴露无遗。各国相继宣布第二次“大隔离”和宵禁，甚至“封国”。严厉的“禁足”和关闭餐饮业以及“非必要性商业活动”仍不足以阻遏感染人数快速攀升的势头。欧盟舆论已改称其为“第三波疫情”。综合有关情况分析，欧盟疫情的“高平台期”短期内难有改观。新冠肺炎疫情和经济危机互为因果，各国疲于应付，效果却极其有限。法国无家可归者人数已达30万，是2012年的两倍。凝聚力下降使欧洲一体化建设陷入停滞期，不排除因内部分歧增多而在某些领域有所倒退。

二、恐怖主义卷土重来折射两大文明冲突

2020年10月16日，法国中学历史与地理教师塞缪尔·帕蒂因向学生讲解穆罕默德漫画而惨遭斩首。这是在西方国家首次出现“伊斯兰国”组织所实施的极端残酷的恐怖行为，全法国陷入极度悲愤，举世震惊。马克龙总统宣布要坚决打击“伊斯兰分离主义”并捍卫共和国价值观和言论自由，被土耳其总统埃尔多安要求进行精神检查，进而扩散为法国与伊斯兰世界的重大外交危机，招致广泛批评，引发了抵制法国商品的运动。随后，法国尼斯和奥地利首都维也纳又发生了系列恐怖袭击事件，马克龙重申“绝不退缩”，欧盟强烈谴责恐怖行为并明确指出伊斯兰极端势力是在向西方价值观和文明开战，欧洲恐怖主义威胁进入新阶段。欧盟各国加强对清真寺等伊斯兰宗教场所的控制，两大文明的冲突凸显。法国要求强化申根共同签证区边境审查，同时派出特使前往阿拉伯各国，解释与极端

宗教势力斗争和驱逐激进宗教人士的立场，争取对法国“基本自由与拒绝仇恨”行动的谅解和配合。

马克龙认为，以伊斯兰极端分子为主的恐怖主义已在全球范围内形成不同的组织，在法国和奥地利发生的恐袭事件表明风险无处不在。马克龙提议设立欧盟边境，申根区国家“暂时”恢复边境控制。舆论称欧盟各国强化治安和移民监管，政策“右倾和保守化”趋势明显。

2001年的“9·11”事件是美国本土有史以来遭受的最重大打击，美国当即率领北约盟国进入阿富汗，世界历史进入新阶段。2003年3月，美国开辟伊拉克战场，妄图通过“全面反恐战争”推动所谓的“大中东民主计划”，实现世界霸权的全球战略。美国反恐的结果是中东成了国际恐怖主义的大本营，不但催生出了“伊斯兰国”这样极为残酷的恐怖组织，而且使恐怖主义迅速全球化，非洲也成为恐怖主义疯狂肆虐的大陆。欧洲不只遭受恐怖主义之害，来势凶猛的中东难民潮更对欧洲造成了前所未有的冲击。

法国希拉克政府虽然参与了阿富汗战争，但坚决反对美国入侵伊拉克，继任的萨科齐政府则积极配合美国对利比亚进行军事干预。奥朗德政府是第一个承认叙利亚非法政权的西方国家。2004年3月，西班牙马德里火车站发生大规模恐怖爆炸；2005年9月，英国发生伦敦地铁连环恐怖大爆炸。法国政府在追随美国干预中东局势之后，反复告诫国民，法国遭受严重和大规模恐怖袭击只是时间问题，而结果不幸被其言中。法国近年来一直是被以极端伊斯兰分子为代表的国际恐怖主义为害最烈的西方大国。欧洲其他国家的恐怖威胁同步上升。欧洲各国有数千人通过不同渠道前往伊拉克和叙利亚参加“圣战”，不论是战死或被俘，都会成为国家的沉重负担。其中多人从战场返回后，策动恐怖袭击，制造社会混乱，后果和损失严重。

2015年11月13日，法国巴黎发生系列恐怖案件，130人死亡，近400人受伤，震惊世界。2016年7月14日法国国庆节当晚，在尼斯观看焰火的人群遭到恐怖分子驾驶的载重卡车碾轧，当场84人死亡。举国欢庆日顿时成为全民哀悼日。2015年以来，法国共发生20起恐袭事件，另有19起未遂，61起被破获。2020年9月以来的恐袭事件使法国的警戒级别提升至最高级。法国在坚持把恐怖主义列为最大威胁的同时，也对国内极端势力的思潮进行坚决斗争和打击。2017年以来，法国已关闭了356个极端宗教场所，428个外国激进分子被驱逐出境，并强制解散50多家与激进伊斯兰思潮相联系及与国家法律相抵触的社团组织。内政部长热拉尔·达尔马南指出，法国反对激进伊斯兰主义的斗争从未如现在这般果敢，马克龙是行动最为决绝的总统。

马克龙要求以强硬手段铲除恐怖主义，因为“共和国受到了攻击”“绝不能坐视，蒙昧主义不会得逞”。法国共和党议员斯奥蒂说:“面对激进伊斯兰主义，不能再退缩，我们处于战争之中。不能只是说说而已了，不能再半推半就了，不能再怯懦了！为了战而胜之，必须行动起来!”极右政党领导人勒庞号召发动对伊斯兰主义的战争，通过武力把伊斯兰主义赶出法国。法国受伊斯兰主义危害既苦又深，彻底改变现状已刻不容缓。

法国政府迅速采取行动，231个外国人被驱逐出境，百余名在网络上策应和同情恐怖行为者，以及数十名与激进分子有牵连者相继被捕。多家清真寺被关，10多个伊斯兰社团机构被取缔。马克龙强调，现在已不再需要发表什么声明，民众需要的是行动，政府将采取密集的具体行动来对付极端伊斯兰主义，“对共和国的敌人不能有一分钟的宽恕”。

欧盟委员会指出，在奥地利发生的系列恐怖事件是由“伊斯兰国”组织的同情者所为，“伊斯兰国”组织当即宣布负责，说明极端宗教势力和国际恐怖主义是对全欧洲宣战而非仅是针对法国。马克龙与到访的奥地利总理库尔茨、欧盟委员会主席冯德莱恩、欧洲理事会主席米歇尔，以及德国总理默克尔、荷兰首相吕特举行小型视频峰会，就欧盟反恐议程、强化欧盟情报和警务合作、提高申根区签证管理和外部边界管控达成一致。

欧盟各国一致认识到立法惩治极端宗教分裂活动的紧迫性和必要性，欧盟27国元首发表联合声明，强调团结反恐的重要性，但要从根本上解决问题恐非一时之功。在经济持续低迷而且还将长期停滞的形势下，外籍移民的处境势必更加艰难，仇外导致的社会对立情绪居高不下，极端思潮和极端势力导致的社会动荡难以彻底消弭。美欧国家要摆脱恐怖主义危害，殊非易事。

美国为一己私利进行选择性反恐、工具性反恐、目的性反恐，信誓旦旦地在阿富汗和伊拉克进行反恐战争，都已彻底失败。全球唯一超级大国率领北约盟国组成的15万大军，以世界最先进的武器，与塔利班这样根本不成建制的游击武装开打，誓言以泰山压顶之势把对方碾成齑粉，最终却不得不因这“史上最长的战争”失败而屈尊求和，并在伊拉克也遭受相同命运。伊斯兰教与基督教两大宗教之间的冲突，仍是当今世界的最大矛盾之一。

美国总统选举后，欧洲国家出于对特朗普政府的失望和厌恶，迅速祝贺拜登当选，法德英领导人抢先与拜登通话表达与之合作的愿望。时任国务卿蓬佩奥执意要在离任前访问法国、土耳其、以色列、阿拉伯联合酋长国和沙特阿拉伯五国。法国总统府公报指出，马克龙总统已祝贺拜登当选，蓬佩奥坚持来访只能接待，但所谈内容将全部向拜登团队通报。法国外长勒德里昂在会谈中反对美国从阿富汗和伊拉克撤军，称恐怖主义仍是世界面临的最大威胁。土耳其总统埃尔多安针对蓬佩奥会见东正教领袖支持宗教自由的行为，要求“美国最好自己照照镜子，想想美国的种族主义、反伊斯兰倾向、各种仇恨犯罪”。法国和土耳其两国领导人对蓬佩奥来访的态度，既说明了欧美对恐怖主义的不同态度，也显示出西方与伊斯兰世界价值观冲突的现实。

三、欧美关系会有改善但限制因素仍然存在

欧洲是美国战略盟友最多和最为集中的大陆。特朗普执政四年以来，欧美关系受到的撼动是系统性和根本性的，欧洲对2020年的美国总统选举的关注度持续高涨，而且毫不掩饰希望白宫易主的思想。欧洲舆论和欧盟领导人也从不掩饰对特朗普的厌恶和排斥态度。特朗普与默克尔极为糟糕的个人关系已成为欧美关系持续恶化的最佳注解。特朗普执政四年间，受破坏最大的实际是盟友关系。欧盟领导人明确表态，若特朗普连任美国总统，“大西洋变宽”的趋势和速度还将加快。

特朗普先后抛出“北约过时”“欧洲欠美国保护费”“欧盟与美国竞争”“欧盟没有前途且即将崩溃”“英国脱欧有理别国亦将仿效”“德国独大”“经贸上严惩德国”等贬低欧盟特别是德国的言论和观点，欧盟极感愤慨又深感不适。特朗普发动全球性贸易战，首先从对盟国加征钢铝制品关税开始，继而扩大

到其他领域，不时对德国的“制造业命门”汽车业发出威胁。2018年，美国国务院把欧盟驻美使团列为“国际组织”，遭欧盟强烈抗议。马克龙要求“美国明确对欧盟的立场和定位”。

2017年的意大利七国集团峰会（G7峰会）是欧美关系的转折点。默克尔称此为“困难的峰会”，指出特朗普在会上“陷入孤立”“欧美信赖关系业已结束”“由于美国政策的变化，欧盟已成为参与国际事务的主要因素”“当前形势下，太多的理由促使欧盟把命运掌握在自己手中”。2018年加拿大G7峰会被戏称为“G6+1”峰会，特朗普拒绝在联合公报上签字。2019年法国G7峰会时，马克龙决定不再发表联合公报。曾经对世界政治和经济形势发挥过重大影响的G7峰会，沦落为一个清谈论坛。2020年的G7峰会因新冠肺炎疫情数度推迟，轮值主席特朗普邀请其他六国领导人于2020年9月到华盛顿开会，默克尔首先表示反对。

英国是美国最忠实的盟友，战后以来，“美英特殊关系”无处不在。英国作为老牌欧洲国家，同样以欧洲的视角看待和分析特朗普的执政风格和所作所为。2018年特朗普访英一再推迟，最后才借美国大使馆落成之机进行工作访问。其间，特朗普先是在白金汉宫的甬道上大模大样地横在女王前面，后是参观丘吉尔故居时一屁股坐在严禁触摸的沙发上。2019年特朗普再次对英国进行国事访问时，特朗普再次又因在晚宴上抚摸女王后背的“失礼动作”引发议论。英国与欧盟一道，明确反对特朗普政府退出伊核协议、《巴黎气候协定》、联合国人权理事会和世界卫生组织。

2020年11月3日，美国历史上最动荡和最诡异的总统大选终于有了结果，欧盟由对特朗普继续执政的担心和焦虑，转变为对拜登所说的“美国将重新领导世界”寄予极大期待。欧盟领导人认为的“消极和恶劣”的特朗普“狂妄与无能却极具破坏力”，已由“制造危机与分裂”发展为“播种仇恨与暴力”，对特朗普坚称“永不言败”和“永不放弃”不以为然，切盼拜登取而代之。欧盟的“特殊盟友”英国政客也力劝特朗普“切勿再固执地破坏民主法则”。欧洲安全与合作组织报告指称，特朗普毫无根据地指控选举存在“系统性不当行为”，“损害了公众对民主制度的信任”“削弱了公众对国家机构的信心，增加了选后出于政治动机的暴力活动的可能性”。

欧盟舆论认为特朗普的一页业已翻过，欧美共同行动以应对全球性挑战的一页业已开启。法国总统马克龙希望与拜登“共同应对今天的诸多挑战”。英国首相约翰逊“急切地希望在气候变化、贸易和防务等共同优先的问题上密切合作”。德国总理默克尔强调“如果能够克服当前的重大挑战，就说明跨大西洋友谊无可取代”。欧委会主席冯德莱恩和欧洲理事会主席米歇尔希望重建“稳固的跨大西洋伙伴关系，共同应对新冠肺炎疫情、多边主义、气候变化、国际贸易等领域的挑战”。北约秘书长斯托尔滕贝格称赞拜登是“坚强的北约派”，表示“一个强有力的北约对美国和欧洲都是好事”“热切地期待与拜登一起工作”。

2020年11月10日，法德英三国领导人相继与拜登短暂通话。马克龙希望在气候变化、卫生、反恐、基本权利等重大国际问题上与美国“共同行动”，拜登回称将重建美法双边关系，特别是通过北约和欧盟来重建跨大西洋关系，在防疫、气候变化、非洲安全与发展问题上合作。约翰逊急切地希望加强英美伙伴关系。

欧洲领导人迫切希望与美国重建被特朗普搞乱的跨大西洋关系，同时承认要想恢复如初已无可能。如特朗普2017年6月宣布退出《巴黎气候协定》，2020年11月4日即总统选举次日才走完有关程序正式退出，拜登虽表示入主白宫当日便宣布重返该协定，但重新谈判和签署亦将颇费时日。2019年10月，美国根据世界贸易组织的裁决，因欧盟对空客公司进行违规补贴，对欧盟75亿美元的商品加征关税，欧盟当即作出相应反制。2020年9月，欧盟同样根据世界贸易组织的裁决，因美国对波音公司进行违规补贴，对美国近40亿美元的商品加征关税，并于2020年11月10日生效。欧盟并未因拜登当选而避免与美国的关税战。欧盟舆论指出，拜登上台并不能改变跨大西洋关系中的大部分分歧，欧美仍将不时发生危机，不应对跨大西洋"重返美好时光"抱有更多幻想。欧盟已决定在拜登执政后即刻就欧美关系举行磋商，但要"一项一项来""还要根据拜登的态度决定进程，不能操之过急"。

美国政权交接难以顺利进行。拜登首先要整理特朗普留下的烂摊子，"特朗普因素"造成的国家意识大分裂难以弥合，宪政危机极易酿成政治灾难。新冠肺炎疫情既是特朗普落选的重要因素，也是对拜登新政府的严峻考验。拜登已警告说"美国因疫情而面临寒冷的冬天"。若短期内抗疫和挽救经济难以见效，而且肯定不会疾速生效，共和党必会借机发难。美国政党极化和族群分裂与欧洲类似，两者相互渗透和影响，社会肌体疲劳和老化程度相同。外交是内政的延续，内政不靖何谈外交？"内伤深重"的美国数年内难以恢复元气，拜登"修复"美国道阻且长。

由于欧美利益分野越来越明显，不可能在所有问题上都采取一致立场，欧美只能根据利益的需要而进行"选择性合作"。欧盟对美国控制的警惕性明显提高，法德关于欧洲战略自主的呼吁直指美国。但欧美关系肯定会在拜登执政后有较大改善，欧美在捍卫共同价值观方面也会有更多联合行动，在国际事务中的协调也会加强。欧盟现在也面临疫情失控、经济寒冬、恐怖主义卷土重来、与阿拉伯国家关系重趋紧张等严峻问题，解决问题的前景极不乐观，不会因美国改换领导人而得以缓解。欧美都需要先解决自身的问题，而且都将长期难以摆脱自身困局。

国际关系变局下的德国对华政策走向

梅兆荣

【内容提要】2020年5月27日德国总理默克尔以下半年轮值欧盟主席国名义，就德国和欧盟的外交与安全政策作了阐述，核心内容有三点：一是要推动欧盟团结，一致对外；二是把欧中关系定为重点，实质是更加聚焦中国，以维护欧洲的价值观和利益；三是强调美国是欧洲最重要的伙伴，同美国、北约的合作是德国和欧盟的根本利益所在。接着德国外长和防长先后发表文章或演讲，提出要同美国开启跨大西洋伙伴关系新开端，加强欧美合作，以维护欧洲价值观和利益不受中俄侵蚀。德国联邦总统、德国联邦议会外事委员会主席、德国下届总理候选人和前总理分别就对华政策和欧美关系发表各自意见。经济界就是否应减少对中国市场的依赖进行了讨论，反对“不该过度依赖中国”这一说法。

【关键词】国际关系　默克尔政策　政要表态　企业反应　对策建议

【作者简介】中国国际问题研究基金会高级研究员，中国前驻德国大使。

当今世界正处于百年未有之大变局，习近平总书记这个精辟论断具有极其丰富而又错综复杂的内涵。“大变局”的主要表现是国际力量对比发生了重大变化。大国关系和国际秩序的变化随之显现，不同意识形态和社会政治制度的斗争加剧。大变局的诸多因素中，举世瞩目的主线是中国在中国共产党领导下走出了一条成功的中国特色社会主义道路。中国坚持独立自主，以实现中华民族伟大复兴和全国人民对美好生活的向往为奋斗目标，通过不断深化对内改革和对外扩大开放，依靠全国各族人民的艰苦努力，已从昔日的贫穷落后、备受欺凌向富起来和强起来快速发展。中国的经济实力不断攀升，科技进步日新月异，综合国力持续增强，国际话语权明显提升。广大发展中国家备受鼓舞，越来越多地向中国靠拢，而以美国为首的西方大国则对中国的快速发展深感“不安”和“焦虑”，甚至产生了“危机感”。为维护他们的霸权或优势地位，西方集团想方设法对中国进行遏制和打压，并污名化中国。

2006年，欧盟出台的第六个对华政策文件一改其前五个对华政策文件的积极基调，把中国的定位从“发展中国家”改为“经济强国”和欧洲未来十年的“强劲竞争者”，提出要对中国推行“利益对利益”的强硬政策，并要求中国承担更多“国际责任”。就在那个时候，德国前总理施密特向笔者发出警告：“现在欧洲人已意识到中国正在成为其竞争者，美国人还没有。你们要做好思想准备，一旦美国人也认识到中国成为其竞争者，他们会像当年对付日本那样，把美国的所有困难和问题都栽在中国头上。”特朗普上台后打压中国的所作所为，完全证实了施密特的预言。

欧盟多数成员国作为北约成员与美国结盟，而德国以其经济科技实力在欧盟拥有举足轻重的地位，在对华政策上也具有引领或风向标作用。2020年5月27日，德国总理默克尔借阿登纳基金会安排的一次小型视频会议，就下半年德国轮任欧盟主席国期间的外交与安全政策作了清晰明确的阐述，核心内容有三点：一是要推动欧盟团结协作，一致对外，即“用一个声音说话”，成为“团结一致、具有行动能力、起塑造作用的力量”“在这个不稳定的世界上扮演稳定锚角色”。二是把欧中关系列为外交政策的重点。默克尔称，“欧洲人必须认识到，中国以何等决心要在国际框架的现有结构中占有领导地位”“中国是一个在法治、自由、民主和人权问题上同我们有深刻差异的国家”“我们之间隔着原则性分歧”“但这不应该成为不进行交流对话和合作的理由”“维护欧洲的价值观和利益需要进行坦率而批判的建设性对话”。三是强调“欧洲最重要的伙伴是美国”。“尽管目前同美国的合作十分困难”，但“同美国、北约的合作和联盟关系现在和将来都是我们外交与安全政策的中心支柱”“这根支柱不仅要维护，而且要加强，这是德国和欧洲的根本利益所在”“只有同美国和北约相互依存，欧洲才能在世界事务中发挥重要作用”。默克尔还强调，“欧洲是政治西方的一部分”，只有“作为西方价值观和利益共同体的可靠伙伴行事，欧洲才能在世界上维护自己的利益和价值观”。这显然是默克尔代表德国和欧盟的政策宣言。

分析默克尔的上述讲话，并联系她的一贯表现和近期一些德国政要的言论，不难看出以下意图和特点：

第一，默克尔把轮任欧盟主席国看作发挥德国领导作用的重要“机会”，借以引领和锁定欧盟的内外政策走向，并作为她卸任后留下的“政治遗产”。需要指出的是，默克尔对近年来欧盟内部的矛盾重重和裂痕累累早已流露出危机感。她想把欧盟整合成思想统一、步调一致的统一体，目的是增强欧盟的对外分量和影响力，防止成员国在英国脱欧的影响下“脱缰”，并制约中东欧国家同中国的“17+1合作”。但当务之急还是要解决新冠肺炎疫情和经济下滑两大难题。默克尔为此高调提出，必须凝聚一切力量，战胜新冠肺炎疫情并恢复经济，使欧洲“再次强大起来”。为稳定欧盟，先是缓解南欧国家对欧盟总部和德国的不满，默克尔改变了过去反对实行“共同债务”的立场，接受法国的意见，推动欧盟设立总金额为7500亿欧元的“复苏基金”，其中3900亿欧元为无须偿还的“救助金”，主要用于救助南欧特困国家。接着又推动欧盟就2021—2027年的欧盟预算达成一致，默克尔还放风德国将增加防务费用，加强共同防务，以促进欧洲“战略自主”和建立“自主欧洲”。但欧盟内部矛盾繁多，且非短时期内能够解决。尤其是新冠肺炎疫情出现第二波高峰，欧洲成了继美国之后西方国家中疫情肆虐的“震中”，德国束手无策，欧洲经济也不容乐观。

第二，把欧中关系定为对外政策重点，表面上似乎突出了中国在德国和欧盟对外关系中的分量，特别是中国市场对德国经济的重要性，并表明当今世界解决全球性问题需要中国参与，但实际含意却是把中国列为当前需要着力与之竞争的大国，同时推动解决中欧之间讨论已久的一系列具体问题，为德国和欧盟谋取实利。主要是：利用特朗普极限打压中国之机，迫使中国在中欧投资协定最后谈判中作出欧方要求的让步；在气候变化和环境保护方面敦促中国承诺更多义务；通过“协调”对非工作，借助中国的优势促进欧非合作；为疫情过后，借助中国的合作为德国和欧盟实现经济复苏未雨绸缪。

第三，体现了默克尔政府对华政策的三个核心要素。一是推行“价值观外交”，即以意识形态和政治制度划线，以西方的法治、民主、自由和人权观审视、渗透和演变中国，不认可中国根据国情和自身利益自主选择发展道路和模式并决定治国理念和规章制度的权利。人们注意到，面对中国的政治经济制度取得越来越明显的成效并得到国际社会的认可，德国先是惊呼中国的政治制度“削弱了西方政治制度的吸引力”，接着明言这是对西方的制度性威胁，并于2019年春天推动欧盟把中国定位为“利益平衡的谈判伙伴”“技术领域的经济竞争者”和“制度性对手”。与此同时，德国政客纷纷散布新版“中国威胁论”，打着法治、民主、自由、人权的幌子，借涉疆、涉港等问题攻击中国，强调欧洲必须联手美国才能应对中国。二是以零和博弈思维谋求利益最大化。一方面要利用中国“充满活力的”巨大市场谋取巨额经济利益，另一方面高喊“再平衡”，指责中国“政府干预市场”“国家提供补贴”“强制外企转让技术”“市场开放不对等”“知识产权保护不力”，等等，要中国按德方要求“开放市场”“改善营商环境”并遵循德方所说的“对等”原则。与此同时，德国收紧了对华技术转让，废弃了“德国工业4.0”和“中国制造2025”战略对接合作的共识，还制定法律限制中国企业并购或投资德国高新技术企业和关键性基础设施项目。一位德国高级外交官公然宣称，理想的中德互补关系应是德国在中高端科技领域保持领先地位，而中国停留在中低端。三是受制于亲大西洋情结的惯性思维。默克尔政府强调美欧在政治制度和意识形态上是“同质国家”，不能忘记二战后“马歇尔计划”扶持德国和欧洲的恩惠，欧洲的安全需靠美国“保护”，只有欧美联手才能战胜中俄。据此，除非自身重大利益受到美国打击而不得不有所反抗，通常情况下特别是在地缘政治和安全问题上，往往不分是非曲直，总要同美国尽可能保持一致。面对美国在贸易征税、防务开支、“北溪-2”管道建设等问题上的打压，以及特朗普公开支持英国脱欧和

“毁约脱群”的一系列单边主义行动，包括默克尔在内的德国政治精英虽内心深处强烈不满，有时也公开发泄愤懑，但很少敢于强烈抗争或采取反制行动。

值得注意的是，继默克尔上述讲话之后，德国外长马斯于2020年10月25日在《星期日世界报》上发表题为“是启动跨大西洋伙伴关系新开端的时候了”的署名文章，呼吁欧美加强合作，并提出五点“理由”：（1）尽管美国总统选举中的一些言论“令人担忧”，但美国的制度和宪法都足以让人对美国抱有信心。（2）美国“新当选总统”的主要任务将是弥合选战中被进一步撕裂的社会，其对世界事务的参与将会减少，为此欧洲要确保自己有能力独立应对好家门口的危机，加大对欧洲安全和共同能力建设的投入，实现欧洲独立自主，但这不意味着要背离跨大西洋伙伴关系。（3）美国两大党都将中国的崛起视为重大战略挑战，新一届美国政府将把政治和军事资源转向亚太，德国塑造的对华关系也蕴含着跨大西洋合作的新契机。德国如能推动中国在开放社会、人权和民主标准、公平贸易、自由航道及数据和知识产权保护等方面遵守国际标准，美国也将从中获益。美德如在世界贸易组织中“用一个声音说话”，而不是相互加征关税，也就能在诸如强制技术转让或同国有企业打交道等方面确立新的标准。（4）欧美分歧只会让中、俄、伊朗和朝鲜获益。美欧因地缘和历史不同而对俄、中、中东、非洲和“印太”的政策有差异，但不同的方法可以相互促进，殊途同归。（5）不论美国大选结局如何，德美两国都信仰民主、自由和个人尊严。为开启新的跨大西洋议程，德国联邦政府将在美国大选结束后尽快提出相关建议。

无独有偶，2020年10月23日，德国基民盟主席、联邦国防部长卡伦鲍尔发表演讲也大谈德美价值观和制度的共性，惊呼西方的价值体系“处于危险之中”，声称面对“俄罗斯的明显强权行径”和“中国的全球霸权野心”，美欧只有联手才能“保住西方”，而归属西方对德国和欧洲是个“命运攸关的问题”。卡伦鲍尔为此向美国做了两点保证：一是将认真对待美国要求德国增加防务费的意见；二是在国际贸易问题上，反对中国“长期操纵货币”“攫取知识产权”“不对等的投资条件”和“通过国家补贴扭曲竞争”。卡伦鲍尔暗示，德国在打压中国的目标上同美国是一致的，只是不能赞同特朗普的单边主义、“关门”政策和“脱钩”趋向。卡伦鲍尔建议欧美从强化西方贸易联盟出发，签订一项取消所有关税和贸易障碍的欧美协议。

马斯和卡伦鲍尔的上述言论，似反映了德国领导层的心思，即趁美国选举闹剧行将结束之机，通过向美国献殷勤和表忠诚，并以欧美须共同维护西方的价值观和利益、免受中俄侵蚀为抓手，推动美国“新当选总统”启动跨大西洋伙伴关系的新开端。马斯、卡伦鲍尔的文章和讲话还暴露出德国领导层的两面算计：一是既要借助美国打压中国来助力德国压中国让步的图谋，又要以德国压中国让步取得成功来博得美国的信任和重视；二是以欧盟的利益代表出现，保证欧洲忠于跨大西洋联盟，强调欧洲安全离不开美国“保护”，这显然旨在谋求美国接受欧盟某种程度的自主性和德国在欧盟的领导地位。

在默克尔、马斯和卡伦鲍尔发表上述政策主张之后，其他一些德国政要也纷纷就如何应对中国和塑造欧美关系表态。德国联邦总统施泰因迈尔欢呼拜登胜选给德国和欧洲带来三大好处：欧美将为维护西方民主制度的未来重新走到一起；美国有望重返《巴黎气候协定》，并就世界贸易组织、北约和伊核问题加强合作；欧洲将不再受美国离间。施泰因迈尔还指出，美国战略重心将转向亚太，欧盟应在安全防卫等领域推动“战略自主”，但如何应对“愈发强硬的中国”“行事消极的俄罗斯”“难以掌控的土耳其”以及撒哈拉以南非洲地区的不稳定，“亟须答案”。以亲美反华著称的德国联邦议会外事委员会主席罗德根认为：中国因实力强大、科技进步和“强权政治”而对欧洲和西方构成巨大挑战。欧洲必须站在强势一边，首先要保持自身团结并统一对华政策，在人权保障问题上占领优势地位并保持工业技术竞争力。拜登胜选后，跨大西洋伙伴关系将重获生机，要利用中国的邻国和欧洲对中国追求统治地位的抵制。德国和欧盟只要成为欧洲的“安全巨人”和“稳定锚”并对周边地区施加影响，美国就越能集中精力关注中国和美国在印太地区的角色。拜登上台为推行共同的对华战略带来了希望，美欧及亚洲民主政权联手就拥有足够的塑造力量，在与中国的制度竞争中占据优势。德国应调整对华战略，不要只考虑经济方面，还要强调安全问题和国际竞争，“在技术愈发成为权力基础的时代，欧洲应同盟友一起从协调技术层面做起”。

德国前联盟党议会党团主席、下届总理候选人梅尔茨认为：欧洲在价值观同盟内始终与美国站在一起，但中美欧三方均为全球市场的竞争者，德国不应陷入在中美之间进行选择的境地。跨大西洋关系的问题主要出在欧盟自身不够团结。德国对华经济依赖和对美安全依赖一样都是问题。欧洲需要在安全防卫、重要物资供应等方面加强自主性。德国前总理施罗德指出：拜登也无法令跨大西洋关系回到过去。特朗普执政的四年只是延续了早已出现的离心趋势。欧洲对中国强势寻求自身利益不应生气，也无法令其改变。为保证世界经济平稳运行、应对气候变化以及移民和疫情的挑战，欧洲需要中国。把中国视为对手将会失败。拜登治下的调门会趋向缓和，可以解决某些争端，但欧洲认知中的西方阵营已成历史。欧洲应在新的世界政治环境中彻底重塑跨大西洋伙伴关系。欧洲不应沦为中美两极的附庸，而应独立自主地参与世界政治。欧盟应在外交、安全、经济、财政、社会等领域迅速融合，为此成员国将不得不放弃部分国家主权。最重要的不是“重振”跨大西洋关系，而是在中美博弈的背景下自主自强地屹立于世界舞台。

综观德国政要的上述言论，对华政策中的负面因素较之过去更加清晰并有所发展，但德国也不是铁板一块。回顾默克尔担任联邦总理以来的中德关系，不乏德方损害中国核心利益的行径，导致两国关系受挫并短期跌入低谷。但经中方斗争后，德方有所收敛，中德关系总体上仍有很大发展，合作与交流特别是在经贸领域达到前所未有的水平。这是因为：德国统治精英虽与美国在意识形态和政治理念上有共同点，但不具备谋求世界霸权的实力，其不光彩的历史也有制约作用；中德同为制造业和出口大国，双方经济结构上互补性强，互有合作需求。德国作为出口型经济体，难以放弃中国的巨大市场。尽管解读不尽相同，两国在重大国际问题上还有不少共同利益。例如，两国都支持以联合国为核心的国际体系发挥作用，都支持经济全球化和多边主义，都主张通过政治手段和平解决国际争端。中德之间没有历史纠葛，也不存在现实的双边地缘政治冲突。尽管德国媒体的涉华报道比较负面，但客观理智地认知中国力量的上升。特别是德国经济界多数出于自身利益，仍希望同中国保持和发展互利共赢的合作关系。一个突出的例证是2020年10月19日，德国经济亚太峰会就“在寻求替代方案与不依赖中国就没有出路之间应如何决策”问题进行的讨论。西门子总裁兼德国亚太经济委员会主席秉承联邦政府于2020年9月出台的《新亚太外交指导方针》关于“不该过度依赖中国”的指导思想，强调德国企业应在亚洲寻找替代方案。但经济界特别是德国汽车行业都强烈反对。戴姆勒集团总裁表示："未来10年世界经济最大的增长将来自中国，说德国过度依赖中国是错误的，这将会让我们错失很多机遇。我们将继续依赖中国市场的购买力。"杜伊斯堡—埃森大学汽车研究中心主任指出，依赖与否是市场决定的，而不是政治家可以"决策"的。经济专家德来赫尔表示，如果政界强迫企业与中国脱钩，将带来巨大的经济损失，没有一家企业希望这么做。2020年12月4日，德国《经济周刊》发表大众汽车集团董事长的谈话称："截至10月底，大众汽车在华销售量占总销售量的40%，占中国市场的五分之一。中国市场的规模未来几年还将翻倍，大众将相应地加大对华投资。在大众新疆厂内，没有迹象显示存在侵害人权行为。若德国企业仅在符合自身价值观的地区做生意，将损失巨大。企业没有承担政治功能的任务。"了解内情的一位观察家早些时候还指出，德国虽于2019年春推动欧盟宣布中国为"制度性竞争对手"，但此后默克尔"敏锐地意识到自身的脆弱性""在是否跟随华盛顿公开对抗北京这个问题上变得犹豫不决和谨慎"，因为她"既要保护德国的经济利益，又要提防随心所欲、不可预测的特朗普"。默克尔拒绝参加特朗普旨在拼凑反华联盟的七国集团峰会，表明默克尔在中美之间的激烈博弈中有意避免明显地"选边站队"。默克尔在欧洲议会回答提问时又称："接下来几年，我们应对中国的挑战在于，必须在利益和价值观之间作出很好的平衡。"而马斯最近回答《明镜》周刊采访时也表示："欧洲无意对华完全脱钩。"

总的来看，未来中德关系中冲突和龃龉可能会增多，合作与斗争相互激荡会更加突出。我们必须始终保持坚定的政治定力和清醒的头脑，尤其要对德国的两面性提高洞察力，并密切观察美国新政府与欧洲之间达成什么样的“新交易”。从当今世界国际关系全局看，特别是着眼于集中力量对付主要对手，对德国和欧洲仍应大力做工作，晓以利害，包括进行必要而恰当的斗争，促使德方遵循相互尊重、求同存异、平等互利、合作共赢的原则行事。争取德国保持与中国相对稳定的合作伙伴关系，这不仅符合双方利益，也是互为需要。

第五章

亚太安全面临困境
中日关系平稳发展

中美战略博弈与亚太地区安全：困境和破局

杨希雨 张 键

【内容提要】当前，中美关系已经发生深刻的结构性变化。美国在亚太地区秉持以同盟体系为基础的植根于冷战的集体安全体系，使亚太地区深陷“安全悖论”困局，特别是美国推行的“印太战略”加剧了亚太地区的安全矛盾，以至于美国的盟国以及东南亚各国极力避免在中美之间战略选边；中国重视构建“共同、综合、合作、可持续”的亚洲安全观，中国所倡导的共同安全观对美国推行的集体安全观有着非常鲜明的针对性，有助于破解美国集体安全机制导致的地区安全困境。

【关键词】中美战略博弈 亚太地区安全 集体安全 共同安全

【作者简介】杨希雨，中国国际问题研究院亚太研究所研究员；张键，中国国际问题研究院亚太研究所助理研究员。

由于历史原因，美国是亚太地区最重要的战略力量和战略存在。中美两国关系从冷战时期到后冷战时代，一直是亚太地区安全的最重要变量。尤其是进入21世纪以来，中国和平崛起的进程不断加快，中美两国综合国力对比发生的累积性变化，牵动中美关系开始发生结构性变化，即从原来的“一超与强国之一”的关系，向着“守成大国与新兴大国”的关系转化。从奥巴马政府推行“亚太再平衡”战略开始，中美在亚太地区的战略博弈便日趋尖锐复杂；而特朗普政府针对中国推行的“印太战略”，更把中国牵扯进入全面战略竞争的境地。美国打着“开放、自由”的旗号，利用“印太战略”对中国进行战略围堵和全面摩擦，不仅未能给亚太地区带来开放与自由，反而导致亚太地区更加不稳定，地区各国进一步深陷“安全悖论”困局，即一国加强自身安全的努力，导致他国安全系数的减损。中国坚持习近平主席倡导的“新安全观”，在坚决反击美国对华打压围堵的同时，坚定不移地走共同安全之路，锲而不舍地推进包括亚太地区所有国家的共同安全。事实表明：中美斗，不仅两伤，且整个地区都会受伤；中美和，则不仅两利，且整个地区都将受益。本文旨在从分析中美关系发生结构性变化的原因入手，结合中美关系的变量，分析导致当前亚太安全困境的深层次原因，探索破解地区安全困局之道。

一、中美关系已经发生深刻的结构性变化

最近20年来，中美两国实力对比开始由“垂直对比”结构向“水平对比”结构转变。2000年时中国GDP约为美国的十二分之一，而现在中国GDP约为美国的三分之二。近20年来，中国和美国之间的GDP总量差距不断缩小，并且中国有望超越美国成为全球第一大经济体。从增长趋势看，国际社会包括美方都认为中国GDP总量将在未来某段时期超越美国，这种进

程难以逆转。中美两国力量对比正发生结构性的变化，两国国内对待彼此的民意基础以及各自国内政治生态也正发生深刻变化，进而导致中美关系总体发生深刻的结构性变化。

第一，中美力量对比发生了结构性的变化。冷战结束后，中美关系失去了苏联这一共同的对手，双边关系的战略基础发生了变化。冷战结束后相当长一段时期，美中关系是“全球唯一超级大国”和“诸强之一”的关系，当时中美力量对比呈现“垂直对比”结构，美国的综合国力在很长一段时期远超中国。在20世纪90年代，美国经济强劲复苏，迎来经济增长的黄金十年，当时中国经济高速增长，但综合国力与美国差距较大。进入21世纪后，美国经济盛极而衰，开始走下坡路，而中国强势崛起，2010年中国成为世界第二大经济体。现在中美关系已经逐渐演变成“新兴大国和守成大国”的特殊关系。中美力量对比日益呈现“水平对比”结构。中美力量对比的巨大变化势必导致两国关系发生结构性改变。早在几年前，美国精英阶层已经逐步意识到这种变化，美国著名经济学家弗雷德·伯格斯滕提出了“G2”的概念，认为美国应寻求同中国发展一种真正的伙伴关系，以实现对全球经济体系的共同领导，而不是纠缠于双边关系中的众多问题和相互抱怨。当时，美国战略界和政界并不太看重“G2”的提法。随着中国综合实力日益提升，美国开始重新审视中国的崛起，并日益将中国视为战略对手。特朗普上台后，开始对中国进行全方位的遏制和打压。

中美部分指标对比表

指标（中国/美国）＼年度	2000年	2019年
国内生产总值（GDP）（万亿美元）	1.21/10.25	14.34/21.37①
制造业增加值（万亿美元）	0.6252/1.61②	3.8963/2.3458③
进出口总额（万亿美元）	0.4743/2.523158	4.6/4.14358
海军舰艇总吨位（万吨）	30/292	145/353

第二，中美两国民意基础发生了重大改变。从历史演进的一般规律看，一个新崛起的大国必然要挑战现存大国，而现存大国也必然会回应这种威胁，这种关系似乎必然发生全面战略竞争关系，构成所谓的“修昔底德陷阱”。这是过去40年来中美关系从未遇到过的新挑战。

从美国角度看，美国建国以来国运一直呈上升势头，长期以来不断超越别的世界性强国，从未遇到可能被别国超越的问题。美国现在面对逐步崛起且自信的中国时，认为自己面临的最大挑战是有可能被新兴大国——中国超越。尤其是当中国所信奉的政治制度、意识形态和价值观与美西方存在巨大差异时，美国的不安全感和战略焦虑就会被无限放大，甚至会产生某种过度的战略恐惧。这种战略焦虑或战略恐惧，会导致美国社会各阶层的对华态度和认知发生转变甚至根本性逆转，由之

① 《中国、美国历年GDP数据比较》，快易网，https://www.kylc.com/stats/global/yearly_per_country/g_gdp/chn-usa.html。

② 该组数据为2004年数据比较，2000年中国有关数据不详。

③ 2019年度美国的制造强国发展指数高达168.71，依然持续高于各国，处于第一阵列；中国处于第三阵列，指数为110.84，在该阵列中居前。

前的对华轻视、俯视、友好转化为对华敌视甚至恐惧。特朗普政府对华超级强硬绝非偶然，这其中有着深刻的社会、政治背景及民意舆论基础。

从中国视角看，中国自近代以来从未真正挑战全球霸主，或在客观上威胁全球霸主的领导地位，而现在的中国正日益接近世界舞台的中央，中国今天的综合实力又绝非昔日可比。特朗普政府的对华强硬和敌视，尤其是发动贸易战和对华总体遏制，又反过来影响中国民众对美国的观感，民众认为美国无理打压和霸凌中国，导致民间反美情绪高涨，进而支持中国政府对美强硬。

第三，两国国内政治生态也发生深刻变化。中国自20世纪90年代开始经济腾飞，中国经济从未经历如此迅速上升的时期。党的十八大以来，中国反腐败斗争和从严治党不断深入，凝聚了民心党心军心，国民士气高涨，向着"两个一百年"奋斗目标不断迈进，中国正经历从富起来到强起来的历史进程。美国面对中国等新兴大国的追赶，其国内政治生态发生了深刻变化。美国自特朗普上台以来，国内民粹主义和政治极化现象日益突出，美国右翼的茶党、绿党力量不断增强，左翼的"占领华尔街"运动、"黑人的命也是命"运动影响深远，美国政治光谱中的左右两翼民粹主义同时发酵上升，美国国内政治中的分裂和极化现象与日俱增，其国内政治生态的变化必然会影响对外政策。中国迅速崛起，又让美国政治精英感受到巨大的战略威胁，进而助推美国民粹主义上升。所谓"中国因素"或"中国威胁"导致美国内政和外交互相影响，互相交织。

中美双方的国内政治变化促使中美关系结构性变化更加激烈。中国内政外交出现了大国化调整，美国对华战略焦虑感和恐惧感与日俱增，在当前中美博弈的背景下，中美战略竞争同国内政治联系更加紧密。

总之，中美力量对比、民意基础和两国国内政治生态等均发生了重大变化，这些因素都决定了中美关系再也回不到过去。

二、美国的"亚太再平衡"、"印太战略"与亚太安全困局

中美关系发生结构性变化从奥巴马政府时期已经开始显现。当时出于围堵和遏制中国的目的，奥巴马政府亚太战略核心目标就是要推动美国重返亚太，这是当时美国提出"亚太再平衡"的根本出发点。"亚太再平衡"战略的核心就是要遏制中国的崛起，具体方式就是增强美国在亚太地区的军事及外交存在。特朗普上台后全面推行"去奥巴马化"，从国内政策中废除"奥巴马医改"到收紧移民政策，再到对外退出2016年签署的气候变化协定《巴黎协定》以及退出《跨太平洋伙伴关系协定》（TPP），但是在亚太方向上却继承和深化了奥巴马政府的亚太战略，并将"亚太再平衡"升级为所谓的"印太战略"。虽然名称不同，但两任政府亚太政策的核心和实质却殊途同归，就是要把全球军事力量重点推向亚太（"印太"）地区，进而遏制和围堵中国，阻挠中国迅速崛起。

2019年6月，美国国防部发布《印太战略报告》，详细阐述其"印太战略"基本构想，明确美国防卫盟友和伙伴。报告强调美国将联合英法等传统盟友共保"印太"自由与开放，以及上述国家的亚太权益；声称将打造彼此联通的印太地区，途径是建立多边伙伴关系，通过多边交往强化地区机制，凸显亚

洲内部安全关系。中国是美国出台“印太战略”要防范的重中之重，“印太战略”也是奥巴马“亚太再平衡”战略的扩大版和升级版。[①]

无论是“亚太再平衡”还是“印太战略”，都是立足于以美国同盟体系网络为基础的集体安全体系，是着眼于针对中国加强美国同盟体系的安全力量。这种针对亚太地区最大国家的战略围堵政策，客观上把整个亚太地区拖入了“安全悖论”的困局。

目前，亚太地区安全上的矛盾和困境主要是由美国所主张的基于零和博弈的集体安全直接或间接引发的。美国以同盟体系为基础的植根于冷战的集体安全体系，涉及两类地区国家：第一类是美国盟国和发展伙伴构成的集体安全体系内的国家，在此体系内，美国及其盟友互相提供安全保障等体系内公共产品；第二类国家是非美国领导下的安全体系外的其他国家。这两类国家在无形之中会增大安全摩擦和冲突风险，形成二元化的地区国际关系架构，必然使得地区陷入“安全悖论”的陷阱和困境。典型的例子就是朝鲜和韩国之间的安全困境问题。韩国是美国领导下的基于同盟体系的集体安全成员，当该体系内集体安全加强时，美韩同盟会导致作为非集体安全成员的朝鲜感觉更不安全。对朝鲜而言，唯有发展非对称力量才会使自己感觉更安全，如此一来韩国就会感觉更不安全。一旦美国或美韩同盟加强威慑，韩国会感觉更安全，而此时朝鲜又会感到新的不安全，这可能会刺激朝鲜再次采取新的应对措施。如此循

---

① “Indo-Pacific Strategy Report Preparedness, Partnerships, and Promoting a Networked Region,” The Department of Defense, https://media.defense.gov/2019/Jul/01/2002152311/-1/-1/1/DEPARTMENT-OF-DEFENSE-INDO-PACIFIC-STRATEGY-REPORT-2019.PDF.

环往复，就构成了典型的安全困境和安全悖论。这种矛盾在整个亚太地区安全结构中主要表现为一方的安全建立在另一方不安全的认知基础上。而美国却有意忽视或故意无视这种安全悖论，极力维持这种悖论和畸形安全结构，将地区内所谓的盟国绑在美国战车上负重前行，进而从中谋取私利。亚太各国在美国集体安全机制的裹挟下，不断增加军事投入，扩大军备竞赛，力图保障自身安全。由于美国同盟体系下的各国均积极加强安全，事实上使得各国都感到越来越不安全，尤其是在加强集体安全战略下，事实上美国在把亚太国家分为两类，将部分国家的安全建立在另一部分国家的不安全基础之上，进而加剧亚太国家之间的分裂和负面安全竞争。从某种意义上可以说，正是美国的亚太战略导致和加剧了亚太地区安全的结构性困境，正是因为美国刻意利用这种地区安全困境，才奠定了美国在亚太地区耀武扬威的领导地位和资本。

特朗普政府极力推行所谓的“印太战略”，也旨在强化这种安全悖论和不平衡的地区安全结构。该战略表面上是围堵和遏制中国，其实质和根本目的是要把美国领导下的集体安全体系中的各个地区盟国捆绑在美国战车上，本质上是要通过这种同盟体系建立一个遏制中国的广大的“印太”安全架构。如果美国及其盟国明确是针对中国，中国加强正当安全防卫，就会导致美国的不安全感，进而传导至其盟友，其整个战车上的安全伙伴国都会缺乏安全感，由此循环往复。这种安全架构是典型的零和博弈，必然导致典型的亚太安全悖论和安全困境。

然而，美国的地缘政治算盘危及地区安全与稳定，因此并不为亚太地区各国所接受。2020年10月，尽管全球新冠肺炎疫情形势严峻，美国依然推动美日印澳“四方安全对话”在线下举行，美国国务卿蓬佩奥在会上公开强调“四国进行合作、对抗中国，正变得越来越重要”[①]，但是会议其他各方并未给予积极响应，会议未能发表联合公报。会后日本《朝日新闻》发表社论指出:“美国政府似乎希望将四国架构发展成多边安保架构，但这有可能加剧地区紧张和分裂。应该将该架构与军事切割开来，发展成外交合作关系。”[②] 事实上，日本作为“印太战略”（印太构想）的发起国，在美国的“印太战略”问题上，一直与之保持着微妙的距离，自2018年11月日本政府正式将“印太战略”改称为“印太构想”以来，日本日益将“印太构想”定位为国际公共产品的提供手段，而非军事战略。[③] 而美国在东北亚地区的另一个重要盟国韩国，则更是直接针对“四方安全对话”表明消极立场。韩国外长康京和在上述四国外长会议前夕公开表示：忽略他国利益的任何构想都不是好主意，韩方未收到加入“四方安全对话”的提议。[④]

美国的政策为亚太地区的战略稳定带来了诸多不确定性。如果美国在亚太地区不断强化排他性的集体安全体系，将安全防范目标指向中国，将来必然遭到中国的激烈反对。在亚太地区，不仅存在亚太安全悖论，还有中美结构性矛盾掺杂其中。美国不断强化地区安全同盟体系，结果会导致中国不安全。其实正是美国自身既使中国感觉不安全，也让美国自身难以安

① 《针对中国？日美澳印“四国架构”有分歧》，参考消息网，2020年10月9日，http://column.cankaoxiaoxi.com/2020/1009/2422321.shtml。

② 同上。

③ 卢昊:《日本外交与“印太构想”——基于国际公共产品角度的评析》,《日本学刊》2019年第6期，第1—23页。

④ 《韩媒：韩无意加入“四方对话”牵制中国》，参考消息网，2020年9月26日，http://www.cankaoxiaoxi.com/world/20200926/2421449.shtml?sg_news。

全，这样下去就会陷入恶性循环和“修昔底德陷阱”，中美走向战略竞争和冲突似乎就难以避免。

三、中国的亚太战略和地区安全观

中国作为亚太大国也有自己的地区战略，其核心思想是追求共同安全的“新安全观”。早在20世纪50年代，周恩来总理就提出要“安定四邻”。党的十六大明确地提出“与邻为善，以邻为伴”周边外交方针。21世纪初，中国推行的区域合作地区战略是对自中华人民共和国成立以来的睦邻外交的继承和创新。2013年10月，在周边外交工作座谈会上，习近平主席对“亲诚惠容”周边外交理念作了具体阐述。

习近平主席积极倡导“共同、综合、合作、可持续”的亚洲安全观。他多次在国际场合阐述亚洲安全理念，生动阐释持久和平、共同发展的亚洲梦。2014年5月21日，习近平主席在亚洲相互协作与信任措施会议上对中国倡导的亚洲安全观做了详细阐释。习近平主席强调，安全应该是普遍的、平等的、包容的，“不能一个国家安全而其他国家不安全，一部分国家安全而另一部分国家不安全，更不能牺牲别国安全谋求自身所谓绝对安全”[①]。2018年6月10日，在上海合作组织成员国元首理事会第十八次会议上的讲话中，习近平主席提出创造性的“五观”，其中对“安全观”再次作了说明和阐释，“我们要践行共

① 《习近平引用谚语：吹灭别人的灯，会烧掉自己胡子》，新华网，2014年5月21日，http://www.xinhuanet.com/world/2014-05/21/c_126528518.htm。

同、综合、合作、可持续的安全观，摒弃冷战思维、集团对抗，反对以牺牲别国安全换取自身绝对安全的做法，实现普遍安全”①。

习近平主席提出的新的地区安全观，是一种新的共同安全观，关键词是“共同、综合、合作、可持续”，这是破解地区安全困境和安全难题的最新中国方案。其基本目标就是要建立平等的、非排他的、包容性的，以共同安全为基础的共同安全体系和价值秩序；其着眼点是为了维护地区和平与安全，为地区各国提供普惠性安全公共产品，破解美国盟友集体安全机制导致的地区安全困境。

美国在亚太地区进一步强化力量存在，美国领导的排他性的集体安全秩序，受害者并不仅仅是中国一个国家，处于美国主导安全体系内外的所有地区国家都是直接或间接的受害者。中国应积极承担国际责任，肩负起维护地区和平与稳定的历史使命，积极推行新的亚洲安全观。

中国倡导的共同安全观与美国推行的集体安全观有着非常鲜明的针对性，中方强调不能把一部分国家的安全建立在另一部分国家不安全的基础之上。中国希望整个亚太地区国家不分政治制度、意识形态和国家大小都要和平共处，推动构建新型国际关系而不应只是选择是否加入美国的共同安全体系。

在南海问题和朝鲜半岛问题上，中国方案都是致力于追求各国“共享安全”。中国追求同南海所有当事国加强安全对话和合作，在主权平等基础上争取解决分歧，最终目标是确保南

① 《习近平在上海合作组织成员国元首理事会第十八次会议上的讲话》，新华网，2018年6月10日，http://www.xinhuanet.com/world/2018-06/10/c_1122964013.htm。

海问题有关各国“共享安全”。中国在朝鲜半岛问题上追求的也是朝鲜和韩国以及相关国家的共同安全。就整个亚太地区而言，中国追求的是以东盟地区论坛（ARF）为代表的多边安全合作机制，以东盟地区论坛为平台，追求共同安全，维护地区和平。中国的亚太战略和安全观正好切中美国所致亚太安全困境的要害。

亚太地区各国发展水平各异，利益分歧巨大。过去、现在和未来都难以建立一个十全十美、可以囊括所有国家、足以覆盖所有国家安全关切的安全机制或制度框架。美国奉行的是以零和博弈为基础的集体安全观，所主张的亚太地区安全秩序是基于其地区同盟体系，这导致了典型的亚太安全悖论和地区安全困境，是制造亚太地区动荡和冲突的直接诱因。中国提出的以包容性为基础的共同安全观可以解决地区大多数国家和地区的安全关切，可以在很大程度上有效破解亚太安全悖论带给地区各国的困扰。所以本地区应以中国倡导的共同安全观为基础和支柱，这样中美乃至整个亚太地区才能避免“修昔底德陷阱”，避免中美最后走向对抗和冲突。

四、美国对中国和平发展的严重误判

冷战后，美国对中国的认知经历了一系列演化的过程。20世纪90年代中期至90年代末，美国对华战略的角色认知在这一时期表现出明显的“双管齐下”态势：一方面，美国对中国的认识越来越积极，欢迎中国融入现行国际体系，与中国进行合作的意愿越来越明显；另一方面，美国也不断在政治体制、市场开放、人权等问题上对中国施压，以此推动中国按照其意愿进行改革，并对中国进行有效防范。[①] 2001—2015年是美国将中国视为国际社会中的重要成员进而寻求合作的新阶段，也是美国对华战略担忧和防范日益增强的新时期。特朗普政府时期，美国首次将中国与俄罗斯一同列为“修正主义国家”（revisionist states）、“战略竞争者”（strategic competitor）和“对手国家”（rival states），并将中国置于其首要竞争者地位。[②]

对于中美战略博弈的根源与终极目标，中美两国的认知有着根本性差异。美国认为中国是主要的战略对手，认为中国的战略目标就是要“争夺美国的领导地位”，认为中美战略竞争主要是要“争夺世界霸权或全球领导地位”。美国前总统奥巴马曾表示，美国要继续领导世界100年；拜登表示美国要重新领导世界。此番言论反映出美国对可能丧失全球领导权地位的深层次战略忧虑。

在中美博弈中，中国的战略目标不是寻求霸权，不是全球领导地位，而是建构公平公正合理的世界秩序。当前中国正积极推动建立公正合理的国际秩序。[③] 对中国而言，中美构建“合作—竞争关系”是完全可能的，换言之，中美之间可以是一种竞争与合作的关系。[④] 中国认为，中美之间竞争的是一个更加公正公平的国际和地区秩序。习近平主席曾倡导构建中美新型

① 王新影：《美国对中国战略角色认知的演变——基于对17份〈美国国家安全战略〉报告的比较分析》，《东北亚论坛》2020年第5期，第38页。

② 同上书，第39—40页。

③ 钟声：《中国方略构建人类命运共同体（2）》，《人民日报》2015年5月20日，第21版。

④ 《傅莹在〈纽约时报〉发文：重新激活中美关系》，中华网，2020年11月25日，https://news.china.com/international/1000/20201125/39006544.html。

大国关系。中国所倡导的新型国际关系的基础性载体就是公平公正的国际和地区秩序。

中国的外交战略目标绝对不是寻求所谓“霸权”。中国独立自主的外交政策包含两层含义：一是中国不接受任何国家的领导；二是中国也不会去领导任何国家，中国坚持国家不分大小，主权一律平等。中华人民共和国成立初期就坚持独立自主的和平外交政策，这也是历任中国最高领导人坚守的基本外交原则。毛泽东主席明确提出中国“不称霸”。[①] 邓小平于1974年在联合国会议上代表中国庄严承诺，今后中国强大了也绝不称霸。1992年和1997年，江泽民主席分别在中共十四大、中共十五大报告中概括了独立自主的和平外交政策的主要内容。2020年9月22日，习近平主席在第七十五届联合国大会一般性辩论上发表讲话时强调，中国“走的是和平发展、开放发展、合作发展、共同发展的道路。中国永远不称霸，不扩张，不谋求势力范围，无意跟任何国家打冷战热战，坚持以对话弥合分歧，以谈判化解争端”[②]。

当前，中美竞争的实质是一种差异化竞争，并非不对称竞争。正是由于美对两国战略博弈的基本认知严重误判，才导致两国关系严重倒退。正如美国前国务卿基辛格所言，“亚洲的未来将在很大程度上取决于中国和美国的远见，以及两国在多

① 1972年12月10日，中共中央在转发国务院同年11月24日《关于粮食问题的报告》时，传达了毛泽东主席“深挖洞、广积粮、不称霸”的指示。

② 《习近平在第七十五届联合国大会一般性辩论上发表重要讲话》，中华人民共和国中央人民政府网，2020年9月22日，http://www.gov.cn/xinwen/2020-09/22/content_5546168.htm。

大程度上认同对方的地区历史角色”[①]。即使面临中美关系最低谷，中国依然对美国持积极开放态度，展现了中国坚定自信的负责任大国形象。例如，2020年11月25日，习近平主席致电拜登时指出，推动中美关系健康稳定发展，不仅符合两国人民根本利益，而且是国际社会的共同期待。希望双方秉持不冲突不对抗、相互尊重、合作共赢的精神，聚焦合作，管控分歧，推动中美关系健康稳定向前发展，同各国和国际社会携手推进世界和平与发展的崇高事业。[②]

美国政界和学界一直有人指责中国最终目的是要将美国及其影响力“驱逐出亚太”，在亚太地区建立“单极霸权体系”，这完全没有触及中美两国在亚太地区竞争的本质。中国一再强调，中国和美国应在亚太地区和平相处。正如习近平主席所强调，“宽广的太平洋有足够空间容纳中美两个大国”。

中美博弈不仅体现在个别问题上的斗争和博弈，还更多地体现在地区安全态势中的不稳定结构。中美在亚太安全领域的核心矛盾问题，在于选择美国主导下的排他性集体安全机制，还是选择中国倡导的非排他的包容性共同安全结构。中美在亚太地区具体矛盾反映在安全秩序问题上，其实就是集体安全和共同安全秩序之争，是美国以集体安全为导向的地区战略和中国以共同安全为导向的地区战略之间的博弈。这不仅是中美双边的博弈，而且也是对地区安全和力量格局的博弈。

中美对彼此战略目标认知的错位，在亚太地区安全观上存在的巨大差异，以及在具体政策实践中聚焦不同的战略目标，

---

① 〔美〕亨利·基辛格:《论中国》，胡利平等译，中信出版集团，2015，第517页。

② 《习近平致电视贺拜登当选美国总统》，新华网，2020年11月25日，http://www.xinhuanet.com/world/2020-11/25/c_1126786476.htm。

势必会对亚太安全产生复杂和深刻的影响。这种差异并非是一种不对称竞争，而是一种对战略和价值目标的差异性追求。

五、结语

中国不会为了争夺所谓“全球领导地位”而主动陷入“修昔底德陷阱”，历史将证明中国无意取代美国的领导地位。中美战略竞争二元化反映出中美全面战略竞争不具有必然性，两国要警惕“修昔底德陷阱”，要极力避免“自我实现的预言”。中国想通过积极的建设性对话和持续性沟通，让美国以及所有亚太国家和地区明白其战略意图，那就是中国希望同本地区所有国家，包括作为域外国家的美国能在本地区和平共处。

中美两种不同的安全观对亚太地区安全结构产生了直接而深远的影响。在中美博弈背景下，美国刻意全方位围堵打压中国，对中国维护亚太地区和平稳定与安全秩序的努力构成严重干扰，进而对亚太地区新安全结构带来复杂而深刻的影响。

当前亚太地区安全处在重要的十字路口，是追求集体安全还是共同安全，事关亚太地区的前途和命运，以及地区的和平、稳定和繁荣。只有以共同安全为导向的地区合作，无论是狭义还是广义的安全合作，才能确保亚太地区的安全，才能保障地区和平与稳定。反之，坚持以选择性集体安全为导向，即使有安全合作也不可持续、不稳定，只能使地区安全困境越陷越深。在亚太地区，只有追求共同安全，以东盟地区论坛为代表的亚太地区多边安全合作才有出路。

日本政局变动后的对华政策走向*

王泰平

【内容提要】2020年，总体来看，回归正常轨道后的中日关系继续保持向好势头，两国关系平稳发展。菅义伟新内阁成立后，明确表示要延续安倍内阁的外交路线，十分强调稳定日中关系的重要性，表明稳定日中关系还是日本对华政策的基调。日本在中美夹缝中寻找最佳位置，小心翼翼地谋求某种平衡，以求取利益最大化。中日关系具有脆弱性，仍面临着多重挑战，并可能随着美国新一任政府的对华政策倾向和亚洲战略而波动。

【关键词】平稳过渡　平衡　脆弱性　竞争与合作并存

【作者简介】中国国际问题研究基金会高级研究员，中国前驻外大使。

2020年，在新冠肺炎疫情肆虐、日本政局变化、首相更迭的情况下，总体来看，回归正常轨道后的中日关系继续保持向好势头，两国关系平稳发展。

* 本文写于2020年11月下旬。

一、双方积极互动，中日关系保持向好势头

安倍晋三于2012年12月第二次上台执政，直至2020年9月。自2014年以来，安倍首相基于国际形势的深刻变化和现实利益考量，被迫调整对华战略，提升中国定位，对中国采取“融合”政策，由战略竞争调整为既竞争又合作，从而为中日关系的改善创造了条件。经过2018年中日政府首脑互访，中日关系重新回到正常轨道。2019年，习近平主席同安倍首相两次会晤，就构建契合新时代的中日关系达成重要共识，两国关系出现新气象。

安倍首相谋求改善对华关系，这与安倍内阁的对华认知和提升对华外交定位密切相关。对此，一直担任安倍内阁官房长官的菅义伟曾做过简明的阐释。他指出：“两国是世界第二和第三经济大国，是邻国，从这个意义上来说，中国对日本是极为重要的邻国。”他还表示：“作为我国，与同盟国美国在强韧的信任关系的基础上，推进着在各领域中的合作，同时也与中国进行意见沟通。”这表明安倍内阁在坚持日美同盟的基础上，充分认识到处理好对华关系的重要性。

2020年9月，安倍因健康原因突然宣布辞职。日本政局急剧变化，内阁官房长官菅义伟在安倍晋三首相、麻生太郎副首相和被认为是“亲华派”的自民党干事长二阶俊博的一致支持下参选获胜，毫无悬念地当选自民党总裁和首相。

菅义伟虽然在执政的自民党内没有属于自己的派阀，但是，他在安倍内阁里，已经当了七年零八个月的内阁官房长官。安倍几度改组内阁，更换阁僚，他都在内阁官房长官的位置上稳如泰山。菅义伟作为安倍内阁的大管家，被认为是安倍

的心腹、最得力的助手，在安倍政府的决策和人事上有着举足轻重的影响力。安倍认为，最能够忠实继承“安倍路线”，同时又熟悉疫情、能克服时艰的人，非菅义伟莫属。

菅义伟十分了解安倍的对华政策选项缘由，并参与了改善发展中日关系的决策过程，充分了解其中的“经纬”。菅义伟内阁成立后，明确表示要延续安倍内阁的外交路线，十分强调稳定日中关系的重要性。菅义伟首相在就职演说等多个场合表示，新政府高度重视日中关系，认为日中两国作为负责任大国，应当建立稳定的双边关系；表示愿意加强日中务实合作，积极扩大人员交流；愿同中方一道，妥善处理两国间存在的分歧和问题，推动日中关系健康发展，表明稳定日中关系还是日本对华政策的基调。2012年，民主党政府炮制“购岛”闹剧，导致中日关系降至邦交正常化以来最低点，“偷鸡不着蚀把米”的教训深刻，如今关系重回正轨，得来不易，难再承受大起大落的折腾，这是日本图求关系稳定的重要原因，可谓日本对华外交趋于成熟的一个标志。

菅义伟首相上任伊始，便同习近平主席通电话，就持续改善发展日中关系达成重要共识，明确了下阶段日中关系发展方向，两国关系实现了平稳过渡。

2020年11月，中国国务委员兼外长王毅访日，其间会见日本首相菅义伟、自民党干事长二阶俊博、内阁官房长官加藤胜信，并与外相茂木敏充会谈，这是新冠肺炎疫情发生以来中日两国高层首次面对面的沟通，并取得一系列重要共识。

当地时间2020年11月25日，王毅会见菅义伟。王毅表示，中方愿同日方着力构建契合新时代要求的中日关系，并提出三点主张：

一要建立真正互信，妥善处理敏感问题，推进全方位合作；二要推进区域合作，加快自贸区建设，共同开创亚洲美好未来；三要共同致力于全球治理体系改革，推动全球化朝着更加开放、包容、共赢方向发展，承担起两国应尽的国际责任。

菅义伟表示，发展稳定的日中关系不仅对日中两国，对地区和国际社会也十分重要，这是两国共同的责任。日本新内阁高度重视日中关系，愿同中方增进互信，共同推动两国关系稳定发展。

2020年11月24日，王毅与日本外相茂木敏充会谈，达成五点重要共识和六项成果。[①] 中日在日本政局变动后的新形势

① 五点重要共识：一是遵循两国领导人战略引领，在中日四个政治文件基础上，坚持“互为合作伙伴、互不构成威胁”精神，增进互信，正向互动，努力构建契合新时代要求的中日关系。二是继续携手抗击疫情，及时交流信息，开展医疗药物方面合作，维护两国民众健康，并为地区和国际公共卫生领域合作共同作出贡献。三是合作推进两国经济复苏，明年（2021年）适时举行新一轮中日经济高层对话，继续加强科技创新、节能环保、医疗康养、电子商务、第三方市场等重点领域合作。四是共同推动《区域全面经济伙伴关系协定》早日生效，积极推进中日韩自贸协定谈判及区域合作进程，共同维护和强化以规则为基础的多边贸易体制。五是相互合作，支持对方举办东京奥运会和北京冬奥会，办好这两大盛事。适时举行中日高级别人文交流磋商机制会议，疫情结束后全面恢复双边人员往来，扩大地方交流合作，增进两国民众相互了解和友好感情，优化两国关系民意环境。六项成果：一是在严格做好疫情防控前提下，于本月（2020年11月）内启动两国必要人员往来“快捷通道”，进一步促进两国复工复产合作。二是建立中日食品农水产品合作跨部门磋商机制，加快沟通协调，推动该领域合作早日取得进展。三是建立两国气候变化政策磋商机制，推动气候变化环保政策协调和务实合作。四是启动2022年中日邦交正常化50周年纪念活动筹备工作，并积极考虑将原定于今明两年（2020—2021年）举办的“中日文化体育交流促进年”顺延到明后年（2021—2022年）。五是下月（2020年12月）举行新一轮中日海洋事务高级别磋商，强化两国外交主管部门和海上执法部门之间的沟通交流。六是争取年内（2020年）开通两国防务部门海空联络机制直通电话，进一步加强风险管控，增进安全互信。（引自外交部网站）

下，应时而为，相向而行，进行高层对话，就努力构建契合新时代要求的中日关系、继续携手抗击疫情、合作推进两国经济复苏、积极推进中日韩自贸协定谈判及区域合作进程、加强人文交流达成了五点重要共识，并就旨在恢复交流、加强合作、管控分歧的措施取得了六项具体成果，既着眼长远，又紧扣现实，为中日关系稳中求进提供了有力的保证。

二、抗击疫情，经贸关系逆势而上

2019年，在贸易保护主义上升、全球贸易受到严重影响的形势下，中日之间的进出口贸易总额为3150亿美元，占中国外贸总额的6.7%。按国别统计，无论是贸易总额还是进口额、出口额，日本均居世界第二位。2019年，中国赴日旅游者达1000万人次，成为日本旅游经济最重要的依托；中日两国逐渐成为中高端制造业和科技创新价值链保持活力和生机不可或缺的伙伴。

新冠肺炎疫情发生后，日本对中国依赖程度增加，已经不是日本要不要脱离中国，而是日本越来越离不开中国。2020年4—10月，中国超越美国成为日本最大的出口目的地。日本对华出口占日本出口总量的24%，这对日本经济起到很大支撑作用；而日本对美国出口一直是负增长，2020年5月减少近50%，2020年6月也减少50%，到2020年9月才微涨0.7%。2020年10月，日本对华贸易总额进一步超过日本对美贸易总额（日本对华出口额为14578亿日元，进口额为15355亿日元；而对美出口额为12993亿日元，进口额为6008亿日元）。2019年，日本对美出口额与对华出口额都是1500亿美元左右，但2020年对华出口额大大超过对美出口额。日本有评论认为，对于日本，中国经济的重要性将从2020年开始超越美国。

在投资方面，日本在对华投资国别统计中居于首位。据日本贸易振兴机构统计，在中国的日本企业是在美国日本企业的四倍。截至2020年6月底，日本累计在华投资设立企业53184家，实际使用金额1176.1亿美元，且多数在华日本企业利润率高于日本国内，仍继续看好中国市场投资前景。

日本是中国最大的海外劳务市场。据中国商务部统计，截至2020年6月底，中国在日技能实习生总数约8.4万人，约占中国在外劳务人员总数的20%。

中国对日投资稳步增长。据中国商务部统计，截至2020年6月底，中国累计对日直接投资额为38亿美元，主要涉及制造业、金融服务、互联网、电气、通信、软件等领域，跨境电商移动支付、共享经济等新经济模式发展较快。

中日双方关于开展第三方市场的合作方兴未艾。目前，正在加紧落实“第三方市场合作论坛”期间签署的52项合作协议，如由日本钢铁工程控股公司（JFE，日本第二大钢铁集团）牵头的中日泰企业联合体携手在泰国开发智慧城市项目，伊藤忠商事与中国中信集团联合投资德国海上风力发电项目，日本国际协力银行与中国国家开发银行共同对第三方市场基础设施投资提供联合贷款等。

服务贸易领域合作深化。中日两国实现了部分贸易的人民币和日元直接结算，相互持有对方国债的规模也在扩大。

上述事实表明，经过中日双方的共同努力，“全方位、宽领域、多层次”的经贸合作格局已经形成，并成为中日关系的“压舱石”和“推进器”。

在世界百年未有之大变局中，日本回归亚洲，把主要精力放到亚洲的动作十分明显。日本积极加强与亚太国家的多边合作，撇开犹豫不决的印度，于2020年11月15日与包括中国在内的亚太国家签署了《区域全面经济伙伴关系协定》（RCEP），形成亚太地区多边经济贸易合作机制，为中日进一步合作提供了历史性机遇。

RCEP标志着约占世界经济体量三分之一的巨大经济圈已经形成，标志着全球贸易重心从大西洋转移到太平洋。对于贸易立国的日本来说，这意味着日本与最大贸易对象国中国和第三大贸易对象国韩国首次签署了经济合作协定。日本外相茂木敏充表示：日本与中国、韩国的贸易额占日本对外贸易总额的三分之一，形成这样的新贸易框架，非常值得欢迎。

三、日本在中美夹缝中寻找最佳位置

近年来，日本因应国际形势和世界力量结构的深刻变化，调整了外交战略，其明显标志是一改"美国一边倒"的政策，谋求外交多元化，提升日中关系，改善日俄关系，加强与欧盟、亚洲国家的合作。

日本外交虽以日美同盟为基轴，但这个屈辱的同盟走过70年，日本是夜长梦多。从表面上看，日美关系紧密，实则不然。特朗普上台四年来，搅动日美矛盾加剧，迫使日本不得不考虑自己今后的出路。

日本对美国的实力有清醒的估计，并不认为美国像它自己说的那样强大。日本认为美国的实力在下降，中国的实力在上升，二者之间的差距在缩小，其趋势不可逆转。

基于上述判断，日本重新审视同美国的关系，认为美国不可信、靠不住，必须“继续强化自身的作用和能力”（菅义伟语），开展多元外交。而加强日中关系，有利于增强其在日美中三边关系中的地位，符合日本的战略利益。

日本一向崇尚实力，与强者为伍。回顾日本外交史，日本每一次结盟都是无一例外地选择了它所认为的世界第一强国。19世纪末20世纪初，日本与世界头号强国英国结盟；二战中，德国在欧洲不可一世，日本又与德国结盟；二战后，日本则与世界头号强国美国结盟。

在中国成为世界第二大经济体、与日本的实力决定性地拉开的背景下，菅义伟内阁和他的前任一样，是一只眼看着美国，另一只眼看着中国。在安全上日本离不开美国，但经济上也需要中国，日本既怕得罪华盛顿，也不愿得罪北京，因此在中美之间小心翼翼地找寻自己的位置，谋求战略上的某种平衡，以图增加回旋余地，获取利益最大化。这符合一向攀附强者、奉行现实主义、精于利益盘算的日本外交传统。

从近年的情形看，日美利益分野越来越明显，不可能在所有问题上都采取一致，只能根据利益需要进行“选择性合作”。为实现“正常国家”的目标，菅义伟内阁依旧会意欲摆脱二战后追随、依附美国的外交框架，追求提高在日美关系中的独立性。在对华问题上，很多场合日本都会强调其与中国关系的特殊性。

但由于美国新总统拜登意欲重回美国领导下的多边主义和寻求与盟国协调的取向已定，日美关系可能会在拜登执政后有所改善，日美在捍卫共同价值观方面也会有更多联合行动，在国际事务中的协调也会加强。日本在涉华政治、意识形态及安全问题上，仍将重视美国的态度。

美国在对华遏制已成为其基本战略的情况下，肯定会对日本施加巨大的压力，而日本反抗美国的能力有限，不得不在美国的压力下作出一些权宜的动作，在采取对华外交重大行动时，也会格外谨慎。

但可以肯定，日本会尽量为自己留有余地，日本对华外交不会出现对美“一边倒”的战略性调整，中日关系更不至于出现颠覆性变化，因为没有一个因素能够根本颠覆中日关系。现在，日本第一位要考虑的是自身的利益，是如何利用中美竞争达到自己完全独立自主发展的战略目标。所以，在这种情况下，它会根据自己的利益来决定对华、对美关系，而不再是一味跟在美国后面对付中国。在可预见的未来，决定中日关系的根本性因素是两国的发展状况，看谁能解决好自己的问题。

世界形势深刻的变化，必将导致国际格局的改变，中日美棋局也概莫能外。三国之间的关系会有曲折，甚至出现反复倒退，但从历史进程看，日本走近中国是不可阻挡的历史大趋势。在今后一个时期内，日本仍会与美国保持亲和性和一体性。然而，在世界百年未有之大变局的时代背景下，日本将理性地设定对华关系的长远目标。美国哈佛大学教授萨缪尔·亨廷顿2005年在阐述日美结盟政策时就预言：“在政治及经济上，中国大陆的力量均将强大化，因此，美日在对华政策上将拥有共同的利害，亦即美日将会合作来牵制中国。从中长期而言，日本将会摆脱对美国的依赖而追求某种自主性。长期而言，最后日本可能还是不得不追随中国。”

所谓“追随中国”，意即日本终将致力于同中国搞好关系，实现从脱亚到返亚的历史转圜，这可能是世界百年未有之大变局演进的最终结果之一。

四、中日关系的脆弱性

近年来，日本虽然正视中国发展的现实，对中国的认知发生了积极的变化，但是，中日关系的结构性矛盾依然存在，源于民族主义意识、价值认同、地缘政治和对中国崛起的逆反心理等深层次矛盾并未彻底解决，日本民众普遍存在的对华消极看法也没有得到显著改善，导致中日在历史、领土及安全问题上，仍存在相当大的分歧与互信缺失，这是中日关系脆弱的一面。这说明深度的经济合作虽然对两国关系的稳定发展会起到重要作用，但它终究难以对冲存在于两国间的结构性矛盾和深层次矛盾，中日关系仍面临着多重挑战，并可能随着美国新一任政府的对华政策倾向和亚洲战略而波动。

日本在把中国视为其发展机遇的同时，也存在战略疑虑，尤其认为中国的海洋强国战略正在“改变既成秩序”。日本担心海上通道和钓鱼岛的安全，试图利用日美同盟加以遏制。日本曾经积极配合奥巴马政府的“亚太再平衡”政策，后来又借助美国积极推行所谓“自由开放的印太构想”。菅义伟上台后也继续推行安倍内阁的政策，在美日澳印四国外长会议上强调日美同盟的重要性，加强在“印太构想”方面的合作。尽管菅义伟明确说过，“亚洲版北约”不符合日本利益，但他还是强调应该强化日美同盟和“印太”合作，遏制所谓“中国的海洋进出”。日本在南海问题上的操作是向美国示好，旨在换取美国在东海、钓鱼岛问题上对日本的支持。日本会继续加强在钓鱼岛相关海域的实力，但这并不意味着它会采取非常极端的手段，它不敢再轻易挑起事端，因为它承受不了因此产生的严重后果。

近年来，日本在经济与安全问题上的决策一直在中美之间摇摆。菅义伟政权下，日本国内依旧有重视外交及安全保障的“对华牵制派”及重视合作的“经济连带派”。在日本愈发不能控制新冠肺炎疫情、经济衰退、日本国内要求孤立中国的势力活跃时，日本在政治及外交上的对华“牵制”与经济上同中国“合作”之间的矛盾，可能会更加凸显。竞争与合作并存或许是菅义伟政权下中日关系的主要特征。但是，随着中国经济的进一步发展，日本将深化与中国的关系，从而增加有利于中日关系稳定发展的因素。

“印太战略”与中印关系

郑清典

【内容提要】美国推出“印太战略”的目的，是企图全面遏制中国的发展，巩固和扩大美国在印太地区的传统战略利益。印度借机迎合美国意图，旨在转移国内矛盾，扩大自身影响力，实现大国梦想。同时，印度不断向中国寻衅挑事，致使中印两国关系不断恶化。美印双方相互拉拢、相互利用的意图明显，但矛盾分歧难以避免。未来“印太战略”下的美印关系难以走远。当前中印关系仍处于紧张状态，但存在转圜余地和发展空间。

【关键词】美印意图　难成气候　中印关系　发展空间

【作者简介】中国国际问题研究基金会高级研究员，中国前驻孟加拉国、阿富汗、牙买加大使。

一、美国提出“印太战略”的背景及意图

近些年来，随着国际战略重心东移和印度洋战略价值的不断提升，美国在“重返亚太”的战略基础上推出了“印太战略”。目前，这一战略的基本框架已经形成。所谓“印太战略”，其

实质就是企图将它作为对冲中国的一种平衡力量，进而全方位压制中国不断上升的国际和地区影响力，以及经济、科技等迅速发展的势头，将印太地区纳入美国的战略部署之中，巩固和扩大美国在整个印太地区的传统战略利益。美国推出"印太战略"的背景、指向和目的都是十分清楚的。

随着中国综合国力特别是整体军事实力的迅速发展和不断提高，美国认为中国是对其世界霸主地位的"头号严重威胁"，而且这一"威胁"已经指向印度洋—太平洋地区。这个地区的海洋空间与中国有着直接的利害关系，是中国最为重要的海洋活动空间，也是与中国直接相邻的重要战区。在2019年6月发布的《印太战略报告》中，美国更加明确地提出：中国将会破坏印太地区各国的自主权，进而挑战美国在这一地区的主导权。很清楚，美国的目的就是要全力阻止中国在这一地区的发展，并将中国尽可能排除在区域内经济和安全秩序的构建之外，并通过"印太战略"来维护美国对整个印太地区安全、经济秩序建设的主导权。

美国推进"印太战略"、打造"印太版北约"的一个关键点，就是一定要拉印度入伙。没有印度的加盟，"印太战略"就会失去它的现实意义。印度毗邻中国的地理位置、印度在印度洋的核心地位以及其国家综合实力等因素，决定了印度可以在"印太战略"中作为主要支点国家，并被赋予重要战略地位。为此，美国有意通过拉拢印度，将其纳入美国领导的地缘政治架构中，建立起以美国为领导力量、印度为主要依托对象、中国为主要针对目标的美日澳印四边安全合作机制。不言而喻，"印太战略"的重点就是对付中国，同时进一步巩固和扩大美国在整个印太地区的影响力。

近年来，在"一带一路"倡议的带动之下，通过有关各国的积极努力，中国—东盟自由贸易区和《区域全面经济伙伴关系协定》（RCEP）推进迅速，南海问题逐渐趋向平缓，地区和平发展不断向好的趋势，对美国形成很大的压力和冲击。为阻止这一势态继续发展，美国出手拉住印度，利用中印之间的边境争端，进而通过“印太战略”制衡中国，这无疑是其不容错过的最佳时机。

二、印度的意图和考虑

长期以来，印度一直不满于“亚太战略”将其排除在外，心中“郁闷”颇多。因此，在美国提出“印太战略”并频频示好之后，印度即在第一时间向美国作出积极姿态并表示欢迎。印度的意图和考虑主要有以下几点：

第一，印度梦寐以求的目标，一是确保南亚老大的地位，二是争取世界大国的一席之地。但从国内总体现状来看，实现这两大目标都面临太多难题：印度国内经济严重下滑，社会矛盾层出不穷，与邻国关系不断趋向紧张，等等。不要说实现两大目标，就是摆脱现有困境都有很大的难度。为此，印度急需寻找“靠山”。美国出台“印太战略”，对印度来说，无异于雪中送炭。因为这既可以使印度借助“印太战略”拉近与东南亚国家之间的经济及安全联系，还可以将其政治影响力扩展至这些国家，并对中国的上升势头形成牵制，可谓一举多得。为此，印度不断在两国边境地区制造事端，挑起冲突，向中国施压，致使中印两国关系出现波折。

第二，“印太战略”出台以后，印度对它所表现出的“热情”，令人注目。随着中国经济的迅速发展和国际地位的不断提高，世界局势已发生了很大的转变。但在印度看来，中国的发展已经对印度构成“严重威胁”，印度为此充满疑虑和担心。全球新冠肺炎疫情暴发后，中美关系日趋紧张，两国博弈加剧。印度随即抓住这个千载难逢的机会，积极向美国靠拢，不断主动充实美日澳印“四国机制”，并希望以此为抓手，在国际上加紧对中国的遏制，捞取更多战略实惠。与此同时，一些“伙伴国家”也纷纷伸出橄榄枝，主动向印度“示好”。上述这些“良机”使印度充满了国际战略自信，并最终造成了中印关系迅速恶化的局面。

第三，从经济层面来看，随着美印两国在“四国机制”中不断走近，美国试图联手印度，将全球产业链撤出中国，与印度建立更加紧密的合作伙伴关系。同时，美国努力推动在华企业和产业链尽快向印度转移，之后再以“印度制造”取代“中国制造”。美国此举极大迎合了印度优先发展国内制造业的诉求，印度自然不失时机地采取了一系列措施加以迎合，如主动接触大量美国企业，出台一系列优惠政策，吸引包括美国企业在内的跨国公司落户印度，等等。另外，由于中国“一带一路”倡议的顺利推进，中国受到地区众多国家的欢迎和支持，尤其是中巴经济走廊的落地生根，更使得印度坐卧不安，并表现出对中国“一带一路”倡议持消极甚至反对的态度。印度国内甚至还掀起了一场疯狂排斥中国企业的乱象。

第四，从印度国内情况来看，印度教民族主义日趋活跃的特殊政治环境，给予了莫迪政府铤而走险的资本。在目前印度的决策团队中，“右倾”“强硬”“冒险”的态势十分明显。印度人民党大权独揽，莫迪国内政治地位空前稳固。与此相反，国大党一蹶不振，选情低迷。领袖拉胡尔·甘地魅力不足，影响力有限。对国内政治环境的自信，再加上对国际战略的自信，两大自信相互交织，刺激莫迪政府积极主动地向“印太战略”

靠拢，同时对中国采取了日趋强硬的冒险主义政策。

三、印美相互利用，但目的不同，矛盾明显，双方不可能走得很近

第一，对美国而言，印度目前的整体实力只能是充当对冲中国的区域性力量，以及扩大美国在本地区军事投入的主要支撑伙伴，尚不可能成为美国的长期战略合作伙伴。但面对中国“一带一路”倡议的强烈冲击，美国又必须全力以赴加以制约。为此，美国力推“印太战略”，就是要拉住印度这个“区域大国”，企图对中国形成有效牵制。但这种牵制将十分有限，难以奏效。印度一贯奉行“势力均衡、左右逢源、战略平衡”的实用主义对外政策。受此影响，尽管印度有意借助“印太战略”来提升国家综合实力，但它不会不顾及中国这一重要因素。完全撇开中国这个“大邻居”，要实现“大国梦”恐怕是困难重重，结果更是难以想象。因此，在未来“印太战略”的实际操作过程中，印度还会给自己留有余地，不至于采取过分刺激中国的政策。如何平衡、对冲中国崛起，以及如何保证“印太战略”的顺利实施，美国都将面临很大的挑战。

第二，从印度方面来看，当前印度所面临的最大难题是，国内经济发展迟缓，社会矛盾此起彼伏。为缓和这些矛盾，印度也需要依赖美国这个“靠山”，并且利用中美矛盾加剧的机会，投美所好，为实现自己的“大国梦”找些“铺垫”。对此，美国自然是乐见其成。但印度作为一个具有悠久历史的国家，不可能轻易放弃它的传统理念，更不会只顾及眼前利益而放弃长远目标。再有，印度不是美国的传统盟友，也不是美国政策

的坚定执行者，不可能听由美国的任意摆布，仍会保持对美的必要警惕，并适当与“印太战略”拉开一定的距离。

第三，印度在与美国未来的合作中，受自身利益的驱使，不会完全唯美是从。美国为介入地区事务，短期内可以满足印度的某些关切，但长远看，美国不可能阻止中国与地区乃至全球各国之间关系的发展，更不会无条件、无限度地满足印度的要求。此外，当前印美双方对“印太观”的理解尚无一致意见，双方认知的“印太”地理范围也不尽相同，在核心重点、合作优先推进的路径上也存在分歧。未来“印太战略”的推进，恐怕是困难重重。不少印度战略学者已经表示：“印太+”这一概念更加符合印度的“印太观”，它既可以在很大程度上平衡印美之间的分歧和认知冲突，也可以使印度在迎合“印太战略”的同时保持自主视角。因此，尽管美国对印度安全期待很高，但印度恐怕很难予以完全满足。

第四，第三方因素对“印太战略”及印美关系的潜在影响，同样不容忽视和回避。“俄罗斯因素”是印美关系中十分重要的第三方因素。长期以来，印俄传统关系密切友好，俄罗斯一直是印度最大的军火供应商。如“印太战略”下印美关系走动过密，势必影响俄罗斯在这一地区的传统战略利益，俄罗斯不会轻易放弃这一利益，印度也需要顾及与俄罗斯之间的传统友谊。这对“印太战略”同样是一种牵制。

总体看，鉴于印美两国迄今对“印太战略”的理解、认识和目的等都尚未达成一致，未来双方只能是各怀自己的目的，各存不同的图谋。未来一段时期内，出于各自需要，双方可以相互支持、相互利用，但随着“印太战略”的逐步推进，美印相互之间的矛盾和分歧会日益突出，未来双方不可能走得很近。特别是印度，由于历史形成的民族特性，以及在化解矛盾和寻求发展方面所表现出来的多样性、灵活性，都使得印度不可能完全依附于某一外国势力，更难以成为“四国联盟”的“主力成员”来围堵中国。

四、印度对外战略的特点及对中印关系的影响

随着国际形势的不断发展和变化，印度也随之调整了自己的对外战略，主要表现出以下特点：

第一，根深蒂固的大国理念。印度大国意识由来已久、根深蒂固。这既与它悠久的历史、辉煌的文明密切相关，也与它幅员辽阔、人口众多密切相关。从国际舞台上的影响来看，早在民族解放斗争时期，印度的反帝反殖运动就已成为亚非国家的榜样，在此后亚非拉国家民族独立运动中，它也扮演了积极的角色。进入21世纪后，印度通过各种方式，努力塑造地区和世界大国的形象，成为多边舞台上引人瞩目的新兴大国。近些年来，印度又不断加大工作力度，将成为联合国安全理事会常任理事国作为一项重要的奋斗目标。从目前情况看，印度全方位争取大国地位的信心明显增强，底气十足，志在必得。

第二，不断变化的不结盟思想。二战结束后，广大亚非国家基本都处在以美国为首的西方阵营和以苏联为首的社会主义阵营之间。刚刚获得独立的印度，亟须维护来之不易的国家主权和民族独立。在此背景下，不结盟成为印度制定其对外政策的指导方针。20世纪70年代初，在苏联的大力拉拢和争取下，苏印签署具有军事安全意义的《苏印和平友好合作条约》，损害了印度的外交形象。进入21世纪之后，印度与各大国之间的关系，特别是印美关系的发展，已经使印度进一步远离了不结

盟政策。

第三，左右逢源的实用主义。“左右逢源、势力均衡”一直是印度实行对外政策中的重要内容之一。在对外交往方面，印度总是喜欢搞平衡、搞均衡。哪家给的“优惠”多，就倒向哪一边，而且这个“优惠”涉及的面很广。这表明，印度的对外政策，既有它独立自主的一面，也有它见风使舵的一面。值得注意的是，一段时期以来，印度的对外战略还明显呈现出以下倾向：首先，从抵制西方到主动接近美国等西方国家；其次，更加注重经济发展，强调印度外交的宗旨是与世界各国建立广泛的、富有成果的、有意义的互惠互利的关系；最后，从过去的理想主义发展到更加贴近自身的实用主义。

上述表明，印度在对外交往中，总是秉持“左右逢源、见风使舵”的特点，这往往导致印度缺少长远战略目标。同时，这种特点也势必会对其他国家特别是周边邻国造成不利影响。

近些年来，印度在调整其对外战略过程中，均严重伤及对华关系。例如，2014年印度人民党执政后，更加强调印度教特性、民族主义及国家利益。一方面，突出实施“大国战略”，力争实现印度的“大国梦”；另一方面，逐渐远离了一贯奉行的不结盟政策，将“多边平衡战略”修改成“多向结盟”的新战略。在对华问题上，印度借口两国边界问题，向中国提出无理要求，并不时在台湾问题上搞些小动作。

此外，自中国提出“一带一路”倡议以来，印度总是别别扭扭，其对外政策中的“中国因素”不断增加，并逐步成为主导性因素。全球新冠肺炎疫情暴发后，印度又利用中美关系恶化的机会，向中国挑起事端，造成中印关系日趋紧张、全面滑坡的局面。这期间，我们看到，印度的对华政策也出现了明显的调整：其一，印度对美“印太战略”亦步亦趋，加紧了对华的“遏制”；其二，在中印边界问题上，印度态度日趋强硬，步步紧逼；其三，印度主动出击，不时给两国关系制造新的麻烦。这种调整无疑给中印两国关系的发展带来了不确定性。当然，从长远看，两个大国之间的关系，尚不至因为某项政策选择而发生根本的变化，未来中印两国关系的发展空间依然存在，不会因此消失。

五、发展中印关系仍有转圜余地和发展空间

近年来，随着中印两国各自加速发展和影响力的不断扩大，双方利益覆盖区和交汇处随之增多。“印太战略”卷入后，进一步加剧了中印双方之间的矛盾。同时，由于缺乏有效机制对这些矛盾加以及时管控，导致中印两国在区域层面的利益冲突进一步扩大，出现了“一带一路”与“印太战略”同时博弈的局面，导致原本就不够坚实的双边关系受到严重影响，两国经济合作也受到不小的冲击。

当前中印矛盾正日益成为一种结构性矛盾，双边关系中既有合作，也有竞争，且竞争大于合作。总体上，中印双边关系仍处于紧张、敏感状态，若处置不当，有可能进一步加剧，甚至走向失控。尽管如此，我们也应当看到，中印两国未来关系的发展，仍有较大转圜余地和发展空间：

一是植根于两国人民之间的友谊依然存在，它不是任何人、任何势力就能轻易抹掉的。发展中印友好，拓展中印合作，仍是两国人民共同的心愿。

二是发展两国关系的基础和共识依然存在。中印同为当今世界上两个最大的发展中国家，也是人口众多、市场巨大、需

求旺盛和发展迅速的国家。今天，两国面临共同的机遇和挑战，完全可以开展合作，共同发展。印度要发展离不开中国，中国要发展同样需要印度。

三是莫迪政府执政后，其起伏不定的对华政策，造成了中印关系的现状。美国出手干涉和挑拨中印关系，也使得莫迪在对华问题上承受多方面压力。从目前情况看，印度对“印太战略”仍有自己的考虑，既想借助“印太战略”实现本国利益，也不想全面得罪中国。莫迪不会也不至于轻启战端，因为他清楚，中印开战，印度必败。他不可能赌上自己的政治生命去冒险，也更清楚一味追随美国的苦果，最终还得自己吞下。

六、对发展未来中印关系的建议

中印同为发展中国家，又是邻国、大国。从历史上看，无论相互之间矛盾多么尖锐，邻居之间的关系终归要稳定下来，因为“邻居关系”是一种无法选择的关系。中印两国都应该认真面对互为“邻居大国”的现实，共同发展好自己，而最佳选择应该是竞争性合作关系。具体建议如下：

第一，以和平方式解决两国边界争端，应成为双方共同努力的目标。当务之急是尽快使两国边防部队脱离近距离接触，推动边境紧张局势尽快缓和下来。

第二，根据两国达成的共识，深入探讨化解相互猜疑和不信任的有效途径，积极妥善处理彼此分歧和敏感问题，努力寻求公平合理和双方都能接受的解决办法。慎重处理涉及彼此核心利益的问题，妥善管控一时解决不了的问题。

第三，两国应成为互相成就的朋友，而不是彼此厮杀的对手。要争取中印两国关系早日实现转圜，也要着力寻求双方利益汇合点。在不影响中国国家利益的前提下，稳妥推进双边关系发展，并适当照顾印度的利益关切。

第四，稳步推进双边经济合作，特别是加强后疫情时代双边经贸关系与合作，夯实未来发展两国经贸关系的基础。同时要加强对两国媒体的正面引导，避免舆情恶化。中印双方应尽量消除相互猜忌和攻击，多发正面信息，引导舆论早日走向正轨。

第五，在对印具体工作中，有两点需要特别加以注意：一是印度是一个具有很强民族自信的国家，在同中国交往中，总是对中国怀有一种戒备心理，担心中国强大后对它构成威胁。二是印度在相互宽容和理解方面的表现非常欠缺，对国际上总是看好中国而看衰印度，心里很不是滋味。对此，中国可多多加以正面引导。

总之，印度有些让人不可思议，有时它甚至不懂得接受教训，并且缺乏符合本国国情的长期战略目标。对此，我们只能从长计议，以搬不走的邻国而不是敌国待之，以最大的耐心、信心与之打交道，推动两国关系早日步入正轨。同时，对印度利用中美对抗火中取栗的做法，一定要保持高度警惕，加强对印工作的针对性，尽早制定一个整体应对战略。

中印是和平共处五项原则的创始国，但印度似乎从来没有认真执行过。也许只有在印度真正懂得如何尊重邻国并且认识到与中国对抗没有出路的情况下，中印关系才可能再次真正回到和平共处的轨道中。同时我们还必须认识到，化解两国之间的矛盾，很难一蹴而就，增进相互信任和相互理解，同样需要足够的耐心和信心，更需要未来双方共同努力，一起做好两国友好这篇大文章。

第六章

中东地区“乱”“变”交织 阿以僵局趋向缓和

中东地区艰难的一年

刘宝莱

【内容提要】2020年中东地区在“乱”“变”中艰难过渡，尤其是新冠肺炎疫情肆虐，各国经济大幅萎缩，导致多种矛盾叠加。海湾多事，美国、伊朗关系吃紧。阿联酋、巴林、苏丹和摩洛哥同以色列关系正常化，增加了地区格局变数。美国继续添乱，影响地区安宁。热点问题持续发酵，化解艰难。“伊斯兰国”（IS）残余势力又有发展，制造事端。

【关键词】中东局势　疫情严重　美国、伊朗交恶　部分“阿以媾和”

【作者简介】中国国际问题研究基金会中东研究中心主任，中国人民外交学会前副会长，中国前驻阿联酋、约旦大使。

2020年对中东来说，是艰难的一年，变革转型明显滞后，乱象丛生。各国政府自顾倾向明显上升，多数国家尚能控制局势，未发生波及地区的大乱。

一、疫情成灾

中东地区沦为新冠肺炎疫情重灾区。疫情蔓延快、控制难，且呈现“长尾化”特征，抗疫恐成持久战。

自2020年1月底阿联酋出现首个病例以来，地区国家确诊人数已突破420万大关，部分战乱国家抗疫形势堪忧，也门死亡率甚至接近30%。疫情拐点远未出现。较长时间内，疫情还会出现持续反复。这对地区的影响是全面的、深刻的，而且是长期的。

（一）发展受挫

地区既有的经济痼疾被激化和放大，航运、旅游、会展等支柱产业遭受重创，生产活动恢复缓慢，贸易投资受阻，债务风险上升，国际油价下跌拖累产油国财政。据报道，海湾合作委员会六个成员国石油收入将减少2700亿美元。国际货币基金组织预计，2020年中东地区国家GDP将平均萎缩5.7%，中东地区战乱国家降幅最高可达13%，海湾合作委员会成员国平均下降7.1%。

（二）角逐激烈

为转移国内疫情矛盾和填补美国从地区战略收缩的“真空”，中东地区一些国家纷纷出场，各显神通，或争夺地区事务的主导权，或扩大影响，增加话语权。在此背景下，地区重新分化组合，出现阵营化、多元化、碎片化和“菜单式”协作。沙特和伊朗分别代表的伊斯兰逊尼派和什叶派穆斯林矛盾加剧，争斗升级，互不相让。双方开展口水战，互争雄长。土耳其插手叙利亚和利比亚内政，并向利比亚派遣部队，支持利比亚民族团结政府的政府军。埃及支持利比亚哈夫塔尔领导的国民军。阿联酋虽国小，但不甘寂寞，染指也门和利比亚事务，与以色列关系正常化，拉紧同美国的关系，以提高自身地位。[①] 以色列异常活跃，高调宣扬同部分阿拉伯国家的外交关系，坚持反对伊核协议，大肆渲染“伊朗威胁论”，经常空袭伊朗在叙利亚的军事设施，最近又暗杀伊朗著名核物理学家法赫里扎德和革命卫队高官穆斯林·沙赫丹，对黎巴嫩真主党不时进行军事打击。

（三）部分“阿以媾和”有了新发展

阿联酋、巴林、苏丹和摩洛哥先后于2020年8月13日、9月11日、10月23日和12月10日宣布同以色列关系正常化，使阿拉伯国家同以色列之间的固有矛盾出现新的突破。它颠覆了“阿拉伯和平倡议”确立的“土地换和平”原则，将进一步削弱阿拉伯世界在巴勒斯坦问题上的集体共识，从而使中东格局增加新的变数。

二、海湾局势严峻

地区正进入多事之秋，“按下葫芦起了瓢”，不稳定、不可测因素增加。

① 《IMF预测：中东经济增长将创50年来最低》，法新社迪拜2020年7月13日电。

（一）沙特上层大清洗，影响深远

2020年3月6日，沙特军队出动，以“叛国罪”逮捕拘禁了现任国王的亲弟弟艾哈迈德和前王储纳伊夫等人。此事系由王储穆罕默德精心策划，且蓄谋已久。其主要原因，一是抓住时机，减轻压力。眼下疫情肆虐欧美，各国忙于抗疫。被捕的两位亲王虽在欧美影响较大，但因欧美更多地关注疫情，无暇他顾，故对此置评甚少，媒体仅做一般报道，从而减轻了来自西方的冲击。二是未雨绸缪，先发制人。王储耳目众多，深知王室权贵对“世袭制”大为不满，尤其是在萨勒曼国王年事已高、风烛残年、随时可能出事的情况下，更为严重。故他提前动手，排除异己，扫清障碍，为顺利接班铺垫。三是控制舆论，稳定民心。突出被捕要员犯有“叛国罪”，缩小打击面，掌控媒体报道，不使事态扩大，以维护正常社会秩序。

（二）阿联酋、巴林同以色列关系正常化，阿联酋成为海湾阿拉伯国家中“首个吃螃蟹的人”

2020年10月18日，巴林同以色列正式建交；同年10月20日，阿联酋首个高级官员代表团访问以色列，双方签署了一系列旨在加强联系的双边协议。

阿联酋、巴林与以色列走近是水到渠成，并非偶然。一段时间以来，阿联酋、巴林和以色列就应对伊朗威胁不断协调，此次阿巴两国宣布同以色列关系正常化，只是公开挑明而已。

阿联酋、巴林同以色列实现关系正常化，原因主要有以下几点：一是欲借助以在高科技和安全领域的先进经验以及犹太集团的雄厚资金，加快本国经济多元化、“后疫情时代”复苏经济和安全治理；二是可“联以遏伊（朗）”，防范伊朗在两国势力坐大，尾大不掉，这对什叶派人口占多数的巴林而言，更为重要；三是向特朗普送礼示好，即便拜登上台，两国也会获利。值得一提的是，部分阿拉伯国家改善同以色列关系，大多是领导人自上而下的政治决策，缺乏普遍的民意基础。因此，阿巴与以色列关系正常化的走向尚待观察。

（三）伊拉克政局不稳

伊拉克政府官员办事效率低下，贪污腐败成风；经济一路下滑，失业率高企；物价飞涨，人民生活水平急剧下降。目前伊拉克“20%人口生活在贫困线（每天两美元）以下，供电能力只有需求的一半，还有20%的地方未通自来水”[①]。对此，广大民众多有怨言，大规模示威抗议活动时有发生，致使政局动荡不安。

三、地区热点难化解

地区热点有所降温，但未有实质性突破。

（一）巴勒斯坦问题更为棘手

随着以色列分别同阿联酋、巴林和苏丹实现关系正常化，以方重点工作投向阿拉伯国家，争取更多国家加入阿联酋、巴林和苏丹行列，试图通过“和平换和平”取代“土地换和平”

---

① 《伊拉克国家概况》，中华人民共和国外交部网站，2020年5月，https://www.fmprc.gov.cn/web/gjhdq_676201/gj_676203/yz_676205/1206_677148/1206x0_677150/。

的模式。当前阿拉伯国家集体对以的局面遭到严重破坏。以色列当局乐见其成，自然不急于与巴方恢复和谈，故巴勒斯坦问题被进一步边缘化。尽管如此，巴勒斯坦问题始终是中东的根源性问题。中东要实现长治久安，绕不开巴勒斯坦问题。只有实施联合国有关决议和“两国方案”，才能解决巴以争端，实现和平共处。2020年9月7日，沙特国王萨勒曼与美国总统特朗普通话表示，沙特热切期盼公正永久地解决巴勒斯坦问题，并说，这是沙特所提出的“阿拉伯和平倡议”的重要基点。[①] 2020年9月9日，阿盟秘书长盖特表示，阿盟反对一切吞并巴勒斯坦领土、损害巴勒斯坦人民权益的计划，“阿拉伯和平倡议”是阿拉伯国家与以色列实现全面、公正和永久和平的基本方案。[②] 2020年9月25日，巴勒斯坦总统阿巴斯在联合国大会视频讲话中要求于2021年初召开关于巴以冲突的国际会议。“我呼吁联合国秘书长开始准备”，他说，“这场会议应当拥有全部必要权限，在国际法的基础上，启动真诚的和平进程，以期结束（以色列的）占领。”[③] 该建议值得关注，但能否得到以方响应，仍是一个问号。

（二）叙利亚危机又起波澜

叙利亚政府已控制局势，收复了大部分国土，并在伊德利卜战场上取得重大胜利，打通了连接大马士革与阿勒颇之间的M5战略公路。正当叙利亚政府军继续围剿叙利亚反对派武装之时，土耳其驻军出面阻挡，致使双方直接军事冲突一度升

① 路透社开罗2020年9月7日电。

② 《阿盟重申坚持“阿拉伯和平倡议”，沙特以“老办法”对待巴以问题》，《北京日报》2020年9月11日。

③ 法新社纽约2020年9月25日电。

级。眼下当地战事趋缓，总体形势平稳，叙利亚政府正致力于两大重建：一是议会选举。2020年7月19日，叙利亚举行了新一届议会选举。二是恢复经济，加强基建，改善民生。叙利亚政府正在艰难地挽救遭遇九年内战、被西方制裁和被黎巴嫩金融危机连续打击的经济。世界粮食计划署表示，叙利亚粮食价格过去一年增长了超过200%，是内战爆发前价格的20倍。叙利亚超过80%的人口处于贫困状态。①

（三）也门紧张局势趋缓

自疫情发生后，也门哈迪政府和胡塞武装分别在辖区内积极防控抗疫，对海陆空交通进行严格管制，停止一切大型集会活动，并响应联合国号召，双方停火，一致抗疫。2020年4月8日，沙特领导的多国联军宣布，为响应联合国秘书长及秘书长也门问题特使旨在应对新冠肺炎疫情的停火呼吁，自2020年4月9日中午起停火两周。2020年4月24日，多国联军又宣布全面停火延长一个月。沙特与胡塞武装已恢复间接谈判。目前战事仍在继续，激烈程度相对减弱，处于胶着状态。

（四）利比亚继续分裂割据

疫情袭来，利比亚民族团结政府宣布全国进入紧急状态。哈夫塔尔支持的东部政府也采取相应行动。双方分别忙于抗疫，但战事并未平静，双方武装戴着口罩交战。2020年1月5日，土耳其宣布应利比亚民族团结政府要求，向利比亚部署部队，引发地区国家和欧洲多国强烈反对。2020年2月11日，联合国安理会通过第2509号决议，呼吁成员国全面遵守对利武器

① 法新社大马士革2020年7月19日电。

禁运。由于冲突双方在战场上互有攻守，难以取胜，故双方达成妥协。2020年8月21日，双方宣布将停止一切敌对行动并举行全国大选。

（五）黎巴嫩深陷危机

2020年8月4日，贝鲁特港口区发生大爆炸，造成158人死亡，6000多人受伤。广大民众对此大为不满，出现大规模示威游行，引燃了黎巴嫩政治危机。

其主要原因是黎巴嫩经济十分困难，黎镑对美元汇率贬值幅度超过80%。[①] 据当地金融机构估算，黎巴嫩公共债务占国内GDP的比例达150%，位居世界第三，而青年失业率达37%，整体失业率为25%。[②] 另外，教派分权制也是造成其危机的原因之一。2020年8月30日，黎巴嫩总统奥恩公开承认，黎巴嫩有必要改革政治体制，并呼吁构建“世俗国家”。2020年10月22日，黎巴嫩前总理哈里里再次获任总理。奥恩总统要他迅速组建下一届政府。

四、美国添乱

美国屡屡生事，制造麻烦，祸及地区安全。

---

① 罗莎·梅内塞斯:《黎巴嫩的五大危机》，西班牙《世界报》2020年9月4日。

② 黄培昭、曲翔宇、李潇、丁雨晴、柳玉鹏:《黎巴嫩为何深陷治理困境》,《环球时报》2020年8月10日。

（一）推出巴以“世纪协议”，挑拨离间，用心险恶

2020年1月28日，特朗普推出解决巴以争端的“世纪协议”即“中东和平新计划”，激怒了巴勒斯坦人，巴方当即拒绝接受。巴勒斯坦总统阿巴斯强调，“绝不让这个阴谋协议通过”。2020年2月11日，阿巴斯在联合国安理会上坚拒美中东计划。他表示，一个没有以东耶路撒冷为首都、领土“碎片化”的巴勒斯坦国是不可接受的。2020年9月25日，他在联合国大会的视频讲话中明确表示，“全世界都拒绝了美国今年初提出的这项计划，它背离了所有国际决议，计划提到的巴勒斯坦国领土小得可怜”[①]。2020年2月1日，阿拉伯联盟在开罗召开紧急外长会议。阿盟会后宣布拒绝接受美国政府提出的“中东和平新计划”，支持巴勒斯坦合法权利。

这份“世纪协议”，一改美国历届总统的主张，放弃“两国方案”，突破在耶路撒冷等敏感问题上的立场，明显偏袒以色列，是一份彻头彻尾的亲以协议，以牺牲巴勒斯坦人的根本利益为代价，换取实现以色列的利益最大化。该协议规划的巴勒斯坦未来是“国家”无主权，领土“碎片化”，在以“屋檐下”。因此，该协议是不平等、不公正、不合理的，严重违反国际法、联合国有关决议和国际社会公认的“两国方案”。第一，关于耶路撒冷地位问题。“世纪协议”承认耶路撒冷为以色列“不可分割的首都”，巴勒斯坦国未来将在东耶路撒冷部分地区建立首都，结果是在东耶路撒冷的阿拉伯郊区小镇阿布迪斯。对如此严肃的问题，进行如此轻率的处置，完全违反联合国有关决议和巴勒斯坦人民意愿。第二，关于犹太人定居点合

① 法新社纽约2020年9月25日电。

法性问题。巴方一贯坚持这些定居点是非法的，并要求拆除和停建。然而，“世纪协议”则承认以色列在约旦河西岸犹太人的主权，只是要求以色列在未来四年停止扩建定居点。第三，关于巴勒斯坦国领土。表面上，未来巴勒斯坦国领土面积将比现在巴勒斯坦实际控制的领土大两倍。但实际上，其领土都被分割，变得支离破碎，而且都将分散在以色列与埃及西奈半岛交界处的内盖夫沙漠之中，土地十分贫瘠。第四，允许巴勒斯坦建国的条件是实现“非军事化”。这等于国家没有独立主权，形同虚设，仍要寄人篱下，任人宰割。第五，所谓“投资换和平”。该协议计划投资500亿美元用于巴勒斯坦经济建设。当然，巴方需要发展经济。但当前的核心问题是巴勒斯坦建国。金钱买不到巴勒斯坦的独立主权，更买不到巴勒斯坦的人心。

（二）同阿富汗塔利班签署的和平协议是笼络人心，难以结束阿富汗战争

2020年2月29日，美国和阿富汗塔利班在多哈签署了结束阿富汗战争的和平协议，规定美国将开始逐步减少其在阿富汗的驻军，塔利班承诺不再让阿富汗成为恐怖分子的庇护所。然而协议墨迹未干，双方冲突又起，增加了国际社会对协议可信度的疑虑。其实，该协议主要是特朗普要兑现以前的承诺，为竞选连任造势。从地缘政治考虑，美国决不会全身而退。就协议本身而言，涉及多方因素，处处是“雷区”，相互制约，退让空间不大，美塔双方疑虑重重，互不信任，故协议的真正实施，尚需时日。尽管如此，该协议仍给阿富汗和平带来一线希望。

（三）高举“橄榄枝”，上演“中东秀”

2020年8月以来，特朗普先后促成阿联酋、巴林、苏丹等阿拉伯国家与以色列“握手”及召开中东和平峰会，大肆宣扬他开启了“新中东”，地区将迎来“新的曙光”。特朗普如此热情，欲达到一石三鸟之目的。其一，彰显中东外交“新成就”；其二，转移国内广大民众对特朗普政府抗疫不力、经济乏力和种族歧视严重的不满和指责；其三，主要着眼于总统大选，以此“亮点”筑牢基督教福音派选民、亲犹势力、以色列后裔和共和党右翼的票仓基本盘，力争胜出，连任总统。然而，此举并未能挽救其竞选败局。

（四）加紧同俄罗斯博弈

在叙利亚问题上，美国定要占有一席之地，决不让俄罗斯主导形势。因此，美国继续在叙利亚驻军，占据油田，捞取实惠，并向叙利亚反对派武装提供大批武器装备，保持同库尔德武装的联系。同时，拉住土耳其，破坏俄伊土联盟，对叙利亚制宪委员会设置障碍，从中作梗，影响其工作进程。

五、美国、伊朗严重对抗

2020年初，美国又对伊核计划负责人及其领导的机构实施新制裁，并对伊军事要员进行定点“清除”。2020年1月3日，美国在巴格达国际机场暗杀伊朗伊斯兰革命卫队“圣城旅”指挥官苏莱曼尼将军。在伊朗疫情暴发后，美国总统特朗普表示予以“人道主义援助”，但对伊朗领导人要求美国取消制裁置之不理。与此同时，美国务卿蓬佩奥出访沙特等海湾国家，力挺其继续对抗伊朗。对此，伊朗针锋相对，强势反击。为报复美国杀害苏莱曼尼，伊军向美国驻伊拉克军事基地发射导弹袭击，致使美军百余官兵受伤。2020年2月11日，借纪念伊朗伊斯兰革命41周年之际，德黑兰举行盛大反美集会，谴责美国暴行，展示全民团结。2020年2月6日，伊朗伊斯兰革命卫队高调展示被伊军击落的美军“全球鹰”无人侦察机残骸，以彰显军力，振奋人心。对美向伊提供“抗疫援助”，伊方坚决拒绝。鲁哈尼总统表示，如果美国想帮助伊朗遏制新冠肺炎疫情，美国就应该取消对伊制裁。

2020年4月22日，特朗普发布推特称：“已指示美国海军击沉并摧毁任何伊朗炮艇，如若它们在海上骚扰我们的船只的话。”此语一出，引起伊方强烈反击。23日，伊朗国防部长哈塔尔说，伊朗已做好应对任何威胁的准备。其实，特朗普主要是向伊朗发出警告。2020年4月15日，美国六艘舰船在海湾遭到伊朗炮艇“骚扰”（伊方否认）；2020年4月22日，伊朗成功发射首颗军事卫星，引起了美国的不满和警觉。故美方隔空喊话，敲山震虎，要伊朗“悬崖勒马”，不要“铤而走险”，然后安抚盟国以色列和沙特。

2020年6月5日，特朗普在庆祝一名遭伊朗囚禁的美国人的回国仪式上，敦促伊朗就其核计划“达成大交易”。同时他提出，如果伊方在美国总统选举前协商，就会得到更好的条件。当日扎里夫外长在推特上回应说：“你走马上任时，我们已经有了一个协议……什么时候解决这个问题取决于你自己。”2020年8月，美国又对伊朗发难，妄图通过联合国安理会延长对伊常规武器禁运。14日，安理会拒绝了美国提出的无限期延长对伊朗武器禁运的决议草案。对此，美国并不甘心。8

月20日，蓬佩奥国务卿向本月安理会轮值主席致函，正式要求启动安理会第2231号决议规定的“快速恢复制裁”机制，但仍遭到安理会和国际社会普遍反对。2020年9月20日，联合国秘书长古特雷斯说，联合国不会按美国的要求支持恢复对伊朗制裁，直到它获得安理会的许可。9月22日，鲁哈尼总统在联合国大会发表电视讲话，感谢安理会成员抵制美国的违法和无理要求，并称那些要求最终导致了华盛顿陷入孤立。他说：“对世界而言，今天该对霸凌和傲慢说‘不’了。主宰和霸权的时代早已结束。”

2020年10月8日，特朗普政府对伊朗银行业实施全面制裁，以进一步削弱伊朗经济。10月26日，在美国大选前夕，特朗普政府又对伊朗石油部、伊朗国家石油公司及其油轮子公司实施了反恐制裁。美国财政部还将其他十多家伊朗国有能源公司及其子公司、伊朗石油部高官以及国有企业高级管理人员列入了黑名单。上述受制裁对象占据了伊朗最重要收入来源的很大一部分。

基于美国的威胁，伊朗继续进行导弹试验。2020年8月20日，伊朗军方成功发射命名为“苏莱曼尼”的地对地弹道导弹。伊朗国防部长阿米尔·哈塔米公开宣称：“这种导弹的射程为870英里（约合1400公里）。”他称伊朗已拥有射程超过620海里的新型巡航导弹。2020年10月21日，伊朗举行了大规模防空军演，以“彰显其军事实力”。①

特朗普虽即将离开白宫，但仍揪住伊朗不放。最近以色列对伊搞的两起暗杀事件，同他脱不了干系。其目的旨在激怒伊朗，挑起美伊冲突，进而阻止伊核协议在2021年拜登上台后

① 路透社开罗2020年10月26日电。

“回归”。此雕虫小技，难以得逞。

六、“伊斯兰国”（IS）又有发展

IS残余势力，人还在，心不死，趁着疫情，又蠢蠢欲动、活跃起来，主要在伊拉克西部和北部的逊尼派省份、叙利亚东部以及叙伊600公里边界沿线人迹罕至的沙漠地带活动。眼下IS着重打击支持政府的部落武装、当地官员、警察哨所、政府军，破坏地方经济重建和对流离失所人员的安置工作，并在无人区建立新的行动据点。据报道，IS已制造超过430起恐怖袭击。2020年4月的袭击数量是1月的两倍。2020年5月2日，仅在巴格达就同时发生五起炸弹爆炸袭击。2020年4月初，IS武装与叙利亚政府军及其民兵在叙利亚霍姆斯省东部的苏赫奈发生激战，致使约30名政府军士兵和民兵阵亡。

在国际上，IS利用网络加大宣传力度，抨击美欧“异教徒”、种族歧视和社会分配不公，并大肆招募人员，号召各地组织重新行动起来，展开多种恐袭活动，以收复失地，恢复活力，控制更多地区。美国战争研究所的尼古拉斯·埃拉斯指出，IS已在人口密集区掌握了足够的本地网络，“使其可以在理想的时间，也越来越可以在理想的地点发动袭击，并且使用更大的暴力”。

此外，“基地组织”与IS正在西非联手扩张。随着他们进一步扎根马里、尼日尔和布基纳法索，近期，“他们运用了更加成熟的战术，伏击军队基地，并出其不意地控制村庄”。为了避免遭到西方的追踪，他们并不宣称建立“哈里发国”，而是争取时间训练，聚集力量和策划袭击，从而最终针对“重大国际目标采取行动”。

IS上述活动已引起国际社会的广泛关注，普遍要求各国要团结合作，继续反恐，以防其卷土重来。

阿联酋、巴林同以色列关系正常化及其对中东局势的影响

李成文

【内容提要】在美国撮合下，阿联酋和巴林与以色列实现关系正常化是2020年中东地区最重要的变化之一。它既是地缘政治变化的产物，也是酝酿已久的量变到质变突破，对地区形势发展具有重大影响。但巴勒斯坦问题得不到公正解决，中东难有持久和平。

【关键词】亚伯拉罕协议　关系正常化　阿联酋　巴林　以色列　巴勒斯坦

【作者简介】中国外交部中阿合作论坛事务大使，中国前驻苏丹、沙特大使。

2020年，部分阿拉伯国家同以色列关系正常化已引起国际社会的广泛关注，标志着中东地区将进入新变局。

2020年8月13日，美国、阿联酋、以色列三方宣布，阿联酋、以色列同意实现关系正常化，将迅速开始商谈建交等一系列事宜。三方联合发表的声明称，这个“历史性外交突破”将促进中东和平。阿以两国将互设领馆，互派外交代表，并允许

设立常规的客运直航。双方将在未来数周签署协议，在投资、旅游、安全、能源等领域进行更多的合作。三方将签署的协议称为“亚伯拉罕协议”。美国总统特朗普称“这是一个真正的历史性时刻”。

随即，美国务卿蓬佩奥和特朗普特别顾问库什纳到多个阿拉伯国家和以色列访问，寻求更多阿拉伯国家与以色列关系实现突破。2020年9月11日，特朗普宣布，巴林和以色列两国领导人本着和平与合作的精神，两国外交关系将完全正常化。他们将互派大使，开始两国间直航以及在包括卫生、商业、技术、教育、安全和农业在内的广泛领域发起合作计划。2020年9月15日，特朗普在白宫主持签字仪式，阿联酋外长阿卜杜拉和以色列总理内塔尼亚胡在特朗普见证下签署了《亚伯拉罕和平协议：阿拉伯联合酋长国和以色列国和平、建交和关系全面正常化条约》（简称“阿以建交条约”）。巴林外交大臣扎耶尼和内塔尼亚胡签署《亚伯拉罕协议：和平、合作和建设性的外交友好宣言》（简称“巴以和平宣言”），① 阿联酋、巴林、以色列与美国四国同时签署《亚伯拉罕协议宣言》。②

《亚伯拉罕协议宣言》强调尊重自由和尊严，尊重宗教自由，应对挑战的最佳途径是合作与对话，发展国家间友好关系有利于中东和世界持久和平，欢迎以色列与地区国家建立外交

① “Joint Statement of the United States, the State of Israel, and the United Arab Emirates,” 美国白宫网站，2020年9月15日，https://www.whitehouse.gov/briefings-statements/joint-statement-united-states-state-israel-united-arab-emirates/?utm_source=link。

② “The Abraham Accords Declaration,” 美国白宫网站，2020年9月15日，https://www.whitehouse.gov/briefings-statements/the-abraham-accords-declaration/?utm_source=link。

关系等。

“阿以建交条约”和附件内容包括：承认阿以共同祖先是亚伯拉罕，重申巴勒斯坦问题公正、全面、现实的解决方案，以符合巴勒斯坦人民合法诉求的谈判方式解决巴勒斯坦问题并实现中东和平；两国建交和实现关系全面正常化；共同抵制极端主义；在金融、投资、经贸、创新、民航、签证和领事、卫生、科技、和平利用外空、能源、环境、教育、农业、地区基建等领域全面合作，并将尽快签署协议，拓展地区国家在外交、经贸、安全等领域的合作。

“巴以和平宣言”强调：每个国家都有和平、安全生存的权利，应当继续致力于实现巴勒斯坦问题公正、全面、持久解决；确认两国将建立全面外交关系，和平共处，在投资、旅游、交通运输、安全、电信、科技、能源、医疗、文化、环保等领域开展合作。

和平协议签署后，阿联酋、巴林两国与以色列即开始一系列正常化步骤。2020年8月31日，以色列航空公司的航班降落在阿布扎比国际机场，这是以色列建国后第一次被准入阿联酋的商业航班。阿联酋联合酋长国通讯社8月16日报道说，阿联酋APEX国家投资公司宣布与以色列TeraGroup公司就研究冠状病毒签署协议。2020年10月20日，由阿联酋财政部部长和经济部部长率领的代表团访问以色列，与以色列总理内塔尼亚胡签署了投资、科研、民航和签证四项合作协议。根据协议，阿以将和美国一起建立一项“亚伯拉罕基金”，筹集30亿美元，用于私营部门主导的投资和发展计划，促进中东地区经济合作和繁荣，还将促进能源和农业发展。根据互免签证协议，阿联酋和以色列公民可以免办签证进入对方国家并逗留90天。2020年10月18日，巴林与以色列在麦纳麦签署联合公报，正式建立全面外交关系。同时，两国还签署了经贸、电信、商业、航空、人员流动、银行和金融服务等领域谅解备忘录，相关工作组还讨论了在医疗保健、技术、旅游、农业等领域的潜在合作。

此次阿、巴与以在美撮合下达成协议，是中东地区地缘政治变化的产物，是酝酿已久的量变到质变的突破，各方都有所图、有所得。

冷战结束后，特别是伊拉克战争后，中东地区格局发生巨变，突出表现在以下两个方面：一是阿拉伯国家整体实力下降，非阿拉伯国家伊朗、土耳其和以色列实力上升；二是阿拉伯国家和以色列矛盾下降，伊朗、土耳其与一些阿拉伯国家矛盾上升。美国一方面挑拨刺激伊朗与阿拉伯国家的矛盾，另一方面推出“中东和平新计划”，撮合阿拉伯国家和以色列改善关系，共同对付伊朗。在此背景下，国别利益超越集体利益、现实主义超越民族主义在一些阿拉伯国家渐成趋势，巴勒斯坦问题不断被边缘化和淡化。一些海湾国家出于地缘政治考虑，视伊朗为主要威胁，希望超越阿以争端，通过与以色列合作对付伊朗。随着美国将伊朗妖魔化，沙特、阿联酋等海湾阿拉伯国家与伊朗关系日益紧张，伊朗早已代替以色列成为这些国家心目中的最大敌人，阿盟秘书长盖特也把伊朗与土耳其一道列为干涉阿拉伯国家内政的主要威胁。阿联酋尽管与伊朗经济关系最为密切，但视伊朗为主要安全威胁，对伊朗又恨又怕；巴林国小势弱，国内又有什叶派反政府势力，伊朗的威胁感更强。随着地区形势变化，阿联酋、巴林在安全上靠美国的同时，寄希望同以色列合作来遏制伊朗，因此，两国与以改善关系是其应对地区格局变化作出的战略选择。

阿、巴与以改善关系同相关阿拉伯国家发展思路的变化密切相关。伊拉克战争后，面对地缘政治变化和整体实力下降，不少阿拉伯国家加快了经济转型和社会改革步伐，从发展中找出路，争做地区强国的趋势在海湾产油国中尤为明显。这体现在经济上制定中长期发展规划和调整经济政策，政治上更加趋向集权和多元的统一，社会文化上更加开放透明。阿联酋政府近年来大力推进经济多元化，提倡文明对话。2016年阿联酋政府内阁改组，29位部长中有五位女性，并将2019年定为“包容年”，举办了一系列跨文明国际活动。巴林则于2008年任命了一位犹太女性为驻美大使。鉴于此，重经济、重自身利益的政策取向和经济社会转型举措为淡化与以色列的宿怨，进而实现关系正常化做了铺垫。

阿巴两国早就开始与以私下接触，且近年来日益频繁。以色列运动员和官员多次到访阿联酋参加体育赛事和国际会议；2015年，阿联酋允许以色列派团出席总部设在阿布扎比的国际可再生能源机构会议并设立办公室；以色列宣布将参加2021年在阿联酋迪拜举办的世博会。2018年10月，以色列体育部部长率团到阿联酋参加国际比赛，并参观了阿布扎比清真寺；2019年6月，巴林主办了美国主导推动的“世纪交易”经济部分的“中东和平会议”；阿巴两国驻美大使还出席了2020年初在白宫举行的“中东和平新计划”政治部分发布仪式。此次阿、巴与以实现关系正常化，只是把桌下的东西摆上了桌面而已。

美国促成阿、巴与以关系正常化，既是特朗普竞选连任的需要，也是出于美国全球和地区战略的考量。特朗普政府把中俄伊（朗）列为全球主要战略威胁，在中东不断加大打压伊朗力度，从极限施压，到定点清除，都是为了改变伊朗政权，遏制中俄。美国此举首要目标就是打压伊朗，以配合其全球战略。在地区层面，美国既可坐收促进阿、巴与以和平之利，又可把部分阿拉伯国家和以色列拉到一起，拼凑中东版“北约”，共同对付伊朗，以低成本、高回报，继续推进“世纪交易”，为特朗普争取连任加分。

实现没有巴勒斯坦的关系正常化，联合阿拉伯国家共同对付伊朗，是以色列梦寐以求的目标，也是以色列千载难逢的机会。多年来，以色列视伊朗为死敌，欲在地区联合多国共同反伊，但囿于阿以关系僵化难以实现。“阿拉伯之春”后，地区陷入乱局，阿拉伯—伊朗矛盾上升，以色列看到了机会，一方面肆无忌惮地吞并巴勒斯坦领土，在叙利亚和黎巴嫩为所欲为，另一方面迎合部分阿拉伯国家政府维护政权稳定、发展经济的迫切需要，发挥自身情报、科技等优势加紧进行拉拢，并极力渲染伊朗战略扩张对地区的共同威胁。通过与阿巴关系正常化，以在阿拉伯国家中撕开了一个口子，为与更多的阿拉伯国家关系正常化打开了通道，从而也为形成地区反伊联盟打开了通道。

美国大选前，在美国推进“世纪交易”不顺的情况下，阿、巴与以关系正常化，给特朗普送上了一份大礼。阿、巴两国无疑将以此换取美国更多支持和回报。

阿、巴与以关系实现正常化，是2020年中东地区最重要的变化之一。这是继埃及和约旦与以色列建交多年后，阿拉伯国家同以色列关系又一次历史性突破，标志着中东地区进入新变局，对地区形势发展具有重大影响。

第一，美国通过撮合阿、巴与以关系正常化，使之联手对付伊朗，将改变地区格局，进一步激化美国、伊朗矛盾和地区国家间的矛盾。

阿、巴与以关系正常化，将改变地区格局和力量平衡。过去，一些阿拉伯国家和以色列分别对峙伊朗，今后，可能形成本来互相为敌的阿拉伯国家和以色列双方一致对峙伊朗，从而在中东地区形成亲伊朗和反伊朗的两个新阵营。伊朗的战略空间将被压缩，以色列战略地位更加主动，实力影响明显增强。更重要的是，这一突破将以色列反伊朗阵地前沿大大前移，使其可以凭借军事和科技优势对伊朗进行近距离威慑甚至军事行动。这一变化的结果，可能使地区国家间的矛盾更加尖锐，增加冲突的可能。

阿、巴两国与以色列关系正常化消息一出，立即引起伊朗强烈反弹。2020年9月1日，伊朗最高领袖哈梅内伊发表讲话称“阿联酋的背叛不会长久，但这一污点将被永远记住”[①]。伊朗外交部也发表声明谴责阿联酋和巴林同以色列建交，伊朗民众上街游行抗议，焚烧阿联酋和巴林两国国旗。土耳其召回驻阿联酋大使以示抗议。挺阿联酋和巴林的国家则谴责伊朗干涉阿拉伯国家内政，并嘲笑土耳其在保留驻以色列大使的同时召回驻阿联酋大使。相关地区国家间关系骤然紧张。

第二，阿、巴与以关系正常化，导致阿拉伯国家面临又一次分裂，巴勒斯坦与一些阿拉伯国家关系陷入危机。

阿、巴与以关系正常化消息传出，立即引起阿拉伯国家强烈震荡和分歧。巴勒斯坦总统、外长等强烈谴责阿、巴与以建交，强调巴方“绝不会授权任何人代言”，指责阿巴两国此举“公然破坏阿拉伯和平倡议，阿拉伯、伊斯兰首脑会议决议和国际法”，[②] 并召回驻两国大使以示抗议。巴勒斯坦媒体称此举是“背后捅刀子”。巴勒斯坦方面提议召开阿盟紧急外长会

① 《伊朗最高领袖谴责阿联酋“背叛”》，新华网，2020年9月3日，http://www.xinhuanet.com/world/2020-09/03/c_1210782293.htm。

② “القيادة تعلن رفضها واستنكارها الشديدين للإعلان الثلاثي الأميركي البحريني الإسرائيلي”，巴勒斯坦通讯社网站，2020年9月11日，https://www.wafa.ps/Pages/Details/9094。

未果后，辞去了阿盟外长理事会轮值主席国职位。由于分歧严重，阿盟外长理事会后面六个国家都不愿接任轮值主席国，直到2020年11月才由埃及接手。

这一轮阿拉伯国家的内部分裂，与埃及、约旦与以色列媾和有明显不同。一是更加碎片化。埃及与以色列媾和时，尽管其他阿拉伯国家都与埃及断交，阿盟总部迁出埃及搬到了突尼斯，但是其他阿拉伯国家的立场是一致的，并没有分化。而这一次阿拉伯国家既有明确支持和反对的，也有谨慎欢迎的，还有保持沉默的，这增加了日后重修旧好的难度。二是不少阿拉伯国家朝野对巴勒斯坦问题的态度发生了重大变化。针对巴勒斯坦领导人对阿联酋与以色列建交的谴责，多个海湾阿拉伯国家指责巴方忘恩负义，双方还打起了舆论战。支持巴方的批评对方一直拿巴勒斯坦问题打牌谋私，从未真心支持巴勒斯坦事业；反巴的一方则指责巴方因内部分裂和政策失误才落得今天的境地。2020年10月上旬，沙特前驻美大使、沙特前情报局局长班达尔亲王接受阿拉比亚电视台采访，以亲身经历讲述沙特等国一贯支持巴勒斯坦事业，巴方则“多次出尔反尔错失历史良机”，表现出沙特对巴勒斯坦方面的愤怒，引起阿拉伯舆论极大关注和强烈反响。

埃及和约旦与以色列媾和，主要是结束了战争状态和解决领土问题，并没有实现关系全面正常化，是一种“冷和平”。此次阿联酋和巴林与以色列关系正常化，是基于长期酝酿，全面启动后迅速热络。有关协议签署后，双方立即开始密切接触，开启了一系列务实合作。阿以已于2020年11月10日通航，以色列农产品也摆上了阿联酋超市货架。

尤其值得注意的是，阿拉伯社会出现不利于巴勒斯坦的舆论，反映出阿拉伯国家的民族认同和共同价值观发生了变化，其核心是基于国家利益的现实主义代替泛阿拉伯民族主义，主张将巴勒斯坦问题与对以色列关系脱钩。其主要观点，一是现实论，认为巴勒斯坦问题历经70年越来越弱化，泛阿拉伯民族主义已经成为空洞的口号和幻想，应该抛弃这个历史包袱，以国家利益至上的政治现实主义实现各国发展。有学者在《中东报》发表评论说，当今时代已经是“现代民族国家和国家利益优先时代”，“政治现实主义已经落到每个国家头上，无视它或者保持顽固就会被历史抛弃”。[①] 二是脱钩论，认为时代不同了，阿拉伯国家在“后阿以冲突时代”没有必要再因为巴勒斯坦问题拒绝与以色列打交道，应该将巴勒斯坦问题与阿拉伯国家对以色列关系脱钩。有著名媒体人士发表文章说：巴勒斯坦建不建国，建什么样的国，乃至巴勒斯坦与以色列之间的问题如何解决，完全是巴勒斯坦人与以色列人之间的事，应该由巴勒斯坦人自己决定，“任何其他阿拉伯个人或国家都无权强加于巴勒斯坦人”；同样，“每个阿拉伯国家都有权处理自己的国际关系，包括与以色列关系，这是各国根据自己利益决定的主权问题”。[②] 三是原罪论，认为伊朗是干涉阿拉伯国家内政、威胁地区安全的根源，以色列早已不是威胁，因此阿拉伯国家应该调整对以色列政策，将巴勒斯坦问题与对以关系正常化分开。这些观点反映出阿拉伯社会正在经历深刻的变化，阿拉伯国家作为一个整体的民族利益认同在逐渐消退。

第三，阿、巴与以关系正常化，使巴勒斯坦问题可能被进

---

① “فلسطين والسلام... دورات التاريخ والواقع,” 阿拉比亚网站，2020年8月23日，https://www.alarabiya.net/ar/politics/2020/08/23/فلسطين-والسلام-دورات-التاريخ-والواقع。

② “الإمارات وإسرائيل,”《中东报》网站，2020年8月15日，https://aawsat.com/home/article/2448601/عبد-الرحمن-الراشد/الإمارات-وإسرائيل。

一步弱化，阿拉伯共同立场被侵蚀，国际法基本准则可能受到冲击。

阿、巴与以建交之前，阿拉伯国家一直坚持“土地换和平”原则和“两国方案”，一致把巴勒斯坦问题的公正解决作为与以色列关系正常化的条件，即“先巴以后阿以”的原则。国际社会也普遍主张解决巴勒斯坦问题应根据联合国有关决议，其核心是独立建国、被占领土问题和难民问题。阿以关系正常化和随之而来的“世纪交易”的推进，打破了阿拉伯共同立场，并且在巴勒斯坦方面缺席的情况下涉及巴勒斯坦问题，这将可能导致巴勒斯坦未来陷入孤立无援的境地，谈判地位进一步削弱，还可能导致国际社会普遍支持的解决巴勒斯坦问题的原则被撼动，冲击联合国决议权威性和国际关系准则。同时，美国以一己私利主导地区事务，推进“世纪交易”，排斥和限制国际各方对地区事务的话语权，势必引起各方不满。

在美国撮合下，这一波部分阿拉伯国家与以色列关系正常化仍在进行中。2020年10月23日，美国、苏丹与以色列三国发表联合声明称，苏丹与以色列实现外交关系正常化，结束两国交战状态。2020年12月10日，美国政府宣布，摩洛哥与以色列同意建立全面外交关系。目前各方最关注的是沙特，作为阿拉伯和伊斯兰国家中目前影响最大的国家，如果沙特采取阿联酋和巴林模式与以色列关系正常化，将对阿拉伯国家、伊斯兰世界和巴勒斯坦问题产生更大的影响。

阿、巴等国与以关系正常化并不意味着中东将实现和平，巴勒斯坦问题仍是影响中东局势的根源性问题，只要这个问题不解决，中东就没有全面持久的和平可言。巴勒斯坦问题是维系阿拉伯民族大义和伊斯兰宗教感情最重要的纽带，阿拉伯国家民众反以情绪根深蒂固，相关国家政府不得不谨慎从事，努力把握平衡。阿、巴与以关系正常化后，虽然大多数阿拉伯国家表示欢迎或谨慎欢迎，但都表示仍坚持对巴勒斯坦问题的原则立场。2020年12月2日，阿联酋副总统兼总理、迪拜酋长穆罕默德在国庆讲话中说，阿以关系正常化是“为地区提供了打破僵局、搅动死水的宝贵机会，并为和平、安全、共处和致力发展开辟了道路”。沙特近期重申巴勒斯坦问题仍是沙特外交政策中的首要问题，并将坚持“阿拉伯和平倡议”。摩洛哥表示将坚持巴勒斯坦问题的公正解决，阿盟秘书长盖特也重申阿方与以色列关系正常化的原则立场仍是阿拉伯国家共同立场。从目前态势看，尽管阿拉伯国家与以色列关系正常化长期看可能形成趋势，在对以关系上各行其是，“原则归原则，合作归合作”可能成为一些阿拉伯国家处理同以色列关系的重大变化，但巴勒斯坦问题仍是相关国家与以色列关系中绕不过去的重要问题，况且，美国新政府上台后中东形势仍存变数，巴勒斯坦问题不会轻易被建交潮淹没。

长期以来，中国在中东问题上一贯坚持公平正义，不干涉内政和劝和促谈等原则，始终坚定支持巴勒斯坦正义事业，积极同地区国家一道共谋和平、共促发展。阿联酋、巴林与以色列关系正常化引起的地区形势新变化，对中国在地区发挥作用和处理与各方关系提出了新课题。

对阿、巴同以关系正常化，中国外交部发言人于2020年8月14日表态说：“中方乐见有助于缓和中东地区国家紧张关系、促进地区和平稳定的举措，希望有关方采取切实行动，推动巴勒斯坦问题早日重回平等对话、谈判的轨道。”“中方在巴勒斯坦问题上的立场是一贯的、明确的，将继续坚定支持巴勒斯坦人民争取恢复民族合法权利的正义事业和独立建国事业。我们将继续为此发挥积极和建设性作用。”[①] 这一表态表明，中国将继续坚持在巴勒斯坦问题上的原则立场。

2020年12月1日，习近平主席向联合国“声援巴勒斯坦人民国际日”纪念大会致贺电，指出，巴勒斯坦问题作为中东根源性问题，关乎地区和平稳定，关乎国际公平正义，关乎人类良知道义。实现巴勒斯坦与以色列比邻而居、和平共处，不仅是巴以人民世代梦想，也是地区各国人民和国际社会的殷切期望。国际社会应该坚持“两国方案”的正确方向，以联合国有关决议、“土地换和平”原则等国际共识为基础，努力推动中东和平进程。习近平主席强调，中国高度关注巴勒斯坦问题，始终秉持国际公理和道义，支持巴勒斯坦人民恢复民族合法权利的正义事业，支持有利于推动巴勒斯坦问题和平解决的努力。作为安理会常任理事国和负责任的大国，中国愿继续同国际社会一道，为早日实现巴勒斯坦问题的全面、公正、持久解决作出不懈努力，为早日实现中东地区的和平、稳定与发展作出积极贡献。

习近平主席的表态代表中国对中东地区实现和平、稳定与发展的一贯立场，也是新形势下中国对巴勒斯坦问题立场的重申，必将成为下阶段中国对中东外交的指南。

---

① 《2020年8月14日外交部发言人赵立坚主持例行记者会》，中华人民共和国外交部网站，2020年8月14日，https://www.fmprc.gov.cn/web/fyrbt_673021/jzhsl_673025/t1806454.shtml。

险象环生的美伊（朗）对抗

李国富

【内容提要】2020年是美国与伊朗对抗最险恶的一年，双方剑拔弩张，屡次擦枪走火，一度陷入全面战争边缘。新冠肺炎疫情肆虐和美国大选起伏加剧了美伊双方紧张对抗。特朗普政府不仅竭尽所能对伊“极限施压”，还不惜激化与伊对抗；伊朗保持战略克制，采取了强硬但有节制的策略。拜登执政后，美伊目前紧张对抗的局面会有一定缓解，但双方紧张关系的改善仍将是有限度的。

【关键词】美伊关系　极限施压　伊朗核协议　紧张对抗

【作者简介】中国国际问题研究院研究员。

2020年，美国同伊朗严重对抗，一度陷入全面战争边缘。特朗普政府继续对伊“极限施压”；伊朗保持了战略克制。拜登执政后，美伊关系可能会迈入一个新的时期：从特朗普时期“一味打压”、高度对抗，进入一个“遏制加接触”、低度对抗加互动的新时期。

一、美伊陷入全面战争边缘

美国“极限施压”和伊朗“极限抵抗”反制，使双方紧张对峙，屡屡擦枪走火，并在2020年初碰撞出了更大的火团，将两国推入了全面战争的边缘。2020年1月3日，美军使用无人机定点炸死了应邀访问伊拉克的伊朗革命卫队海外军团“圣城旅”指挥官苏莱曼尼将军，以及前来迎接、亲伊朗的伊拉克什叶派民兵组织“人民动员部队”（PMF）副指挥官穆罕迪斯等人。事后，美国国防部宣布，是特朗普总统下令定点“清除”苏莱曼尼将军，“旨在阻止他（伊朗）实施迫在眉睫的对美目标袭击计划”。

苏莱曼尼将军在伊朗被视为传奇式的民族英雄，享有很高的声望。因此，苏莱曼尼将军被美军炸死的消息使伊朗举国震怒。伊朗最高领袖哈梅内伊表示，要对美国进行“严厉报复”，“等待那些手上留有将军鲜血之人的将是无情的复仇”。据美国《纽约时报》2020年1月7日报道，伊朗领袖哈梅内伊罕见地出席了伊朗国家最高安全委员会会议，专门讨论如何对美国实施报复。哈梅内伊下令，对美国的报复行动必须是由伊朗军队负责公开进行。为应对伊朗将要采取的军事报复行动，2020年1月3日，美国国防部表示，美军将向中东地区增派“巴丹”号两栖攻击舰和3000名美军士兵。特朗普更是直接威胁：“如伊朗人敢袭击美国或美国资产，我们已经锁定了52处伊朗目标”，“如伊朗袭击美国基地或任何美国人，我们将毫不犹豫地动用新武器‘伺候’”。伊朗表示将采取公开军事行动对美国进行报复以及特朗普对伊朗的恐吓，使两国间爆发大规模军事冲突的危险迫在眉睫。

美国公开炸死苏莱曼尼被伊朗视为是在两国紧张对峙中越过了伊朗的“红线”，所以伊朗的报复行动必须是严厉的，带有战略性的，同时也要越过美国“红线”。因此，伊朗从多个层面展开对美国的报复行动：第一，在国际法层面，2020年1月3日，伊朗外长扎里夫表示，美国炸死苏莱曼尼是明显的“恐怖主义行径”，伊朗将追究美国的法律责任。伊朗还致函联合国安理会和联合国秘书长古特雷斯，明确表示，依据国际法，伊朗有权自卫。第二，在伊核协议层面，2020年1月5日，伊朗宣布，中止履行伊核协议的最后一个限制——离心机数量限制。今后，伊朗核计划将不再受伊核协议的任何限制（包括提炼浓缩铀的能力、浓缩铀的丰度和核研发等），伊朗将根据伊朗核计划的需要来推进其核能力。不过，如取消制裁，满足伊朗利益，伊朗将准备恢复履行伊核协议。其间，伊朗仍将继续保持与国际原子能机构的合作。[①] 第三，通过立法惩罚美国相关人员。2020年1月7日，伊朗议会批准了一项“严厉复仇”（harsh revenge）的议案，将美国国防部的所有成员，包括指挥官、特工和杀害苏莱曼尼的人都视为恐怖分子。同时，议会通过决议，向“圣战旅”增加拨款2亿欧元。第四，军事打击报复。2020年1月8日晚，伊朗革命卫队从国内三个地点对美军驻伊拉克阿萨德和埃尔比勒两个军事基地进行打击报复，共发射了十余枚地对地导弹。尽管伊朗事先通知了伊拉克，伊朗猛烈的军事打击没有造成美军人员死亡，但给百余名美军留下了后遗症，严重破坏了美军多个军事基地设施，更重要的是此次

① 《伊朗宣布退出伊核协议》，中国新闻网，2020年1月6日，http://www.chinanews.com/gj/2020/01-06/9051713.shtml。

行动是美伊关系交恶几十年来，伊朗第一次公开地对美军驻中东军事基地发动大规模的攻击，此举也越过了特朗普所划定的"红线"。伊朗航天航空军司令表示，伊朗的军事行动"不是为了杀死些人，而是旨在摧毁他们的战争机器和指挥与控制中心"，"正如领袖所说，苏莱曼尼牺牲的真正价值是彻底将美国赶出本地区"。[①] 军事打击后，伊朗外长表示，如果美国不再采取报复措施，那么伊朗的反击报复行动到此结束。他重申，伊朗不寻求升级紧张局势或挑起战争。[②] 伊朗打击报复后，特朗普反应克制，只表示将向伊朗追加额外制裁。由于特朗普和伊朗都不想全面开打，双方再次避过了爆发一场战争的风险，但美伊间的紧张对峙并没有得到缓解。

二、新冠肺炎疫情加剧美伊对抗

突如其来的新冠肺炎疫情在全球暴发后，美伊都遭受疫情肆虐。新冠肺炎疫情在猛烈冲击美伊两国政治、经济和社会的同时，也对两国紧张对抗的局势产生了重大影响。在疫情暴发后，美国试图将疫情作为向伊朗施压的"额外"手段，加大了对伊朗的施压力度，导致两国紧张对抗局面反而因疫情不断加剧。

---

① "IRGC general claims Iran did not target troops in attack," January 9, 2020, https://www.al-monitor.com/pulse/originals/2020/01/iran-irgc-general-iran-target-us-troops-iraq.html#ixzz6AzxTn22f.

② 《伊朗外长宣布自卫行动结束　油价盘中涨幅持续收窄》，金创联网站，2020年1月8日，http://www.315i.com/infodetail/i12994712_p001001_c004002_co1.html。

疫情初期，伊朗政府采取了一系列防控措施，但新冠确诊病例仍快速飙升，其中包括不少高官。较高比例的死亡人数引起了民众恐慌，社会动荡不安，鲁哈尼政府面临巨大压力。由于长期遭受美国制裁，尤其是特朗普政府实施的“极限施压”，造成伊朗资金短缺，缺医少药。在极端困难的情况下，伊朗被迫呼吁国际社会援助，60年来，首次向国际货币基金组织申请50亿美元紧急贷款用于购买抗疫医疗器具和物资。

美国借疫情对伊朗落井下石，加大实施“极限施压”力度，试图逼伊朗就范。伊朗的困境使特朗普政府确信，其“极限施压”政策已见成效，严重削弱了伊朗。疫情在伊朗肆虐，不仅放大了美国的制裁恶果，还波及美国制裁本影响不到的领域。“极限制裁”和新冠肺炎疫情二者叠加产生的效应，正将伊朗推向经济崩溃的边缘。特朗普政府深信，继续加大压力，伊朗将向美国屈服，接受美国重启伊朗核问题谈判的条件，或将走向经济的全面崩溃，引发内乱，严重削弱伊朗对美国和美国地区盟国的威胁。为此，美国在疫情期间继续加大对伊朗“极限施压”力度，并追加了如下制裁措施：第一，利用“次级制裁”，严格审查外国公司对伊朗医疗器材出口的审批，封杀伊朗进口用于抗疫的医用物资，同时以抗疫资金可能会被伊朗用于支持地区“恐怖组织”为由，反对国际货币基金组织向伊朗贷款。特朗普政府高官表示，伊朗政府仍有数十亿美元资金可供使用，如果允许伊朗从国际货币基金组织获得资金，伊朗或将其他资金用来帮助因美国制裁而被削弱的本国经济，或将为中东的武装分子提供资金，而不是用于遏制疫情。第二，加大对伊朗武力威胁。针对美军驻伊拉克基地遭受袭击，特朗普警告，如伊朗和伊朗支持的武装袭击驻伊拉克美军和美国资产，伊朗“将付出非常大的代价”。特朗普还下令美国海军“摧毁任何、所有侵犯美军舰的伊朗炮艇”[①]。第三，试图通过安理会的政治操弄彻底废除伊核协议。2020年4月，美国国务卿蓬佩奥明确表示，美国将“动用一切外交手段”阻止安理会解除对伊朗常规武器贸易的禁令（该禁令于2020年10月到期）。他还威胁，如无法通过安理会达到目的，美国将以伊核协议签字国的身份对伊朗启动“快速恢复制裁”机制，全面恢复联合国对伊朗的所有制裁。

伊朗同时遭受美国“极限施压”和新冠肺炎疫情肆虐，处境十分艰难，但伊朗对美国的打压毫不示弱，并进行了以下反击：第一，借疫情向美国展开政治、外交和道义攻势。伊朗指责美国制裁违反人道主义，是“经济恐怖主义行为”，呼吁国际社会抵制美国对伊朗的制裁，共同抗疫。伊朗此举虽未能减缓美国制裁压力，却博得国际社会广泛同情和支持，使美国在国际上进一步孤立。第二，继续利用伊拉克反美武装加大将美军驱赶出伊拉克的压力。2020年3月，伊拉克反美武装炮击美军基地，打死两名美军和一名英军，造成多人受伤。由于不断遭受亲伊朗的伊拉克反美武装袭击，美军被迫收缩在伊拉克的军事部署。第三，向美国展示武力。伊朗在波斯湾派出大量快艇对美军舰进行干扰；试射多种新型导弹，展示其弹道导弹的能力和威力。2020年4月，伊朗成功发射一枚代号为“努尔-1”多用途军用卫星。伊朗革命卫队司令萨拉米表示，“今天我们能从太空看世界，这意味着革命卫队强大的防御力量在战略情报信息领域得到了加强”。第四，警告美国不要阻止安理会取消

① 《特朗普下令美海军“击沉和摧毁”在波斯湾前来“骚扰”的伊朗炮艇》，搜狐网，2020年4月22日，https://www.sohu.com/a/390283128_161795。

对伊常规武器禁运措施，否则，“伊朗对美国的报复将是毁灭性的”。

三、美国选情变化对美伊对抗态势的影响

美国大选是2020年美伊紧张对抗局势不断加剧的另一个因素。美国两位总统候选人对伊朗政策存在很大差异。特朗普被视为是对伊朗最坏的一任总统。鲁哈尼表示，“在过去的40年，在对待伊朗政府和人民问题上，白宫没有任何一个团队比现在的特朗普政府更加刻薄过分。过去在白宫，有某个人对伊朗有敌意，但其他人的态度温和，但现在白宫集合了所有对伊朗态度最差的人”①。而拜登在其竞选纲领中明确表示，当选后，如伊朗能严格遵守伊核协议，美国将重返该协议，解除对伊朗的有关制裁，并在此基础上与伊朗就相关问题进行谈判。

随着美国疫情综合危机加深和美国选情变化，美伊紧张对抗出现了一些引人注目的变化。伊朗采取了战略克制，而美国则更加咄咄逼人，不惜突破底线。

在特朗普选情日益不利的形势下，为防止特朗普转移国内注意力、铤而走险对伊朗动武，借激化美伊冲突为其连任竞选所用，伊朗在2020年下半年以来对美国保持了如下战略克制策略：第一，不触碰特朗普动武底线。进入2020年6月后，伊拉克反美武装虽频繁地向美军在伊拉克目标发射炮弹，但打击

① 《鲁哈尼表示特朗普政府是40年来美国历届政府中对伊最刻薄的一届》，国际在线，2018年10月15日，https://baijiahao.baidu.com/s?id=1614352680098242272&wfr=spider&for=pc。

地点都远离美军，避免伤及美军（美军伤亡是特朗普武力报复的“红线”）。第二，不主动激化与美国正面对抗。2020年6月底7月初，包括纳坦兹核设施在内的伊朗一系列军事设施、发电厂和化工厂等重要设施遭受破坏，伊朗虽谴责美国和以色列为“元凶”，扬言进行报复，但并没有付诸行动。第三，同意国际原子能机构核查。为拉住欧洲三国反对美国试图无限期延长对伊朗常规武器贸易的禁令，伊朗改变了之前长期拒绝国际原子能机构提出对其两处“可疑”地点进行核查的要求。2020年8月24日，伊朗邀请国际原子能机构总干事格罗西访问德黑兰。双方达成协议，伊朗向国际原子能机构提供进入两处该机构指定地点的途径。第四，伊朗寻求通过“正常”渠道向美国叫板。为解盟友委内瑞拉缺油的燃眉之急，伊朗无视美国制裁和威胁，公开派出悬挂伊朗国旗的五艘油轮，向委内瑞拉提供150万吨油。此举既体现伊朗不惧怕美国，也凸显了美国对伊朗“极限制裁”政策的失败。

在伊朗采取更谨慎策略时，美国则试图激化美伊紧张对抗：第一，空前频繁制裁。特朗普政府以各种五花八门的名义宣布对伊朗实施的制裁，涉及伊朗政治、司法、军队、安全、经济、金融、石油、运输、矿产等所有领域，有的部门还遭到反复多次制裁。第二，全面禁止国际社会与伊朗在民用核项目上的合作。2020年5月底，美国宣布对伊朗的阿拉克重水核反应堆改造、德黑兰核研究反应堆核燃料供应和核废料处理合作进行制裁。第三，试图强行无限期延长对伊朗常规武器贸易的禁令。特朗普政府在无法阻止联合国解除对伊朗常规武器贸易禁令（2020年10月中旬到期）后，蓬佩奥威胁，美国将对任何与伊朗开展常规武器贸易或就相关武器提供技术培训、资金的个人或实体进行制裁。[①] 第四，对伊朗设施网络攻击。从2020年6月下旬至7月下旬，美国和以色列对伊朗纳坦兹核设施、帕尔钦军事基地等一些重要设施进行网络攻击。《纽约时报》报道，对伊朗纳坦兹核设施袭击已计划一年多，其主要目的是挫败伊朗核计划。第五，加快组建以美国为首的地区反伊朗同盟步伐。2020年8月后，在特朗普的大力促和下，阿联酋和巴林等四个阿拉伯国家与以色列建交，美国承诺将向阿联酋提供先进的F-35隐形战斗机，帮助海湾阿拉伯国家提高应对伊朗威胁的能力。与海湾两国建交后，以色列缩短了与伊朗明争暗斗的战略空间，使伊朗直接感受到来自以色列的威胁。

四、特朗普为拜登重返伊核协议挖坑埋雷

在拜登赢得美国大选后，特朗普政府便极尽所能地对伊朗实施最后疯狂的“极限施压”，试图制造美伊危机，阻止拜登上台后兑现重返伊核协议的承诺。主要表现在两个方面：一是再对伊朗实施“大量”制裁。据美国Axios新闻网站援引以色列知情人士的话说，“特朗普政府的目标是在（2021年）1月20日之前对伊朗实施尽可能多的制裁”。这些制裁将使即将执政的拜登政府不可能使美国重返伊核协议。美国伊朗问题新特使艾布拉姆斯明确表示，“那些相信（2021年）1月入主白宫的拜登总统可在两三天后取消美国所有制裁的人将发现这是不可能的。美国现在对伊朗有一整套制裁机制，它们将会存在一段时

---

① 《联合国对伊朗武器禁运解除，蓬佩奥警告》，新浪网，2020年10月19日，news.sina.com.cn/w/2020-10-19/doc-iiznctkc6419031.shtml。

间”。二是制造美伊危机。首先，据美国《纽约时报》2020年11月16日披露，大选后，特朗普曾咨询美国军政高官，“他是否有在未来几周内对伊朗主要核设施采取行动的可能性”，后在包括副总统彭斯、国务卿蓬佩奥、代理国防部长米勒等高官极力劝阻下才作罢。其次，与以色列联手刺杀伊朗首席核科学家法赫里扎德。2020年11月27日，伊朗首席核科学家法赫里扎德在德黑兰郊外遇刺身亡。事后，国际社会几乎一致认为是以色列所为，并得到特朗普政府支持。美国前总统奥巴马任内担任伊朗事务顾问的马莱认为，暗杀行动的目的除打击伊朗核计划外，亦试图令拜登于2021年上台后，难以缓和美伊关系及重返伊核协议。最后，对伊朗进行军事打击威胁。在法赫里扎德遇刺前后，美国加强了在海湾地区的军事部署，将“尼米兹”号航母战斗群重新部署到海湾地区。为威胁伊朗，美军还从本土调派多架B–52战略轰炸机到海湾地区。美国中央司令部直言，美军B–52战略轰炸机的任务就是“旨在阻止（伊朗的）侵略并确保美国伙伴和盟友的安全”。

伊朗乐见拜登当选，鲁哈尼总统毫无掩饰地表示，“感谢上帝，美国人民和世界摆脱了特朗普”[①]。鲁哈尼政府认为，拜登的对伊政策可能为缓解美伊高度紧张关系，以及为美国解除对伊朗“极限施压”提供了一个机遇。伊朗并不想在拜登即将执政前，美伊间爆发武力冲突或新的危机，为美伊可能进行的谈判设置新障碍。另有外媒报道，大选后，伊朗告诫地区的盟友不要主动对美国进行“挑衅”。

---

① 《鲁哈尼：感谢上帝，世界摆脱了特朗普》，《德黑兰时报》网站，2020年11月25日，https://www.tehrantimes.com/news/455060/Rouhani-Thank-God-world-got-rid-of-Trump。

但伊朗首席核科学家法赫里扎德遇刺身亡突破了伊朗所能接受的底线。第二天，伊朗最高领袖哈梅内伊要求，伊朗要对“行凶者和下令暗杀的人给予明确的惩罚”[①]。鲁哈尼虽指责以色列是暗杀的幕后主使，但表示不会马上采取报复行动，而是“将在合适的时机为被刺杀的法赫里扎德报仇”，因为，“伊朗民族足够聪明，不会跌入犹太复国主义者所设的陷阱”。[②]但鲁哈尼的回应引起被伊朗强硬派控制的议会的不满，指责鲁哈尼反应软弱。议长利巴夫表示，阻止未来攻击唯一的途径是展示“强硬反应”。2020年12月1日，伊朗议会高票通过了《反制裁战略法案》，并很快得到伊朗宪法监护委员会批准，成为正式法案。该法案规定了伊朗核计划的具体措施，包括：出于和平目的生产丰度为20%及超过20%的浓缩铀；启用新型离心机；设计建设新的重水反应堆等内容，并强调如果伊核协议签署国违反协议内容，伊朗同国际银行关系没有完全正常化，没有完全消除伊朗石油及化工产品的出口障碍且伊朗无法快速获取石油收入，则伊朗将在本法生效两个月后，暂停自愿履行根据《不扩散核武器条约》签订的全面保障监督协议。鲁哈尼总统反对该法案，认为该法案将会损害伊朗的外交努力。[③]

---

① 《阿亚图拉哈梅内伊：法赫里扎德烈士的科学奋斗应认真继续》，《德黑兰时报》网站，2020年11月28日,https://www.tehrantimes.com/news/455158/Ayatollah-Khamenei-Martyr-Fakhrizadeh-s-scientific-efforts-should。

② “Iran’s supreme leader vows revenge over slain scientist,” November 28, 2020, https://www.yahoo.com/news/irans-president-vows-revenge-over-082134897.html.

③ 《总统反对，议长强推，伊朗〈反制裁战略法〉将生效》，中国新闻网，2020年12月10日，http://www.chinanews.com/gj/2020/12-10/9358510.shtml。

总体上说，在美国大选后，鲁哈尼政府对特朗普最后的“极限施压”的反应是克制的和理智的，既不向特朗普示弱，又避免因激化与美国对抗，而造成增加与即将执政的拜登新政府展开谈判的障碍。

五、展望拜登政府的美伊关系

自竞选以来，拜登就多次表示，如伊朗严格遵守伊核协议，美国将重返该协议。伊朗也一再重申，“愿意全面遵守伊核协议，但前提是美国也要做到”。鲁哈尼甚至还表示，如美国取消针对伊朗的制裁，重返伊核协议，他愿意与新总统拜登进行会谈。由于拜登和伊朗都有缓解双方紧张关系的愿望，因此，拜登执政后，美伊目前持续紧张对峙的局面会有一定缓解，双边关系可能会迈入一个新的时期：从特朗普时期“一味打压”、高度对抗，进入一个“遏制加接触”、低度对抗加互动的新时期。

拜登将放弃特朗普对伊朗“极限施压”的政策。拜登指责特朗普的对伊政策是“危险的失败”，孤立了美国，疏远了盟国，壮大了敌人：目前伊朗浓缩铀储量达到了他离任时的10倍，制造核武器的时间从原来的一年缩短到现在的几个月，还增加了美国在中东再次卷入另一场战争的风险。美国必须改变对伊朗的政策。拜登还明确表示，在执政当日废除针对包括伊朗在内的伊斯兰国家的旅行“禁穆令”，同时将采取措施，以确保美国制裁不会阻碍伊朗抗击新冠肺炎疫情的行动。①

目前看来，拜登是采用“聪明”的施压策略，与伊朗谈判想实现三个目标：（1）近期目标：促使伊朗重新、全面、严格地履行伊核协议条款，扼制住伊朗核项目快速发展的势头，将伊朗可制造核武器的时间重新拉回到一年的期限；（2）中期目标：无限期延长伊核协议对伊朗核活动的限制。美国将与欧洲盟国（主要是英、法、德）协调对伊朗政策，联手向伊朗施压，迫使伊朗接受一个加强版的伊核协议；（3）长期目标：争取与伊朗达成一个涵盖伊朗导弹、地区行为等问题的“更好的协议”，但拜登的重点是长期限制伊朗核活动，“争取中东地区稳定的关键是解决伊朗核问题，而不是伊朗导弹问题”②。

鲁哈尼政府对拜登的言论持谨慎积极态度，并多次表示，只要美国解除对伊朗的制裁，重返伊核协议，伊朗愿意全面履行伊核协议的义务，并表示愿意与拜登政府进行相关问题的谈判。但伊朗对与拜登政府谈判保持着高度的警觉。伊朗多次明确地划出与拜登新政府谈判的范围和内容：第一，已经签署的伊核协议不容谈判，也不能修改；第二，安理会第2231号决议不容谈判，也不能修改；第三，伊朗导弹问题是不容谈判的。伊朗谈判的目标就是争取促使拜登政府尽可能多地解除对伊朗的制裁，包括特朗普退出伊核协议后对伊朗所实施的所有制裁。另外，伊朗还要求拜登政府作出“承诺”，之后的美国政

① “Joe Biden, There’s a smarter way to be tough on Iran,” September 13, 2020, https://www.cnn.com/2020/09/13/opinions/smarter-way-to-be-tough-on-iran-joe-biden/index.html.

② “Biden reaffirms pledge to revive Iranian nuclear deal,” December 2, 2020, www.al-monitor.com/pulse/originals/2020/12/biden-iran-nuclear-deal-rejoin-compliance-sanctions-trump.html#ixzz6fWeRBmCj.

府不能像特朗普那样退出伊核全面协议。

由于美伊双方长期敌对，互不信任，尤其是拜登政府受到内外强大的反伊力量牵制，美伊双方战略目标和战略利益有根本冲突，更重要的是拜登也是为了削弱伊朗，只不过是采取"先礼后兵"的不同策略，如达不到目的，则将联合欧洲一起向伊朗施加更大的压力。因此，双方缓解紧张关系的程度是有限的。

第七章

非洲治理难点增多
拉美困境前所未有

新冠肺炎疫情下非洲政治经济形势的主要特征

钟伟云

【内容提要】2020年非洲政治形势仍然复杂多变。马里政变折射出非洲不少国家治理能力和水平不足。非洲一些国家非传统安全问题突出，更加剧了非洲的治理危机。埃塞俄比亚陷入新的动乱，将影响东北非的稳定。新冠肺炎疫情严重冲击非洲经济，扭转多年来较好的增长态势，加剧了失业、财政赤字等问题，减贫成果被抵消。非洲国家之间以及非洲与外部大国之间的互动减少，非洲在国际体系中仍处于边缘地位。

【关键词】新冠肺炎疫情冲击　非洲政治复旧　经济增长中断　减贫努力受挫

【作者简介】当代世界研究中心研究员。

一、政党、选举与非洲政治

（一）马里军事政变折射非洲国家治理危机

非洲曾是一个军事政变频仍的地方。在20世纪70年代至

90年代，军事政变、军人干政事件频繁发生。自20世纪90年代非洲开启多党民主进程后，政变频率下降，维护宪法尊严、防止军人通过非宪法手段夺权，成为非洲国家的共识，非洲联盟（简称"非盟"）及各次地区国家组织还制定了行为准则，对非法夺权行动实施制裁。在这种大气候下，2020年8月18日，马里突发的军人夺权事件，震惊了非洲和国际社会。

马里政变军人扣押了总统凯塔和总理西塞，迫使两人辞职，马里政府被解散。2020年10月，政变军人成立过渡政府，退役上校、前国防部长巴·恩多被推举为总统，政变领导人阿西米·戈伊塔上校任副总统，成立以军人为主的过渡政府。

政变发生后，非盟、西非国家经济共同体（简称"西共体"）、联合国、欧盟等国际和地区组织以及法、英、美等西方大国一致予以谴责，要求政变军人释放总统和总理，交还政权。非盟、西共体迅速中止了马里的成员国资格，西共体还关闭了其他成员国与马里的边界。西共体还向马里派出外交使团，试图说服政变军人尽早交权，但是政变军人不为所动，坚持设定18个月的过渡期。看来非盟、西共体对此也只能默认，政变军人基本站住了脚跟。

虽然近年来非洲国家军事政变次数减少，但马里发生的事件也绝非个案。自2013年以来，就先后有埃及（2013年）、布基纳法索（2015年）、津巴布韦（2017年）和苏丹（2019年）等国发生了军人干政事件。这说明，军事政变在非洲仍有一定土壤。

在非洲和国际社会对军人非法干政容忍度日益降低的情况下，非洲仍有国家发生军事政变，根本原因还在于这些国家的治理出现了问题，这是对治理失败的折射。非洲国家实行多党制以来，定期选举虽已成为政治生活的正常现象，但选举并没有解决政权合法性问题，也没有解决国家治理问题。有些选举受到执政党和在任总统的操纵，本身就不自由和公正，许多选举还伴随着暴力。另外，一些选举上台的政府执政能力不足，无力解决严峻的经济与社会问题，不但没有解决社会矛盾，反而激化社会矛盾，引发民众抗议。这些都削弱了民选政权的合法性，也给军队干政提供了理由。

此次马里政变，军方的借口就是凯塔政府治国无方，在维护国家稳定和打击腐败方面无所作为，并在2020年初举行的议会选举中严重舞弊。从2020年6月起，马里反对派组织"6月5日联盟"就组织民众在首都巴马科等地进行大规模抗议示威，要求凯塔总统下台。军人正是利用群众对现政权的不满，打着维护人民利益的旗号发动政变。政变发生后，马里部分群众走上街头以示庆祝，一些人打出"这不是政变，而是革命"的标语。军人干政受到部分民众欢迎的情况，在苏丹和津巴布韦也发生过。这颇具讽刺意味。

另外，非洲和国际社会虽不能容忍军事政变，但缺乏有效的制约手段，这也让一些军人有机可乘。目前非盟和次地区组织所能做的，无非是给予道义谴责、中止政变国家的成员资格、进行外交孤立，部分切断国际援助等。在马里政变问题上，西非国家经济共同体采取了进一步行动，关闭马里的边界，停止与马里的贸易。但对于像马里这样的落后国家来说，这些措施对政变军人都不构成致命威胁。从政变军人的角度看，他们可以重新制定政治游戏规则，脱下军装参加竞选，即使政变领导人不能参选，也可以通过扶植代理人参选的方式来维护既得利益。其中的风险与可能的好处两相比较，决定了仍会有军人冒险发动政变。

政变可以推翻一个不得人心的政权，但无法建设一个新社会。美国佛罗里达大学政变问题研究专家克莱顿·贝索通过大数据对1950年至2020年全球近600起成功和未遂军事政变的研究发现，极少有军事政变能够给一国的经济与社会发展带来积极的结果。[①] 非洲历史上也有充分的例证证明，通过政变上台的军人政权在治理国家方面未必比“文人政权”好，甚至更糟糕。

（二）埃塞俄比亚内部问题威胁国家统一和地区稳定

埃塞俄比亚是非洲大国，连续十多年的经济快速增长和政治稳定使该国成为非洲的新希望。但进入2020年以来，该国一度得到控制的内部矛盾重新抬头，如当局处理失当，很可能再次使该国陷入内乱境地。

一是政治暴力不断。最突出的一件事是，2020年6月，知名度颇高的奥罗莫族歌手哈查卢遭到武装分子枪杀。该事件立即引发奥罗莫人的大规模抗议浪潮，并迅速演变为暴力示威，军警使用了强力手段才控制住局面，但示威和骚乱造成200多人死亡，伤者更多。埃塞各大民族之间的关系本来就相当紧张，哈查卢之死进一步加剧了这种紧张关系。有评论说，哈查卢之死打开了该国暴力和关系紧张的潘多拉之盒。

二是联邦政府与提格雷州的矛盾公开化。受疫情影响，联邦政府先是将原定于2020年5月举行的大选推迟至9月，后来又推迟至2021年。一再推迟选举遭到一些人士的反对。埃塞俄比亚议会联邦院议长辞职以示抗议。在提格雷州执政的提格

---

① Clayton Besaw, “Mali Celebrates After President’s Ouster—but There Are Few ‘Good Coups’,” August 28,2020, https://allafrica.com/stories/202008290060.html.

雷人民解放阵线（简称“提人阵”）按原计划于2020年9月在该州组织州及地方选举，“提人阵”以98.2%的得票率夺得州议会190席中的152席。但联邦政府宣布提州选举违宪，不承认当选州政府和议会的合法性。但“提人阵”不但不接受联邦政府的决定，反而宣布联邦政府为非法。2020年11月，联邦政府以“提人阵”与奥罗莫反政府武装合谋屠杀数十名村民和“提人阵”武装袭击政府军营地为由，对提格雷采取全面军事行动，“提人阵”武装予以反击。提州与联邦政府事实上已处于内战状态，且有向地区其他国家溢出的风险。截至2020年11月底，已有数万名提格雷人逃到苏丹避难。

1991年埃塞俄比亚人民革命民主阵线（简称“埃革阵”）上台以来，“提人阵”在埃塞政治生活中事实上占据主导地位，但随着“埃革阵”领导层代际更替，特别是2018年阿比担任党主席和政府总理后，提格雷人在中央一级权力机构逐渐受到排挤，党内矛盾向社会蔓延，导致提格雷人与埃塞其他民族的关系恶化。阿比试图将“埃革阵”由四个政党组成的阵线改造成一个统一的政党——繁荣党，但遭到“提人阵”的坚决抵制，“埃革阵”事实上已经分裂。过去两年来，“提人阵”时而公开挑战阿比的权威。双方的不信任导致彼此剑拔弩张，直至兵戎相见，昔日的同志今天成了不共戴天的仇人。

埃塞的问题说到底还是民族问题。自19世纪末埃塞现代国家成型以来，民族矛盾特别是几大民族之间的矛盾一直困扰着这个贫穷落后的国家。20世纪90年代初制定的埃塞联邦宪法赋予各州直至退出联邦的自决权，有人认为这是提格雷人为日后脱离联邦另谋独立而埋下的伏笔。如阿比政府不能迅速找到解决提格雷问题的办法，不排除提格雷州再次提出独立要求、埃塞重开内战、联邦解体的可能。届时厄立特里亚、苏丹等国很可能被卷入。

（三）一些国家安全形势依然严峻

非洲多数国家维持了和平与稳定的局面，但仍有个别国家存在内部和跨国界安全问题，同时，恐怖袭击问题仍然困扰一些国家。

伊斯兰极端组织继续在萨赫勒地区、南北苏丹、尼日利亚、索马里等国实施恐怖袭击活动。布基纳法索官方资料显示，自2020年初至11月，极端分子共发动了数百次针对平民的袭击，造成2000多人死亡和大量财产损失。[①] 另据挪威难民委员会数据，自2019年初至2020年8月的一年半时间里，布基纳法索因为武装暴乱而造成的国内流离失所者达到创纪录的100万人，另有200万人处于饥荒状态，占其总人口的10%。[②] 恐怖组织"博科圣地"于2020年11月底在一次行动中杀害了110名尼日利亚平民。[③]

莫桑比克面临两股反政府武装活动。一是伊斯兰极端分子在德尔加多角省的活动。二是莫桑比克全国抵抗运动（简称"抵运"）武装集团在中部省份的零星袭击活动。2020年8月，伊斯兰极端分子的武装在德尔加多角省开展大规模军事活动，

---

① "Burkina Faso Votes Under Threat of Jihadi Violence," November 22, 2020, https://allafrica.com/stories/202011230073.html.

② Laura Angela Bagnetto, "Burkina Faso: 1 Million in Burkina Faso Displaced By Violence, Amid Covid-19, Climate Change," August 18，2020, https://allafrica.com/stories/202008190113.html.

③ Abdulkareem Haruna, "Nigeria: Boko Haram—Tears As Borno Conducts Mass Burial for 43 Slain Farmers," November 29, 2020, https://allafrica.com/stories/202011290063.html.

一度占领该省港口城市，造成多人伤亡。据联合国粮食计划署资料，2020年9月，冲突已造成德尔加多角省30万人逃离家园，靠救济为生。[①] 该地的恐怖袭击活动还蔓延到坦桑尼亚南部。抵运武装集团则在中部的马尼卡和索法拉省采取袭击运输车辆等零星武装活动，扰乱国家正常经济社会生活。

在刚果（金），极端组织于2020年8月袭击了该国东部的三个村庄，杀害至少20人。联合国资料显示，一支名叫“民主力量联盟”的极端组织从2019年初以来已杀害超过1000名平民。

二、疫情冲击下的非洲经济

新冠肺炎疫情抵达非洲的时间相对较晚，非洲各国本来有足够的时间采取预防和应对措施，但由于多数国家卫生基础设施落后，社会管理水平低下，令病毒在非洲迅速蔓延。截至2020年11月底，非洲55个国家确诊病例逾216万人，死亡5万多人，康复人数183万余人。[②]

目前还难以准确评估疫情对非洲经济的影响，各有关机构的预测和评估也不尽一致，但可以肯定，疫情暴露了非洲经济增长的脆弱性，在造成短期冲击的同时，将对非洲经济与社会产生深刻和长远的影响。与其他较发达的经济体相比，非洲经

① “Mozambique, Violence Leaves More Than 300,000 ‘Completely Reliant’ On Assistance in Northern Mozambique,” September 22, 2020, https://allafrica.com/stories/202009220808.html.

② “Africa: Continent’s Covid-19 Death Toll Nears 52,000 Mark,” December 2, 2020, https://allafrica.com/stories/202011300965.html.

济从疫情冲击中复兴的道路将更为艰难和漫长。

（一）宏观经济形势急剧恶化，增长由正转负

近年来，非洲宏观经济形势总体表现尚可，GDP连续多年保持低中速增长。但非洲多数国家经济基础脆弱，对外部市场和资金的依赖程度高，极易受外部形势波动影响。疫情使非洲经济增长形势急转直下。非洲开发银行于2020年9月发布《非洲经济展望2020年增刊》报告，对疫情的影响进行了模型分析。根据该报告，2020年非洲经济在最理想的情况下将萎缩1.7%，在最坏情况下将萎缩3.4%，这意味着2020年非洲GDP将损失1455亿美元至1879亿美元。[①] 国际货币基金组织（IMF）于2020年10月发布的《世界经济展望报告》预测，2020年撒哈拉以南非洲地区经济增长率预计为–3%。这是该地区25年来首次出现整体性经济衰退。

南非等主要经济体所受冲击尤其严重。据南非国家统计局于2020年9月公布的数据，南非第二季度GDP环比下降16%，这是南非自1962年以来最大季度跌幅。如果换算成年化增长率，则为–51%。南非经济受影响最大的是工业，第二季度年化增长率为–76.6%，其中制造业下降74.9%。其次是建筑业。零售、交通运输和旅游业所受冲击也很大。航空运输几乎停止，道路运输也几近停摆。金融服务业下降28.9%。只有农业未受到影响，在玉米、水果出口增加的带动下，农业较上年同

---

① 非洲开发银行:《非洲经济展望2020年增刊》，2020年9月，https://afdb-org.cn/wp-content/uploads/2020/08/AfDB20-04-AEO-supplement-highlights_Chinese.pdf。

期增长了15%。[①]

据尼日利亚国家统计局公布的数字，尼日利亚第二季度经济萎缩6.1%，为十年来最严重的衰退，也是该国四年来第二次衰退。[②] 根据国际货币基金组织（IMF）2020年10月的一份报告，2020年尼日利亚和安哥拉两个石油生产国经济将下降4.1%。毛里求斯、塞舌尔、佛得角等主要依赖旅游业的国家将面临大幅度经济萎缩。只有肯尼亚、科特迪瓦、埃塞俄比亚等少数几国由于经济比较多样化，不依赖任何单一部门，经济可望保持微弱的增长。纳米比亚央行于2020年10月表示，2020年纳米比亚经济将萎缩7.8%。[③]

据总部设在南非的安全研究所估测：在最理想的情况下，非洲的人均收入要到2024年才能恢复到2019年的水平；在最坏情况下，则要到2030年才能恢复到2019年水平。[④]

（二）许多国家财政困难加剧，债务问题突出

经济萎缩对非洲各国财政和债务状态产生了明显影响。许

---

① "South Africa: Steep Slump in GDP as Covid-19 Takes Its Toll on Economy," September 8, 2020, https://allafrica.com/stories/202009080711.html.

② Henry Umoru, Tordue Salem, "Nigeria: Budget 2021—Brace Up for Another Recession—Buhari," October 9, 2020, https://allafrica.com/stories/202010090230.html.

③ 《纳米比亚的国内经济将在2020年陷入更严重的收缩》，蜀财网，2020年8月19日，http://www.suloon.com/channels/qyxw/2020/0819/27811.html。

④ Jakkie Cilliers et al., "Impact of COVID-19 in Africa: A Scenario Analysis to 2030," July 23, 2020, https://issafrica.org/research/africa-report/impact-of-covid-19-in-africa-a-scenario-analysis-to-2030.

多国家的财政收入大幅下降，但为应对疫情又被迫执行扩张性财政政策，造成预算赤字陡然升高。一些国家被迫将原来用于社会保障的支出优先用于防疫。非洲开发银行预测，2020年非洲国家的财政赤字将增加一倍，相当于GDP的8%—9%。尼日利亚政府于2020年10月提出总额为13.8万亿奈拉的2021年财政预算案，有将近三分之一（4.28万亿奈拉）为赤字，赤字率创历史新高。①

疫情加重了许多国家的主权债务负担。IMF于2020年10月发布的报告显示，2020年非洲国家主权债务占GDP的比重将比上一年度增加10个百分点，达到65%，其中尼日利亚的债务将升至GDP的68%。② 疫情也使得一些国家的侨汇收入和外国直接投资下降。③ 赞比亚已出现无法按时偿还外债的情况，成为疫情下首个主权债务违约的非洲国家。赞比亚不得不向各债权国请求给予宽限期，到2020年11月初宽限期到期时，该国主权债务违约拖欠已达4000万美元。④ 预计这种情况还会在一些国家出现。

---

① Oladeinde Olawoyin, "Nigeria to Sink Deeper into Debt, Fund 2021 Budget with N4.28 Trillion Fresh Borrowings," October 9, 2020, https://allafrica.com/stories/202010090330.html.

② Rasheed Sobowale, "Nigeria Debt—GDP Ratio Could Hit 68%—IMF Raises Alarm," October 22, 2020, https://allafrica.com/stories/202010230102.html.

③ 非洲开发银行:《非洲经济展望2020年增刊》, 2020年9月, https://afdb-org.cn/wp-content/uploads/2020/08/AfDB20-04-AEO-supplement-highlights_Chinese.pdf。

④ Daniel Pelz, "Africa's Debt Crisis Grows Amid Covid-19 Pandemic," November 13, 2020, https://allafrica.com/stories/202011150146.html.

（三）失业问题加剧，减贫成果被抵消

世界银行于2020年10月发布的题为《非洲脉动：经济复兴之路》的报告显示，疫情将使撒哈拉以南非洲地区4000万人陷入赤贫，将该地区过去五年在减贫领域取得的成果一笔勾销。[①] 非洲开发银行的估计更为悲观，它在2020年9月发布的一份报告中估计，2020年非洲将有5000万人陷入赤贫。在疫情尚未暴发前，按照每天1.9美元的国际贫困线标准计算，2020年非洲约有4.25亿人处于极端贫困状态，疫情将使这一数字上升至4.53亿至4.62亿。[②] 另据联合国于2020年10月发布的一份声明，萨赫勒地区的马里、尼日尔和布基纳法索三国有1340万人面临饥荒，需要外部援助。联合国秘书长古特雷斯称，上述三国的形势十分紧迫，需要国际社会采取紧急行动。[③]

经济衰退造成大量就业岗位流失，加剧了本就十分严峻的失业问题。非洲开发银行根据其经济模型推测：假定2020年非洲经济萎缩1.7%的理想情况下，非洲将损失2460万个工作岗位；而在经济萎缩3.4%的最坏情景下，损失的工作岗位预

---

① "Africa: World Bank Confirms Economic Downturn in Sub-Saharan Africa, Outlines Key Polices Needed for Recovery," October 8, 2020, https://allafrica.com/stories/202010080931.html.

② 非洲开发银行:《非洲经济展望2020年增刊》，2020年9月，https://afdb-org.cn/wp-content/uploads/2020/08/AfDB20-04-AEO-supplement-highlights_Chinese.pdf。

③ "West Africa: Sahel at 'Breaking Point' as Donors Pledge Billions in Aid," October 20, 2020, https://allafrica.com/stories/202010210099.html.

计将达3000万个。[①] 南非总统拉马福萨于2020年10月称，2020年第二季度南非新增失业人口超过200万。[②] 南非国家统计局于2020年11月公布，南非失业率达到30.8%，为2008年以来最高值，仅第三季度新增失业人数就达220万。[①] 尼日利亚官方数据显示，2020年第二季度尼日利亚失业率升至27.2%，为十年来最高。尼日利亚15岁至34岁青年劳动力中，有34.9%处于未就业和失业状态，另有28.2%处于就业不充分状态，这意味着该年龄组处于失业和半失业状态的人口比例高达63%。[②]

三、非洲国际关系

2020年非洲国家关系以及非洲与外部世界的互动方面，有几件事值得关注：

（一）"两埃"围绕尼罗河水资源的争夺进入新阶段

多年来，埃及和埃塞俄比亚这两个尼罗河流域国家围绕河水分配问题展开激烈角力，夹在中间的苏丹也被牵扯进来。这

① 非洲开发银行:《非洲经济展望2020年增刊》，2020年9月，https://afdb-org.cn/wp-content/uploads/2020/08/AfDB20-04-AEO-supplement-highlights_Chinese.pdf。

② 《南非宣布经济复兴计划力促就业》，新华网，2020年10月16日，http://www.xinhuanet.com/world/2020-10/16/c-1126619579.htm。

① Evelyn Shumba, "Unemployment Soars in South Africa," November 18, 2020, https://allafrica.com/stories/202011190750.html.

② Francis Arinze Iloani, "Nigeria: Factcheck—Are 63% Young Nigerians Jobless or Underemployed?," October 27, 2020, https://allafrica.com/stories/202010280040.html.

一斗争随着埃塞于2011年在青尼罗河干流启动设计库容量为740亿立方米的复兴大坝建设而加剧。经过近十年的建设，大坝于2020年开始蓄水，并计划用5—7年时间完成蓄水。埃及认为，大坝蓄水威胁到埃及的用水安全。埃及要求埃塞保证水库的流出量，确保埃及可根据1959年埃及与苏丹的协定，每年得到550亿立方米的河水份额。而埃塞一直不承认1959年埃及与苏丹的协定，它认为，大坝的主要目的是发电和调节水量，并非用于灌溉，不会影响埃及的用水安全。至于水库流出量，要根据流入量、自然蒸发量和当地使用量而定，不能事先设定指标。

尽管美国和非盟先后介入调解，美国还以中断对埃塞部分援助施压，但“两埃”未能达成协议。埃及视尼罗河水为其生命线，埃塞为发展经济也不可能放弃更多使用河水的权利，双方都不大可能在涉及自身根本利益的问题上让步，预计这一斗争将继续下去，未来不排除发生军事冲突的可能。

（二）大国与非洲互动减少

受疫情影响，加上主要域外大国自顾无暇，大国与非洲的互动减少，一些互动改为线上进行，效果减弱。

美国主动斡旋埃塞与埃及两国河水争端。美国多次将“两埃”和苏丹官员召集到美国进行谈判。但埃塞认为美国偏袒埃及，因而拒绝接受美国提出的方案。为向埃塞施加压力，美国于2020年9月宣布暂停向埃塞提供总额为1.3亿美元的国防建设和反恐援助。2020年10月，美国总统特朗普在与苏丹过渡政府总理通话时表示，埃及最终可能炸毁大坝。美方的立场遭到埃塞的强烈反对，埃塞与美国关系紧张。

2020年8月，美国国务卿蓬佩奥访问苏丹。这是巴希尔政权被推翻后美国高官首次到访该国。美国希望借此访游说苏丹与以色列实现关系正常化及改善美国与苏丹双边关系。2020年10月，美国宣布苏丹政府已同意向美方支付3.35亿美元，以赔偿当年伊斯兰恐怖分子对美国驻肯尼亚、坦桑尼亚大使馆爆炸案的损失，美国表示将很快把苏丹从“支恐国家”名单中移除；苏丹则承诺，将实现与以色列关系正常化。

在欧洲与非洲关系方面，受疫情影响，原定于2020年10月在布鲁塞尔举行的第六届欧非峰会被推迟至2021年，具体时间未定。据了解，欧盟方面希望如期举办峰会，但未同非盟达成一致。

近年来在非洲与外部大国的互动中，非洲方面的主动性有所加强，但非洲在国际体系中的边缘化地位未得到根本改变，非洲在议题设置、施加影响方面的能力仍然较弱。

拉丁美洲形势特点与未来展望

张　拓

【内容提要】新冠肺炎疫情在2020年对拉美造成前所未有的严峻挑战。各国国内政治生活一度几近停顿，经济陷入百年来最严重衰退，社会问题愈显突出，对外交往严重受阻，美国加快重返拉美步伐，一体化继续处于无为状态。但2020年9月后，各方博弈渐归常态，矛盾变量持续积累，具有诸多不确定性和高度可变性。疫情倒逼各界改变其惯性思维，提出要改换发展模式，重塑经济形态，更新治理手段，修改国际规则，这标志着拉美已开始从更高角度正视自身存在的问题。静中有变，迭出新变，加速演变和酝酿大变是当前拉美形势最突出的特点。

【关键词】拉美形势　突出特点　美拉关系　新的探索

【作者简介】中国国际问题研究基金会研究员，中拉友协副会长，中国前驻拉美国家大使。

2020年对拉美来说是一个极为特殊的年份。在突如其来的新冠肺炎疫情冲击下，拉美诸国在各个领域均面临着前所未有的严峻困难和挑战。拉美政局的正常演进轨迹被意外打乱，各国国内政治生活和社会治理遭严重影响。拉美经济遭受了一个多世纪以来的最大打击，陷入了严重衰退，面临又一个失去的十年。拉美社会问题在疫情诱发下愈显突出，贫困率大幅增加，十几年来所取得的社会成果毁于一旦。拉美各国采取的隔离锁国措施使其同区内和域外交往受到严重阻碍，除在某些热点问题上略有动作外，外交领域基本处于停顿状态。美国加速其重返拉美、挤出对手、独霸后院的步伐，在自身疫情业已十分严重的情况下，仍对拉美推出了众多具有长远影响的政治、经济和军事举措。拉美一体化进程受意识形态分歧和疫情影响，缺乏强劲推进的动力和解决问题的能力，同时也孕育着新机遇。尽管从表面上看，各国政府为抗疫而采取的隔离措施和救助政策暂时遮掩了许多深层次问题，政局和社会基本保持了稳定，但随着疫情的严重程度相对缓解，各党派政治博弈渐归常态，众多潜在矛盾不断积累和各种变量因素膨胀发酵，拉美形势也面临着诸多不确定性和高度可变性。静中有变，迭出新变，加速演变和酝酿大变可以说是对当前拉美形势最恰当的描绘。一年来，拉美形势的演变特点主要体现在以下几个方面。

一、受疫情影响，拉美政局变化呈前松后紧、半静半动的特点

由于疫情在2020年初不期而至，拉美各国政府均猝不及防，仓促上阵，临时采取了各种应对措施以求尽快控制疫情的扩散蔓延，这导致其政策内向、指向专一，无暇顾及按既定时间表来完成国内政治日程，特别是各国在疫情之初所实施的严格隔离政策，使在野党与政府面对面的政治博弈及大规模的街头运动难以展开，加之各政治力量也需要针对后疫情时代拉美

及本国可能出现的变化而重新思考其未来战略策略，这使得2020年前三季度的拉美政局几乎出现了停滞甚至真空的状态。玻利维亚的大选和智利的制宪公投等重要选举活动被迫推迟，某些国家的最高领导人及政府重要官员染病脱岗削弱了政府治国理政能力，议会中各党派和利益集团之间的政治缠斗一度因议会闭门谢客及议员居家隔离而烈度大减，大规模的民众集会及游行示威等街头政治运动因法律制约和生存第一而销声匿迹，因此前三季度拉美政局保持了历史上难得一见的平静和稳定。但进入2020年9月后，随着疫情的严重程度相对缓解，国内生活渐入正轨，各界对疫情的认知不断增多及其心态上发生的微妙变化，拉美又重新进入政治博弈的活跃期。玻利维亚重新大选时隔一年后顺利举行，原右翼执政党争取“社会主义运动党”候选人阿尔塞首轮即以较大优势当选。智利制宪公投以80%以上的赞成率得到通过，充分显示了民众思变求变，与传统建制进行切割的普遍心态。巴西市政选举使传统温和右派成为最大赢家，博索纳罗总统支持的极右翼和前总统卢拉所领导的左翼均遭受惨败，展露出巴西意识形态斗争新的风向标。秘鲁政局突变，各利益集团为一己私利争斗不已，总统与议会相互罢免，导致最后演出了一场短时间内连换三名总统的宫斗大戏。委内瑞拉全代会选举使执政党毫无悬念地重新夺回立法机构，标志着执政的统一社会主义党将统揽全部国家权力，朝野争斗将进入一个全新的阶段。与此同时，拉美的街头政治也重新开启并出现了一些暴力事件，给相对平静的局势带来一定的困扰。但是2020年拉美重要的政治博弈仍都在现行宪制框架内正常进行，民主政体并未从根本上受到冲击和削弱。虽然疫情给拉美政局演变带来许多不确定因素，但从总体上来看，拉美现行政体是基本稳固的，当今政局是相对稳定的，各主流党派的行为是稳慎的，稳中求变是民意的主体诉求。

二、受疫情影响，拉美左右翼党派缠斗出现新的发展趋势

自21世纪起，拉美政坛左右争锋一直是主导拉美局势演变的最主要因素之一，某种意识形态的消长往往决定着一个国家近中期内的发展方向。虽然2020年由于疫情影响，拉美政治生活一度出现卡顿的现象，但左右两派一直在明里暗里进行博弈缠斗，目前拉美左右争锋的态势主要表现如下：从左翼看，玻利维亚左派在逆境中翻盘取胜，表明拉美左翼仍是一支重要的政治势力，它保持着强劲的凝聚力、足够的政治能量和雄厚的群众基础。智利的制宪公投结果及厄瓜多尔、哥伦比亚等国的民心所向预示着左翼力量正在获得更多民意支持，不排除在2021年一些重要国家大选中“左退右进”的趋势出现某种转机，“粉红色浪潮”再度卷土重来尚有可期。古巴继续高举社会主义大旗，政局长期保持稳定；委内瑞拉执政党夺回立法权，掌控全部国家机器，执政地位更为巩固，这不仅鼓舞了拉美左翼的士气，也为其提供了强大的声援和稳固的支撑。在复杂尖锐的政治斗争中，拉美新一代左翼领导人脱颖而出，智利、哥伦比亚、秘鲁、玻利维亚、厄瓜多尔等国新型左翼领导人在斗争中受到锻炼，在政治上逐渐成熟，拉美左翼领袖的代际交替似乎已初见端倪。一些拉美国家的共产党力量自2020年以来有所恢复，影响逐渐扩大，在本国的政治博弈中发挥着一定的骨干作用。但是也必须看到，拉美左翼进步力量的增强是不充分、不均衡的。巴西左翼在市政选举中遭受二十多年来最大败绩，

市长席位较上届大幅缩减；委内瑞拉议会选举左翼力量虽因反对派的抵制而轻松取胜，但所得选票数量大幅下降，仅占选民总数的六分之一，形势并不容乐观。现处执政地位的左翼政党在内外政治、经济的叠加压力下，治国理政更显低调务实，注重平衡。从右翼力量来看，特朗普的败选在政治上和心理上给巴西、哥伦比亚等拉美保守右翼势力以一定的打击，迫使其不得不重新思考和规划其未来执政之路。博索纳罗所支持的候选人在巴西市政选举中惨败，预示着巴西选民正在回归理性，极端保守势力开始出现颓势，已难以在拉美形成波式极右保守主义浪潮。智利支持皮诺切特时代宪法的选民已不足20%，这意味着智利传统保守力量不断被削弱，日渐式微，在政治上逐渐走向边缘化。执政的拉美右翼政府在应对疫情上举措失当，乏善可陈，引起民众的普遍不满，执政损耗加重，未来必将会受到选票的影响。秘鲁议会各右翼党派为个人私利内部火拼，导致政局动荡，使传统右派政客形象扫地，威望尽失。特别是巴西和智利的投票结果显示出拉美主流右翼最终向中间靠拢，走温和道路将是大概率事件。拉美左右翼在2020年相互博弈中的表现和得失必将会对今后政局的演变产生标志性影响。

三、受疫情影响，拉美经济出现了有史以来最大幅度的衰退

2020年疫情在拉美快速蔓延，使拉美成为世界疫情的“震中”并给其经济发展以沉重打击。据联合国拉丁美洲和加勒比经济委员会（简称“拉美经委会”）预测，受疫情影响，2020年拉美经济增长率为–9.1%，国内生产总值退回到2010年水

平，为近120年来最严重的经济衰退，被称为“又一个失去的十年”。由于经济下滑，拉美的贫困人口已达2.3亿，贫困率为37.3%，其中近一亿人陷入绝对贫困，甚至将面临缺少基本食物的境地。在疫情的冲击下，拉美企业倒闭数量达270多万家，生产力受到严重破坏，失业人数达4400万，再创新高，总体失业率高达13.5%，由此产生了严重的政治、经济和社会问题。作为拉美经济发展主要发动机的对外部门表现乏力，大宗商品出口受到阻滞，中间产品进口不畅导致生产链断裂，外来游客断崖式下跌，侨汇收入大幅减少，外国投资萎缩了一半，上述外部因素也进一步加剧了拉美经济的困境。突发的疫情充分暴露出拉美经济结构的薄弱环节和突出短板：国家的作用缺失，政府缺乏强大的组织能力和经济实力来有效应对来袭的灾难；工业化不断倒退，导致各国无力生产抗疫所需的各类物资，只能依赖进口；基础设施薄弱，在社会隔离的大环境下，国家无力将远程医疗、在线教育、居家工作和电子商务向全社会覆盖；社会保障体系极不健全，40%的人口没有任何社会保险，医疗和教育欠账过多；就业质低脆弱，54%的就业人口为非正规就业，为生存而冒险外出工作大大增加了染病的概率；国家债务负担沉重，一些国家的债务率已超过100%，每年还本付息已成为政府的巨大财政负担，阿根廷2020年曾一度处于债务违约的边缘。这些结构性经济难题在疫情的诱导下同步发作，进一步加剧了不平等现象，引发更多的贫困和愤怒，成为严重威胁社会稳定不定时炸弹。为应对疫情给拉美经济带来的伤害，各国政府启动了大规模救助计划：向每个家庭发放救助金和食品券，甚至寅吃卯粮，透支未来，智利两次提前支取养老金，致使40%的参保人员个人账户被提取一空；向企业提供优惠的贷款和税收政策，放宽其用工条件；放弃长期以来所实施的紧缩措施，准备在较长时间内采取扩张型财政和货币政策；同时积极争取国际援助，谋取对拉美中等收入国家提供发展援助，寻求扩大拉美国家在国际货币基金组织（IMF）的特别提款权数额等，希冀通过采取上述应急措施助力拉美早日走出危机。但是上述政策措施推行起来难度很大且有重大风险，能否顺利实施，能否收到成效，是否会产生严重的负作用，尚有待观察。

四、受疫情影响，拉美外交近乎停顿，但美拉互动表现相对突出

因疫情原因，拉美各国政府锁国断航，民众被迫深居简出，拉美一度出现了历史上前所未有与世隔绝的现象，这对拉美国家的国际交往造成巨大障碍，外交行动几乎陷于停滞状态。除域内外各国领导人偶尔进行视频或电话沟通外，面对面的互访极为罕见，一些规划好的重大外交举措无法落实，很多常规性外交议程被迫取消，甚至连外交官轮换都难以正常进行。虽然自2020年9月后，拉美对外交往开始有所恢复，但频率、力度、重要性和影响力相较于往年均有很大差距，可以说2020年拉美外交是波澜不惊、乏善可陈，值得关注的是美拉关系出现了许多新动向、新趋势和新特点。尽管自2020年以来西半球疫情非常严重，但美国一反常态，在自顾不暇的情况下，明显增强了对拉美的重视程度，加快了重返拉美的步伐，并作出了引人瞩目的投入，其主要表现是：美国新保守主义色彩更加浓厚，意识形态当先愈显突出。美国十分罕见地大肆攻击拉美左翼意识形态和政权性质，公然叫嚣共产主义和社会主义正

在拉美衰亡，对古巴、委内瑞拉等不同意识形态政权加大制裁力度，实行极限施压，意欲使这些国家改旗易帜，网罗右翼国家结成反左意识形态联盟，并给中国的发展道路贴上意识形态的标签，以抵消中国的政治影响，上述行为充分显露出美国在拉美的意识形态问题上已开始严重缺乏自信。美国为维持全球霸业更加重视拉美的战略地位，明显加大投入。继2019年底提出“美洲增长倡议”后，美国正与拉美国家就具体细节进行深入商讨，该计划的重金允诺无疑对拉美国家具有较强诱惑力，一些拉美国家已与美国签署了参与协议。2020年初，美国又宣布成立美洲国际金融开发公司，吸纳政府、私企、银行、基金及国际金融机构的资金共同助力拉美经济发展，这一新型公私融合机制可有效地弥补美国对拉美官方援助不足的短板，撬动大量民间资本用于改善拉美基础设施建设，数以千亿美元的融资额度足以令很多财政拮据的拉美国家垂涎。美国还打破延续几十年的惯例，强行推送美国候选人担任美洲开发银行行长，意欲掌控拉美发展资金的源头，控制其分配流向，惩罚“不听话”的敌手，对拉美国家政治和经济走向施加影响。疫情暴发后，美国也在医疗领域加大向拉美国家提供技术支持、财政援助及物资捐赠的力度以笼络人心，同时还设想将拉美作为转移其战略性民生物品生产链的理想承接地，拉美对这一前景极为重视，并已在暗中盘算自己今后在西半球经济板块中的地位和作用。美国在拉美的举动越来越具有明显的指向性，其最主要的针对目标就是中国。美国视中国为挑战其在拉美霸权的主要对手，特别是中国的“一带一路”成为历史上首个域外国家对拉美提出的发展倡议，使美国产生了严重的危机感和紧迫感，担心中国同拉美经贸关系深入发展会排挤美国的传统影响。美国急于推出“美洲增长倡议”，新近成立美洲国际金融开发公司，并打破惯例强行让美国人担任美洲开发银行行长；在“美国—墨西哥—加拿大协定”（简称“美墨加协定”）中加入“有毒”条款，施压拉美国家选边站队；在拉美推行所谓“清洁网络计划”，阻止华为5G技术在拉美落地，不让中企进入拉美战略性行业等，其矛头指向无一不是专门针对中国、同中国唱对台戏的。中国因素已成为美拉关系中最突出、最重要和最关键的变量。美国还一改过去的幕后策划、暗中操控的手法，在涉拉美核心问题上直接插手，公然干预，其中委内瑞拉问题最为突出。2020年3月，美国首次单独推出包含13条的委内瑞拉“民主过渡框架”，其目的就是要剥夺其他国家的参与权和话语权，排除委内瑞拉问题解决的其他选项，并确立美国在委内瑞拉问题上的绝对主导权和自由裁量权。此后美国又追加了一系列严厉制裁措施，如派遣军舰对委内瑞拉进行变相海上封锁，扬言不放弃对委内瑞拉的武力选项，甚至还暗中策划雇佣军对委内瑞拉实施入侵。美国在委内瑞拉问题上直接介入，表明委内瑞拉问题的性质已发生根本性变化，正从国内的不同政见之争演变成为美国与委内瑞拉两国之间的干涉和反干涉、颠覆和反颠覆的国际博弈。从上述美国对拉美的外交动作可以判断出，特朗普政府已越来越将拉美视为自己的核心利益，对拉美的战略和策略目标正在变得越来越清晰，对重要域外国家在拉美的政治、经济存在也越来越警惕。

五、受疫情等因素影响，拉美一体化举步维艰，但也孕育着新机遇

新冠肺炎疫情使本已步履艰难的拉美一体化进程面临更大

困境：一年多来，各国政府的第一要务是抗疫，而一体化进程在拉美的政治、经济生活中实际上陷入了边缘化，无人予以过多关注。总体上，各区域一体化组织鲜有动作，建树平平，艰难维持，推进乏力，几乎处于半停摆状态，甚至最具活力、最被看好的拉美太平洋联盟也不例外。因意识形态分歧严重，南美洲国家联盟因多国退出已名存实亡。安第斯共同体在委内瑞拉问题上意见不合，难以重新振作。玻利维亚变天后退出美洲玻利瓦尔联盟。拉共体下任主席国迟迟难定，甚至低级别的线上会议都无法凑齐“全家福”。实力最强的南方共同市场（简称“南共市”）因巴西与阿根廷之间的分歧运转不畅，与欧盟自贸协定的推进举步维艰。2019年宣布成立的南美进步联盟迄今仍停留在纸面上，没有实质性进展。各区域性一体化组织，或因利益理念不同，或因意识形态各异，彼此间缺乏协调，自行其是，甚至暗中拆台，相互攻讦，难以形成共度时艰的整体合力。疫情给拉美带来巨大伤害的同时，也倒逼其加强了对一体化建设的重视，催生了对未来拉美整体发展前景的反思并在具体行动上打造了某些新亮点：在社会全面隔离的环境下，各一体化组织尚能保持低水平的日常运作，中国同拉美和加勒比国家共同体（简称“拉共体”）还举行过抗疫合作的线上会议。拉美各国政府和一些多边机构认为疫情将使全球经济更加区域化，拉美一体化的重要性和紧迫性更显突出，只有深化一体化进程才能聚集拉美国家的力量，协调宏观经济政策，共同应对各种新挑战，才能重振新型工业化，提高科技水平，改善基础设施，扩大内部市场，改善就业民生，才能以整体的分量加强同域外集团的谈判能力，捍卫拉美的切身利益，争取更多优惠待遇，进而在未来全球经济格局和国际分工变化中找到自己最适宜的位置，为承接生产链、价值链向拉美转移预做准备。在疫情期间，拉美经委会还尤为强调应加强拉美国家间的内部贸易，实现强强联合，力促太平洋联盟和南共市融合，进而形成一个占拉美81%的人口、87%的经济规模、89%的货物贸易和88%的存量投资的区域经济集团。此外，在具体推动拉美一体化方面也出现了一些亮点：在墨西哥和阿根廷的大力推动和众多国家的参与下，拉美空间署于2020年10月宣告成立并将于2021年开始正式运作。拉美空间署计划共同生产和发射卫星，共享航天基础设施，相互进行技术转让，并参加国际航天项目的合作，希望通过空间署的建立，提高拉美的科技自主能力，促进经济社会发展，深化一体化建设，避免在全球科技浪潮中陷入边缘化。疫情虽给拉美一体化带来了不少阻力，但也为促进该进程未来发展提供了新的机遇。

六、受疫情影响，拉美国家开始对未来之路进行深刻反思

此次疫情充分暴露了拉美在政治、经济和社会结构上的突出短板，倒逼拉美国家政府、智库及精英改变其长期秉持的惯性思维，并对改革现行国家机制、体制进行大胆的思考和探索。一是提出要改变发展模式，即认为拉美过去所有的发展模式均已宣告失败，走到尽头，必须要从根源上实施改革，倡导平等、可持续的发展道路和增长模式。强调拉美问题的根源在于不平等，只有平等才能保障发展，要以平等来获得发展，要把平等作为经济发展的主要目标，使其成为政府政策设计的必需考虑因素，并逐渐向福利社会转型，普及社会保障，让每个人都有更好的生活条件。二是提出要重塑经济形态，即界定拉

美经济未来的努力方向。主要包括：照护经济，即投入拉美3%以上的GDP来保障每个家庭都有一份基本收入，并强调这将是一次社会解放；数字经济，即推进互联网使用的可及性，建议各国支出1%的GDP为每个家庭配备可上网的电脑和智能手机，发展远程教育、医疗、工作和商务，促进互联网工业水平的提升，以此来推动生产，改善结构，提高效率，保障平等；绿色经济，即大力推进能源转换，最终实现零排放目标，减少因气候变化对拉美造成的自然灾害，争取更多国际环保援助，实现拉美经济、社会和环境的有机融合；承接经济，即利用疫情对国际分工的影响，准备承接外来生产链的转移，利用紧靠北美的近岸优势，打造拉美全新的生产链，实现全球供给的多元化，力争在美洲经济板块中占据有利地位；优势经济，即继续发挥固有长处，依托大宗商品出口的竞争力来积累财富，引进先进科技，在更高水平上重新实现工业化。三是提出要更新治理手段，即强调国家干预和政府作用，认为市场并不能使社会平等，需要国家的调节和干预。国家干预的重要性在于其可提供社会保障和社会包容，推行结构调整，制定产业政策，扶植企业和生产部门，这需要一个强有力的政府通过权威手段来具体落实。此外，在国家治理方式上也提出了新的思路，即在当前的危机情势下，通过制定国际和国内的政治、经济和社会契约来保障政局稳定及政策实施，建议朝野、左右、贫富、内外各界各方以大局为重，坐在一起进行对话，达成共识，以共度时艰。四是提出要修改国际规则，即面对拉美国家面临的普遍财政困难，要求国际社会伸出援手，改革既定规则。希望发达国家和国际金融机构能把拉美地区的金融稳定定性为公共产品，为拉美扩张性财政背书；希望打破国际惯例，向拉美中等收入国家也提供发展援助；希望各债权国重组拉美国家所欠债务，实行减免或暂缓还本付息；希望对国际货币基金组织现行规则进行调整，扩大拉美国家特别提款权的提取额度并放宽条件等。很多上述思考与探索曾是长期以来拉美各国在政治正确的威慑下绝对不敢触碰的禁区，而在这次疫情的倒逼下得以大胆提出，标志着拉美已开始正视自身问题的根源并上升到机制和体制的高度，这对拉美未来的发展是件好事，具有重大和长远的政治意义。

美国同拉美关系的发展新动向

王卫华

【内容提要】2020年，由于美国特朗普政府持续加强在拉美推行“新门罗主义”，加之新冠肺炎疫情对美洲大陆的严重冲击，美国对拉美政策出现新变化、新调整，动荡紧张的美拉关系呈现出一些新动向、新发展。这既是美国全球战略部署和调整的重要体现，也是其近年来对拉美推行“新门罗主义”的延续、发展和完善，所产生的影响值得重视。拉美国家对于特朗普政府对拉政策的强化和调整喜忧参半、心态复杂，在欢迎的同时也保持谨慎和警惕的态度，趋利避害，为其所用。2021年，美国即将进入“拜登时代”，美拉关系将迎来新一轮调整与磨合期。今后四年美国对拉政策和美拉关系会出现新的局部调整和积极变化，但美国对拉的基本战略和政策目标不会改变。

【关键词】美拉关系　新发展　局部调整　积极变化

【作者简介】中国国际问题研究基金会研究员，中国前驻巴拿马、多米尼加代表处代表，中国前驻瓜亚基尔总领事。

二

2020年，随着特朗普政府持续、务实地在拉美地区推行“新门罗主义”和新冠肺炎疫情对美洲大陆的冲击，美对拉政策和策略出现新变化、新调整，前两年动荡而紧张的美拉关系也呈现一些新动向、新发展。

（一）美国推出“美洲增长倡议”，加大对拉美的诱拉和投入

2019年底，特朗普政府抛出了被一些媒体称为拉美版“马歇尔计划”的“美洲增长倡议”，引起地区和国际广泛关注。该倡议的核心是，由美国政府出政策和资金，配以激励机制，推动美国私企在拉美基础设施（含机场、港口、桥梁、公路、铁路、通信、能源等方面）领域进行投资，或以优惠贷款方式提供给拉美国家政府和企业用于其开发本国相关项目。这是自20世纪90年代以来，继“美洲事业倡议”和“哥伦比亚计划”后，美国在拉美地区的又一重大战略和外交举动。一年来，美国在拉美大肆兜售、推进该倡议，取得一定进展。美国成立了“国际金融开发公司”作为此倡议的具体执行部门，迄今已有至少15个拉美国家政府与美国签署了加入该倡议的备忘录。据不完全统计，美国拟在该倡议框架内向拉美提供近1000亿美元的资金，推进美企在拉美的投资，部分国家已经开始受益。作为倡议执行的一部分，美国与巴西联合举办了“美巴互联互通峰会”，实施两国间“投资伙伴计划”；美国还牵头召开了区域“智慧城市与数字化转型大会”（线上）。

（二）明确并细化对拉美的战略目标和政策考量

2020年8月，美国国家安全委员会发布《西半球战略框架概述》，作为对美国2017年发布的《国家安全战略报告》的延伸和重要补充，从而进一步确定了对拉美地区的基本方针和策略。该文件提出，美国在西半球的五大战略目标是：确保国土安全，推进经济增长和扩大自由市场，巩固地区民主与法制，抵制外来经济和政治影响，扩大和强化地区共同体。为此，美国参议院也通过了《提升美洲国家竞争力、透明度和安全的法案》，以助力该文件的具体实施。

（三）借新冠病毒肆虐拉美之机，通过大量持续提供抗疫物资援助，改善在拉美的整体形象

美国在自身深陷疫情困扰、抗疫不利的情况下，却源源不断地向拉美各国提供抗疫支持，其力度和形式均为美拉关系史中所罕见。自2020年3月至4月拉美疫情暴发以来，美国以联邦政府、外交机构、军事单位、社会组织等名义，成批次向拉美国家运送各类抗疫和卫生物资。据不完全统计，美方宣称迄今总额达近百亿美元。美国副国务卿与17个加勒比国家召开专门会议，启动"美—加勒比抗灾能力合作伙伴关系"；许多美国驻拉美国家大使馆均新制定"小额援助方案"，以更为灵活、便捷的方式向拉美提供抗疫捐助。同时，美国还利用其在世界银行、国际货币基金组织和美洲开发银行握有话语权的有利地位，支持这些国际金融机构加大、加快向拉美国家拨发融资款项，总金额已逾千亿美元。

（四）强化对西半球地区组织的掌控，助力美国区域霸主地位的稳固

继2020年3月，美国操弄亲美的美洲国家组织（OEA）秘书长阿尔马格罗连任成功后，美国又把目标盯向了一贯由拉美裔人士担任的美洲开发银行行长，强推美国官员占据该重要职位，引发拉美国家的强烈反弹。经过激烈的较量，美国最终通过威逼利诱等方式，成功分化拉美国家，迫使多数国家赞同美国提出的人选，从而达到了美国实现一己私利的目的。自2020年10月起，美洲开发银行行长已破天荒地由美国人执掌。2020年的OEA年会本应由巴哈马主办，在巴哈马表示因疫情有困难后，美国即主动争办，并表示将主办2021年的新一届美洲国家首脑会议。一边是美洲国家组织，另一边是美洲开发银行，一政一经，美国对拉美双拳并举，收放自如，掌控能力进一步增强。

（五）深度介入拉美左右之争，大打意识形态战

美国在拉美“扶右压左”，试图全力巩固西方意识形态在拉美的绝对主导地位。继2019年底策动玻利维亚“颜色革命”成功、把南美左翼领导人莫拉莱斯赶下台后，美国又不断鼓动OEA对古巴进行打压，利用“利马集团”围剿委内瑞拉马杜罗政府，启用《美洲民主宪章》条款施压尼加拉瓜。美国逼迫巴西和哥伦比亚两国与委内瑞拉制造边境紧张，与哥伦比亚发表“美哥联盟宣言”，并插手多国的大选进程。美国领导人在拉美不断散布诋毁社会主义、共产主义的言论，扬言“西半球社会主义已经进入衰退”，企图推动以右翼色彩浓厚的“南美进步联盟”取代左翼主导的“南美国家联盟”，以此挑唆、破坏拉

美国家之间的关系和团结。OEA秘书长继任后，公然提出其下一步任务是“恢复委尼两国的民主体制”。

（六）加强与拉美安全事务合作，增强美国在西半球军事存在和威慑力

一是与拉美军事交流急剧增加。高层军事官员频频访拉，并聘用巴西、哥伦比亚高级将领到美国南方司令部任职；与智利开启太空军事交流；向秘鲁提供资金供其海军参与“2020反潜演习”；与巴西军方展开“战略层面的合作谈判”，签署军事合作协议，并继续支持巴西争取“非北约军事盟国”地位；由南方司令部主持召开美国与中美洲安全会议；与哥斯达黎加公安部成立“联合行动中心”。二是加强对拉美的军事前沿部署和基地建设。例如：向哥伦比亚增派特种作战旅；向巴西派驻常备部队，在巴委边界显示军力；以训练为名向巴拿马派遣所谓“援助旅”；在巴拉圭首次驻军；事实上拉美已经出现地区多国部队的雏形，即由美国、巴西、哥伦比亚和秘鲁组成的海军陆战特遣队，并很可能进一步吸收其他一些国家参加；据悉，美国已与巴拿马签署备忘录，拟在该国建立“区域海空作战中心”。根据“真相研判小组”资料，目前美国在拉美设立的各类军事基地已达70多个。三是加紧构建新的地区网络安全机制。例如：敦促OEA发布《美洲地区网络安全报告》；推动所谓“净网联合行动”，公布各国网络安全状况和具体数据；与南美多国开展“数字网络安全与连通伙伴关系项目”等。

二

美国自2020年以来对拉美地区一系列政策的调整和加强，是其全球战略部署和调整的重要组成部分，也是近年来对拉推行“新门罗主义”的延续、发展和完善，其具体政策和策略手法较前两年有一些明显变化，凸显美方的深层次意图。

（一）战略资源投入向西半球倾斜

美国在全球战略收缩的同时，加强了对西半球的投入和部署，更加突出“后院”和周边的安全、繁荣，对拉美则表现出较前更重视、理解与合作的态度，在疫情问题上给予同情和大力支持，在贸易、非法移民、反腐败等问题上适度放松对拉美的打压，通过释放“善意”试图博得拉美国家的好感和拥戴，以巩固美国在西半球的领导地位和影响，维护自身战略、安全和经济利益。为此，特朗普政府对前两年在拉美强力推行的“美国优先”政策作了一定修正，过于粗暴和强硬的手段有所收敛。美国还表示愿意“拥抱地区多边组织，强化美拉合作，进而构建地区国家共同体”，但同时把古、委、尼等激进左翼国家排除在外。

（二）仍然把排挤中国作为重要目的

《西半球战略框架概述》提出的五大美洲地区的战略目标之一，就是“抵制外来经济和政治影响”，此点明显指向中国。事实上，自2020年以来，美国在拉美抹黑、污蔑、攻击中国的言行较前两年有增无减，且愈演愈烈。美国参众两院多次就中拉合作举行听证会，并一致认为，“中拉合作对美国构成全面威胁”，美国“无法容忍中拉关系飞速发展”。这是美国内部对中拉合作这一问题认识的再次提升和固化。基于此认识，美国在拉美几乎是“逢中必反”，企图与在其他地区一样建立“西半球反华联盟”，并采取了一系列动作阻止和破坏“一带一路”倡议和中拉命运共同体建设的推进。美国还首次举办“美日巴（西）三国磋商”，扬言推动在拉美建立“以规则为基础的国际秩序”，明显剑指中国。

三

突如其来的疫情对拉美国家的经济社会发展带来沉重打击，使拉美陷入近一个世纪以来最严重的经济大衰退。据国际权威机构预测，2020年拉美地区GDP将衰退9%，甚至更差，各项社会指标不断恶化，长期形成的治理体制和公共卫生领域的弊端暴露无遗，政治社会危机四伏。在这种情况下，拉美国家对美国的需求加大，抗衡美国的地位削弱。多数国家对美国2020年改善与拉美关系的举动，特别是在疫情问题上加大对拉援助和支持，表示欢迎甚至“惊喜”，甚至认为美国长期以来对拉美“口惠而实不至”的局面正在改变，美国可能已开始真正重视拉美，把该地区作为自己的核心利益进行经营。拉美国家对加入“美洲增长倡议”持积极态度，主动与美国进行投资计划和项目的对接，迄今已有至少15国与美国政府就此签署了有关备忘录，部分已经进入具体实施阶段。另外，不少拉美国家对美方资金援助背后的意图和设置的条件感到不满和担忧，对美国“葫芦里卖的什么药”持有戒心。它们意识到，美方抛来的“馅饼好吃”但需要付出代价，对美国可能借机在拉美继续搞霸凌主义、长臂管辖和干涉主义保持警惕。因此，大多数拉美国家在欢迎的同时又持谨慎态度，特别对美国与其抢夺美洲开发银行行长位置和逼迫拉美国家在中美之间“选边站”的做法强烈不满。但从现实利益出发，多数拉美国家对美国采取大局为重、趋利避害、妥为周旋、为我所用的应对策略，力图尽量获取实惠，并尽可能减少主权和利益的损失。

四

2021年1月美国更换政府，进入“拜登时代”，美拉关系也将迎来新一轮调整与磨合期。总的来看，今后四年美国对拉政策和美拉关系会出现新的局部调整变化，但对拉的基本战略和政策目标不会改变。

一方面，拜登政府将从形式上摒弃特朗普的“新门罗主义”，废除“美国优先”原则，逐步回归民主党对拉美的传统政策轨道，以求重构美拉关系的政治和民意基础。拜登在奥巴马执政时期曾经长期主持美国对拉美事务，多次访拉，熟悉拉美情况，是“哥伦比亚计划”和“中美洲繁荣联盟”的主要推手。在竞选中拜登表示，他就任后将致力于与拉美建立“基于沟通与合作的基础上的伙伴关系”，加强西半球体制，解决好移民问题，重建美拉合作关系，共同应对全球性挑战。拜登还允诺，上台后将全力帮助拉美国家抗击疫情和恢复经济。

首先，在部分重要地区问题上，美拉双方将更多地趋向协调、合作，双方关系呈改善的积极态势。预计拜登政府会在移民、贸易、反毒、法制等问题上改变特朗普时期的粗暴、强硬做法，更多地对拉美采取理解与合作的姿态，很大程度上回归“巧实力”和“柔性外交”策略。

其次，在一些国际和地区议题上，美拉分歧矛盾难以弥合，双方关系仍会时现紧张。预计拜登政府将在人权、民主、环保、反腐、人口和武器贩运等领域，一如既往地敦促拉美国家进行改革和完善，并因此对一些国家政府施加政治、经济压力。这些问题是民主党一贯在拉美推行的政策主张，也是美拉关系长期波动的根源之一。

最后，在对待拉美左右翼之争的问题上，拜登政府将可能采取较为中间和务实的策略。拜登可能从特朗普露骨的“扶右压左”“极限施压”“全面制裁加军事威胁”的做法，过渡到均衡发展与各国关系，对左翼政府则实行政治谈判为主、“以压待变”的政策。

另一方面，在对待中拉合作问题上，拜登大体仍会坚持特朗普时期的对华强硬立场，继续在拉美打击排挤中国影响和中资公司，但具体做法会有所不同，逼迫拉美国家在美、中之间“选边站”的压力会有所缓解。同时，美国还会继续利用台湾问题、涉港问题、人权问题、5G问题干扰中拉正常关系，并注重通过建立“区域联盟”来制约中国和外来势力在拉美的拓展。

委内瑞拉长期动乱的来龙去脉和拉美左翼的成败兴衰

王　珍

【内容提要】多年来，委内瑞拉动乱一直是国际舆论关注的热点话题，但其产生和发展的深层次缘由鲜为人知。委内瑞拉问题和“查韦斯现象”是拉美近现代史上一个值得认真研究的课题，是拉美政治、经济、社会发展的缩影，是各种内外矛盾演变的必然产物。包括查韦斯倡导的“21世纪社会主义”在内的拉美左翼思想潮流的兴起及其20年来在拉美的“成败兴衰”，是对拉美发展道路的探索，在实践中有成功，也有失误，但探索本身就有一定的积极意义。探索是一个长期过程，左右中间各派都可以投入其中，这个过程还在进行中。但时间和实践已经证明，无论左右，能解决本国国计民生根本问题者才能得民心。

【关键词】委内瑞拉　动乱原因　左翼探索　中委关系

【作者简介】中国国际问题研究基金会高级研究员，中国人民外交学会前副会长，中国前驻拉美国家大使。

一、拉美罕见的漫长动乱

在拉美国家的近现代史上，动乱并不少见，特别是20世纪70年代以后，由于此起彼伏的军事政变和军人当政，拉美大多数国家都程度不同地经历过政治动荡，其共同特点是军人干政，政党林立，民众抗争，政局动荡。经济起起落落，加上美国的干预，致使动乱几成常态。这也是造成拉美经济社会发展之路忐忑不平、曲折跌宕的重要原因。但是，像委内瑞拉这样一乱就是20年持续不断且乱象递增也是独此一家。漫长的大动乱把一个资源禀赋极其丰富、发展潜力极大的国家搞得民不聊生，令人扼腕。

现在，国际传媒议论委内瑞拉政局往往只谈2013年查韦斯去世，马杜罗继任总统之后至今的七年之乱，这是一种简单化的诠释。实际上委内瑞拉之乱自1998年查韦斯高票当选总统之日起，至今已22年。1992年，玻利瓦尔思想的忠实追随者，伞兵中校乌戈·查韦斯率领一批青年军官发动政变，试图推翻代表大资本、大庄园主利益且极端亲美的佩雷斯政权，行动几至成功，结果功亏一篑，查韦斯承担全部责任被捕，入狱两年逢大赦提前获释，声名鹊起，被视为英雄，追随者甚众。他高举“玻利瓦尔革命”旗帜，逐渐形成以“为贫困民众谋福利，铲除社会不平等和两极分化现象，把大企业收归国有和维护民族独立，反对外来干涉”为核心目标的政治纲领，投入合法民主运动，并迅速集合起众多的拥护者队伍，于1998年创建了“第五共和国运动”，正式开始竞选活动并顺利赢得大选。1999年2月查韦斯就任总统后，立即修改宪法，改国名为“委内瑞拉玻利瓦尔共和国”，把竞选纲领中的基本主张纳入宪法并开始实施。

这些主张和纲领深深触及长期控制国家经济命脉——石油、矿业、土地和金融的大资本家和大庄园主的利益，也触及美国在委内瑞拉的巨大的政治和经济利益。从执政伊始，查韦斯本人及其代表的政治力量和主张即已成为美国和委内瑞拉国内既得利益者的对立面。归根结底，这是委内瑞拉长期动乱的根源。

动乱由小到大，矛盾从浅到深，形式由平和到暴烈，斗争从权力之争、政见之争到你死我活的殊死搏斗，有一个发展过程，曲曲折折，复杂多变。其间，双方之间，包括委美之间曾经多次试图转圜和淡化分歧，寻求和缓，有过查韦斯与奥巴马握手言欢、互赠书籍，委朝野高层对话试探和解的故事，但终因利益无法调和而破裂。2002年4月12日发生72小时的军事政变，查韦斯被抓命悬一线，后在广大民众和军队实力派支持和营救下，迅速粉碎政变，成功重掌大权。从“短命政变”到查韦斯因病去世的11年间，斗争愈演愈烈，委美矛盾也愈加深化激烈，但查韦斯凭借民心和军心所向、个人的政治魅力以及巨额石油收入，始终牢牢地掌握国家大权，并曾多次举行各种选举、投票，甚至通过“罢黜公投”自测民意，均以明显优势取胜，反对派始终无可奈何。

查韦斯身后情况发生变化，马杜罗执政后困难日甚，朝野力量对比朝不利于政府的方向倾斜，甚至在2015年议会选举中落败，被反对派占据议会多数，形成政府与议会对立局面。施政困难，处境尴尬，但多数民众仍站在政府一边，军心未乱，国家“五权”之四权仍在政府掌握中，反对派只能在街头政治中空喊，虽动荡不已，但无大成。瓜伊多在美国操纵下自封

“临时总统”，续任议长，但有名无实，反对派联盟离心倾向日甚，多个政党开始与政府对话谋和。新冠肺炎疫情催化和解倾向，近期委内瑞拉动乱似有趋向缓解之势，政府正在因势利导，街头政治明显降温。

二、“查韦斯现象”

“查韦斯现象”是拉美左翼崛起的重要组成部分，查韦斯是拉美左翼的旗帜和代表人物，其兴衰起落是拉美社会发展和各种矛盾发展的结果。

（一）拉美左翼的群体性崛起

拉美左翼的群体性崛起是20世纪末到21世纪第二个10年将近20年时间里世界瞩目的政治现象，是拉美近现代史上的重要一页。在拉美19个西葡语国家中，左翼、中左翼政党曾同时在12个国家中执政（北美洲的墨西哥，中美洲的尼加拉瓜、萨尔瓦多，南美洲的阿根廷、巴西、委内瑞拉、智利、玻利维亚、厄瓜多尔、巴拉圭、乌拉圭、秘鲁），三分天下有其二，且在有些国家（委内瑞拉、厄瓜多尔、尼加拉瓜、玻利维亚）是长期执政。他们在拉美历史上写下了浓墨重彩的一页，史称“查韦斯现象”“21世纪社会主义”或“粉红色浪潮”。

拉美左翼的兴衰是历史的产物，是拉美政治、经济、社会发展的必然趋势。

一是拉美经济长期处于被西方特别是美国影响和控制下的状态，基本上是作为西方宗主国的原料供应地和工业产品倾销地。民族解放战争赢得了国家独立，但政治上和经济上并未真正独立。就笔者工作过的三个国家而言，厄瓜多尔是美国的香蕉供应国，乌拉圭的牛羊肉和羊毛、委内瑞拉的石油均是两国的经济命脉。单一的经济模式曾经给拉美国家带来丰厚的收入，但也形成严重的对外依赖。除巴西、阿根廷和墨西哥等几个大国外，绝大多数拉美国家都没有较完整的工业体系，进口依赖十分严重，出口收入多用来进口本可自己生产的产品，包括食品和生活用品。委内瑞拉和整个拉美大陆一样，虽有令人称羡的丰富资源和自然禀赋，但始终不能摆脱被美欧国家掌控的命运。“自由主义”“新自由主义”曾经为拉美带来短暂的繁荣，但也成为更沉重的枷锁，使拉美沦为西方国家的“打工仔”。没有适合国情的发展理念、发展道路和模式的积弊，百年来一直困扰着拉美国家。许多仁人志士意识到这个问题，开始思考为什么“坐在金山上讨饭吃”，并寻找光明之路。古巴革命是拉美大陆社会主义道路的第一声炮响，举起了第一面旗帜，但它有两大弱势：第一是美国的长期封锁和制裁使其无法放手发展；第二是资源匮缺，特别是能源的完全对外依赖，把古巴变成一个真正意义上的“孤岛”，束缚了手脚。在极端艰难困苦的条件下，古巴仍旧屹立在那里，这是非常了不起的奇迹。查韦斯深受古巴革命的影响，加之委内瑞拉资源丰富，有相当可观的经济基础，特别是有源源不断的石油美元收入，具备探索新的发展道路的主观和客观条件。

二是拉美和委内瑞拉各种政治力量长期角逐、分化组合的结果。拉美各国右翼政党长期执政，左翼力量受国内右翼和美国双重压迫，终于等到了矛盾成熟、条件具备的一天，有了查韦斯这样有思想、敢担当、富有个人魅力的领袖人物，又有委内瑞拉这样有实力的土壤，左翼势力迅速壮大，相继通过选举取得政权，扩及十余国，成为引起国际社会瞩目的政治现象。

三是拉美争取民族独立，摆脱外来干涉，特别是被美国压制的进步力量与美国“后院政策”——门罗主义（1823年出台，延续至今近200年）长期斗争的结果。左翼的独立主张得到人民大众的拥护，这是其得势的一个重要原因。另外，当时美国战略重点在中东和亚太，无暇他顾，对拉美的控制有所放松，给拉美左翼提供了壮大自己、扩大斗争成果的机会。查韦斯在委内瑞拉逐步削弱和驱赶美国的军事存在，厄瓜多尔、玻利维亚等国也起而效仿，左翼渐盛。

四是拉美思想界思考与探索文化、理念、价值观“民族化”的表现。拉美大陆的民族解放运动与非洲、亚洲相比有很大的特异性，主要表现在是原殖民者的后代起来推翻殖民统治，独立战争没有切断同宗主国的文化渊源，没有形成自己独立的价值观和世界观，在重大理念和意识形态上保留了同西方千丝万缕的联系。这是拉美国家与西方国家关系牵扯不清的根本原因。掌权后的左翼推行的改革包含了寻求文化独立的内容，例如查韦斯把“三权分立”中的“三权”改为“五权”，增加了“选举权”和“人民权”，在宪法中提高妇女地位，等等。

（二）拉美政治舞台的“左退右进”现象

近几年来，拉美政治舞台发生变化，一些国家右翼反弹，出现“左退右进”现象。2015年，阿根廷右翼上台，同年委内瑞拉右翼在议会选举中取胜，2016年，巴西罗塞夫总统下台，2019年，厄瓜多尔莫雷诺政府在大动乱中“由左转右”，同年10月玻利维亚右翼在美国支持下翻盘。一时间“左右”转换频繁发生，学界称之为“左退右进”，甚至认为左翼掌权的“周期”已经完结，拉美政治舞台“改朝换代”的“新时期”已经开始。这种变化与左翼政权政策失误有关，也与美国加强对拉美的控制，“门罗主义回归”密切关联。但事实证明，拉美国家寻找自己发展道路的探索远未终结，“左右”较量是个长期过程。阿根廷2019年大选易帜，玻利维亚右翼乱中上台仅仅一年即在新的大选中落败，这证明了一个规律：无论“左右”，胜败上下的关键在于民心向背，在于能否解决国家面临的发展问题，首要的是民生问题。

三、拉美左翼探索的“得失成败”

探索本身是进步，是适应拉美的需要和历史潮流的勇气和担当，应当肯定。既是探索，就是走前人没有走过的路，是摸着石头过河，会有成功，也会有失败，不能以成败论英雄，关键在于能否及时总结经验教训，敢于和善于纠正失误。遗憾的是，查韦斯和他的继承人没有来得及这样做，美国和反对派也不给他们时间去做。左翼探索之“成”，主要在于看到并抓到了社会的基本矛盾和主要问题，把解决贫富两极分化问题摆在各项改革的首位，从国有化、土地革命入手实施，为贫困百姓做了许多实事、好事：查韦斯政府修建数十万套社会住房，解决贫困民众居无定所的困境；修建“平民医院”“平民学校”“平民市场”，为占总人口80%的贫困人口解决衣食住行、子女教育、看病难的迫切急需，在较短的时间内把贫困率从执政前的80%降到47%。为此，政府投入了大量的石油美元收入。其他左翼执政的拉美国家也有类似举措。不能否认这对改善民生和推动社会进步有利，也是左翼深得劳苦大众民心的根本原因。全盘否定这些成就是不公正的。但是，左翼施政有得也有失，“失”主要在于没有重视经济社会发展的根本症结在于积重难返的单一经济结构。大量的石油美元没有真正花在刀刃上，也没有预见到石油、矿产等大宗产品可能降价，以致油价骤跌后毫无防备，造成战略被动。过分强调社会福利不仅造成依赖心理，而且客观上导致中产阶层的“获得感落差”和富有阶层的强烈不满。在政治上，未能妥善处理与不同政见者的关系，没能做到尽量争取大多数人的支持，甚至把一些本应是自己营垒内的人推向了对立面，这是一大憾事。这些失误给美国和反对派造成可乘之机，委内瑞拉动乱持续加剧，改革和发展举步维艰，许多改革措施被迫中断，招致反对派攻讦，也引起支持者不满，这是委内瑞拉长期动乱的重要原因之一，也是其他一些拉美国家左翼政府由盛到衰的主要原因。事实证明，拉美左翼和右翼都在探道寻路，成败关键都在于能否解决本国经济社会发展的根本问题，首要的是民生问题。

四、委内瑞拉长期动乱的内因和外因

从一般规律上说，外因总是通过内因起作用，内因是根源。纵观查韦斯执政到现在的20年，委内瑞拉政局跌宕起伏，究其原因，首先在于一系列的改革导致社会矛盾激化，而政府工作上的失误也使动荡加剧，且长期不得平息。

但具体问题也要具体分析。委内瑞拉与其他拉美国家最大的不同在于美国对委内瑞拉内政的干预无处不在、无时不在。其间虽有过寻求缓和的尝试，查韦斯本人也曾多次向美国示好谋和，但均无果而终。美国坚持要查韦斯和马杜罗下台，为此投入巨资培植反对派，甚至制造暗杀，发动政变，破坏石油设施，收买雇佣军入侵，动员委内瑞拉邻国施压，直至扶植代理人自封“临时总统”，经济上搞单边制裁和禁运，把委内瑞拉经济逼入绝境，可谓穷凶极恶。美国制裁50年给古巴造成的损失不可计数，而委内瑞拉至少损失1000亿美元。可以说，没有美国的干涉就没有委内瑞拉长期的动乱，也没有委内瑞拉今日的民不聊生。国中有“国”之怪象为数十年来拉美首例，这一点连美国舆论和委内瑞拉反对派也无法否认。美国在委内瑞拉动乱中起了决定性的作用，委内瑞拉政局的破局之策也在美国手中。美国干涉不止，委内瑞拉永无宁日。

五、委内瑞拉乱局走势和出路

第一，马杜罗政府尚能控局，中短期内不会倒台。军队支持政府立场无变化迹象，广大受改革之益的民众力挺政府，司法、选举机构牢牢掌握在政府手中。政府在极度困难中采取的一些应急纾困之策略有成效，原油生产和出口有微弱回升。美国和一些拉美国家构织的包围圈稍有松动，美国内动乱自顾不暇，客观上使委内瑞拉的国际环境有所缓解。马杜罗加强对反对派营垒的分化瓦解工作亦在见效。2020年12月6日依法举行五年一度的全国代表大会（国会）选举得到包括部分反对派政党的支持，执政党重获绝对多数议席，有助于加强马杜罗政府的执政地位。但此次选举弃权率接近70%，除受疫情影响和强硬反对派抵制外，相当一部分执政党“基本盘”和中间选民也未投票，表现出选民对国家前途缺乏信心。总体来看，选举结果表明，现政府仍然是动乱破局和实现民族和解的支配力量。

第二，委内瑞拉反对派是乌合之众，一盘散沙，难有作为。所谓“民主联盟”既非统一政党，也非真正意义上的反对派联盟，而只是一个由27个从极左到极右的政党组成的反政府组合，既无统一政纲，也无共同承认的统一领导人，更无一呼百应的领袖。除去要求现总统下台以外，没有其他共同语言。历史证明，一旦推翻现政府，他们相互之间将为争权而斗得你死我活。

联盟的主力政党是中右的正义第一党，右翼传统政党基督教社会党已被边缘化；以委内瑞拉共产党为首的爱国联盟10党也已厌倦无休止的街头政治而与政府接触；“临时总统”瓜伊多只是一个成立10年的小党的二号人物，是美国培养起来的毫无从政经验又无名望的无名小辈，因其热衷于校园和街头动乱而被美国看中，在联盟内并无威望。这样一个“联盟”很容易被分化瓦解。目前政府正在这样做，瓜伊多难控局面，美国表示不满，但换马亦难。

第三，委内瑞拉动乱蔓延20年，朝野矛盾积重难返，社会对立不易化解，美国干涉不会停止，故破局绝非朝夕可成，平息尚需时日。但目前依稀可见一丝曙光：政府控局能力加强，反对派分化趋快，各阶层摆脱动乱、渴望安宁的愿望强化，朝野对话可能性增大；国际助推和解力度加大，专事对委施压的“利马集团”内部能量缩水。特别值得关注的是，美国大选后对拉政策（包括对委）的调整方向，估计有可能趋向“柔化”，控制手段和力度、强度、烈度上或有所变化。在此形势下，委内瑞拉国内通过对话寻求和解、动乱逐渐平息的可能性增加。

六、对中委及中拉关系的几点看法

第一，已经进行多年且卓有成效的中拉、中委合作，是主权国家之间平等互利双赢的友好合作，是建立在相互尊重、互不干涉内政基础上的全面战略合作伙伴关系。中委合作是中拉合作的重要组成部分，合作时间之长、规模之大、领域之广，在中拉合作中具有典范意义。

第二，合作给双方都带来了切切实实的好处。在委内瑞拉，中方得到一个具有战略意义的石油供应地。查韦斯在世时，计划每年向中国供油5000万吨。委方则在能源开发与建设、基础设施建设、农田水利建设和高科技等方面大有受益。

第三，合作模式以融资为主，委方以原油偿还，进展顺利。受动乱和美国制裁影响，尚有部分款项未能及时收回，但委方明确表示兑现承诺。委内瑞拉的资源在，一旦条件具备即可有大量收入，中方资金无“打水漂”之虞。中国与其他拉美国家的合作也大体如此，有的情况更好。

第四，中委合作、中拉合作是法律手续俱全的国家间合作，不是政党合作，更不是与领导人个人间的合作，无“暗箱操作”，总体上不会受政权更迭影响。拉美近两年来的“左退右进”对中拉合作没有大的影响，巴西、阿根廷即为明证。但在委内瑞拉动乱的情况下，中国宜采取慎重稳妥的方针，顺势而行。

第五，委内瑞拉政府在所有涉及中国核心利益的重大问题上都坚定地支持中方立场，同古巴一样，是当前拉美各国中对中国最友好的可靠朋友。中国对委内瑞拉的政策明确坚定，得到委内瑞拉政府和国际社会的广泛认可，应当坚持。

第六，在制定和执行对拉美和委内瑞拉的政策中，美国因素无法回避。中国不挑战美国在拉美长期经营而形成的特殊优势，但也不能在美国的挤压面前退缩，对于美国的抹黑、诋毁、挑拨离间必须坚决斗争。中拉合作、中委合作，要重质量，重实效，要以战略眼光审视中国对拉美的关系。我们的基本方针似应是你干你的，我干我的，要理解和尊重一些拉美国家因历史原因和有求于美国而同美国保持特殊关系，不强人所难。委内瑞拉和古巴长期遭受美国欺压，我们当然要主持正义，并给予力所能及的帮助。

第七，新冠肺炎疫情仍在拉美蔓延，拉美各国面临严峻局面，经济下滑，金融财政窘迫，给疫情中和疫情后的中拉合作带来新的挑战；拉美各国都面临疫后恢复的大问题，亟须外来合作与帮助，这也给中拉合作带来了新的机遇。同时也要看到，西方国家特别是美国必定趁机而入，美国已经在用“撒胡椒面”的办法向拉美示好，疫后中美在拉美—加勒比地区的“角力”不可避免。在此形势下，中国对中拉合作在坚持长期、平等、双赢合作战略不变的前提下，似宜有新的考量和适当调整，着力在拉美急需而美国难以做到的方面下功夫，重在质量和实效。似可考虑在“一带一路”总框架下，更加注重拉美各国国计民生最急需的领域，特别是加大公共卫生和防疫合作力度。

第八章

中国外交迎难而上 复兴中华担当尽责

疫情下的中国外交逆势前行

罗兴武

【内容提要】面对突如其来的新冠肺炎疫情和错综复杂的国际形势，中国外交在习近平外交思想指引下，积极创新，主动作为，攻坚克难，逆势前行。元首外交气势恢宏，抗疫外交波澜壮阔，并在推进伙伴关系发展、维护中国利益、捍卫多边主义、参与全球治理和外交为民等方面取得显著成就，硕果累累，亮点纷呈。

【关键词】元首外交　合作抗疫　逆势前行　亮点纷呈

【作者简介】中国国际问题研究基金会研究员，中国前驻利比亚、约旦大使。

2020年是极不平凡的一年。突如其来的新冠肺炎疫情席卷全球，210多个国家和地区受到冲击，70多亿人受到影响，确诊病例超过8000万例，死亡病例超过180万例。面对世纪大灾疫和世界百年未有之大变局，中国外交在习近平外交思想指引下，积极创新，主动作为，攻坚克难，逆势前行，在世界乱局中化危为机，在国际变局中开创新局，中国特色大国外交取得显著成就，硕果累累，亮点纷呈。

一、元首外交气势恢宏，彰显中国外交新气象

新冠肺炎疫情在全球蔓延，各国交往按下暂停键。但中国外交并未止步，而是“无惧回头浪、勇开顶风船”，积极作为，逆势前行。习近平主席亲自指挥，亲力亲为，开展了气势恢宏、精彩纷呈的元首外交，其主要特点是：（1）形式多样。疫情期间，习近平主席亲自会见了最早访华的世界卫生组织总干事、第一位访华的外国总理和元首柬埔寨首相及蒙古国总统等外国领导人，开展“面对面”外交。同时，密集开展“电话外交”“信函外交”和“视频外交”。截至目前，习近平主席同70多位外国领导人及国际组织负责人通电话或致信函近90次。出席线上举办的二十国集团领导人峰会、中非团结抗疫峰会、第七十五届联合国大会以及上海合作组织、亚太经济合作组织、金砖国家、欧盟等领导人会晤，开展“云外交”。（2）范围广泛。习近平主席既同亚非拉发展中国家元首互动，也同欧美发达国家领导人交流；既同世界卫生组织等领导人通话，也同欧盟、非盟等负责人致电沟通；既面向官方高层领导，也面向民间基层友好人士和群众。（3）内容丰富。互动交流既涉及双边关系，也涉及多边合作；既涉及疫情防控，也涉及复工复产；既涉及经贸合作，也涉及人文科技；既涉及“一带一路”，也涉及全球治理。（4）举措务实。习近平主席在22场重要双多边活动中发表了20多次重要讲话和致辞，共提出80余项有针对性的务实倡议、主张和举措，在全球多边舞台上发出时代强音，提出中国方案。习近平主席全面系统地阐述了中国对国际抗疫合作的理念和主张，指出病毒无国界，疫情是我们的共同敌人。团

结合作是战胜疫情最有力的武器。倡议坚决打好疫情防控全球阻击战，加强公共卫生治理和国际宏观经济协调，恢复经济社会发展，加大对非洲国家支持。倡导各方积极支持世界卫生组织发挥关键领导作用，加强国际联防联控和远程医疗，分享数字技术抗疫和恢复经济的经验，建立健康国际互认机制，共同构筑全球抗疫防火墙。主张坚持开放包容、创新增长、互联互通、合作共赢、民生优先、绿色低碳，反对将疫情政治化、病毒污名化、标签化等。中国的这些倡议和主张为国际抗疫合作提供了动力，为全人类的抗疫斗争增添了信心，充分展现了习近平主席为人类谋健康、为世界谋稳定的宽广胸怀，充分体现了中国愿同各国共克时艰、携手战胜疫情的坚定意志。在疫情当道的非常时期，中国元首外交发挥了一般外交无法企及的关键引领作用，彰显了中国外交的新特色、新气象。

二、抗疫外交波澜壮阔，凸显大国责任担当

突如其来的新冠肺炎疫情，对全世界都是一次严峻的考验。在中国抗疫的艰难时刻，许多国家领导人通过电话和信函向中方表示慰问和支持。国际社会纷纷向中国提供帮助。对此，中国人民心存感激，难以忘怀。当新冠病毒在全球肆虐时，中国对各国遭受疫情冲击感同身受，并雪中送炭。习近平主席同许多国家领导人通电话、致信函，表示坚定支持，并在许多国际场合提出团结抗疫的中国倡议和中国方案，引领全球抗疫合作方向。中国本着公开、透明、负责任的态度，积极履行国际义务，担当大国责任，发起了中华人民共和国成立以来援助时间最集中、涉及范围最广的紧急人道主义行动。中国最

早主动向国际社会通报疫情，第一时间发布新冠病毒基因序列等信息，采取超常措施控制传染源、切断传染途径，同180个国家、10个国际和地区组织举办卫生专家专题视频会，同外国专家举办70多场视频交流会，向世卫组织捐赠两批共5000万美元用于全球抗疫，向34个国家派出36支医疗专家组，向150多个国家和14个国际组织提供抗疫援助，并加入“新冠肺炎疫苗实施计划”。中国承诺：在两年内提供20亿美元的国际援助，在华设立全球人道主义应急仓库和枢纽；建立30个中非对口医院合作机制，加快建设非洲疾控中心总部；中国新冠疫苗研发完成并投入使用后，将作为全球公共产品，为实现新冠疫苗在发展中国家的可及性和可负担性作出中国贡献。中方克服困难，全面落实二十国集团缓债倡议，总额超过13亿美元。为推动金砖国家疫苗研究中心建设，中国已设立疫苗研发中国中心；中国愿同各国在开展疫苗研发、生产、分配等环节加强合作，并向出现疫情扩散的国家提供力所能及的帮助。中国承诺要帮助妇女摆脱疫情影响，未来五年将再向联合国妇女署捐款5000万美元，倡议在2025年再次召开全球妇女峰会。在党中央的坚强领导下，中国外交处变不惊、沉着冷静、准确识变、科学应变、主动求变，开展了波澜壮阔、成效卓著的抗疫外交，展现了新时代中国特色大国外交的坚定原则和鲜明特色。

三、伙伴关系深入推进，中国的朋友遍天下

志同道合是伙伴，求同存异也是伙伴。中国坚持对话而不对抗、结伴而不结盟的国与国交往新路。迄今，中国已同世界上110多个国家建立了各种形式的伙伴关系，构建起遍布全球

的伙伴关系网络，中国的朋友遍天下。

（一）推动构建总体稳定、均衡发展的大国关系

1. 中俄建立新时代全面战略协作伙伴关系

中俄互为最大邻国，始终彼此尊重、互相支持。面对疫情冲击，中俄携手合作，同舟共济，共同分享抗疫经验，合力抗击“政治病毒”。俄罗斯是第一个派遣防疫专家代表团来华的国家，中国是向俄罗斯提供抗疫物资最有力的国家。2020年，习近平主席同普京总统五次通电话，深层次交流，引领中俄新时代全面战略协作伙伴关系持续提升。在世界经济萎缩的背景下，两国贸易仍保持良好的势头，2020年前11个月，中俄贸易额达973.89亿美元。两国举办了“中俄科技创新年”，加快拓展电子商务、生物医药、云经济等新领域的合作，充分体现了双方合作潜力巨大、互补性强。2020年12月2日，中俄总理第二十五次定期会晤成功举行，双方发表了联合公报，签署了有关金融、海关、知识产权等领域的合作文件。中俄双方不断加强在国际事务中相互支持与协调配合，携手坚定维护二战胜利成果，坚决反对单边主义和霸凌行径。中俄关系具有强大的内生动力和独立价值，不受国际风云变幻影响，不受其他任何因素干扰，已成为当今世界最健康、最稳定、最富有战略内涵的大国关系的典范。

2. 中美关系重回正轨

中美关系是当今世界上最重要的双边关系之一。建交41年来，两国都从合作中受益。中美贸易关系支撑美国国内260万个就业岗位，超过7.25万家美国企业在华投资兴业，一年销售额达7000亿美元。双边贸易额较建交时增长了250倍，双方投资存量升至2400亿美元，每年人员往来增加到500万人次。中

国在美留学生超过40万，两国建立了50对友好省州关系和227对姐妹城市。两国在涉及世界和平与发展的全球性问题上都肩负着重要责任。为抗击疫情，两国各界互相驰援。中国疫情发生之初，美国社会各界给予中方宝贵的支持与帮助。随着疫情在美国扩散蔓延，中国很多省市、企业和团体也向美方捐赠防疫物资。中方还积极协助美方在华采购防疫物资。据中国海关统计，从2020年3月1日至10月8日，中国对美累计出口口罩377亿只，平均每个美国人100只。另外，还有外科手套7.4亿双，防护服5.6亿套，护目镜4154万副，呼吸机11701台。美国各界人士积极评价中方给予的抗疫支持。两国通过优势互补、互利合作，彼此利益已高度融合。尽管受疫情影响，但2020年前11个月两国贸易额仍达3.65万亿元，同比增长6.9%。实践充分证明，合作是两国的最好选择，"合则两利，斗则俱伤"。中国始终坚持走和平发展道路，不谋求霸权，不搞军事扩张，不干涉别国内政。同时，中国也绝不接受欺压、霸凌，绝不会吞下损害中国主权、安全、发展利益的苦果。中方愿同美方一道，切实肩负起大国担当，在互利互惠的基础上拓展合作，在互相尊重的基础上管控分歧，本着不冲突、不对抗、互相尊重、合作共赢的精神，推进以协调、合作、稳定为基调的中美关系，不断增进两国和世界人民的福祉。

3. 中国同欧盟建立互利共赢的全面战略伙伴关系以及和平、增长、改革、文明四大伙伴关系

2020年是中国与欧盟建交45周年。45年来，中欧货物贸易增长超过250倍，双方的经贸合作范围已从以贸易为主发展到贸易与投资并重，再拓展到产业金融、互联互通、绿色环保、数字创新等领域。在疫情期间，中国同欧盟的贸易仍逆势增长，2020年前11个月双方贸易额为4.05万亿元，同比增长

4.7%。中国首次成为欧盟最大的贸易伙伴。中欧关系的发展给我们重要的启示是，中国是伙伴不是对手，中欧没有根本利害冲突，合作远大于竞争，共识远大于分歧。突如其来的新冠肺炎疫情并未阻断中欧之间的高层对话与交流。习近平主席同欧盟机构和成员国领导人之间通过电话、信函等方式保持沟通，交流频度比疫情发生之前更高。2020年6月22日，习近平主席在北京以视频方式会见欧洲理事会主席米歇尔和欧盟委员会主席冯德莱恩，强调中欧要做维护全球和平稳定的两大力量，要做推动全球发展繁荣的两大市场，要做坚持多边主义、完善全球治理的两大文明。2020年9月14日，中德欧领导人会晤时，习近平主席提出了“四个坚持”，即坚持和平共处、坚持开放合作、坚持多边主义、坚持对话协商，为推动后疫情时代中欧关系更加稳健成熟、迈向更高水平指引了方向。同时，中欧双方签署了《中欧地理标志协定》，决定建立环境与气候和数字领域两个高层对话机制，打造中欧绿色合作伙伴和数字合作伙伴。2020年12月30日，习近平主席在同德国、法国、欧盟领导人会晤时提出了中欧双方要“协调抗疫行动、共促经济复苏、对接发展战略、加快绿色发展、推动多边合作”五点建议，受到对方欢迎。同时，双方宣布如期完成中欧投资协定谈判。这是中欧双方经过七年35轮谈判达成的一份平衡、高水平、互利共赢的投资协定，将为中欧企业带来更多的投资机会、提供更好的营商环境，将有力地拉动后疫情时期的世界经济复苏，增强国际社会对经济全球化和自由贸易的信心，为构建开放型世界经济作出中欧两大市场的重要贡献。

（二）中国同周边国家建立睦邻友好关系

东盟是中国周边外交优先方向和“一带一路”建设重点地

区，中国同东盟建立面向和平与繁荣的战略伙伴关系。疫情发生以来，中国和东盟国家领导人以各种方式保持密切联系，中方向东盟国家派出多批医疗专家组，提供大批疫苗，双方合力应对疫情挑战，相互捐赠医疗物资，相互开放市场，稳定产业链供应，促进地区疫情防控和经济复苏。2020年4月，东盟与日中韩（10+3）抗击新冠肺炎疫情领导人特别会议以视频方式举行，并发表了联合声明，成为东盟与中日韩共同抗击疫情的行动指南。以中国推进双循环新发展格局为契机，以“一带一路”同东盟各国发展战略相对接为主线，中老、中泰铁路以及中印尼雅万高铁、中马东海岸铁路、金港高速公路等重大项目加快推进，启动并完善人员往来“快捷通道”、物资流通“绿色通道”和粮食安全“生命通道”。在新冠肺炎疫情全球大流行期间，中国与东盟贸易和投资逆势增长。2020年前11个月，中国与东盟贸易额高达4.24万亿元，同比增长6.7%。2020年11月，李克强总理出席以视频方式举行的东亚合作领导人系列会议，并发表讲话。会议通过了《东亚峰会领导人关于合作促进地区经济稳定增长的声明》和《10+3领导人关于加强经济金融韧性合作、应对新挑战的声明》，发表了《落实中国—东盟面向和平与繁荣的战略伙伴关系联合宣言的行动计划（2021—2025）》和《中国—东盟关于建立数字经济合作伙伴关系的倡议》，宣布2021年为中国—东盟可持续发展合作年。经过八年谈判，东盟十国与中国、日本、韩国、澳大利亚、新西兰终于签署了《区域全面经济伙伴关系协定》（RCEP），标志着世界上人口数量最多、成员结构最多元、发展潜力最大的东亚自贸区建设正式启动，东亚经济一体化迎来重要里程碑。全面有效落实《南海各方行为宣言》，海上务实合作稳步开展。“南海行为准则”磋商持续推进，案文“二读”取得积极进展。2020年

1月中旬，习近平主席新年首访缅甸，双方签署了29项合作文件，一致同意构建中缅命运共同体，开启了中缅关系新时代。柬埔寨国王、首相分别访华，标志着中柬"铁杆"友谊牢不可破。2020年3月中旬，巴基斯坦总统访华，双方签署了有关建立农业和科技联合工作组等一系列备忘录，中巴"全天候战略伙伴关系"深入发展。中印双方正通过谈判促进边境局势缓和降温，致力于维护边境地区的和平安宁。2020年10月，中国和朝鲜隆重纪念中国人民志愿军抗美援朝出国作战70周年，中朝友好关系进一步发展。中国同日本、韩国贸易额逆势增长，中日韩自贸区谈判取得重大进展。中国同中亚五国哈、吉、塔、土、乌实现了战略伙伴关系全覆盖，双方携手抗疫，推动在陆地边境地区建立疫情联防联控机制，推动边境口岸"客停货通"，合力打击"三股势力"和跨国犯罪，深化经贸投资，加强"一带一路"与本国发展战略和欧亚经济联盟对接，推进民心相通，走出了一条不平凡的合作道路，成为新型国际关系的典范。

（三）中国同发展中国家建立团结合作友好关系

1. 中非建立全面战略合作伙伴关系

在新冠肺炎疫情面前，中非继续患难与共，同心协力。50多位非洲国家领导人致电或发表声明，向中国表示慰问和支援。同时，多国政府向中国提供抗疫物资和现汇支持。中国也密切关注非洲疫情并迅速伸出援手。中国向53个建交国和非盟提供多批防疫物资，派出15个抗疫医疗专家组指导协助当地的抗疫工作。遍布非洲45个国家的中国医疗队积极行动，为当地民众提供医疗保障。中非团结抗疫特别峰会于2020年6月成功举行，中方提出四点倡议，宣布加快落实中非合作论坛北京峰会成果，并将合作重点向健康卫生、复工复产、改善民生领域倾斜。中国在非洲的1100多个合作项目持续运行，大量技术和劳务人员坚守岗位，保证“一带一路”项目顺利实施。2020年上半年，中非贸易额达824亿美元，中国对非洲投资17.2亿美元，同比逆势增长1.7%。中国企业在非洲新签承包工程合同额达291亿美元，同比增长33.1%。2020年是中非合作论坛成立20周年。在双方共同努力下，中非合作论坛已成为南南合作的一面重要旗帜。中非携手前行，不断丰富和完善论坛机制，对接中国“两个一百年”奋斗目标和非盟《2063年议程》，在中非“十大合作计划”基础上继续重点实施“八大行动”，中非互利合作步入新时代，中非全面战略合作伙伴关系迈上新台阶。

2. 中阿建立全面合作、共同发展、面向未来的战略伙伴关系

中国同阿拉伯国家友谊源远流长，历久弥新。面对突如其来的疫情，双方守望相助，共克时艰。当中国身处艰难时，阿拉伯国家伸出援手，给予政治支持、精神鼓励、物资援助和物流服务。15个阿拉伯国家领导人、67个政党和政治组织负责人通过电话、信函和视频，向中方表示声援。迄今，22个阿拉伯国家共向中国捐赠了1000多万只口罩等急需的医疗用品。当阿拉伯国家遭受疫情冲击时，中国及时投桃报李。习主席同6个阿拉伯国家领导人8次通电话，向8个有紧急需求的阿拉伯国家派出了医疗专家组，向所有阿拉伯国家提供了1300多万只口罩、超过110万份检测试剂盒和近30万件防护服，同时协助阿拉伯国家在华采购抗疫物资。中方同22个阿拉伯国家和阿盟举行了卫生专家视频会议，同6个阿拉伯国家签署了合作协议，联合进行疫苗第三期临床试验。2020年7月如期召开了中阿合

作论坛第九届部长级线上会议，会议通过了“联合声明”“安曼宣言”和“行动执行计划”三个重要文件，显示了中阿团结抗疫的决心，绘制了今后三年中阿合作的宏伟蓝图，强调双方在涉及彼此核心利益和重大关切问题上的互相支持。双方有序复工复产，积极推动“一带一路”倡议与本国发展战略对接，19个阿拉伯国家和阿盟同中国签署了“一带一路”合作文件，一大批重大合作项目落地生根。同时，双方还签署了总额超过60亿美元新项目合同。在疫情蔓延期间，许多实体店停业，中阿利用5G技术发展电商，贸易往来畅通。中阿能源合作有效进行，2020年前9个月，中国从阿拉伯国家进口原油同比增长7%。2019年，中阿贸易额达2664亿美元，同比增长9%。经过疫情的洗礼，中阿友谊日益加深，战略伙伴关系进一步加强。

3. 中国同拉美国家建立平等互利、共同发展的全面合作伙伴关系

迄今，中国已同24个拉美国家建交。近年来，中国与拉美国家经贸与投资合作迅速发展，中国已成为拉美第二大贸易伙伴，拉美也成为中国第二大海外投资目的地。2019年中拉贸易额达3173.4亿美元，目前中国在拉美的企业达2500多家，对拉美直接投资从2003年的46.2亿美元，增加到2018年的4067.7亿美元，占中国对外投资总额的22%。迄今，拉美地区有19个国家与中国签署“一带一路”合作文件。在中方抗击疫情最困难的时候，拉美17国领导人、6国外长以及拉共体等负责人，先后以各种方式表达对中国的支持。而当疫情在拉美和加勒比地区蔓延时，中国也毫无保留地分享抗疫经验，迅速向拉美人民提供紧急物资援助。截至2020年底，中国向拉美30个国家捐赠了呼吸机等紧急医疗物资，举办了30场跨洋经验交流视频会，还向委内瑞拉和秘鲁派出了抗疫医疗专家组。2020年6月，

中拉贸易环比增长17.9%，展现出双方经贸合作的强大韧性。中拉全面合作伙伴关系进一步发展。

四、坚决而理性地斗争，维护国家利益

特朗普政府奉行“美国优先”政策，把中国当作主要战略竞争对手进行打压。美国国内一些政客为了“甩锅”推责抬高选情和维护单极霸权的需要，采取各种手段，对中国进行恶毒攻击和抹黑，全面否定中美关系的历史，主动挑起贸易战、科技战、媒体战、外交战等，把中美关系推至全面对抗的危险边缘。美国多次对中国输美产品加征关税，对中国高科技企业进行狙击和霸凌，宣布将中国驻美多家媒体机构列为“外交使团”进行制裁，对在美留学人员进行恐吓甚至无端拘押，限制中共党员及其亲属的赴美签证，终止多项文化交流计划，单方面限时关闭中国驻休斯敦总领馆，攻击中国社会制度和污蔑执政党等。同时，美方不断挑衅，粗暴干涉中国内政。2020年，美国先后派卫生部部长阿扎、副国务卿克拉奇等高官访台，六次批准向台湾地区出售军事装备，总额达58.6亿美元。美国还签署“2019年台北法案”，通过“香港自治法案”“2020年维吾尔人权政策法案”“2020年西藏政策及支持法案”，宣布实施“2018年对等进入西藏法案”等。美方的这些行径完全丧失了国与国交往最起码的礼仪，突破了国际准则最基本的底线，是赤裸裸的强权政治和霸道行径。为维护中国利益，中方坚决开展外交战、法理战、舆论战，反制美国的霸凌行径。中方向美方提出严正的交涉，表示强烈不满和坚决反对：揭露美方谎言，批驳污蔑和不实之词，反击干涉中国内政言行，巩固国际社会坚持

一个中国原则格局，迄今同中国建交国已增至180个；深入贯彻“一国两制”方针，有力开展涉港国安立法反干预斗争；扎实开展涉疆、涉藏外交，回击美西方反华势力的无端指责。同时，采取必要的反制措施，对美国多家媒体驻华分社进行制裁；撤销对美国驻成都总领事馆的设立和运行许可；对参与售台武器和干涉香港、新疆事务的美方机构和人员实施制裁……进行坚决而理性的斗争。中方坚持在原则问题上寸步不让，在策略问题上灵活机动，抓主要矛盾和矛盾的主要方面，合理地选择斗争方式，把握斗争火候，调动一切积极因素，在斗争中争取团结，在斗争中谋取合作，在斗争中争取共赢。由于中方敢于斗争，善于斗争，有理、有利、有节，“斗而不破”，避免了中美贸易“脱钩”和中美关系落入“新冷战”的陷阱。

五、坚定支持多边主义，积极参与全球治理

在新冠肺炎疫情和世界百年未有之大变局交织、全球经济陷入严重衰退、世界进入动荡变革期的大背景下，个别国家大搞单边霸凌，“退群毁约”“去全球化”，鼓吹“经济脱钩”，威胁全球治理，干扰全球合作抗疫大局。面对多边和单边、公道和霸道之争，中国坚定维护多边主义和自由贸易，反对单边主义和保护主义，积极参与全球治理体系改革，引导有关会议形成一系列开创性、引领性、机制性成果，为充满不确定性的世界注入稳定性和正能量。中国坚定维护以联合国为核心的国际体系，支持联合国在国际事务中发挥核心作用。为此，习近平主席为后疫情时代联合国应如何发挥作用提出了“主持公道、厉行法治、促进合作、聚焦行动”四点建议。中国承诺将向联

合国新冠肺炎疫情全球人道主义应对计划再提供5000万美元支持，设立规模为5000万美元的第三期“粮农组织—中国南南合作信托基金”，中国—联合国和平与发展基金将在2025年到期后再延期五年，设立联合国全球地理信息知识与创新中心和可持续发展大数据国际研究中心；承诺采取更加有力的政策和措施，二氧化碳排放力争于2030年前达到峰值，努力争取于2060年前实现碳中和。中国主张要坚定维护国际公平正义，坚定支持世卫组织在全球抗疫斗争中发挥关键领导作用，坚定不移地构建开放型世界经济，维护以世贸组织为核心的多边贸易体制，反对滥用国家安全之名行保护主义之实。中国主张积极推进全球治理规则民主化，体现平等、开放、透明、包容精神，提高发展中国家的代表性和发言权。中国已成为联合国维和的关键力量。中国军队在20多个国家和地区参加了25项联合国维和行动，累计派出维和官兵4万余人次，在联合国出资的比例上升到15.2%，是第二大出资国。中国一贯主持公道正义，积极践行中国特色热点问题解决之道，坚持劝和促谈，推动朝鲜半岛核问题政治解决进程，坚持维护伊朗核问题全面协议、反对单边制裁的正确方向，主张通过和平谈判解决巴以争端、叙利亚、利比亚、也门、阿富汗等问题，为维护地区和世界的和平稳定发挥建设性作用。中国对全球发展事业作出了卓越贡献。改革开放40多年来，中国7亿多人摆脱贫困，对世界减贫贡献率超过70%，提前10年实现联合国《2030年可持续发展议程》减贫目标。尽管受到疫情影响，中国却是2020年全球唯一实现正增长的主要经济体。中国坚定不移地全面扩大开放，在开放中稳健前行。截至目前，中国已同近170个国家和国际组织签署了201份“一带一路”合作文件，共同开展2000多个合作项目。中欧班列已开通欧洲25个国家、92个城市，

2020年前11个月开行1万余列，同比增长54%。2020年9月举办的中国国际服务贸易交易会，吸引148个国家和地区的2.2万家企业和机构线上线下参展参会。2020年11月，中国成功举办了第三届国际进口博览会，124个国家和地区的企业参展，成交额达726.2亿美元，比上届增长2.1%。预计未来10年，中国累计商品进口额将超过22万亿美元，中国开放的大门将越开越大。中国认真落实“联合国2030年可持续发展议程”和气候变化《巴黎协定》，积极提出加强全球数字治理的《全球数据安全倡议》，并考虑加入《全面与进步跨太平洋伙伴关系协定》（CPTPP）。中国用实际行动为捍卫多边主义、引领全球治理体系改革贡献了中国智慧，为推动构建开放型世界经济和人类命运共同体贡献了中国力量。

六、生命至上，外交为民

中华人民共和国外交部坚决贯彻执行党中央决策部署和习近平主席提出的“人民至上、生命至上”的理念，以人为本，外交为民。中国外交部和200多个驻外使领馆密切跟踪各国的疫情形势，持续关注中国在当地公民的情况，充分调动各类资源，全方位开展领事保护工作，服务范围之广、工作强度之大，都是中华人民共和国成立以来所罕见的。外交部领事司全力保障紧急求助热线高效畅通，“12308”领事保护热线电话24小时运转。2020年前10个月，热线总来电量是2019年同期的三倍，其中2020年4月平均每天4600余通，大约每分钟就有3通。驻外使领馆积极与各国政府沟通协商，促请驻在国政府最大限度地实现对确诊和疑似感染的中国公民“应收尽收”和“应治尽治”，截至2021年8月31日协助救治海外公民17000余人。前后方外交人员通过各种渠道筹措必要的防疫物资，向受疫情冲击的海外留学人员发放了120多万份“健康包”，向500多万华人华侨发送了各类防疫物资，通过大使、总领事连线，侨学界结对帮扶，国内知名医疗专家远程辅导等方式提供帮助。积极安排350多架次航班，接回了7万多名受困海外的中国公民。中国驻外使领馆还通过馆网站、微信公众号、华文媒体等，专题宣介《海外留学人员新型冠状病毒防控指南》，设立“留学生国内家长咨询热线”，为其答疑解惑，分忧解难。

“暮色苍茫看劲松，乱云飞渡仍从容。”面对前所未有的疫情和严峻复杂的国际形势，中国外交保持定力，沉着应对，理性处理，运筹帷幄，谱写了新乐章。当前，疫情仍在全球蔓延，世界大变局加速演变，不确定不稳定因素增多，未来我们还会遇到许多风险和挑战。对此，我们一定要加强风险意识和底线意识，坚定信心，牢记使命，不畏艰难，砥砺前行，抓住机遇，化危为机，不断开创中国特色大国外交的新局面，以更加优异的成绩向建党100周年献礼！

中俄关系经受新考验，赢得新进展

俞　邃

【内容提要】中俄全面战略协作伙伴关系每年都在经受新考验，且都有新发展。2020年经受新冠病毒疫情肆虐和特朗普政府倒行逆施的挑战，中俄关系呈现深化发展的新风貌。中俄两国基于和平发展合作共赢的共识，持续沿着政治互信、经济互补、文化互通、军事互动和外交互商的轨迹前行，相互支持、相互帮助，在各个领域都建立了牢固、稳定、有效的合作关系。特朗普政府离间中俄关系、鼓吹拼凑“反华国际联盟”的图谋无法得逞。中俄全面战略协作及其成效所具有的双边性、地区性和全球性意义，越发显著，越发深远。

【关键词】中俄关系　战略协作　新冠病毒　特朗普

【作者简介】中国国际问题研究基金会高级研究员，国际自然和社会科学院院士。

中俄全面战略协作伙伴关系每年都在经受新考验，每年又都有新发展。2020年中俄关系面临的特殊挑战，一是新冠病毒甚嚣尘上且被政治化带进国际关系领域，二是商人特朗普总统倒行逆施，搅乱了世界秩序。中俄关系之所以依然获得新发展，是因植根于和平发展、合作共赢的共识，基于践行互信、互利、平等、协商、尊重多样文明、谋求共同发展的“上海精神”。随着两国关系密切程度的不断增强，其国际影响也越发显著，越发深远。

一、中俄持续沿着“五互”轨迹前行

政治互信、经济互补、文化互通、军事互动和外交互商，这“五互”是中俄两国自从建立战略协作伙伴关系以来并肩前进的轨迹。2020年又呈现新风貌。

（一）政治互信

这方面的提升可以从习近平主席和普京总统的评语中看得出来。这就是：第一，中俄在新冠肺炎疫情最艰难的时刻相互支持、相互帮助，为新时代中俄关系增添了战略内涵。第二，中俄关系已经达到了前所未有的高度，在各个领域都建立了牢固、稳定、重要且有效的合作关系；两国拓展合作没有禁区。第三，两国相互依托，在军事领域方面的合作非常密切。俄中在理论上存在建立军事同盟的可能性，但实际上两国战略互信和协作水平已经达到相当的高度，以至于双方原则上并不需要这样的同盟。第四，普京总统面对俄罗斯经济与中国经济之间的反差，表现大度，对中国持赞许态度。他说：“就其经济实力和政治影响而言，中国正积极地朝着超级大国的地位迈进。”

（二）经济互补

尽管新冠肺炎疫情给全球产业链、供应链造成一定冲击，但中俄贸易仍表现出较高的韧性。据初步统计，2020年1—9月，中俄贸易额为788.43亿美元，同比下降2.0%。其中中国对俄出口为358.87亿美元，同比增长0.1%；自俄罗斯进口为429.56亿美元，同比下降3.8%。随着人员和货物往来逐步恢复，两国贸易额更加速回升。2020年前9个月，俄中农工产品贸易额比2019年同期增长9%，达到38亿美元。2020年上半年，中方对俄医疗器械、纺织原料、电子电器等出口额均实现两位数增长，自俄罗斯能源、农产品进口量持续扩大，俄罗斯首批牛肉已输华。疫情推动跨境电商快速发展，中欧班列在俄罗斯逆势加速发展。两国首个合作建设的物流中心——别雷拉斯特物流中心于2020年7月底正式投入运营。2020年前10个月，大部分中国汽车制造商在俄罗斯市场的销量都比2019年同期有显著增长。其中，吉利在俄罗斯的销售量（11757台）同比增加62%，哈弗销量（13251台）增加55%，奇瑞销量（7855台）增加60%，长安销量（5589台）增加226%，一汽销量（2205台）增加97%。值得重视的是，俄方在石油、天然气和核能领域全面支持中国的能源战略，双方正在能源和其他经济领域实施一些大型合作项目。在科技领域，俄方与中国公司华为在5G技术上开展合作。2020年12月17日，中国探月工程嫦娥五号任务取得圆满成功，俄罗斯科学家纷纷表示赞赏和支持，认为中国成功地确定了本国高水平的航天项目，进入可完成任何使命的航天大国俱乐部，21世纪将启动开发月球，中国将为获取月球大陆宝藏打开大门。

（三）文化互通

目前中国在俄罗斯的留学生约48000人，俄罗斯在中国的留学生有20000多人，另有35000名两国公民参加了不同的短期教育项目。文化艺术交流精彩纷呈。俄罗斯传统的中国“艺术之夜”活动已经举办了八届。2020年度的所有活动在11月3—4日举办，全部以在线形式呈现。在该活动框架内，中国知名博物馆、展厅、音乐厅、剧院、图书馆举行了一系列文化活动。俄罗斯国民还可以从各地区的展会和活动中在线了解中国文化。特别是莫斯科的俄罗斯国家儿童图书馆，在这里可以阅读和讨论中国传统童话故事。车里雅宾斯克造型艺术国家博物馆举办中国节日传统讲座，展示中国20世纪50年代的招贴画，并由专家讲解其特点。鄂木斯克“利别罗夫中心”国家州立艺术博物馆将举办中国国画技术培训班、中国写生与书法讲座以及围棋推介会。弗拉基米尔州儿童和青年科学图书馆也将举行中国写生与书法讲座。科斯特罗马“罗曼诺夫兄弟之家”历史博物馆在线举办“天朝艺术品鉴：了解中国文化”讲座。在克里米亚东部刻赤历史文化自然保护区博物馆可以在线欣赏中国实用装饰艺术模型，看到骨质和木制艺术品及景泰蓝花瓶等。

（四）军事互动

双方定期举行海上和地面联合军演，互相不断交流军事建设领域最好的经验。普京总统强调指出，俄中在军事技术合作领域已达到很高的协作水平，最主要并非只是交流产品或买卖军事产品，而是交流技术。军事合作另一重大举措是，经两国元首批准，2020年12月15日两国国防部长签署了《关于延长2009年10月13日〈中华人民共和国政府与俄罗斯联邦政府关于相互通报发射弹道导弹和航天运载火箭的协定〉有效期的议定书》，宣布将协定延长10年，强调两军愿在此基础上加强务实合作，进一步充实双边关系内涵。此协定对增进战略互信、避免战略误判具有积极意义。该协定顺利实现延期，体现了两国新时代全面战略协作伙伴关系的高水平和特殊性，表明了两国致力于共同维护全球战略稳定的决心，为维护国际军控体系、维护世界和平与安全注入了正能量。俄罗斯国防部长绍伊古称，在当前形势下，俄罗斯和中国需要共同采取措施，以避免在军事活动中发生意外事件，并阻止将俄罗斯和中国拉入军备竞赛的企图。

（五）外交互商

2020年，尽管受到新冠肺炎疫情的干扰，两国全方位的双边合作和在国际事务中的协作依然越来越紧密。外交互商已成为常态化。面对错综复杂的国际环境，中俄在联合国、上合组织、金砖国家和二十国集团等平台，通过多边领域的协调形成合力，成效显著。

二、中俄同心协力应对新冠肺炎疫情

面对严峻的新冠肺炎疫情，中俄相互理解，相互支持。为克服新冠肺炎疫情影响，双方定期交流经验，利用远程交流的新形式，积极推进相关合作。

富有创意的是，2020年7月23日，以视频会议方式举办了中俄执政党对话机制第八次会议。习近平主席同普京总统分别向会议致贺信。习近平主席指出，新冠肺炎疫情暴发以来，中俄守望相助、同舟共济、共克时艰，反对外部干涉，赋予两国合作新的战略内涵，充分彰显了中俄人民的深厚友谊，体现了新时代中俄关系的高水平和特殊性。疫情在全球蔓延再次表明，人类是休戚与共的命运共同体，各国必须团结合作、共同应对。中俄作为负责任的世界大国和联合国安理会常任理事国，要继续加强战略沟通与协调，为携手应对各种风险和挑战、反对霸权主义和单边行径、维护世界和平稳定、捍卫国际公平正义、推动构建人类命运共同体作出新的更大贡献。普京总统在贺信中表示，俄中关系已达到前所未有的高水平，堪称当今世界国家间协作的典范。双方在解决地区和全球现实问题上协同努力，共同推动维护国际安全和稳定。统一俄罗斯党与中国共产党定期交流经验，推动双边各领域互利合作项目，并克服新冠肺炎疫情影响，利用远程交流的新形式，继续积极推进相关合作。相信此次会议将开展丰富有益的讨论，提出新思想新倡议，进一步巩固俄中全面战略协作伙伴关系。

疫情期间俄罗斯媒体纷纷发表文章，通过中国与美国和欧洲国家的形势对比，称赞和支持中国的疫情防控工作。认为中国应对新冠肺炎疫情更为成功，是因为中国政府有公信力，公民有责任感。

有意思的是，美国当局利用新冠肺炎疫情，演出了一场针对中俄关系的双簧戏。一方面，特朗普为了赢得总统大选，拼命攻击中国，把新冠病毒说成是“中国病毒”，将由他的工作失职导致的美国疫情大失控说成是中国“害的”，称中国“不希望”特朗普这位“美国历史上对中国最强硬的总统”连任，并为此“干涉”美国的大选。另一方面，拜登所在的民主党阵营，自2016年特朗普当选美国总统以来，就一直指控特朗普是靠俄罗斯人对美国选举的“干涉”才赢得了总统宝座，并为此对他发起了长达三年的“通俄门”调查。美国两党的做派令人啼笑皆非，仿佛中国与俄罗斯在美国总统大选问题上立场对立，从而各为其所用。

对于特朗普在新冠病毒问题上“甩锅”中国，俄罗斯态度鲜明。2020年12月17日，俄罗斯总统普京在莫斯科举行一年一度的大型记者会上被问到中国是否该为新冠肺炎疫情负责时明确表示，没有任何证据支持这种说法。全世界要做的不是追查谁要为新冠病毒来源负责，而是要团结起来抗疫。普京称，对于新冠病毒的来源有很多传言，但我们要做的不是寻找责任方，而是要联合起来解决问题。他还表示，应对因新冠肺炎疫情处境困难的国家解除制裁和贸易限制。

三、美国离间中俄关系无法得逞

特朗普为谋取连任，千方百计离间中俄关系，可谓挖空心思，不择手段。

自从2014年乌克兰危机以来，俄罗斯成为美国和西方国家制裁打压的主要对象。普京硬是顶住了西方压力，堪称俄罗斯政坛获得总统继续连任机会的一棵常青树。特朗普上台后不久，就宣称会利用一切可能的手段来重新调整美国与俄罗斯的关系。他着眼于经济，认为俄罗斯在经济上对美国构不成威胁（两国每年贸易额在200亿美元左右徘徊），而把世界第二大经济体中国当作主要对手加以打压，并且竭力拉拢俄罗斯与之配合，不遗余力地离间中俄关系。

特朗普与普京通话套近乎。他一再向普京示好，扬言他对普京“仰慕已久”。2020年7月23日，特朗普与普京通电话，报道称双方详细讨论了战略稳定与军控问题，确认迫切需要就包括《关于进一步削减和限制进攻性战略武器措施的条约》（以下简称“新START条约”）在内的相关问题举行双边磋商。两国领导人还就伊朗核问题进行了讨论。双方强调需共同努力维护地区稳定与全球核不扩散机制。双方还表示愿推动俄美经贸协作，并积极评价两国在抗击新冠肺炎疫情中的合作。另据美国白宫发表的声明，特朗普与普京在通话中，还讨论了在抗击疫情的同时重启全球经济的重要性，以及重要的双边和全球问题。

美国想借与俄罗斯谈判新START条约延期问题，把中国拉入核武器消减进程谈判。这一条约是美俄双方于2010年4月8日签署的，将于2021年2月5日到期，双方一直在对是否续约进行谈判。美方别有用心，多次以续约为筹码压俄罗斯一道启动美、俄、中三边军控谈判，但遭到中国拒绝和俄罗斯的抵制。针对美国试图借助续约谈判向中国施压，普京表示，如果要谈安全，要让中国加入新START条约，就不应忘记英法也拥有核武器。《纽约时报》也称，中国目前的核弹头数量约为300枚，与美俄相比要少得多，美国的核弹头数量约为中国的20倍。

针对美国退出《中导条约》的意图，2020年8月4日，俄罗斯外交部在美国退出《中导条约》一周年之际发布消息，指出美国退出《中导条约》的做法导致中程和中短程导弹领域不再受到任何限制，而且给整体安全稳定带来的威胁成倍增长。如果美国在亚太等地区部署核导弹或常规导弹，俄方将迅速作出反应。俄罗斯外交部发言人扎哈罗娃于2020年8月20日称，美国希望在亚洲地区部署针对中国的中短程导弹，这可能会破坏地区和世界局势的稳定。

针对特朗普想拉俄罗斯重返八国集团（简称“G8”），提出意在排斥中国的扩大七国集团（简称“G7”）领导人会晤，俄罗斯不予理睬。七国集团成立于20世纪70年代，成员包括美国、英国、加拿大、法国、德国、意大利、日本。俄罗斯于1997年被拉入，成为八国集团的一员。2014年乌克兰危机爆发、俄罗斯归并克里米亚之后，美国指责莫斯科“违反了国际法”，七个国家拒绝参加原定在俄罗斯举行的G8峰会，转而举行G7峰会，将俄罗斯排除在外。2020年的G7峰会原定于6月在美国总统度假地戴维营举行，由于各种原因，峰会被推迟到

9月，尽管后来并没有开成，但特朗普早先就宣布将邀请普京参加会议，表示“我认为他是一个重要因素”。

诚然，2020年俄罗斯与美国仍保持一般性的正常国家关系。例如：俄方表示愿意在新冠疫苗研发和生产方面向美国提供帮助，美方却以“政治原因”为由拒绝；2020年8月12日，俄罗斯边防安全人员同美国海岸警卫队人员还在白令海（属于太平洋北部的边缘海）的俄罗斯边境地区举行小规模联合军演，等等。

人们普遍认为，美国对俄罗斯的心理十分矛盾。为了对付中国，美国想跟俄罗斯改善关系，却又担心俄罗斯一旦经济复苏会给美国构成更严重的战略威胁。比起中国，美国心理上更害怕俄罗斯。美国除了从经济上对俄罗斯进行制裁，并不敢在军事上对俄罗斯进行过分的挑衅。

四、俄罗斯坚决抵制美国拼凑“反华联盟”

美国国务卿蓬佩奥于2020年7月23日刻意选择在加利福尼亚州尼克松纪念图书馆，发表了被外界称作“冷战宣言”的疯狂反华演说。他在讲话中特别提到了2022年的特殊性——尼克松访华促使中美关系正常化50周年，声称“要结束与中国‘盲目接触’的旧模式，这样的模式肯定不能成功，因此决不能恢复”。他到处游说，企图拼凑“反华联盟”。

针对蓬佩奥拼凑“反华联盟”的叫嚣，2020年7月24日，俄罗斯总统新闻秘书佩斯科夫对记者说：“我想重申总统的话，即莫斯科永不加入反对谁的同盟，我们不会缔结针对某国的联盟。一切联盟，无论一体化联盟还是政治联盟，都应旨在发展睦邻和互惠关系。中国是我们的盟友、伙伴，是我们发展特殊伙伴关系的国家。”同日，俄罗斯外交部发言人扎哈罗娃称，俄方认为蓬佩奥呼吁打造“反华联盟”是企图离间莫斯科和北京。她强调，莫斯科打算继续加强与北京的合作，并将这一合作视为稳定国际局势的最重要因素。她称蓬佩奥的言论包含了“对中国及其社会政治制度和领导层的粗鲁话语”。她还说：“华盛顿挑起与北京的紧张关系不仅有损于美国和中国，而且令整个国际形势严重复杂化。”7月25日，俄罗斯科学院美国和加拿大研究所首席研究员弗拉基米尔·瓦西里耶夫表示，蓬佩奥的表态是企图在对华战争中利用俄罗斯，华盛顿企图在莫斯科和北京之间打入楔子，把阻碍俄中加强政治经济伙伴关系作为目标。俄罗斯战略研究所专家谢尔盖·叶尔马科夫指出，华盛顿在玩挑拨离间两个对手的低级政治游戏，这无非是美国的“分而治之”政策。7月26日，佩斯科夫再次发表评论，强调中国是俄罗斯的伙伴和盟友，俄罗斯永远不会通过结盟反对某国。俄媒体称，美国想像遏制并打倒苏联那样遏制中国是行不通的。

值得一提的是，2020年7月29日俄罗斯联邦共产党领导人根纳季·久加诺夫更是撰文痛斥蓬佩奥。文章指出，美国挑拨中俄关系居心叵测。美国政府的真正嘴脸日益暴露，反共、仇俄、反华的愤恨情绪令其变得狰狞不堪。中国在共产党的领导下，继续建设社会主义且相当成功。中国满怀信心，不断战胜新冠肺炎疫情。与多数大国不同，中国2020年的经济仍将保持正增长。中国领导人向全球展现了如何消除极端贫困、怎样发展高新技术。北京拥有在世界经济、科技发展、创新领域中占据翘楚地位的一切机会。中国提出的国际关系模式吸引力与日俱增。在中国所倡导的“人类命运共同体”理念中，所有原则都极具前景——各国人民为共同福祉而平等合作。在引领国家迅猛前行中，中国共产党发挥了核心作用。中国所提出的世界文明发展道路，对各国人民并非威胁，但对于充满掠夺企图心的帝国主义者而言可谓眼中钉。他们大肆诽谤，打贸易战，不遗余力地煽动分裂，在中国与邻国之间挑起纷争。看来，美国战略家们在其阴险的图谋中，给俄罗斯安排了特殊角色。他们将在莫斯科与北京的关系中制造嫌隙，并预言俄罗斯能从改变地缘政治方向中受益良多。俄罗斯不应重蹈覆辙，也不能沦为美国地缘政治游戏中的筹码。

针对美国和西欧一些国家干涉香港事务，普京表示，俄方坚定支持中方在香港特别行政区维护国家安全的努力，反对任何破坏中国主权的挑衅行为，相信中方完全有能力维护香港长期繁荣和稳定。

五、中俄关系新发展的国际影响力日增

面对严峻的新冠肺炎疫情和美国当局的倒行逆施，中俄全面战略协作伙伴关系进一步增强。这是由两国各自的国家利益与对人类社会肩负的共同使命决定的。中俄关系新发展的意义体现在多个方面。

一是双边性意义。拜登已表态，俄罗斯是美国最大的威胁，中国是美国最大的竞争对手。俄罗斯人对拜登上台后的俄美关系不抱幻想。中国人也清醒地认识到，尽管拜登上台后比起特朗普的反华手法可能有所变化，不排除恢复与中国的对话机制，但是美国民主党在中国南海、东海、台湾、新疆、西藏等问题上，其态度的恶劣程度可能并不亚于共和党。这在客观

上将进一步推动中俄继续相互支持和依托。

二是地区性意义。中俄关系在上合组织内的作用尤其凸显。例如，俄罗斯一直与印度友好，而中俄关系会在很大程度上影响印度的对华举措。据报道，2020年12月14日，俄罗斯外交部长拉夫罗夫表示，印度正受到西方国家操纵加入“反华游戏”并背弃莫斯科。俄罗斯的这种立场无疑是对印度反华势力的牵制。

三是全球性意义。中俄是当今世界战略格局中举足轻重的两个大国。中国以经济优势尤其受到重视，俄罗斯则以军事强项令人生畏。中俄关系的深化发展，是削弱美国世界霸主地位、塑造世界新格局与新秩序的强大合力。

中美关系生态变化之思考

陈永龙

【内容提要】战后最不寻常的2020年，充满了太多的变数和一个又一个的挑战：多边主义和单边主义激烈大博弈，新冠肺炎疫情大流行威胁人类健康和生命安全，世界经济陷入大萧条以来最严重的萎缩，当然，在纷繁复杂的历史大背景下，中美关系经受了正常化以来最严峻的冲击。2020年，中美关系进入了紧张碰撞的深水区。特朗普政府掀起的对华对抗举动与制裁打击，其范围之广、程度之深令人难以置信。美国对华舆论的高烈度对抗性和煽动性，让两国人民对对方的认同度下沉到危险的历史低点。中美关系以惊人的速度恶化，国人揪心，世界担心。本来，百年一遇之新冠肺炎大流行理应可以让两国至少考虑阶段性问题或暂时搁置双方分歧和差异，团结抗疫，为人类健康和生命安全共同努力作出应有的贡献。然而，特朗普政府逆天而为，走上了与中国和世界不同的抗疫之路。多国政治精英和思想界人士认为，中美关系已进入历史的拐点，或走到了危险的十字路口。究竟如何准确描述当前的中美关系，历史将会评说。但无论如何，中美关系生态变了。特朗普政府已把中美关系拖入了“硬脱钩、软摊牌和真对抗”的歧路。特朗普虽然败选了，但他还在顽劣地上演最后的疯狂，对美国新政府、对中美关系设置陷阱和障碍。从历史的角度看，未来的中美关系既回不到前40年的状况，但更不会延续特朗普式的无理性对抗。寻求中美新型共存竞争合作之路是时代大势所趋和历史的必然。

【关键词】硬脱钩　软摊牌　真对抗　希望之窗　共存竞争　重回正轨

【作者简介】中国国际问题研究基金会高级研究员，中华人民共和国外交部外交政策咨询委员。

一

也许应了中国古代伟大的思想家孔子“四十而不惑”的至理名言，在中美关系正常化40周年的当口，中国人着实看清了美国想要一个什么样性质的中国和中美关系，也弄懂了我们应该如何应对。特朗普从入主白宫后的第一天起，就一刻也没有停止改变中美关系生态，其变化范围之广、程度之深让许多人始料未及。在世界大变革的动荡时刻，中国饱受了新冠病毒和特朗普“政治病毒”的双重冲击。即使在输掉连任选举、败走麦城的情况下，特朗普还在孤注一掷，伙同国务卿蓬佩奥尽显仇华面目，处心积虑地在中美关系上埋雷设阱，制造什么11月惊雷，选举后的疯狂，置中美关系于极其危险的处境。特朗普执政的四年，造成中美关系“硬脱钩、软摊牌、真对抗”的局面，中美关系已恶化到其正常化以来的冰点。

硬脱钩，指人为地、以莫须有的理由、非理性的举动，极具伤害性地割断双方各类人员的交往、技术交流和企业合作。

打破中美多年来业已形成的、行之有效的，双方或多方共谋、共建和共享的产业链、供应链和价值链。纯粹以个人意志为上，直白地说，就是特朗普一个人说了算。特朗普在2020年6月发推文时表示，“彻底与中国脱钩”仍是美国的政策选项。通过行政命令直接干预，以政治、经济等多种手段胁迫进行。莫须有的理由最突出的表现就是有罪推定，不分青红皂白，一切都冠以对美国国家安全构成威胁的谎言式伪断。但凡与中国党政机构、国有企业有关联者，均存在损害美国安全利益的威胁，具有明显的意识形态色彩。非理性即没有经过缜密思考和对话协商，没有经过实际考证，甚至仅凭军情机构或个人的猜测和臆断，任意中断多个有效沟通渠道，甚至还包括正常的工作层面的联系，仅为短视的政治目标而不计长远利益及后果。这种行为极具伤害性，不仅伤害中国，也伤害美国，殃及世界。哪怕自损一千，伤对方八百，也必须进行；哪怕多方反对，也要硬着头皮做下去。不合情理地绑架盟友和伙伴，不顺从者则施以“制裁”大棒。

硬脱钩的例子三天两头地发生，最典型和影响极大的莫过于制裁、打击中国高科技公司华为的野蛮行径。美方蓄谋已久，有策划，有步骤，有分工，动员全政府，鼓动全世界，制裁、抓人、威逼、利诱，多种手段齐上。这一回，美国迫不及待地撕下了公平竞争的虚伪面纱。蓬佩奥等不辞舟车劳顿，不顾疫情肆虐，不管他国是否愿意，日夜兼程，软硬兼施，迫使其他国家弃用华为5G技术及其产品。美国在没有任何证据的情况下，滥用国家力量，唆使加拿大拘捕从温哥华过境的华为首席财务官孟晚舟女士，这是一起性质极其恶劣而又十分荒唐的政治事件。孟晚舟事件不仅仅冲击了5G领域的产业链，使华为受损，许多与华为有业务联系的美国企业同样受到了伤害，这更反映了特朗普政府丧失了最起码的道德底线和商业诚信。美方如此不惜代价，意图很明显，即通过断供芯片釜底抽薪，扼杀中国高科技企业，打断中国发展进程。继打压华为以后，特朗普政府又对包括中国旗舰半导体企业中芯国际集成电路制造有限公司和世界一流的无人机制造企业大疆创新科技有限公司等60多家中国企业实施了出口管制。

软摊牌，不是摊牌的"摊牌"，美国对华政策和举措的负面效应迅速扩大，在许多方面与正式摊牌已无二致，恐怕仅为正式双边关系留下形式上的空间。软摊牌的表现在相当程度上具有"新冷战""凉战"亦或"亚冷战"的特征，这些或将成为中美关系中的一种长期态势。一旦美方需要，中国就是一个够分量的靶子。只要中国的政策不符合美国的利益，美国就会编造理由直接反对、阻遏。"中国制造2025"就是再典型不过的例子。美方多次借此向中国发难，甚至兴师问罪，不允许中国有一点长远的发展目标，不承认中国的市场经济地位，不能让中国在经济、贸易和技术的某些方面接近或赶超美国，更不能让中国享有话语权和规则制定权。特朗普总统本人常挂在嘴边的一句话就是"决不能让中国赶上美国"。

真对抗，将成为美国在今后相当长时期内的对华政策目标和行动指向。特朗普政府先后出台的《国家安全战略报告》和《国家防务战略报告》均直接指称中国和俄罗斯是美国的主要战略对手。在美国政府要员和意见领袖们的思想和言论中，常流露出中国对美国的威胁已超过了俄罗斯的忌惮，认为中国的挑战是全面的。在遏制中国的问题上，蓬佩奥及其国务院的一些干将们扮演了很不光彩的角色。从炮制伪理论到策划行动方案，他们充当了对抗中国的急先锋。他们不仅视中国为异类，宣扬中美"文明冲突论"，更漠视国际法和国际关系惯例。他们从外交直接开刀，先改变中国在美媒体人员的身份与性质，擅自将他们变成“外交人员”，然后限令其离美。他们罗织罪名，关闭中国驻休斯敦总领事馆，开创中美外交史上的恶劣先例。

特朗普政府中的右翼鹰派要员更是诬称中国是民主世界的敌人，剑指中国共产党的领导。就是这个蓬佩奥，于2020年7月在位于加利福尼亚州的尼克松图书馆发表了“共产主义中国和自由世界未来”的演讲，彻底推翻了中美关系正常化以来美国历届政府的对华政策，叫嚣要像当年对待苏联那样发起对中国的“新冷战”。他号召建立全球联盟对付中国，加紧运作“印太战略”，谋划建立“亚洲版北约”。他在2020年10月底访问印度时，毫不掩饰地流露出特朗普政府孤立中国的渴望，称他本人在印度的会晤将包括自由国家如何携手挫败中国共产党的“威胁”。他极力调动甚至试图扩大五眼联盟，狂言要在西方七国集团基础上扩大遏制中国的统一战线。也是这个美国“史上最差国务卿”，于2020年11月11日在华盛顿的里根研究所发表演讲时，扬言特朗普政府在对华强硬的问题上“还没完”。他在演讲中使用了非常恶毒的语言，谩骂中国共产党是“马列主义怪兽”，描述中国的体制“专制、野蛮”。这个情报局局长出身的国务卿篡改了人类外交的“基因”，他仇视中国的本能彻底颠覆了外交的包容精神和平衡均势准则。

让我们略微梳理一下一段时间以来美国对华的所作所为：从强征大额度中国输美产品关税到霸凌断链中国高科技企业及其产品，再到设置障碍、炮制新规，迫使在美上市的中企退出华尔街，从加大舰机在南海、东海等地游弋的挑衅到无理干涉台湾问题、涉港问题、涉疆问题和涉藏问题等中国内政。更令人不解的是，美国驻华大使馆居然公开造谣生事，把大使馆变成反华的前沿阵地。在台湾问题上，美方不断加码售武搞突破，派遣高官访台越底线。蓬佩奥甚至还开展首届“台美经济繁荣伙伴对话”，更诬称“台湾不是中国的一部分”。

当然，凡有遏华动作，任何时候都少不了“麻烦制造窝”的美国国会。就在特朗普染上新冠肺炎的当天，美国国会中国工作组接连抛出两份独立报告，称中国是美国的“世代威胁”，认为美国应重新审视对华关系的方方面面，包括投资、贸易、防务和情报能力。2021财年国防授权法案，包括了拨款启动“威胁中国”的新计划。2020年12月27日，特朗普突然签署的“2021财年综合拨款法案”包含了“台湾保证法”条款，又一次借台湾问题干涉中国内政。一桩桩，一件件，即使不是每一天，美国也几乎是每周都会出台敌视中国的新法案、新政策。据不完全统计，此届国会提出了360多项与中国相关的议案，远超历届国会对中国的所谓“关注”。

在所有遏制中国的法案和政策中，美国把“制裁外交”发挥到了极致。就在特朗普最后的挣扎中，白宫居然宣布了对中国全国人大14名副委员长实施制裁，所谓的原因就是中国的国家安全立法。全中国人民对美方的蛮横无理和疯狂的恶劣行径表示了强烈愤慨与谴责。

二

美国如此疯狂地挑战挑衅，明火执仗地对抗中国，除了制度、价值观、发展模式和道路等结构性矛盾和差异外，更与国际总体局势，即正在发生中的世界百年未有之大变局，与美国社会空前的撕裂，与中美力量对比的重大变化，与美现行当权者及利益集团对华的误判误断和焦虑感紧密相关。

从历史的角度看，美国敌视中国的行为、政策和战略由来已久，也根深蒂固。历届政府中总有一些别有用心的人发动对华关系和政策的大辩论，给中国戴上战略（竞争）对手帽子的情况也屡见不鲜。然而如此集中爆发，由上而下地在政策上和行动上丧心病狂地对华进行近乎全面的对抗打击，却是始于特朗普政府。特朗普团队中的一些人完完全全地站到了中国人民的对立面。

世界百年未有之大变局，从地缘政治角度看，中美两国成为“后冷战时代”的主角之一，同时也是两个最大的变量，只不过现在的表现是二者经常相左，中方是正面变量，美方是负面变量。从人类未来发展的动力和潜力看，科技创新及应用是最重要的变量，引领着世界未来的发展方向。在这方面，中美之间的竞争博弈已经偏离了正常轨道。

中国在世界百年未有之大变局中综合力量跃升，主要是在中国共产党的英明领导下，走出了一条符合中国国情的社会主义市场经济道路，坚持改革开放，与时俱进，调结构，立规制，积极参与世界，学习世界，贡献世界。中国人民的凝聚力空前增强。对内，举国上下完全脱贫就在2020年，科技创新发展为“两个一百年”愿景迈出坚实的步伐；对外，发展新型国家关系，倡导合作共赢理念，推动高质量共建“一带一路”，努力践行人类命运共同体取得新的进展。

美国呢，国内政治严重撕裂，党派利益高于国家利益；民粹主义横行，个人意志凌驾一切；贫富分化加剧，社会动乱不止，百姓买枪自保现象空前加剧。对外，特朗普政府不停地弃约退群，无节制地要求有关国家为美国驻军增摊费用，通过强征关税，对中国、欧盟等发起贸易战和金融战等威胁。

我们不难看出，在世界百年未有之大变局中，在对本国未来发展的蓝图设计，以及为国际秩序演化塑造发挥的作用方面，中美两国已表现出明显的差异。中美两国的领导力，在特朗普政府时期，表现出了严重的不对称。中国领导人光明磊落，胸怀宽广，高瞻远瞩，敢于驾驭时代潮流；而特朗普政府几乎成为一个野心家、阴谋家和权术玩弄者的聚集地。

面对百年一遇的新冠肺炎大流行，中美两国走上了完全不同的抗疫之路。中国在以习近平同志为核心的党中央坚强领导下，本着人民健康第一、生命至上的理念，进行全国总动员。共产党员、白衣天使、人民子弟兵，他们奋斗在抗疫最前沿，同各条战线上的人们团结一心，不怕牺牲，化解了险情，使中国在最短的时间内奇迹般地控制住了疫情。当中国积极抗疫取得了成效后，又很快投入到中国历史上最大规模的全球紧急人道主义援助义举，向全球公开发布八版诊疗方案和七版防控方案。中国及时应需应邀向34个国家派出了36支医疗专家队，并向包括美国在内的150多个国家和9个国际组织提供了抗疫援助，迄今中国已向各国提供了2000多亿只口罩、20亿件防护服、8亿份检测试剂盒。中国还及时加入了“新冠肺炎疫苗实施计划”，公开宣布将新冠疫苗作为全球公共产品。

令人遗憾的是，特朗普政府先是漠视疫情的严重性，拒绝戴口罩，不遵守保持社交距离的规则，不尊重科学，退出世界卫生组织，不听从医疗卫生领域专家意见，把疫情的应对下放到各州市自行管理。随着选举日临近，特朗普又急于催促各地放松管控，动员企业迅速复工复产，引发了大规模聚集性感染。特朗普总统本人更“以身试毒”，自己也染上了新冠肺炎，然而他竟在五天内急忙出院，继续奔走于各个竞选集会场所。更令人气愤的是，选举结束后美国新冠肺炎疫情再次恶化时，特朗普政府出现功能性缺失，总统去打高尔夫球，副总统去滑雪，疫情管控的无政府状态更趋严峻。有不少选民认为，特朗普若当选连任，天理不容。尽管美国社会严重撕裂，特朗普利用民粹主义笼络了众多的追随者，但美国还是有足够多的人保持了清醒，用选票捍卫了他们自己认可的价值观。让人欣慰的是，法律也在力避美国继续陷入政治上的堕落。然而，2021年1月6日，特朗普以在任总统身份煽动所谓的支持者攻陷国会大厦，阻止选举人票认证程序的恶劣行径，不仅使特朗普自己被永远地钉在了历史的耻辱柱上，也让“美式民主”经历了黑暗的蒙羞时刻。

世界百年未有之大变局叠加世纪新冠肺炎疫情大流行，给全球健康和生命安全、政治稳定、经济发展和国际秩序带来了无情的全面冲击，世界比任何时候都更加需要团结合作，共同抗疫。中国、俄罗斯、欧洲和亚非拉许多国家都在自觉履行着一种国际间的契约精神，世界卫生组织、联合国都在大声疾呼，希望各国办好自己国家事情的同时，开展国际间的合作，守望相助。这就是中国所倡导的人类命运共同体精神。特朗普政府偏偏冒天下之大不韪，致使美国数千万人染上病毒，30多万人失去了生命。特朗普失去了一个大国领导人最起码的道德底线和责任担当。更让人不可思议的是，特朗普利用疫情，内外煽动民众，把疫情政治化、武器化，对中国进行污名化、妖魔化。他在推特和演讲中把新冠病毒诬称为“中国病毒”“武汉病毒”“功夫病毒”，甚至“熊猫病毒”。包括美国人在内的全世界人民都十分喜爱的大熊猫居然也被特朗普盯上了，实在是可悲！美方一些人鼓动不明真相者、浑水摸鱼者、别有用心者乃至精神失常者提出诉讼，要求中国赔偿。特朗普、蓬佩奥等人已不仅是在把被他们破坏了的中美关系推下深渊，还要彻底打开与中国对抗的潘多拉盒子。

三

中美关系进入了大国共存竞争的历史性新阶段。左派、右派，保守派、进步派，现实派和理想派都在谈论，中美关系回不到过去了。其实，"过去"是动态的、一分为二的，既有肯定的一面，也有必须摒弃的一面。是的，中美关系是回不到先前那种"接触、遏制、合作"的时代了，但人们并不会忘记，在那个时期，即使在十分困难的情况下，双方的沟通机制和沟通渠道仍然存在，并且有效。这一点，应该在新时期继续延续。

重塑中美关系，重新构建新时代中美关系的新框架模式刻不容缓，这是历史赋予的使命。斗争也好，言和也罢；正面愿景也好，负面清单也罢。中美两国各自在塑造自己的同时也在塑造对方，这是难以抗拒的发展规律，谁也阻挡不了。塑造在任何时候都应当是双向的。2020年11月25日，习近平主席致电祝贺拜登当选美国第46任总统时指出，推动中美关系健康稳定发展，不仅符合两国人民根本利益，而且是国际社会的共同期待。习近平主席希望双方秉持不冲突、不对抗、相互尊重、合作共赢的精神，聚焦合作，管控分歧，推动中美关系健康稳定向前发展，同各国和国际社会携手推进世界和平与发展的崇高事业。"管控分歧，聚焦合作"，这是中方发出的十分清楚而明确的信息。重开对话，重启合作，重建信任。

本文结稿时，当选总统拜登尚未正式就任，他的对华政策还待逐步展现。但从他本人和已公开的准团队成员的反应看，美方回应中方贺电是积极的。双方专家大多认为，拜登政府会与特朗普政府有很大不同，至少在对待中美双边关系重要性的认识上会有区别，处事风格也会宽容些。然而，风格不能与实质混为一谈。

2020年是中美关系挑战最严峻的一年，2021年挑战依然存在，但至少出现了机会的窗口。中美关系重启是可能的，希望存在，前路艰难。但必须指出，美国联合同盟伙伴共同强硬对抗中国至少犯了方向性错误。

四

重塑中美关系，首先要弄清当今世界的主要矛盾是什么。回答这一既重要又复杂且敏感的问题，需要明确当今时代的主题是否发生了变化。比较一致的看法是，和平与发展仍是当今时代的主题。那么，围绕和平与发展所面临的主要问题和挑战应当就是当今世界的主要矛盾。对此，笔者有以下几点解读。

一是多边主义和单边主义，全球化与去全球化，开放合作与保护主义也即人类命运共同体理念与所谓本国利益第一的狭隘利益观之间的对立与冲突，构成了国际社会政治上的主要矛盾。地缘政治的强势回归多在这方面表现出来。

二是生产力高度发展和社会财富的大幅增长与人民大众生活水平改善严重滞后的不平衡矛盾构成了经济社会的主要矛盾。全球范围的贫富差距鸿沟进一步加深是最突出的反映。

三是战后秩序演化中的存废悖论，在新秩序建立之前，在没有发生诸如前两次世界大战的情况下，既有秩序有继续存在的现实性和合法性，同时在许多方面又不适应时代发展，不能有效应对诸如气候变化和当前正在发生的疫情大流行等严峻问题。和平时代秩序的演化和全球治理的矛盾十分突出。而这些情况在科技革命突飞猛进的大背景下又显得更加复杂。

四是上述矛盾的确从国家关系和政策举措上得到充分反映，而且与包括中美而又不仅仅限于中美的主要大国及主要国际力量（如欧盟）有很强的关联性。但是，你死我活的阵营式对抗已在很大程度上失去了市场。尽管冷战思维和热战冲动还不时出现，尤其是美国国内的反华势力，总企图把世界推入“新冷战”的深渊，但绝不可能形成气候。

五是中美分歧不是当今世界的主要矛盾。中美各自的主要问题都源于自身，源于各自是否适应了变化的世界大趋势，源于各自的经济结构是否适时调整，跟上时代新经济的发展步伐，源于各自政府的决策和行动能力。不从自身找原因，而是让世界适应自己，让别国顺从本国，完全是一种反科学、伪逻辑、逆潮流和失道德的行为。

一些人别有用心地绑架中美关系，妄称中美关系已落入所谓的“修昔底德陷阱”，世界已形成以美为首的发达国家和以中国为代表的发展中国家两大阵营。他们借此大肆鼓吹“中国威胁论”“中美对抗论”。事实上，挑起对抗的是特朗普政府，搞脱钩断链的是他们，鼓吹“新冷战”的也是他们。中国对美方的种种挑衅进行了坚决而又理性的反击，完全是回应美方的行为，是正当防卫。中国对美方的反击不是为斗争而斗争，更不是为取代美国的所谓领导地位而斗争。中国是以斗争促对话，以斗争求稳定，以斗争谋合作。中国不惹事，但也不怕事。中国很清醒，与美国斗争周旋时，仍然坚持以缓解紧张关系为目的，寻求最大公约数。中方并没有陷入与特朗普—蓬佩奥直接搏击的阴谋圈套。

基于上述分析，同时从中美两国在全球秩序和格局变化中所处的位置及其能力作用看，以及从中国的历史文化及政策目标看，中美两国的分歧和矛盾并不构成当今世界的主要矛盾。相反，处理好中美分歧更有利于双方共同承载的历史重任和担当。许多历史学家认为，今天的中美关系完全不同于当年的美苏关系。中美多年来形成的相互依存其实是一种正能量，是世界的财富，是各国都能享受到的和平发展红利。美方不妨认真地想一想，仔细地算一算，中国发展的这些年，美方得到了多少实实在在的好处——恐怕没有任何一个国家能够企及。如果不用带有意识形态的有色眼镜来看问题，他们将会看到这一真相。

五

树立正确的中国观、美国观和世界观，才能对中美关系的现在和未来有比较客观的认识。首先，中国是世界闻名的礼仪之邦。中华文明是世界文明的先行者之一，而不是一些人眼中的异类。包容互鉴，竞争共存，天下为公，和而不同是中华文明的精髓。四海之内皆兄弟，中华民族与世界各民族都是人类命运共同体不可分割的成员。

其次，和平发展永远是中国的追求。所有美国和其他国家的政要和专家应该不难发现，和平发展已写入中国的宪法和中国共产党章程，成为中国的国家意志和执政党的使命。中国人民十分清楚，唯有和平发展才能振兴中华，唯有和平发展才能与各国互利合作，共同繁荣。

再次，没有人会把美国对战后秩序重建的作用一风吹。美国仍然是当今世界最强的发达国家，人们仍然相信美国的自我修复和矫正能力。拜登当选总统一句“美国又回来了”，引发了多少国家对美国的期待共鸣。世界需要安定，期待美国立即走上与世界各国一道共同抗疫的正道，恢复对人类生命的尊严与爱护，期待美国对华政策回归客观和理性。

此外，中美两国合则两利，斗则俱伤，这是已被反复证明了的真理。中美两国谁也“吃”不了谁。中国对取代美国没有任何兴趣，“真空填补论”只是美国一些人对自身影响力下降的焦虑症的反应。美国既改变不了中国的颜色，更颠覆不了中国政府和制度。搞“新冷战”不会成功，搞反华联盟一样行不通。世界变了，中国、美国都在变。当年八国联军用坚船利炮打开中国大门、烧杀抢掠的日子一去不复返了。搞“新十字军东征”只能是痴人说梦。

最后，中美关系重要，十分重要。但过渡期的美国“二主相争”，中国不得不与“两个美国”同时打交道。一方面要时刻警惕，应对特朗普最后的疯狂，坚决捍卫中国的核心利益。另一方面也要不失时机地与拜登总统的团队接触沟通，努力让中美关系再出发。这也许构成了中美关系在不寻常年份的一道奇特风景线。中美关系并不是世界的全部，世界需要多样化、多极化，但世界同样需要中美关系的稳定健康与和平发展。“沉舟侧畔千帆过，病树前头万木春”，“后疫情时代”的大变革，一定会更加绚丽多彩。

中美经贸关系回顾和前瞻

何伟文

【内容提要】2020年中美关系全面恶化。中美第一阶段经贸协议仅仅暂停了美方加征关税，丝毫没有改变特朗普政府的对华政策。相反特朗普腾出手来，在政治、外交、科技、人文等一系列方面疯狂地无底线反华，使中美关系直线下滑，直至悬崖边上。然而，一年来的事实恰恰证明，中国不仅没有被压倒，反而更加强大；美国不仅没有得手，反而正在输掉。美国已经在贸易实绩和贸易规则上输掉，正在贸易利益上输掉；对华脱钩毫无胜算，对华科技战也将要输掉。拜登入主白宫，可能带来中美经贸关系缓和的机遇。2021年中美双边贸易额有可能创下历史新高。但与此同时，拜登政府仍将保持对华施压，而且更多地集中在体制性、结构性等方面，并与盟友组成联合阵线对中国进行孤立和集体施压。中国承受的体制性、多方位压力将增加。中美经贸关系仍将面临严峻形势。

【关键词】中美经贸　机遇　严峻

【作者简介】中国国际问题研究基金会研究员，中国国际贸易学会专家委员会首席专家，中国前驻旧金山、纽约总领事馆经济商务参赞。

2020年将作为人类历史上罕见的动荡年份载入史册，并留在我们终生的回忆中。战后人类历史上最严重的公共卫生灾难新冠肺炎在全球暴发，截至2020年12月18日，全球累计已有7591万人感染，167万余人失去生命。疫情又触发世界经济发生自20世纪30年代大萧条以来最严重的经济衰退、贸易萎缩和跨境投资剧降。抗疫给跨境产业链和物流体系正常运转带来的严重冲击，阻碍了全球化进程，并使全球价值链面临不同重构的可能性。

在空前严重的天灾面前，人祸也上升到战后罕见惊人的程度。在全球最需要合作抗疫、合作渡过经济难关的时候，美国政府不仅把单边主义、霸凌主义和保护主义发挥到极致，而且无底线地在政治、军事、外交、科技、经贸、人文等方面全面挑起了对华疯狂污蔑、诋毁和打压，使中美关系急剧降至冰点。

一、2020：中美关系全面恶化，濒临悬崖

2018年和2019年，美国发动了规模空前的对华贸易战。一方面，美国自2018年7月6日、8月23日和2019年1月1日、9月1日起，分别对中国340亿美元、160亿美元、2000亿美元和1200亿美元输美产品单边征收15%—25%不等的关税，严重践踏世贸规则和侵犯中国发展权利。中国政府立即给予了坚决的对等反制。另一方面，中美双方经过20个月的13轮艰难谈判，达成了第一阶段协议，暂停了贸易战。

2020年1月15日，中美第一阶段协议刚刚签署，美国立即集中力量，在政治和科技上对中国加紧打压。恰好中国新冠肺

炎疫情暴发。美国幸灾乐祸，不但立刻禁飞中国航班，撤回美国驻武汉总领馆全部人员，商务部部长罗斯还声称正好可以把美国企业撤回。然而，疫情很快在中国得到控制，却在美国大规模暴发。

特朗普政府和华盛顿那些极端仇视中国的政客，从2020年3月开始，以近乎疯狂的速度和毫无底线的语言和行动，对中国全面升级打压。直到2020年12月即特朗普任期最后一个月，还在变本加厉，上演最后的疯狂。

第一，将新冠病毒诬称为“中国病毒”，要求索赔，进行“甩锅”。

第二，国会通过、特朗普签署一系列侵犯中国主权和领土完整、干涉中国内政的法律，包括涉台法案（2020年3月27日签署）、涉疆法案（2020年6月17日签署）、香港自治法案（2020年7月14日签署）。

第三，科技禁运变本加厉，并扬言全面和中国断绝经贸关系，全面脱钩。特朗普于2020年5月14日宣称必要时切断全部与中国的关系。[①] 5月19日美国商务部宣布禁止向华为供应美国技术含量超过10%的芯片。美国还继续将一大批中国企业列入实体清单。7—9月，特朗普宣布禁止Tik Tok在美经营，必须被美国公司收购，微信也必须下架。12月18日，美国商务部又宣布将中国59家企业列入实体清单。截至当日，仅在2020年一年内就公布了六批实体清单，涉及中国企业167家；累计将296家中国企业列入实体清单，占全球企业被列入美国实体清

---

① 《2020年5月15日外交部发言人赵立坚主持例行记者会》，中华人民共和国外交部网站，2020年5月15日，https://www.fmprc.gov.cn/web/fyrbt_673021/jzhsl_673025/t1779560.shtml。

单总数约700家公司的40%以上。

第四，穷兵黩武，多次派遣双航母到南海巡弋。

第五，更恶劣的是，美国卫生部部长和国务次卿先后访台，密集售台武器，企图在事实上承认“台独”，直接跨越一个中国红线。2020年7月26日，美国国务卿蓬佩奥在尼克松图书馆前发表演说，宣称美国对华接触已经失败，将对中国开启“新冷战”。[①]

第六，美国软硬兼施，迫使欧盟、加拿大、日本等盟友选边站，并加紧推进“清洁网络计划”，企图构筑在网络通信和产业链方面排除和遏制中国的世界阵线，最终形成在政治上孤立中国、军事上包围中国、科技和经济上脱钩中国的“世界新秩序”。

所有这些，把过去中美几代人共同努力建立的双边关系几乎毁坏殆尽。而特朗普政府几年来特别是2020年以来对中国的全面疯狂进攻，源于其对中国和中美关系的重新战略定位，即从过去的竞争合作关系变为单纯的战略竞争关系，将中国定位为美国的战略对手。他们不能容忍中国在中国共产党领导下走中国特色社会主义道路，并发展得越来越强大，实力越来越接近美国；不能容忍中国高科技和高端产业发展对美国的主导地位构成挑战；不能容忍中国倡导的“一带一路”和人类命运共同体重构美国主导的“世界秩序”。

因此，中美矛盾的本质是社会制度的对立、世界影响力的竞争。特朗普不过加剧了这一矛盾，疫情则加剧了美方的紧迫

① 《社评：蓬佩奥的新演讲态度恶毒但注水严重》，环球网，2020年7月24日，https://baijiahao.baidu.com/s?id=1673063409921159500&wfr=spider&for=pc。

感。2020年1月15日，中美第一阶段经贸协议的签订，仅仅暂停了美方进一步加征关税，丝毫没有改变特朗普政府的对华政策。相反，特朗普腾出手了，在政治、外交、科技、人文等一系列方面疯狂地无底线反华，使中美关系直线下滑，直至到达悬崖边上。

二、2020：美国输掉对华贸易战、科技战

2020年的事实恰恰证明，中国不仅没有被压倒，反而强大了许多；美国不仅没有得手，反而正在输掉对华贸易战和科技战。

（一）美国正在输掉对华贸易战

三年来，美国对华实施的世界有史以来规模最大的单边关税（征收对象达到3700亿美元的输美产品），固然给中国经济和出口带来暂时影响，但总体并没有达到原有目标。

1. 在贸易实绩上已经输掉

据中国海关统计：2020年一季度中国对美出口为682.55亿美元，同比大幅下降25.2%；进口274.87亿美元，同比减少3.7%。这固然是受疫情暴发影响，但同时也是美国对华发动贸易战的后果，因为对美出口降幅远远超过从美进口降幅。但从二季度起局面迅速改变。二季度对美出口达到1093.0亿美元，环比猛增60.1%，同比增长0.9%。因为2020年上半年对美出口降幅急剧缩小到11.4%。进入下半年以来对美出口一路高涨。2020年7—11月五个月合计出口2282.72亿美元，同比猛增24.0%。前11个月累计对美出口达到4058.27亿美元，同比增

长5.7%。特别是11月当月对美出口达到519.77亿美元，同比增幅达到令人惊叹的46.1%。7—11月月均出口达到456.54亿美元，比历史上对美出口最高水平2018年月均398.7亿美元超出14.5%。[①] 近月来，外贸企业普遍反映来自美国的订单应接不暇，估计这种局面将持续到2021年中。换言之，美国对华加征关税并没有阻止中国产品对美出口再创新高。

同样据中国海关统计，2020年前11个月，中国对美国、欧盟和东盟出口额同比分别增长6.9%、7%和7%。[②] 增幅几乎完全一样，而欧盟和东盟对中国产品没有加征关税。因此美国的加征关税也没有起到作用。

对华加征关税的后果，导致美国在中国全球贸易中的比重下降。从加征关税前的2017年前三季度到2020年前三季度，美国在中国全球贸易中比重下降了2.0个百分点；同期东盟比重上升2.3个百分点，欧盟（2020年为欧盟加英国）上升0.8个百分点。东盟轻易拿走了美国丢掉的市场。美国挑起对华贸易战，不过是将自己部分地逐出了中国市场。

2. 在贸易利益上正在输掉

据有关估计，仅2019年对中国产品加征关税，就使美国下游生产商、经销商、零售商和家庭蒙受相当于4047亿元人民币的损失。据美媒报道，2020年9月底，包括特斯拉、福特、沃尔沃、思科、塔吉特和家得宝等制造、科技、零售等行业的3500家美国公司向美国国际贸易法院起诉联邦政府，要求法院判决其赔偿企业因加征关税所受的损失，包括银行利息负

---

① 根据中华人民共和国海关总署网站统计数据整理，http://www.customs.gov.cn/。

② 同上。

担。[①] 据华尔街日报网于2020年11月19日报道，美国大企业圆桌会议代表其成员200余家美国最大公司总裁联名向当选总统拜登发出呼吁，要求撤销对华关税，修复对华关系。

3. 在贸易规则上完全输掉

美国不仅在贸易和投资上输掉了这场贸易战，更重要的是在规则上完全输掉了。2020年9月15日，世界贸易组织（WTO，简称“世贸组织”）专家组就中国起诉美国对华单边关税得出结论，美国此举违反关贸总协定相关规定，因而是非法的。[②] 又如上所说，美国3500家企业在联邦国际贸易法院对联邦政府的起诉和大企业圆桌会向当选总统拜登的呼吁，都一致认定对华单边关税为非法。因此，特朗普政府在贸易规则上已经完全输掉。

4. 在贸易脱钩问题上并无胜算

与脱钩中国的口号相反，2020年以来美国企业投资中国的趋势旺盛，且越来越多的华尔街巨头在华扩大投资。2020年前7个月，美国企业在华新增投资企业860家，流入中国资本市场的投资资金达到2000亿美元。正如华尔街日报网站于2020年8月8日所说，中国成了美国公司的避难所。[③]

2020年前11个月的中美贸易实绩证明，美国无法完全离开

① 《美国约3500家企业向法院提出诉讼要求美政府改变关税政策》，人民网，2020年9月29日，http://usa.people.com.cn/GB/n1/2020/0929/c241376-31879503.html。

② 《世贸组织裁决美国政府对中国征收的关税非法　商务部回应》，中国日报网，2020年9月16日，https://baijiahao.baidu.com/s?id=1677956645977452434&wfr=spider&for=pc。

③ 《〈华尔街日报〉：中国成为美国企业的“避难所”》，新华网，2020年8月9日，http://www.xinhuanet.com/world/2020-08/09/c_1126345073.htm。

中国制造，因为中国是世界唯一拥有按联合国分类全部产业的国家，有完整的产业链，所以美国无法全盘脱钩中国。

2020年11月15日，东盟十国加中日韩澳新共15国签署了《区域全面经济伙伴关系协定》（RCEP），标志着人口、经济总量和出口额均占世界约30%的世界最大自贸区诞生了，它自身即拥有完整的供应链，而美国则不包括在内。2020年前11个月，RCEP其他14国占中国出口比重31.7%，超过美国和欧盟比重之和（26.3%）。[①] 而中国则是东盟和日韩澳新的最大贸易伙伴，无一例外。因此，如果美国与中国脱钩，中国不会遭受重大困难，相反，美国却有在东亚太平洋地区被边缘化的危险。

（二）美国将要输掉对华科技战

以封杀华为、Tik Tok，禁售芯片和无休止地将中国企业列入实体清单为突出标志的美国对华科技战，将在短期内给中国带来相当大的困难，但美国自己将遭受重创。中国半导体芯片需求量占世界三分之一。美国芯片技术占世界市场48%，其中，中国占去18个百分点。2020年5月，波士顿咨询公司发布了《对华贸易限制将如何终结美国半导体的全球领导地位》的研究报告。报告认为，美国对华禁售，将使中国自己迅速提高自给率，美国占世界半导体市场比重将在两三年内从48%降至30%，韩国或中国有可能取代美国，成为世界最大的供应来源。中国市场占高通全球销量63%、博通52%、美光50%、德州仪器43%，及英特尔23%。失去中国市场，将使它们面临生存危

---

① 根据中华人民共和国海关总署网站统计数据整理，http://www.customs.gov.cn/。

机。销售缩小的结果是研发投入下降，三年后美国半导体芯片研发投入将下降13%—25%。美国芯片技术将不再是世界领先，这将迫使美国一部分半导体芯片巨头撤离美国。即“去中国”政策的结果是“去美国”。正因为如此，特朗普政府对华为禁售芯片引起美国半导体巨头的强烈反对和密集游说，而后不得不允许高通、英特尔、AMD等公司继续向华为供应芯片。

美国《华盛顿邮报》于2020年10月12日发表题为《对华鹰派遭遇强大的反对力量：美国公司》的文章称，美国国会通过的《国防授权法案》禁止从中国购买技术和服务，遭到美国众多跨国公司的强烈反对。美国的国防承包商、科技公司和其他一些公司正发起大规模游说，试图推迟或阻拦相关计划。[①]

因此，正如《华盛顿邮报》于2020年12月16日所说，特朗普的对华政策是“一场惨败”。

三、2021：拜登政府和中美经贸关系前景

拜登从特朗普手中接下的是史上最烂的摊子。美国疫情已经完全失控，经济回升势头转弱。拜登上任后将不得不以主要精力投入抗疫，投入经济救助，很难有更多精力投入到对外关系上。其“百日计划”次序依次是：控制疫情，救助经济和弱势群体，弥合种族分裂，对外重归多边。

---

① 《波士顿咨询：限制对华贸易，令美国半导体领导地位岌岌可危》，观察者网，2020年3月13日，https://baijiahao.baidu.com/s?id=1661026337622623390&wfr=spider&for=pc。

（一）拜登的外交方针

拜登的外交总方针是：颠覆特朗普"遗产"，拨乱反正；"去特朗普化"，回归多边。但在具体大国关系和区域政策上仍与特朗普有相似之处。

2020年11月24日，拜登在介绍其将要任命的团队时表示，美国已经"归来"，已经"准备好再次领导世界"，翻过特朗普追求的"美国优先"政策的一页，并承诺与美国盟友进行合作。[①]

其基本方略大致是：回归并主导多边，修复并强化与盟友的关系。定位俄罗斯为最大危险，中国为主要竞争者。延续奥巴马时期的"重返亚太"方针，强化在亚太的外交和军事存在，不一定称为"印太战略"。拜登政府对俄罗斯可能更趋于强硬。在中东，倾向于恢复奥巴马时期的均衡政策，改变特朗普违反联合国安理会决议单方承认以色列对耶路撒冷和戈兰高地主权的决定。在伊核问题上寻求重回伊核协议，并主要与英法德一起对伊朗施加压力。在拉美，美国同古巴的关系目前未见实质性转圜，对委内瑞拉将延续特朗普的敌对政策。在军事领域，削减国防预算的可能性更大，但在世界各地保持威慑力的基本方针不会改变。

（二）拜登的贸易政策

和外交政策一样，其基点也是回归多边贸易机制，取消

---

① 《美国媒体对特朗普进行评价：对华贸易战惨败，中国反而更强大》，戎马动态观察，2020年12月22日，https://baijiahao.baidu.com/s?id=1686772554157144330&wfr=spider&for=pc。

“美国第一”的提法和做法。在多边领域，对WTO，会改变特朗普政府的“捣乱”政策，改为在合作中主导。美欧在WTO的联合将大大增强，中国地位将弱化。在双边领域，将基本上不再诉诸单边关税，而是诉诸规则压力。欧美关税战可能基本消退。在区域领域，将考虑重返《跨太平洋伙伴关系协定》（TPP）和《跨大西洋贸易与投资伙伴协议》（TTIP）。按照拜登的话是：美国占世界GDP25%，要联合占另外25%的民主国家一起共同制定规则，主导世界。

（三）拜登的对华外交和贸易政策

拜登的出发点与特朗普没有本质区别，都是不能容忍中国越来越强大，以至威胁到美国的霸主地位，但其基本判断和方针与特朗普有重大区别。

第一，清晰地定位中国为主要竞争对手（competitor），这与特朗普定位中国为头号战略对手（rival）明显地区别开来。在此定位下，拜登的对华政策有两面性：竞争的一面和合作的一面。

第二，与中国的竞争是战略性的，目的是消除中国对美国的战略威胁。因此，其贸易政策不会仅仅从贸易层面制定，而是从战略高度，与政治、安全等重大问题联系在一起。包括：一是价值观外交。以人权、民主、自由为招牌，严厉攻击中国，特别在涉台、涉港、涉疆、涉藏等涉及中国主权的根本问题上，还可能出台制裁措施。二是在军事上继续保持与日本、印度和澳大利亚的密切军事往来，在太平洋西岸和印度洋对中国实施威慑和遏制。

第三，在经济、科技和贸易上，拜登将强化与盟友和其他“民主国家”的合作，共同制定规则（安全、科技、贸易、网络等），迫使中国接受，并依据这些规则从体制上迫使中国作出根本改变。这比特朗普政府简单粗暴的禁运、制裁更带有体制性、规律性、预见性。同时，总体遵守多边贸易体制，反对单边关税。

第四，同时定位中美可以合作，即在竞争方面构成竞合关系。具体合作领域包括：一是多边及地区领域，在抗疫、应对气候变化、伊核问题、半岛问题等方面，中美共同点将会多一些。二是双边领域，可能重启中美战略安全对话、战略与经济对话等（名称可能改变）。在科技、新能源、贸易等领域，对中国5G、芯片等高科技的打压将继续，但很可能改变特朗普简单禁止、制裁的做法，而是在国家安全的名义下，依据相关法律对高科技合作设置门槛和条件，同时将其作为换取中国让步的筹码。

拜登外交政策顾问、美国前助理国务卿坎贝尔表示，美国必须在人工智能、5G和机器人三个领域“将中国赶出第一梯队”。

第五，对华合作也是有限度的，将受到六大“留美战略”的制约，并因此对中美贸易与投资持强硬立场。这六大战略即“购买在美国”“制造在美国”“创新在美国”“投资在美国”“供应在美国”“全力支持美国”。其“百日计划”包括开展供应链审查，斥7000亿美元在美打造全产业链，摆脱对华依赖。

第六，大概率将废除或暂时搁置特朗普政府进行的“301调查”和单边关税，但很可能以换取中方让步为条件。

第七，中美地方之间、企业之间合作的环境更宽松。中美省州交流机制极有可能恢复，但将以中国作出根本性的结构改革、体制改革为条件，回流美国为指向。对人文交流、中国赴美留学生和中美科研交流的限制将适当放宽。

（四）处理中美经贸关系的可能步骤

拜登于2020年12月2日接受《纽约时报》记者托马斯·弗里德曼采访时表示，他不会急忙取消对华关税，对第一阶段协议要先看一看，并与盟友协商，再决定采取行动。

具体是：一看，仔细审查迄今美国对华关税和第一阶段协议对中国产生的效果和对美国的利弊；二议，修复与盟友特别是欧洲盟友的关系，并与之协商共同应对中国；三行，在前两个步骤有一定眉目后，着手处理对华经贸具体问题。

其把握的基本原则可能是：

第一，以取消特朗普政府对华产品额外施加的关税为方向，但要以中国接受结构性改革为条件。

第二，否定第一阶段协议。拜登公开宣称第一阶段协议是失败的，并指责协议充满了“中国政府含糊、软弱和重复的承诺”，使中国得以继续“向其国有企业提供有害的补贴”。布林肯最近表示，中美经贸协议是一大败笔，未能解决两大经济体之间的系统性矛盾。

第三，明确表示不与中国谈判贸易协定。因此在他有新的考虑之前，第二阶段协议谈判不会列入议程。

（五）2021年中美经贸关系前景估计

综上所述，虽然2020年全年特朗普政府的无底线疯狂反华给中美经贸科技合作带来极大破坏，但美国将要或正在输掉这场贸易战和科技战。中美两国经济上的互补性和地方、企业间的合作依然无法被摧毁。按照中方统计，2020年前11个月中美双边贸易额达到5242.89亿美元，同比增长5.8%。[①] 估计2020年全年可达5900亿美元左右，比上一年5412.23亿美元增长9.0%。其中，出口估计可达到4550亿美元左右，比上一年的4185.09亿美元增长8.7%；进口达到1350亿美元左右，比上一年的1227.14亿美元增长10.0%。美国对华投资将略高于2019年，中国对美直接投资则将继续大幅下降。

2021年，中美经贸关系总体将趋于缓和。这一总体环境将给双边贸易创造更为宽松的环境。鉴于目前中国对美出口极其畅旺的态势，和中方根据第一阶段协议继续积极增加从美国进口的努力，2021年双边贸易总额非常有可能超过2018年的6335.52亿美元，创造历史新高。其中出口额非常可能明显超过2018年4748.2亿美元这一历史最高水平，进口要达到2018年1551亿美元水平尚需更多努力。美国对华投资将有进一步增长。中国企业对美直接投资也将从目前接近归零反弹，但不会有跳跃性增长。美国对华出台新的科技禁令和实体清单可能趋缓。

与此同时，拜登政府仍将保持对华施压，而且更多地集中在体制性、结构性等更加深层次、因而对中国也更加困难的问题上。另外，将在修复与盟友关系的基础上，组成联合阵线对中国进行孤立和集体施压。中国承受的体制性、多方位压力将增加。中美经贸关系仍将面临严峻形势。

面对这一形势，在新的一年里，相信中国在中共十九届五中全会精神的指导下，将会开创以双循环、内循环为主的新格局，立足于自己，坚持高技术创新，做大国内市场，同时坚定

① 根据中华人民共和国海关总署网站统计数据整理，http://www.customs.gov.cn/。

地深化改革，扩大开放，积极发展全方位的对外经济合作，为“十四五”规划开好局。中国也将积极推动与拜登政府的对话，努力管控分歧，寻求更多的合作领域；并推动与美国地方、企业、民间的交往与合作，把中美双向贸易与投资不断做得更大，使之继续成为中美关系的压舱石。

“重启”与“重置”之间的中欧关系

崔洪建

【内容提要】促进积极的相互认知，维护全面的经贸合作以及抵御地缘政治变化风险，是中欧关系在2020年面对的三大挑战。在疫情冲击和地缘政治变化的影响下，欧方出现要改变合作原则、“重置”中欧关系的动向，与中方把握合作方向、“重启”务实合作的意愿形成博弈。经过密切沟通和务实合作，中欧关系展现出较强的韧性，在应对新变化的同时维持了积极的发展方向，确保了正轨运行并再添动力。

【关键词】中欧关系　重启合作　重置关系　正轨运行

【作者简介】中国国际问题研究基金会欧洲研究中心执行主任，中国国际问题研究院欧洲研究所所长、研究员。

在新冠肺炎疫情冲击、欧洲形势变化和中美竞争加剧的多重影响下，中欧关系在2020年承受了巨大压力，一度面临严峻考验。中欧关系在相互认知、经贸合作和地缘政治三方面经历了“重启”与“重置”之间的起伏和变化：是在坚持“合作大于竞争”的前提下克服不利影响、建立积极认知，还是片面地放大分歧冲击政治互信？是在合作抗疫和促进经济复苏的共同目标下高效务实地重启并推进合作，还是借产业链供应链“重组”来削弱共同利益基础？是捍卫多边主义共识维护格局稳定，还是借“跨大西洋关系调整”来“重置”双边关系？随着高层沟通的频繁进行、务实合作的持续推进以及年底双边投资协定谈判的收官，中欧关系展现出坚持合作和发展的韧性，确保了正轨运行并再添动力。

一、稳固政治互信

（一）欧方对华负面认知上升

建立并维护客观、积极的相互认知是中欧增进互信、推进合作的重要条件。由于欧洲政治及中欧之间实力对比的加速变化，近年来欧洲对华的负面认知上升，并在疫情期间进一步发展。继2019年3月欧盟在其《欧中关系战略展望》政策文件中首次将中方描述为“合作伙伴”“谈判伙伴”“经济竞争者”和“制度性对手”后，欧盟委员会主席冯德莱恩在2020年9月发表的任内首次盟情咨文中，进一步将中国定位为欧盟的“谈判伙伴、经济竞争者和制度性对手”，并称“欧中关系既具有战略重要性也最具挑战性”。[①] 疫情带来的冲击、欧洲向外转移内部矛盾的意图以及中美竞争加剧产生的影响，是导致欧方对华负面认知出现固化并强化的主要因素。

---

① 《冯德莱恩表示欧盟对华关系合作与挑战并存》，中华人民共和国驻欧盟使团经济商务处网站，2020年10月6日，http://eu.mofcom.gov.cn/article/jmxw/202010/20201003005945.shtml。

首先，疫情扰乱了中欧双方原定的合作议程，维系积极认知和政治互信的沟通交流受到严重影响。在双方的原定议程中，2020年本是中欧推进合作、增进共识的重要节点。在高层交往方面，除共同倡议将在德国举行首次中欧领导人峰会外，中国—中东欧国家合作领导人峰会也将是中方最重要的主场外交之一。在经贸领域，已进行多轮谈判、历时七年的“中欧双边投资协定谈判”有望在年内收官，中方“一带一路”倡议与欧方“欧亚互联互通战略”对接等也将开启。同时，2020年也是推进世贸组织及联合国改革、落实气候变化协定等重大多边议程的重要时刻。但新冠肺炎疫情的骤然来袭扰乱了中欧各项双多边议程，各自政策重心转入抗疫，多项议程被迫推迟，双方原有的政策优先与合作议题被迫调整，不利于维系并巩固政治互信。

其次，疫情期间交流和互动方式的变化，给欧方强化对华负面认知提供了空间和条件。新冠肺炎疫情不仅在全球范围内对人类生命健康造成重大威胁，也对人群心理、社会情绪和舆论氛围产生巨大影响。疫情的大规模流行导致中欧相互认知的变化体现出国际政治博弈的特征。随着疫情先后在中国和欧洲暴发、缓解和反复，欧洲的对华认知经历了不同的阶段变化。从2020年1月到3月中旬，中国全力投入抗疫，但欧洲疫情尚未暴发，欧洲主要关注中国的疫情发展和防疫措施；4月中旬后，欧洲开始关注中欧防疫合作、中国对欧舆论以及中国对欧公共外交等议题，出现对华较为密集的批评，且与部分美国涉华舆论合流，主要涉及对中方“延误疫情”“隐瞒疫情数据”等指责，以及要求对华“追责”“索赔”等诉求。以3月下旬欧盟官方批评中国进行“口罩外交”、声称中欧存在“叙事之争”为标志，欧洲将疫情期间中欧的舆论互动进行政治化解读，并上升到“制度之争”的认知层面，进一步加大了负面认知并严重影响到双方的政治互信。

再次，在欧洲疫情持续蔓延而中国疫情得到有效缓解和控制后，欧洲对华心态进一步变化。出于向外尤其是向华转移矛盾的心理，其对华认知的负面性继续上升，甚至体现出对抗性。为对冲中国抗疫成就客观上对欧洲产生的政治影响，欧方除将中方援助行动歪曲为“口罩外交”外，欧盟及一些欧洲国家开始炒作涉港、涉疆等议题，不仅针对中国政治制度和政策行为进行更加政治化的批评和指责，还采取一些外交行动体现其“价值观和政治立场”，导致对华认知进一步负面化。

最后，中美在疫情期间的舆论交锋对欧洲的对华认知产生外溢效应，增加了欧洲一些国家和民众对中国的不信任感。由于欧美在防疫阶段和措施上的相似性，以及欧美在政治制度和社会结构上的相互接近，中国针对美国政治化、污名化的舆论反击被一些欧洲媒体和政客加以利用。对“中美两个大国陷入相互指责”的批评增多，对中国“能否承担大国领导责任”的质疑上升，并以此来进一步论证中欧乃至中西在制度和意识形态上的“对抗性”，一定程度上影响到部分欧洲民众的对华认知。

（二）稳固政治互信

针对欧方对华负面认知上升、中欧政治互信受损的问题，中方积极应对、主动作为，从保持密切沟通并重启重大议程、加强抗疫合作两方面着手，有效地抑制了欧方对华的负面认知。

在保持沟通方面，中欧双方在合作抗疫、经济复苏、地区及多边事务等议题上保持了高密度、多层级和多领域的交流和对话，确保相互认知不偏离合作主流。在双边政治关系趋于复杂的状况下，中方以确保“合作大于竞争”“共识大于分歧”的相互认知主流为目标，与欧方进行积极对话。习近平主席、李克强总理和欧盟及成员国领导人保持了密切的电话和视频沟通，克服不利因素，在2020年内举行了第二十二次中国—欧盟领导人会晤及中德欧、中德法欧峰会。习近平主席在中德欧领导人峰会上就双方政治分歧与欧方领导人直接对话，展现了中方既捍卫国家主权和发展权利的坚定立场，以及与欧方平等对话、自信包容的大国风度。对话取得积极效果，欧方领导人对中方正视分歧、积极沟通、求同存异的务实作风给予高度评价。杨洁篪主任和王毅国务委员在欧洲疫情严重时先后到访，加强了中欧外交领域的沟通交流，对引导欧方对华正确、积极认知起到积极作用。

在抗疫合作上，中欧在相互理解支持、医疗物资援助和经验分享上取得积极成效。中欧在先后成为疫情中心、需要各自全力应对的过程中，相互同情、安慰、理解和支持贯穿始终，成为中欧抗疫合作的政治基础和主旋律。不仅中欧双方领导人相互给予慰问支持，中欧各地方和民间在抗疫合作中体现出的同舟共济精神也令人感动，彼此关切、相互支持的事例也不胜枚举，全面体现了中欧人民在困难时期的团结精神。

中国在抗疫过程中积累了丰富的临床诊断和救治经验，中欧在抗疫经验分享上的合作卓有成效。早在欧洲疫情尚未暴发之前，中欧之间就通过世界卫生组织平台和双边交流等多种形式开展合作。在欧洲疫情暴发后，尽管中方疫情防控任务仍然艰巨，但仍迅速作出反应，积极与欧方开展抗疫合作、分享医疗救治和疫情防控经验。中国有关部门和机构不仅多次与欧洲国家举行卫生部门官员和专家的视频交流，分享疫情流行特点、防控策略、临床诊断和治疗、社区留观、口岸和民航防控检疫等方面的经验，还应欧洲多国请求派出多批医疗队，中欧双方在抗疫一线进行了实地交流与合作。针对抗疫物资短缺问题，中欧给予了巨大的相互支持。在欧洲疫情暴发后，本着投桃报李、守望相助的精神，中方克服国内抗疫和复工复产压力巨大、物资运输极为不便等多重困难，向欧盟及多数欧洲国家提供了政府援助，并根据实际需求向西班牙、法国等国提供定向物资供应，并专门开辟“空中走廊”用于急需物资运输。

经过中方的不懈努力，中欧之间相向而行，欧洲对华负面认知受到抑制，中欧政治互信基础得到了一定程度的修复。

二、维护经贸合作

（一）经贸合作受损

新冠肺炎疫情、欧洲政治和中美竞争也对中欧经贸关系造成持续冲击，增加了双方重启和推进合作的障碍和难度。

首先是中欧各自的经济增长均受到疫情冲击，全力抗疫、修复经济并稳定社会秩序成为各自的政策优先，这不仅加剧了欧洲政策内向化的态势，还在一定程度上影响到双方推进经贸合作的意愿和政策资源。如欧盟在疫情期间专门出台保护成员国“战略行业不受外资收购”的规则，针对中国的意图明显；双方在投资协定谈判等领域通过相互妥协深化合作的意愿也受到各自内部因素的影响。

其次是中欧先后采取了封闭隔离等防疫措施，复工复产、开放边界、恢复人员流动的进度又难以同步，造成双边贸易一度出现较大降幅并造成产业链供应链受损。2020年一季度中欧货物进出口总值下降10.4%，在中国主要贸易伙伴中降幅排第二位，仅次于中美贸易。加上英国脱欧后中英贸易额不计入与欧盟贸易的因素，中欧贸易额被增长6.7%的中国与东盟国家贸易赶超，欧盟作为中国最大贸易伙伴长达16年的历史就此终结。中欧在机械、汽车和其他制成品行业的贸易下降幅度最大，直接影响到中欧之间的产业链和供应链稳定。

再次是疫情期间暴露出来的医疗物资短缺问题，导致欧方对“过度依赖中国产能和市场”的担忧上升，并提出要“重组”中欧产业链、实现供应链“多元化”的主张。这种主张一定程度上被欧洲内部反全球化的势力所利用，出现了追随美国特朗普政府的对华“经济脱钩”政策、搞中欧经济“部分脱钩”的论调。欧方先后强化了其针对中国的贸易防护、投资审查和5G市场准入等规则，对华贸易、投资和产业保护主义均有不同程度的上升。

最后是欧方通过推进产业战略和疫后经济恢复来提升对中国产业竞争的意图进一步明确。以提升欧洲经济综合竞争力、抢占未来科技发展制高点为目的，欧盟在2020年初提出了绿色和数字两大产业战略，并以“碳边境调节机制”和数字保护规则为规则和法律配套，体现出在两大领域和中国竞争的态势。在疫情影响下，欧盟又借出台大规模经济纾困措施，进一步推进其未来产业战略布局，客观上加剧了中欧之间的产业竞争态势。欧盟推出总额为7500亿欧元（约合6万亿元人民币）的“经济复苏基金”计划和总额为1.9万亿欧元的未来七年期财政预算，核心内容是将财政救助、经济复苏和产业战略相捆绑，将基金贷款的使用目的与落实欧盟产业战略和成员国内部改革相结合，将欧盟力推的绿色产业和数字经济战略“打包”进各国发展规划。尽管欧盟基金计划和长期预算的落实效果可能打折扣，但在新兴及战略产业上改造产业链供应链的方向十分清晰，对相互依存度很深的中欧产业链和经贸合作基础将形成冲击。

（二）筑牢共同利益基础

在欧方政治化、民粹化的政治环境下，中欧经贸合作在逆境中推进，不仅取得了确保产业链供应链稳定、促进贸易回稳的成果，还通过开启产业战略对话进一步加强了政策协调。《中欧地理标志协定》的签署和《中欧全面投资协定》谈判的完成，更为双方实现疫后经济复苏并提升合作质量开拓了前景。

首先，为减少疫情对经济复苏和经贸合作的影响，中欧加强了政策沟通和协调，为双边贸易企稳回升创造了积极条件。受疫情影响，中欧都采取了暂缓或减少经济活动、限制人员流动、严格检验检疫等措施，导致双方经济合作受限，各行业产品供应和市场需求均受影响，对中欧服务业、制造业及其相关产业链供应链造成直接冲击，影响了双边贸易的稳定。在2020年6月举行的第二十二次中国—欧盟领导人会晤中，“加强经济复苏合作，包括加强宏观经济政策协调，共同维护中欧和全球产业链供应链稳定”成为最重要议题。[①] 双方职能部门重点就加强抗疫物资供应合作、加快推进各项经贸议程、深化双边经贸关系进行沟通。为稳定中欧产业链供应链，中方采取了对欧方货物和人员实施“快速通道”和“绿色通道”的做法并收到实效，中欧班列在疫情期间也实现了54%的逆势增长。在双方共同努力下，中欧贸易从第二季度开始回升，在第三季度达到

① 《为中欧全面战略伙伴关系注入强劲动力——外交部官员介绍第二十二次中国—欧盟领导人会晤成果》，新华网，2020年6月23日，https://baijiahao.baidu.com/s?id=1670286932994040215&wfr=spider&for=pc。

4255亿欧元，超过欧美贸易的4125亿欧元，中国成为欧盟第一大贸易伙伴。截至2020年11月，中欧货物贸易额达到4955亿欧元，双边贸易已基本回稳。

其次，开启产业战略对话，将潜在竞争转化为优先合作领域。欧盟在2020年初提出了着眼于未来发展的“绿色”与“数字”两大产业战略，并在疫情冲击下仍将其作为支撑未来经济社会发展的基本方向。在环境和气候变化领域，欧中双方先后提出了在2050年、2060年实现“碳中和”的远大目标和具体实施路径，中欧在推进数字经济领域发展上也有着相似的目标和政策手段。2020年9月举行的中德欧领导人峰会在此基础上提出了以“打造中欧绿色合作伙伴、数字合作伙伴关系”为目标，建立中欧环境与气候高层对话机制、数字领域高层对话，释放出中欧携手应对气候变化、共同推进数字合作的积极信号，为中欧经贸合作和全面战略伙伴关系增添了新的内涵。[①] 中欧在绿色和数字产业领域各有优势，加强对话与合作有利于双方在资金、技术和市场环节实现优势互补和强强联合，不仅将带动中欧经贸合作向新领域升级，也将有助于中欧产业合作向第三方市场拓展。

最后，签署《中欧地理标志协定》并完成投资协定谈判，体现出中欧为加强经贸规则对接并提供稳定的制度性合作框架作出的巨大努力。历时八年谈判、在2020年9月举行的中德欧峰会上完成正式签署的《中欧地理标志协定》，是中国对外商签的第一个全面、高水平的地理标志保护双边协定，将为双方

---

① 《王毅：百年变局与世纪疫情下的中国外交——为国家担当，对世界尽责——在2020年国际形势与中国外交研讨会上的演讲》，中华人民共和国外交部网站，2020年12月12日，https://www.fmprc.gov.cn/web/wjbzhd/t1839713.shtml。

的地理标志提供高水平的保护，显示了中欧共同保护知识产权的决心。2020年12月30日，习近平主席同德国总理默克尔、法国总统马克龙和欧盟领导人举行视频会晤，共同宣布历时七年的《中欧全面投资协定》谈判如期完成。该协定以促进投资自由化、便利化为目标，在疫情等不利因素影响下，谈判持续推进并不断攻克难关。《中欧全面投资协定》涉及市场准入和投资保护、投资环境和监管程序、劳工标准和支持可持续发展等核心内容，体现了“全面、平衡和高水平”的国际投资规则，“展现了中方推进高水平对外开放的决心和信心，将为中欧相互投资提供更大的市场准入、更高水平的营商环境、更有力的制度保障、更光明的合作前景”。[①]

三、抵御地缘政治风险

（一）地缘政治风险上升

为避免在中美竞争加剧的背景下遭受利益损失，欧洲在2020年体现出要在地缘政治上“有所作为”的架势，不仅在干预中国内政上升高了调门、加大了力度，其重要国家德国还在担任欧盟轮值主席国期间出台了“印太战略”，要求欧盟及其他欧洲国家“跟进”的意图明显。在2020年底美国民主党候选人拜登赢得总统大选后，欧洲的政治气氛也发生变化，要求“回归跨大西洋伙伴关系”、欧美“携手对付中国”的噪声有所

① 《习近平：中欧投资协定展现了中方推进高水平对外开放的决心和信心》，人民日报客户端，2020年12月30日，https://baijiahao.baidu.com/s?id=1687509526404328435&wfr=spider&for=pc。

升高。中欧关系今后将长期面对一个更强调“地缘政治竞争”、更多运用其外交和经济手段参与大国博弈和竞争的欧洲，中欧关系需要在双边外交互动、地区与多边事务合作上更新思维并寻找到促进而非削弱合作的新模式。

首先，在大国竞争的背景下，中欧之间的政治分歧被放大：中方制定并实施香港国安法、推进“一国两制”方针的法治化进程，以及香港立法会选举延期举行等正常程序，都被欧方歪曲为“破坏香港民主”“背弃国际条约”和“推行中国式治外法权”；中方在新疆地区坚决采取“去极端化”的系统措施，也被欧方贴上“违反人权”和搞“种族迫害”的标签。个别欧洲国家的政要还在台湾问题上出风头，触及了中欧关系的政治底线。欧洲在面对中美竞争的背景下，在一些问题上采取了附和或借鉴美国的做法，对中国内政的干涉方式较前有所变化，即在发声的同时采取所谓“具体行动”。英国、德国和欧盟分别对香港特区采取了中止移交逃犯协定、限制双边往来和专门贸易等做法，不仅影响了香港的对外交往与合作，也损害了中欧之间的政治共识和互信。

其次，欧洲可能采取更多介入亚太地区事务的方式，寻求对中国的地区和国际影响力的平衡和对冲。法德两国以及脱欧后急于对欧洲以外地区施加影响的英国，将以“维护经济利益和航行自由”为借口，成为欧洲版的“亚太再平衡”或“印太战略”的主要推手。

最后，美国拜登政府上台后，欧美关系将进入调适期，在一定程度上，“修复跨大西洋关系”会以中国为借力手段和标靶，中欧关系在政治、经贸和安全领域会受到一定的影响。目前无论是欧方提出的“新跨大西洋议程”还是拜登政府的初步回应，都显现出将“应对中国”作为共同议程和目标的迹象。

（二）有效管控分歧

在国际形势错综复杂、地缘政治因素上升的背景下，中欧关系难以回避上述风险。只要坚持对国际格局变化方向、中欧基本利益格局的准确判断和把握，就能有效地管控分歧，维护中欧关系和地区秩序的稳定，进而为国际战略平衡和世界经济繁荣作出贡献。

首先，需要在中欧具有明确共识和能力的领域持续推进合作。中欧要继续坚持抗疫合作并将其延伸至疫苗分配、援助第三方以及世卫组织改革等领域。在气候变化、环境保护和绿色产业领域，中欧具有高度的战略共识和巨大的共同利益，要充分利用好2021年英国气候变化大会和昆明生物多样性国际会议的契机，扎实推进合作。

其次，中欧要在已有成果基础上，做好《中欧地理标志协定》落地和投资协定签署工作，为经贸合作提供更稳定的制度保障和更可持续的发展前景。中欧要持续推进“一带一路”倡议与“欧亚互联互通”对接、环境与气候对话以及数字对话等原有和新增的务实合作，让双方的战略对接和政策沟通落到实处，成为推动疫后经济复苏并惠及民生的动力。

最后，在外部势力可能对中欧关系形成干扰的形势下，应当通过更具自信、更高质量的开放合作去运筹大国关系。尽管欧美关系调整短期内会对中欧关系产生影响，但欧洲也清楚地意识到在中美之间“选边站队”既不符合欧洲的根本利益，也不符合欧洲建立“战略自主”的雄心大志。因此，中欧需要在继续增进并坚定政治互信的基础上，在明确共同利益和共同责任的前提下，积极构建更具建设性而非破坏性、更有弹性空间而非僵硬对抗的大国关系。

中国—中东欧国家合作成就、经验及发展建议

刘作奎

【内容提要】中国—中东欧国家合作框架自启动以来，在经贸、互联互通、绿色发展、央地合作、科教文卫等领域取得了一系列成就。规避政治和安全议题，立足务实合作，坚持大小国平等相待、利益共享，践行开放包容，边学边做，不断探索，冷静观察等是合作取得成功的主要经验。未来中国—中东欧国家间的合作存在很多契机，但也面对越来越多的挑战，因此要充分评估中美关系、中欧关系以及部分中东欧国家内部变化对中国—中东欧国家合作带来的冲击，并出台更多的务实合作举措来加以应对。

【关键词】中国—中东欧国家合作　成就总结　经验　政策建议

【作者简介】中国国际问题研究基金会研究员，中国社会科学院欧洲研究所研究员。

“中国—中东欧国家合作”是中国因应形势需要和中东欧国家要求而主动设计和推进的一个跨区域合作机制，之所以被

称为是跨区域合作机制，主要体现在两个维度：一个维度是中东欧内部和欧洲内部，即中东欧是一个多元化的区域，并不是同质化的地理区域，主要包括中欧（波兰、匈牙利、捷克、斯洛伐克）、东南欧（罗马尼亚、保加利亚、斯洛文尼亚、克罗地亚、塞尔维亚、黑山、波黑、北马其顿、阿尔巴尼亚、希腊）及波罗的海国家（爱沙尼亚、拉脱维亚）。同时，在欧洲内部，如果把欧盟作为一个完整的功能区域，则几个西巴尔干国家仍未成为成员国，因此，它也是跨区域的。另一个维度是中国和中东欧国家的合作也是跨越区域的，一个是处在亚洲，一个是欧洲的一部分，中间相隔了多个欧亚国家。

中东欧国家虽然有很多差异性，但也具备相似的特性和身份，这也是“中国—中东欧国家合作”的基础之一。它们都是转型行为体（均在经济和政治体制上经历“回归欧洲”进度不一的进程），在地理位置上处于欧洲中东部和东南部，地缘枢纽位置突出。

中国—中东欧国家合作机制启动以来，有力地促进了中国—中东欧国家各领域的务实合作。总结八年的合作成就，有助于坚定信心，扎实走好下一步。

一、“中国—中东欧国家合作”的主要成就

（一）经贸合作成果显著

2012年，中国同中东欧国家（不包含希腊）贸易总额为520.6亿美元。2014年，双方贸易额首次突破了600亿大关，达到了602.2亿美元，增幅达15.7%。2016年，中国与中东欧16国贸易逆势增长，在中国对外贸易下降6.8%、对欧洲贸易下

降3.3%的情况下，实现了与16国贸易4.3%的显著增长。2019年，中国同中东欧国家（含希腊）贸易额达到了954.2亿美元，同比增长6.9%，与16个中东欧国家贸易额为869.6亿美元。八年来，贸易增幅为67%（不含希腊）。2012年，中国同中东欧国家贸易额仅占中国对外贸易总额的1.35%，占中国对欧贸易额的7.13%。时至2019年，中国同中东欧国家贸易占中国对外及对欧贸易的比例分别上升至1.9%与11.7%，虽然份额依旧偏低，但占比的逐年扩大也反映出中东欧地区在中国贸易中地位的上升。[①]

中国对中东欧国家投资也从2014年的30亿美元达到2018年的100亿美元左右，涉及机械制造、化工、金融、环保、物流、新能源等领域。[②] 大型投资项目纷纷落地中东欧国家，如匈塞铁路、黑山南北高速公路、中欧班列、佩列沙茨大桥、博尔铜矿的投资等均取得成果。总体上，双方在互联互通、经贸金融、绿色环保、农业合作、电子商务等方面均取得积极务实的合作成果。

（二）互联互通惠及各方

八年来，中国和中东欧国家的互联互通取得明显进展，"海陆空"齐头并进。中国充分利用中东欧的地理优势，推动同欧盟互联互通项目对接。

中欧陆海快线建设在中东欧地区稳步推进。匈塞铁路建设

① 根据中华人民共和国海关数据统计，详见商务部欧洲司网站双边经贸关系数据库。

② 罗知之:《商务部：2018年中国与中东欧16国贸易额为822亿美元》，人民网，2019年5月29日，http://finance.people.com.cn/n1/2019/0529/c1004-31109445.html。

项目启动多年，项目的塞尔维亚路段已于2017年正式动工，匈牙利段于2019年5月签署项目承包合同。2020年上半年，在新冠肺炎疫情肆虐的时候，中国和匈牙利持续合作，迎难而上，双方正式签署匈塞铁路匈牙利段的贷款协议，确保了项目得以持续推进。该线路联通希腊的比雷埃夫斯港口、巴尔干国家以及中欧，将有效促进中欧之间的互联互通。

中欧班列对推动陆上互联互通发挥着重要作用。根据中央电视台财经频道报道，截至2019年3月底，国内开行中欧班列的城市已达60个，到达欧洲15个国家40多个城市。重庆、成都、郑州、西安等主要城市基本实现“去一回一”，重箱率保持在85%以上。[①] 捷克、波兰、匈牙利成为中欧班列重要的联运枢纽和中欧进出口商品双向流通集散中心。

在中东欧国家内部，中国企业也积极承建一系列重要的陆上互联互通项目，如黑山南北高速公路、北马其顿高速公路、塞尔维亚和波黑高速公路等，积极推进了区域内互联互通。

空中丝绸之路建设不断发力。中国与中东欧国家之间新开六条直航航线，便利了文旅、地方间合作与友好往来。德国汉莎航空、土耳其航空、波兰航空等国外公司也积极参与中欧互联互通空中走廊建设。

（三）农林合作绿色发展

2020年是“中国—中东欧国家农业多元合作年”。中东欧国家特色农产品种类多，质量较高，绿色、生态和有机产品尤

① 李强：《中欧班列开行总数已突破1万列　到达欧洲15个国家43个城市》，人民周刊网，2018年9月17日，http://www.peopleweekly.cn/html/2018/shizheng_0917/5722.html。

其具有竞争力。在首届和第二届中国国际进口博览会上，中东欧国家农产品占农业领域展品的一半以上。葡萄酒、蜂蜜是中东欧国家共同的优势农产品，17国对华均有葡萄酒出口。2012—2019年，中国—中东欧农产品贸易额从10.66亿美元增长到14.58亿美元，年均增长4.58%。越来越多的中东欧国家农产品通过中欧班列、航空运输、电商平台等摆上中国老百姓的餐桌。

2016年5月，在斯洛文尼亚卢布尔雅那召开的首届中国—中东欧国家林业合作高级别会议上，林业合作协调机制正式启动。中国—中东欧国家林业合作机制积极推进可持续和多功能森林经营、保护湿地和野生动物、发展绿色经济和生态文化产业，共同致力于落实联合国2030年可持续发展议程，尤其是在行动计划中设立的森林可持续经营的目标。双方还加强了林业科学研究合作，推动多层次人才交流。

（四）央地合作“双轮驱动”

“央地联动”推动双边关系的发展有着深厚的历史基础，中国和中东欧国家所熟知的“中捷友谊农场”（河北）、中波轮船股份有限公司（上海）等都书写了合作的新篇章。

承接历史，中国—中东欧国家合作继续推动中央和地方的“双轮驱动”，宁波在推动中国—中东欧国家地方合作上作出突出贡献。中国通过一个省市对接一个国家的方式开展合作，比如捷克与浙江合作更为紧密，以加强合作的精准性。德国杜伊斯堡、荷兰阿姆斯特丹也作为重要的合作对象被纳入进来。中国各地方政府为了推动地方企业“走出去”，浙江、辽宁、山东、河北等多个省份均出台参与中国—中东欧国家合作的行动方案并开展了具体活动。友城建设稳步推进。截至2018年12

月31日，中国和中东欧16国共结好173对友城，遍布除爱沙尼亚以外的其他15国。中匈友城数量排名第一（38对），随后是波兰（36对）和罗马尼亚（35对）。从20世纪80年代到2012年的30多年时间里总共结好94对友城，而2012年至2018年总共结好79对。[①]

（五）科教文卫成果丰硕

从2016年至今连续举办四届中国—中东欧国家创新合作大会，探讨中国与中东欧国家在科研成果产业化及技术转移方面的合作。目前，中国和中东欧国家推进共建联合实验室或联合研究中心，集成联合研究、科技人才交流与培养等功能。中国—中东欧国家教育合作同样成果丰硕，目前已形成“中国—中东欧国家教育政策对话”和“中国—中东欧国家高校联合会”两大机制，双方在校际交流合作、学历学位互认、双向留学、语言教学合作、地方合作等方面取得了一系列成果。中国已与11个中东欧国家签订了相关的教育合作协议，同8个中东欧国家签署互认高等教育学历学位协议。截至目前，中国与中东欧国家合作建立了35所孔子学院和44个孔子课堂，学员5.2万余人；中国共有19所高校开设了中东欧国家（包括希腊）的非通用语专业，双向留学规模已经超过1万人。

（六）人文交流进步显著

自“中国—中东欧国家合作”启动以来，人文交流获得前

① 陈思扬:《中国—中东欧国家合作下的人文交流》，载周弘、黄平、田德文主编《欧洲发展报告（2018—2019）》，社会科学文献出版社，2019，第271页。

所未有的发展。中国—中东欧国家旅游协调中心、旅游促进机构和旅游企业联合会、中国驻布达佩斯旅游办事处先后在匈牙利成立。在各项措施的鼓励和推动下，中国赴中东欧国家旅游人数增长迅速，中国公民到中东欧国家的人次已经增长五倍之多，双向旅游人数突破每年100万人次，2019年中国赴中东欧国家游客数量占中国赴欧洲游客数量的近三分之一。因应这种需求，包括塞尔维亚、黑山、波黑、阿尔巴尼亚等国纷纷采取免签证或季节性免签证政策。2016年，中国也对中东欧国家公民实行了72小时过境免签政策。

智库交流也进入历史上最活跃时期。2015年12月“中国—中东欧国家智库交流与合作网络”正式揭牌成立，积极打造中国与中东欧国家间智库协调机制与高端交流平台。双方智库人员交流更具规模和系统化，交流的频率、产生的成果均超以往。据不完全统计，目前国内已经成立40多家从事中东欧问题研究的国别和区域研究机构。

二、取得成就的主要经验

（一）规避政治和安全议题，立足务实合作

“中国—中东欧国家合作”坚持不介入地区政治和安全事务，不干涉他国内政，不触碰地区敏感问题，一心一意求合作、谋发展，成为推动中东欧地区稳定的建设性力量，得到中东欧各国的欢迎。

尽管中国和中东欧国家政治高层来往频繁，但所谈合作的主要焦点都是经济议题、务实合作和具体项目。中国不参与任何地缘政治纷争，也不想扮演地缘政治玩家，对于欧亚大陆日

益增多的地缘紧张态势，中国秉持不参与、不干涉原则，开辟渠道，努力探讨中东欧国家的发展关切，通过扎实的务实合作项目来牵引双方的合作走稳走实。

（二）坚持大小国平等相待，利益共享

中国为推动同中东欧国家的合作，主动搭台，整合优势资源，坚持需求导向，秉承大小国一律平等，共商共建共享合作成果，激发了中东欧国家参与合作的积极性和主动性。

在中东欧国家中，不乏一些批评和抱怨，认为欧洲大国可以独立、平等地开展同中国的合作，但欧洲的大部分小国，尤其是中东欧国家，与中国开展合作时，总是受到欧洲大国的干扰甚至反对。中东欧国家认为，中国采取的大小国一律平等政策为它们创造了机遇，它们可以在欧洲内部平等地参与同中国的合作。

中国还坚持在合作中互利共赢的原则，不搞赢家通吃，更不搞零和博弈，坚持有事大家一起干，有好处大家一起分。针对一些欧洲智库认为中国采取的双赢政策是中国“赢两次”，中国坚决予以反驳。中国的投入让中东欧国家获得了实实在在的利益，给中东欧国家创造了发展机会并分享了中国的经济发展成果。

（三）坚持政府推动、企业先行、社会组织跟进

“中国—中东欧国家合作”是中国政府团结中东欧国家共同设计、积极推进的一个跨区域合作平台，是中国外交和对外合作的重要创新。中国企业作为最重要的参与主体第一时间跟进，纷纷进入中东欧市场投资兴业，短时间落地多个重大项目。社会组织作为“政府—社会—个人”的黏合剂，也广泛参

与“中国—中东欧国家合作”中近40多个专业领域的协调和组织工作，为合作成果落地立下汗马功劳。

企业会对到中东欧国家投资兴业感兴趣，这需要政府引导，为企业进入中东欧创造很好的营商环境。中国政府通过推动金融机构对中东欧国家融资贷款，对基建、能源等领域重点引导和分类推进等方式，提升了企业投资的兴趣。企业投资落地项目离不开民心相通的好基础，为此，中国的教育、文化、学术等专业民间组织积极跟进，做好民心相通工作，取得了不错的效果。

（四）坚持边学边做，不断探索，冷静观察

“中国—中东欧国家合作”是一项前无古人的事业，没有明确的参照系，没有具体的路线图，更没有合作进程的时间表，很多合作举措是摸着石头过河，边探索边总结，再探索。

在面临世界百年未有之大变局、中美关系全面恶化、中欧关系多领域出现紧张、新冠肺炎疫情肆虐等背景下，中国—中东欧国家间的合作面临越来越多的问题，合作也步入“深水区”和困难期。但“中国—中东欧国家合作”坚持攻坚克难、不断探索、冷静观察、挖掘机遇，同中东欧国家合作的基本理念保持不变，加强务实合作对接的特质没有变，服务于中欧合作和“一带一路”建设的大局没有变，在此基础上，坚持大胆探索，有为有守，有开有收。

（五）践行灵活务实、开放包容、兼收并蓄

合作采取务实灵活导向。有国外学者称它是一种务实制度主义，[①] 即“中国—中东欧国家合作”不拘泥于严格的、强约束力的规则和僵化的制度形式，以务实议程、自愿参与和灵活合作为特征。“中国—中东欧国家合作”一开始就坚持开放办平台，不搞封闭排他的小圈子，不打地缘博弈的小算盘，不做凌驾于人的强买强卖，坚持需求导向和成果导向，无论国家、组织、企业都可以灵活的形式参与合作。希腊于2019年成为正式成员国就是开放办平台的体现。欧盟、奥地利、瑞士、白俄罗斯和欧洲复兴与开发银行作为观察员加入，令合作平台充满张力和活力。

三、政策建议

（一）对中美关系恶化对中国和中东欧合作的影响作出充分预估

2020年新冠肺炎疫情后的中美关系急剧恶化，美国全方位、多领域地打压中国发展。针对“中国—中东欧国家合作”，美国通过打拉诱中东欧国家的办法，全面压制中国同中东欧国家的合作。多个中东欧国家出现摇摆性，政策明显向美倾斜。中国对此应有充分的预估，突出务实合作，积极调动中东欧国家的合作热情。

（二）积极落实好现有的大项目合作，坚持合规经营

目前，中国在中东欧的一些大型项目具有示范意义，应做

① 娜塔莎·马里奇、魏玲：《务实制度主义：中国与中东欧国家的合作》，《世界经济与政治》2018年第7期。

好包括匈塞铁路、中欧陆海快线、佩列沙茨大桥等示范性项目，高质量高标准完成任务，推动务实合作走向深入。

与此同时，还要不断挖掘和探索新的项目合作机遇，比如卫生领域的项目合作、预防公共性卫生危机以及中东欧国家民生发展所需的能源项目，等等，都可以是推进务实合作的着力点。

（三）积极谋划“中国—中东欧国家合作”下一个五年计划

要充分考虑到新地缘政治变动下“中国—中东欧国家合作”的突围之策、发展之策。从战略高度认识并设计好“中国—中东欧国家合作”对推动中欧关系和“一带一路”建设的重要作用，不犹豫、不退却，坚持主动有为地办好合作平台。

要对现有的合作充满信心，不因形势变化和合作条件变化而出现的困难捆住手脚，广泛开辟思路，利用好中东欧国家的智慧，激发其参与合作的积极性，共同推动好合作的下一个五年计划。

（四）做好同欧盟和成员国的协调，坚持“两条腿”走路

搞好“中国—中东欧国家合作”离不开欧盟，宜广辟途径做好增信释疑工作，明确中国合作的非政治性。充分认识到欧盟决策机制的复杂性和多元性，不做押宝式决策判断，不片面依赖一方，坚持欧盟和成员国的工作并重。尤其是争取中东欧国家对中国合作的理解和认同，继续争取大部分中东欧国家在推动中欧合作中扮演积极的、建设性角色。

（五）坚持“一带一路”在中东欧建设有为有守、有进有退

中东欧是推进高质量共建“一带一路”的重要区域，宜选择好的但未必是大的合作项目，放弃一些具有高政治和债务风险的合作项目，积极从“务实合作”和“互联互通”两个方面打造合作基础。充分利用中欧达成地理标志协定以及可能达成双边投资协定的利好时机，坚持“一带一路”在欧建设提质升级。

（六）发挥好地方作用，实现合作的精准对接

中东欧国家大部分是小国，市场规模有限，可以考虑一地对一国的合作思路，坚持结对合作，比如现有已经开展的捷克对浙江的合作模式。同时，考虑到中东欧国家政局复杂多变，但地方政府相对稳定且决策具有一定的务实性和自主性，可以推动中国和中东欧国家地方政府的深入对接，自下而上推动中国—中东欧国家合作。而中国的地方政府向来对合作兴趣很大，伴随着中国—中东欧国家经贸合作示范区建设纷纷落地地方（如宁波、辽宁等），地方在推动中欧以及中国和中东欧国家互联互通合作上日益发挥着重要作用。

中国与东盟：互为第一大贸易伙伴后的合作发展建议

许宁宁

【内容提要】2020年，比邻而居的中国与东盟经贸合作逆势前行，东盟历史性地成为中国第一大贸易伙伴。本文就增进双方经济合作提出了五方面建议：一是落实领导人合作倡议，有效执行合作共识；二是高质量共建“一带一路”，以深度融合夯实合作基础；三是切实加强产业合作，推进区域产业升级；四是提升区域合作水平，抓住RCEP开放合作机遇；五是继续实施创新引领，推进数字经济合作和可持续发展合作。我们有信心实现《中国—东盟战略伙伴关系2030年愿景》。

【关键词】东盟　贸易投资　RCEP　可持续发展

【作者简介】中国—东盟商务理事会执行理事长，中国国际问题研究基金会亚太中心执行主任。

2020年，面对新冠肺炎疫情和全球贸易严重受阻的严峻形势，中国与东盟经贸合作逆势发展，东盟历史性地成为中国第一大贸易伙伴，引起国内外瞩目。

当前，中国与东盟经济合作的总体判断是：双方呈现全面深入、活跃紧密的合作格局，合作成果来之不易；合作的共同需要在增强，机遇大于挑战。

中国与东盟十国经济合作发展有其自身的内在性和相应的外溢性。双方合作发展，不仅符合双方11个国家的根本利益，有利于东亚的稳定和经济增长，而且有利于本地区对世界经济增长作出贡献，以及构造全球新型国际关系。

一、2020年：中国—东盟在抗疫合作中经济合作逆势发展

长期以来，中国与比邻而居的东南亚国家就有着唇齿相依的地缘、亲缘、业缘关系。1997年的东亚金融危机让区域各国有着命运与共的切肤之感。如今，中国与东盟国家关系发展成为既是友好近邻、又互为重要的经贸合作伙伴关系。在难忘的2020年，双方经济合作在抗疫合作中砥砺前行，不仅为世界各国在抗疫中发展国际经济合作提供了范本，也为阻止世界经济下滑在一定程度上起到了中流砥柱的作用。

（一）2020年东盟成为中国第一大贸易伙伴

中国自2009年起连续12年是东盟第一大贸易伙伴，自2020年初开始东盟成为中国第一大贸易伙伴。2020年，中国前三大贸易伙伴是东盟、欧盟、美国。中国与东盟的贸易额达6845.99亿美元，增长了6.7%；中国与东盟贸易占中国对外贸易总值比重的14.7%，较上年同期提升了0.7个百分点。2019年，东盟成为中国第二大贸易伙伴，而在2019年前东盟连续九年是中国第三大贸易伙伴，近两年东盟更是成为中国的第一大

贸易伙伴。2020年，中国对东盟直接投资143.6亿美元，同比增长52.1%；双方贸易投资的逆势增长彰显了经贸合作的巨大潜力和旺盛活力。

中国与东盟经贸合作成果来之不易，主要原因有四点：一是各国领导人的引领是合作关键，相互尊重、着眼大局、创新务实、求同存异；二是相互都有需要是合作基础，增进合作符合各国和地区发展利益；三是互利共赢是合作的活力所在，在积极对接、相互支持的配合中推进合作，各国获得了实实在在的合作好处；四是调动各有关方的积极性、发挥多方面资源参与是合作的重要支撑，在双方经济合作中，企业发挥了生力军作用。

（二）2020年共克时艰的抗疫为经济合作提供了保障

在抗疫过程中，中国与东盟国家以战胜疫情的坚定信心和决心，同舟共济积极合作行动，相互交流、借鉴抗疫经验，相互捐款捐物彼此支持，相互沟通对接协调配合，践行着命运共同体建设，为经济合作提供了有力保障。

习近平主席于2020年1月对缅甸进行国事访问，同年11月在第十七届中国—东盟博览会和中国—东盟商务与投资峰会开幕式上致辞并提出了四点重要倡议。疫情期间，中国领导人先后与东盟十国领导人通电话或致贺信，就建交纪念、抗疫合作、深化双边关系等进行交流。

李克强总理以视频方式出席了第23次中国—东盟领导人会议、第四次区域全面经济伙伴关系协定（RCEP）领导人会议、澜沧江—湄公河合作第三次领导人会议等会议。老挝总理通伦和柬埔寨首相洪森、国王西哈莫尼先后访华。中共中央政治局委员、中央外事工作委员会办公室主任杨洁篪先后访问新加坡、缅甸，国务委员兼外交部长王毅访问了柬埔寨、马来西亚、新加坡、老挝、泰国。

中国与东盟五个国家分别建立了“快捷通道”“绿色通道”，在统筹推进疫情防控和复工复产、便利必要的人员往来、助力重大项目建设、维护地区供应链和产业链稳定等方面发挥了作用。

（三）2020年是中国—东盟自贸区建成十周年

中国—东盟自由贸易区建成的十年来，政和商通，中国—东盟自贸区升级，融合联动发展相得益彰，带来了贸易投资不断扩大，贸易额十年间增长了一倍多。双方获得的经贸合作成果，充分展现了实施多边主义与自由贸易政策带来的旺盛增长活力。中柬自贸协定签署，标志着中柬全面战略合作伙伴关系、中柬命运共同体建设迈入新时期。

近八年来共建“一带一路”，极大地带动和推动了中国—东盟自贸区发展。2020年，中国企业在“一带一路”沿线对58个国家非金融类直接投资177.9亿美元，同比增长18.3%，占同期总额的16.2%，较上年提升2.6个百分点，前十大投向国是新加坡、印尼、越南、老挝、马来西亚、柬埔寨、泰国、阿联酋、哈萨克斯坦、以色列，其中东盟国家居前七位。

（四）2020年中国—东盟数字经济合作更加活跃

2020年是中国—东盟数字经济合作年。数字经济合作发展，成为双方抓住新一轮科技革命和产业变革机遇，以创新引领发展的重要举措，更具重大现实意义的是在抗疫中肩负重任。数字技术、数字经济在防疫抗疫、复工复产及保障人民生活中发挥了不可替代的积极作用。

（五）2020年共同推动RCEP签署

《区域全面经济伙伴关系协定》的签署是区域合作重大成果，具有非常重要的意义，将直接关系到世界经济格局和国际贸易版图的变化。中国与东盟在推动RCEP成员国达成共识方面发挥了重要作用。RCEP的签署表明，成员国合作拓展区域发展空间的需求上升，合作应对多年来世界经济增长低迷和当前严重下滑、应对国际贸易保护主义的需求上升。2020年，中国对其他14个RCEP成员国贸易额增长了3.5%，占同期中国对外贸易总额的31.7%。其中，出口增长了5%，进口增长2.2%。

二、影响当前中国—东盟经贸合作发展的因素分析

（一）当前东盟重大关切：在抗疫的同时发展经济

当前，东盟有些国家疫情仍在蔓延，抗疫和经济增长压力大。在新冠肺炎疫情冲击下，2020年东盟经济进入了严酷的经济负增长阶段，经济受冲击的严重程度高于1997年东亚金融危机。亚洲开发银行发布的报告预测，2020年东盟经济增长率预期为–4.4%，2021年经济增长率有望达到5.2%。东盟正在抗疫中实施一系列经济刺激计划，以加强东盟内部以及东盟与外部的合作。

2021年世界经济形势仍然复杂严峻，复苏不稳定不平衡，疫情冲击导致的各类衍生风险不容忽视。当前东盟经济发展的基本要素还在。近来，世界银行、国际货币基金组织普遍预测2021年东盟经济会有大的反弹增长。

与中国山水相连的东盟国家关注中国正在实施的扩大开放

政策和“双循环”经济发展，继续争取“近水楼台先得月”。中国的庞大市场、拥有世界上最全的产业体系、在全球疫情中率先复工复产，这些都有益于支持东盟国家产品出口、完善产业配套和原料辅料供应。比邻而居的区域内经济循环会早于全球循环，相信中国—东盟经济合作需求将持续增多，合作将获得新的更大的发展。预计2021年东盟在中国对外贸易中的比重还会上升，双向投资还会扩大。

（二）美国为遏制中国发展而挑拨中国与东盟关系

拜登作为一个活跃了几十年的美国老练政客，预期上台后将修复美国与东盟关系，提升对东盟的重视程度，制定和实施迎合东盟的地区政策，继续利用南海问题挑拨中国与东盟国家关系，并有可能给RCEP建设制造麻烦，在战略上遏制中国发展。考虑到拜登的年龄和其丰富的外交经验，拜登可能领导一个权力更加下放的政府，给予主管东盟国家外交事务的官员更多的权力，这将会使美国的东盟外交政策更加贴合东盟实际，加强美国在东盟的竞争力。美反华政治势力会利用各种手段（包括利益集团、媒体）来遏制中国与东盟的合作。

东盟不愿意成为大国战略竞争的棋子，不愿意在大国关系上选边站而造成东盟内部分裂，不愿意看到地区安全形势紧张，不愿意看到东盟主导的RCEP建设再节外生枝。东盟当前更注重的是抗疫和经济增长。东盟各国领导人在第37届东盟领导人会议主席声明中，再次强调维护东南亚地区的和平、安全、中立与稳定。

就应对外部干扰方面，中国较之其他国家，更理解也更有能力支持配合东盟的重大关切，既有支持东盟抗疫的优势，也有与东盟发展经济合作的优势。

（三）中国自身国际合作水平

高质量发展中国与东盟的经贸合作，对中国尽快提高国际合作水平提出了新的更紧迫的要求，包括提高各有关部门的协调能力，针对双方需求关切的对接能力，地方政府参与区域国际合作的工作能力，参与国际合作企业的自身素质等。

中国正在从“经贸大国”迈向“经贸强国”，其进程和影响必然受到比邻而居、经贸联系紧密的东盟国家的高度关注。他们既会关注中国的发展方向和道路、实施的规划和内外政策，也会关注中国与其他大国的政经关系对东盟的影响。这种关注是通过多方面来关注的，包括在东盟的中国企业家和游客的言行。习近平总书记指出，“大就要有大的样子”，“我们要把自己的事情做好，也要通过推动中国发展给世界创造更多机遇”。

综合上述，关键是做好中国自身工作，提高国际合作水平，进一步提升中国同东盟及其成员国之间的利益汇合度、合作的舒适度，以增强合作的针对性、有效性、持续性。

三、实施积极举措，强化合作深度、高度、广度

中国应以习近平外交思想为指针，以中国—东盟建立对话伙伴关系30周年为契机，与东盟共同将双方合作继续打造为全球抗疫中区域经济合作的典范、共建“一带一路”的典范、实施国内国际“双循环”经济发展的典范，继续成为东盟同对话伙伴关系中最具活力、最富内涵的一组关系，将双方经贸合作持续发展到新阶段。

（一）强化合作深度、高度、广度

鉴于合作是战胜疫情、实现增长的有力武器，双方应积极注入共克时艰的合作正能量，创新合作思路，积极推动同舟共济的区域经济一体化。应用好30年来双方合作发展的成功经验：照顾关切、互惠互利是合作的动力所在，关系到合作的效果和持续性；互相理解、增进了解是合作的重要前提，关系到扩大合作的主流正面性，减少负面因素制约；包容开放、扬长补短是合作的重要取向，关系到双方的携手发展；务实对接、创新驱动是合作的行动举措，关系到实现双方需求的合作入手点、着力点。

结合东盟2021年主题开展合作。作为2021年东盟轮值主席国，文莱将2021年东盟主题确定为“我们照顾、我们准备、我们繁荣”，以体现照顾人民和彼此的安全，为迎接未来的机遇和挑战做好准备，共同实现繁荣发展。

危难见真情，合作共发展。2021年是中国“十四五”开局之年，是东盟抗疫和实现经济复苏及增长的关键之年，是中国—东盟建立对话伙伴关系30周年，是中国—东盟可持续发展合作年，是强化双方经济合作的深度、高度、广度的重要机遇期。为此，应及时着力采取一系列针对性、配套性、互惠性强的合作举措。

（二）主要合作举措建议

1. 落实领导人合作倡议，有效执行合作共识

认真落实习近平主席在第十七届中国—东盟博览会和中国—东盟商务与投资峰会开幕式致辞中提出的四大重要倡议：第一，提升战略互信，深入对接发展规划；第二，提升经贸合

作，加快地区经济全面复苏；第三，提升科技创新，深化数字经济合作；第四，提升抗疫合作，强化公共卫生能力建设。

落实李克强总理在第23次中国—东盟领导人会议讲话中提出的四大建议：一是携手战胜疫情，提升公共卫生合作；二是聚焦经贸合作，促进地区经济复苏；三是打造数字经济亮点，培育合作新增长点；四是推进可持续发展，增强抵御风险能力。

双方应执行好中国—东盟及其成员国已达成的合作共识，包括第23次中国—东盟（10+1）领导人会议共识、《落实中国—东盟面向和平与繁荣的战略伙伴关系联合宣言的行动计划（2021—2025）》《中国—东盟关于“一带一路”倡议与“东盟互联互通总体规划2025”对接合作的联合声明》等。在落实已达成合作共识的同时，不断扩大新的共识，夯实命运共同体。

2. 高质量共建“一带一路”，以深度融合夯实合作基础

中国经济实现内外循环相互促进，很重要的就是要经略好共建“一带一路”，其中关键之一是经略好与东盟的共建。应秉承“共商、共建、共享”原则，将抗击疫情和发展经济作为双方共建“一带一路”的首要任务，各国实施的应对疫情的经济举措十分有必要加强对接、协调与合作。应充分发挥好双方多边、双边合作机制作用，实施金融、交通、海关和检验检疫等领域合作，利用好中国—东盟基础设施专项贷款、澜沧江—湄公河合作专项基金、中国—东盟合作基金、中国—东盟投资合作基金等支持。

以深度融合做厚合作基础。应促进共建“一带一路”与东盟关于区域一体化的各种制度安排、发展规划的深度融合。中国有关方应积极参与及助力东盟成员国经济发展规划和《东盟经济共同体发展蓝图2025》《东盟一体化倡议第四期工作计划（2021—2025）》等的实施，同时也为东盟国家参与中国“双循

环”经济发展创造条件。在双方“大动脉”打通后，应打通合作的“毛细血管”，宏观、中观、微观合作有机结合，做厚合作基础。

做细“关切+互补”领域的合作。中国与东盟的经贸合作已全面展开，合作的领域很多，需要做的事情很多，重点合作领域（产业、项目）应“关切+互补”，即集中于双方关切度高并且合作互补性强的领域，这样易于开展和配合，易于见效。中国应在东盟国家打造样板工程或旗舰项目，展示中国形象，以点带面推进合作。应注意和防范相关风险。

推进中国—东盟自贸区建设提质升级增效。要进一步落实好中国—东盟自贸协定及升级《议定书》，提升区域贸易和投资自由化便利化水平，同时也为RCEP建设构建有利条件。应着力提升人才保障能力，积极培育经济、法律、管理等方面的国际化人才。应进一步办好中国—东盟博览会和中国—东盟商务与投资峰会，使其更多地体现双方合作的关切性、平台共建性、效果务实性。

3. 切实加强产业合作，推进区域产业升级

产业是经济增长之本。疫情给各国经济带来重大冲击，同时也带来了区域经济产业结构调整和创新发展的机遇。在中国—东盟经济合作中，产业合作极为重要，它有益于构建本地区各国优势互补的新产业链，提升本地区生产力、抗风险能力和国际竞争力，能够促进双方互联互通及基础设施建设、银行合作等合作的深入推进，培育新的合作增长点。

有针对性地推进产业合作。东盟十国疫情严重程度不一，疫情对不同产业行业冲击程度不一，中国—东盟应该加强各国为防控疫情所实施的产业政策的沟通、对接，共同推动解困受疫情冲击大的产业合作，共同推动加快发展受疫情冲击相对小

的产业合作，共同推动扩大发展因疫情带来需求的产业合作。中方可协助东盟部分成员国编制和实施产业规划。

大力发展服务领域合作。双方经济社会发展、货物贸易和投资合作增长，为从事服务业务的企业和专业机构带来了大量的发展机遇，双方应增进金融服务、销售服务、会展服务、运输服务、健康与社会服务、与旅游有关的服务、广告服务、律师和会计师服务、研究与开发服务、建筑及有关工程服务、教育服务等合作，将服务贸易合作发展作为区域经济增长的新引擎，作为双方货物贸易、投资发展的重要支撑，作为合作抗疫的重要措施。

作为生力军的企业在双方的经济合作中大有可为。在防控疫情与恢复经济同时进行的新常态中，双方企业可相应调整经营战略策略实施合作。当前的中国企业如去东盟国家投资，可考虑选择以下行业：东盟国家鼓励投资的相关行业、与中国—东盟国家制定的经贸合作规划相符的行业、与贸易投资增大需求相关的服务业、与开发资源相关的行业、与弥补其产业链相关的行业、与发展数字经济相关的行业、与满足其日用消费相关的行业等，以及可在东盟国家设厂生产产品销往更广阔国际市场的行业。

产业合作直接关系到RCEP的开放合作成果。RCEP各国通过谈判签署协定，主要是制度安排，建立新型的生产关系，以达到解放生产力、促进经济增长的目的，其中的重要环节就是产业合作。通过产业对接合作，促进贸易和扩大贸易规模，促进双向投资，促进产业结构调整和产业升级，以产业升级带动经济增长。当前，RCEP建设不能静等各国履行完国内批准程序。各国履行国内批准程序中的一大关键点就是有的国家担心开放市场后一些行业受冲击。有关国家之间通过扬长补短的产业对接合作，可减少企业对开放市场可能带来产业冲击的担忧，从而有利于各国尽早完成国内的批准程序。

4. 提升区域合作水平，抓住RCEP开放合作机遇

区域合作是当前重要的解困之道和长远发展之计。此次重大疫情让人们更加意识到区域合作的重要，使得区域合作在各国对外关系中的地位得到提升。应着力提升区域合作水平，积极开发区域合作潜力，以深化区域合作应对复杂多变的国际形势带来的严峻挑战。

东盟是中国“双循环”经济发展对外循环的优先可行方向。当前中国在大力实施“双循环”经济发展，邻近的东盟国家是对外循环的优先方向和重点地区，应将做好“六稳”和落实“六保”与扩大开放、发展与东盟的贸易投资合作相结合，着力提升地方各有关方面融入国际区域合作的程度。海南自由贸易港、粤港澳大湾区、国际陆海贸易新通道、广西自由贸易试验区、云南自由贸易试验区等开放发展，与东盟的经贸合作应提高针对性。中国香港—东盟自由贸易协定及投资协定于2021年2月中旬全面生效，香港企业和服务提供者应利用受惠协定下承诺的优惠待遇，扩大在东盟的发展。

RCEP成员国应共同推进协定早日生效，使得RCEP谈判成果真正转化为区域内经济增长。中国各有关方应落实好2020年12月1日国务院常务会议部署的加快做好RCEP生效实施有关工作。应打好RCEP建设的经济基础，双方商会、行业协会尽快为实施RCEP开放做好准备工作和对接工作，工商界应共同为促进RCEP早日生效发挥作用。针对东盟有些国家疫情严峻而制约开放市场的问题，中国工商界应积极支持东盟疫情严峻国家抗疫。

国内有关方面应提前做好准备。借鉴早年中国加入WTO

前的成功经验，应加强RCEP研究，制定应对方案，大力开展培训。应加强研究当前RCEP成员国重大关切、RCEP成员国相互间合作方向和采取的措施、RCEP区域内的多边关系和双边关系以及RCEP实施前后将可能发生的变化、RCEP成员国与区域外的政经关系等。应加强RCEP的国际合作研究，加强官产学合作研究。加强RCEP研究，有益于中国实施开放发展政策及其行动，制定具有针对性的应对方案，推动RCEP建设达到预期目的。

5. 继续实施创新引领，推进数字经济合作和可持续发展合作

应积极落实《中国—东盟关于建立数字经济合作伙伴关系的倡议》。充分支持和发挥双方企业在发展数字经济合作中的积极性、创造性，合力支持企业尤其是中小型企业利用数字技术，推进跨境电商合作、智慧城市建设合作。中国央企应积极参与和助力双方数字经济合作。双方企业共同打造数字丝绸之路及其向外的延伸。应分享数字化防疫抗疫经验，力推其合作。

深入实施可持续发展合作。十年前，双方发布了《中国和东盟领导人关于可持续发展的联合声明》，2021年结合当前形势和发展趋势，有必要再发布新的联合声明，为深入可持续发展合作指明方向和规划行动。2021年双方将开展一系列聚焦可持续发展合作的活动，推进抗疫、生态环境保护、防灾减灾、应对气候变化、减贫、劳动力技能提高、基础设施建设、农业开发、媒体等领域更紧密的合作，这一系列合作将使步入“而立之年”的双方关系更加成熟稳健。

值得提及的是，双方可持续发展合作特别需要民心相通，加深双方民众的相互了解和认知。在新媒体时代，要鼓励传统

媒体充分利用新媒体平台，以当地人喜闻乐见的方式传播中国的声音；要利用大数据分析受众的情感倾向，评价传播效果，增强我国国际传播的针对性、有效性。当前双方政治合作、经济合作的发展亟待构建持续向好的社会环境。

四、结语

2020年，中国与东盟共克时艰合作抗疫，携手并肩砥砺前行，相互成为第一大贸易伙伴，共同推动了东亚区域合作标志性成果RCEP的签署，为深入合作奠定了良好基础。

“万物得其本者生，百事得其道者成。”尽管当前全球疫情严峻、世界经济增速受制，但我们有信心共同应对挑战，迈出坚定的步伐，走出危局，实现《中国—东盟战略伙伴关系2030年愿景》。

中阿合作抗疫全面战略合作关系得到新提升

吴思科

【内容提要】全球肆虐的新冠肺炎疫情给世界带来严重冲击，中国与阿拉伯各国均深受影响。中国与阿拉伯国家在抗疫斗争中守望相助，用实际行动深化双方卫生合作，打造中阿卫生健康共同体；在涉及彼此核心利益和重大关切问题上相互支持，深化政治互信；在全球经济低迷情势下携手高质量共建“一带一路”。厚植中阿命运共同体意识，共同为维护世界经济供应链和全球安全治理作出贡献。

【关键词】合作抗疫　相互支持　命运共同体

【作者介绍】中国前驻沙特阿拉伯、埃及大使兼前驻阿拉伯国家联盟全权代表，中国中东问题前特使，第十一届全国政协委员。

2020年是人类历史上极不平凡的一年，也是中国与阿拉伯国家在抗击新冠肺炎疫情、克服单边主义等逆全球化困难中守望相助、携手前行的一年。中阿友好合作关系经受了国际风云变幻的考验，显示了强大的韧性，向着构建中阿命运共同体迈出坚定的步伐。

一、抗疫中守望相助为全面战略合作关系注入新活力

2020年，新冠肺炎疫情暴发并在全球快速蔓延，全球公共卫生安全面临巨大挑战。此次疫情是二战以来传播速度最快、感染范围最广、防控难度最大的一次全球重大突发公共卫生事件。面临疫情的严重局面，中国秉持正确义利观，在抗击疫情和复苏经济方面与阿拉伯国家同呼吸、共命运，携手抗疫、共克时艰，中国同阿拉伯国家的团结合作经受了新考验，展现了新气象，有力推进了在卫生健康领域的共同体建设，为双方战略伙伴关系注入了新内涵，谱写了合作抗疫的壮丽篇章。

在抗疫进程中，元首外交发挥了重要的引领作用。中国国家主席习近平与阿拉伯多国元首通过视频、电话或信函保持密切联系，表达相互同情和支持，指引相互合作。当疫情在中国暴发后，沙特国王萨勒曼第一时间与习近平主席通电话表达慰问和支持。卡塔尔埃米尔、阿联酋阿布扎比王储等多位阿拉伯国家元首与习近平主席通电话或写信表达慰问和支持。埃及总统塞西在中国抗疫最艰难时刻派卫生部长作为总统特使访华，表达埃及政府和人民对中国政府和人民抗疫斗争的坚定支持，同时表达对中国有能力战胜疫情的信念。阿盟外长理事会专门通过决议，阿拉伯国家卫生部长理事会第53次会议发表声明，对中国抗击疫情表示最有力的政治支持。

阿拉伯民众和社会团体也用多种形式表示对中国抗疫的同情和支持。在中国抗疫斗争最艰难之际，世界最高建筑阿联酋迪拜哈利法塔和阿布扎比国家石油公司总部大楼用灯光点亮中

国国旗，并打出“海内存知己，天涯若比邻。中国必胜!”的感人标语，表达对中国抗击新冠肺炎疫情的大力支持。埃及多处地标性古建筑也上映了五星红旗和“中国加油”等标语的灯光秀。阿拉伯国家民众也自发拍视频、发歌曲为中国鼓劲加油。沙特民众在社交媒体推特上发起话题标签“我们与伟大的中国人民站在一起”，表达对中国抗疫的支持和祝愿。阿拉伯媒体也密集发声，通过撰写专题文章、采访中国使节等方式介绍中国可歌可泣的抗疫斗争，表达对中国政府和人民的声援。阿拉伯国家政府官员和工商等各界人士也以各种形式表达对中国的支持，向中国捐赠了最急需的防疫物资。卡塔尔航空等公司还免费为中国运送抗疫物资。据不完全统计，这些物资包括口罩约1000万只，手套近320万双，防护服10万套，护目镜6.5万副。疾风知劲草，患难见人心。在抗疫斗争最艰难的时刻，这些援助弥足珍贵，情谊无价，让抗疫中的14亿中国人民深受鼓舞，更深切感受了中阿传统友谊和全面战略伙伴关系的温度。

当新冠肺炎疫情在全球多国多点暴发之时，地处亚非欧接合部的阿拉伯国家亦未能幸免，一些阿拉伯国家也成了重灾区。截至2020年12月中旬，阿拉伯国家累计确诊患者超过300万例，死亡超过5万例，令人痛心。当疫情在阿拉伯国家蔓延时，中方对阿拉伯国家遭受疫情冲击感同身受，及时伸出援手。习近平主席与多个阿拉伯国家元首通电话表示慰问和支持。秉持中阿命运共同体理念，中方在自身抗疫形势仍然严峻的情况下，中央政府、地方政府、驻外使领馆、民间企业和海外侨胞等立体式、全面地与阿拉伯国家开展抗疫合作，尽己所能向阿拉伯国家提供各种形式的支持和帮助。据有关方面的数据，中方先后向阿方援助了100多万份检测试剂盒、1300多万只口罩，同22个阿拉伯国家和阿盟举办专家视频会，向八国派出医疗专家组。中国还作出特殊安排，向巴勒斯坦提供医疗物资、派遣专家介绍抗疫经验，向联合国近东巴勒斯坦难民救济和工程处捐款捐物，并向巴勒斯坦境内外难民发放“健康包”。中国毫无保留地与阿拉伯国家分享抗疫经验和医疗技术，先后向伊拉克、沙特、科威特、阿尔及利亚、苏丹、巴勒斯坦等国派出医疗援助专家组，先后协助伊拉克、沙特和巴勒斯坦建设三座新冠病毒检测实验室。中阿联合召开了20次应对新冠肺炎疫情视频交流会，交流分享抗疫经验。为帮助阿拉伯国家抗击疫情，中方还积极开辟渠道协助阿方在华采购急需的抗疫物资。

作为阿拉伯国家可信赖的战略伙伴，中方高度重视阿拉伯国家对疫苗的需要，坚定不移地与阿拉伯国家开展合作，践行将疫苗作为全球公共产品的承诺。阿联酋政府于2020年9月就紧急批准了中国新冠肺炎疫苗的使用，有效保护了在阿联酋抗击新冠肺炎疫情一线的医务人员。此后，阿联酋、巴林卫生部门宣布准予由中国国药集团研发的新冠病毒灭活疫苗正式注册，阿联酋副总统兼总理阿勒马克图姆、外交部长、卫生部部长和内阁事务部部长等十余名阿联酋官员率先垂范接种中国的新冠疫苗。中国与埃及、摩洛哥、沙特等多个阿拉伯国家间新冠疫苗合作也取得令人鼓舞的进展。

中国与阿拉伯国家并肩抗击新冠肺炎疫情，既是疫情全球大流行背景下的客观需要，也是践行中阿卫生健康共同体理念的现实路径。中阿双方通过有效的沟通、慷慨的相互援助和经验的共享，互相支持，为发展中国家的合作树立了典范，也丰富了中阿集体合作的内涵与实践，为中阿命运共同体建设续写了新篇章。在国际卫生健康领域，中国和阿拉伯国家共同支持世界卫生组织在全球抗疫中的关键领导作用，推进国际联防联控，打赢全球疫情阻击战，反对借疫情搞政治化、污名化，推动构建人类卫生健康共同体。历史和实践也再次证明，无论国际风云如何变幻，无论面临怎样的艰难险阻，中阿始终是互惠互利的好伙伴、同甘共苦的好兄弟。

二、在国际风云变幻中坚守正义，相互支持

肆虐全球的新冠肺炎疫情加速世界的百年巨变，世界面临的不稳定性、不确定性增加，非传统安全威胁持续蔓延。人类面临许多共同挑战，中东地区的矛盾和冲突也更加错综复杂。在此背景下，中阿在战略合作伙伴关系框架下的合作更显珍贵，为充满不确定性的世界提供了相互尊重、合作共赢的建设性因素。在特殊情况下，中国和阿拉伯国家元首和政府首脑通过线上交流等方式保持密切接触。2020年10月，中共中央政治局委员杨洁篪在中东疫情蔓延的情况下访问了阿尔及利亚和阿联酋。中国国务委员兼外交部长王毅2020年初出访第一站就访问了埃及，并在疫情下频繁与阿拉伯国家外长保持双边和多边联系，共商特殊条件下的合作大计。

在国际和地区事务中，中阿共同秉持公平正义，支持维护以联合国为核心的国际秩序，支持以《联合国宪章》和安理会决议为准绳解决国际争端，反对干涉别国内政的强权政治和霸凌行径，两个古老民族在新时期共同为维护世界和平发展作出了新贡献。新冠肺炎疫情暴发后，西方某些政客在病毒来源、病毒命名等科学问题上对中国“污名化”，将疫情政治化。在此背景下，中阿双方举办的中阿合作论坛第九届部长级会议发表了《中阿团结抗击新冠肺炎疫情联合声明》，共同发出正义的声音，反对将疫情政治化、病毒标签化。中阿共同强调团结

合作是战胜疫情最有力的武器，呼吁各国加强抗疫合作和政策协调，强调中阿抗疫合作，重申加强团结、促进合作、相互支持，携手抗击疫情，应对共同威胁和挑战。面对美国和西方一些国家在联合国人权理事会等多边场合就中国涉疆、涉港等问题无端向中国发难时，阿拉伯国家仗义执言，对中国的民族政策和去极端化方面的措施给予充分肯定和积极评价，支持中方在香港依法维护国家安全的努力。正义的呼声和团结的力量使那些西方政客利用人权和国际组织干涉中国内政、阻挠中国和广大发展中国家和平发展的图谋无法得逞。

在纷纭复杂的国际形势中，中国同样坚定支持阿拉伯国家维护安全稳定，走符合自身国情的发展道路，支持阿拉伯国家作为重要政治力量在国际事务中发挥重要作用，在反恐领域加强合作。随着疫情的蔓延，极端组织利用全球忙于应对疫情之机，频繁发动恐怖袭击活动。“伊斯兰国”利用疫情卷土重来，不断在全球多地制造恐怖袭击。中国在与阿拉伯国家协作反恐的同时，明确反对将恐怖主义与特定的民族和宗教挂钩，反对借宗教、人权、反恐等问题干涉别国内部事务，得到阿拉伯国家的高度赞赏。

中国坚定支持巴勒斯坦和阿拉伯人民的正义事业，坚持认为巴勒斯坦问题是中东地区根源性问题，关乎地区和平稳定，关乎国际公平正义，关乎人类良知道义。2020年12月1日，中国国家主席习近平向“声援巴勒斯坦人民国际日”纪念大会致贺电，再次表达了对巴勒斯坦人民正义事业的支持，强调国际社会应该坚持“两国方案”的正确方向，以联合国有关决议、“土地换和平”原则等国际共识为基础，努力推动中东和平进程。在新冠肺炎疫情对巴勒斯坦造成严峻挑战之时，中国方面作出特殊安排，帮助巴勒斯坦人民抗击疫情，不仅援助抗疫物资、派遣专门医疗专家组，还为联合国近东巴勒斯坦难民救济和工程处提供捐款。

新冠肺炎疫情未能阻止中阿友好交往。2020年7月以视频连线方式举行的中阿合作论坛第九届部长级会议发表的三份成果文件，高度凝聚中阿共识，展现了中阿战胜疫情的坚强决心，亮明了中阿相互支持、命运与共的坚定意志，规划了中阿务实合作、共同发展的前进路径。在特殊时期，中阿双方按既定会期召开会议，再次说明疫情无法阻断中阿友好合作的潮流。

疫情也不能阻止中国推动中东地区实现稳定与发展的努力。2020年10月20日，中国国务委员兼外交部长王毅在北京出席联合国安理会海湾地区局势部长级视频会议时表示，中方倡议在维护伊核全面协议前提下，搭建一个海湾地区多边对话平台，讨论当前面临的地区安全问题，以集体协商方式管控危机，为缓和紧张局势注入动力，争取形成维护地区和平稳定的新共识。这个倡议中的平台秉持平等开放、各方相互尊重、互谅互让的原则，共同加入对话进程，通过平等协商解决各自关切，注重建立信任，彼此释放善意，朝着维护地区和平稳定的共同目标迈进。中方持之以恒为促进海湾地区的和平稳定作出自己的努力，并愿将自己的倡议同其他国家提出的类似倡议加强对接，相互融合，形成合力。

中阿友谊有深厚的民意基础，疫情没能阻断中阿之间政党、社会团体和青年之间的交往，网络等新科技成为双方间交流的纽带。2020年6月22日，以“携手共建新时代中阿命运共同体”为主题的中国—阿拉伯国家政党对话会特别会议以视频会议方式召开。合作抗疫期间，中国人民对外友好协会、中国阿拉伯友好协会与阿拉伯中国友好协会联合会共同主办了中国阿拉伯智库学者视频对话会，举行了由中国社会科学院国家高端智库、中国非洲研究院和阿拉伯联合酋长国沙迦大学主办的“新冠肺炎疫情下中国与中东合作：传统友谊与共创未来”线上国际论坛，由埃及开罗中国文化中心主办的“疫情后的中阿文学交流走向”视频交流会，为来自中国与埃及的知名学者、专家、学生和媒体人士200余人提供了线上交流的平台。中阿政府、智库、民间还举办了其他丰富多彩的文明交流对话会。中阿双方分享在卫生健康领域的合作和谋求稳定发展的治国理政经验，并探讨如何加强多边合作，践行多边主义。中阿团结合作是国际风云变幻下双方实现自身发展、实现民族复兴的重要保障，也是中阿命运与共的生动写照。

三、携手推进共建“一带一路”取得新进展

新冠肺炎疫情全球蔓延和世界经济下滑严重阻碍了世界经济贸易发展，也给中阿开展经济合作带来巨大困难。疫情使本已遭受油价暴跌冲击的阿拉伯国家经济雪上加霜，各国面临经济下滑、失业人数上升等问题。面对危机和挑战，中国和阿拉伯国家在携手抗疫的同时，扎实推进高质量共建“一带一路”，多领域合作逆势上升，拓展了中阿集体合作的新领域，体现了患难与共的命运共同体意识。

在有效防控疫情的前提下，双方积极开展复工复产和经济重建合作，并不断拓展合作领域，提升合作深度。疫情催生了数字经济的发展，双方在加强传统领域合作的同时，着力拓展金融科技、智能物流、通信网络、数据中心以及生物医药等领域的合作，在数字经济、电子商务、数据安全等领域的合作取得令人鼓舞的进展，共同推动了创新驱动发展。中阿双方发展

战略进一步对接，目前已有19个阿拉伯国家和阿盟同中国签署“一带一路”合作文件，双方发展战略对接更加精准高效，基础设施、能源、通信、航天等领域合作持续推进。能源贸易大幅增长，阿拉伯国家整体稳居中国第一大原油进口来源地；中阿双向投资规模稳步扩大，新签工程承包项目总额持续增长；双方还积极加强在数字化领域的合作，助力阿拉伯国家经济复苏和国内经济多元化。双方在新技术领域的合作快速推进。尤其令人欣慰的是，华为与阿联酋卫生和预防部、沙特麦地那发展局等开展合作，将基于5G、人工智能和云科技的产品及解决方案应用于抗疫一线；沙特数据与人工智能局与阿里巴巴、华为等企业签署合作协议，内容涉及智慧城市建设、阿拉伯语人工智能技术开发等；疫情防控期间，跨境线上交流活动日益频繁，数字化在双边交往中发挥重要作用，双方在数字化领域合作空间广阔。中阿低碳能源合作也多点开花，迪拜光热电站等一批重大项目顺利推进。苏丹第一颗卫星“苏星1号”成功发射，越来越多阿拉伯国家的航天梦插上了中国技术的“翅膀”。以能源合作为主轴，基础设施、贸易和投资便利化为两翼，核能、航天卫星和新能源三大高新领域为突破口的“1+2+3”合作构想正逐步深化，领域不断拓宽。中国对中东地区投资日渐多元化。中国企业对中东地区投资涉及各个领域，包括能源、石化、农业、制造业、服务业和高新技术产业。从投资主体来看，中国对中东地区的投资目前仍以国有企业为主，但民营企业走向中东的数量也呈快速上升态势，涉及信息业、制造业、建筑业、商贸服务业和生活服务业等领域。境外经贸合作区的平台作用日益显现，为企业提供综合服务，促进了产能合作发展。在中埃·泰达苏伊士经贸合作区，中国巨石埃及公司成为中埃双边产能合作的典范，其已使埃及成为全球第五大玻璃纤维出口国。

中国—沙特（吉赞）产业聚集区和中国—阿联酋产能合作示范园等都已初具规模，成为中阿高质量合作的新平台。

2020年中阿双方的人文交流也丰富多彩。全面合作、共同发展、面向未来的中阿战略伙伴关系得到深化。由习近平主席亲自倡议成立的中阿改革发展研究中心，成立三年来已成功举办十期阿拉伯国家官员研修班和一期中阿政党共建“一带一路”研修班。中阿双方各界人士充分交流改革发展和治国理政经验，深入探讨共建中阿命运共同体理念和高质量共建“一带一路”的合作路径。中国与阿拉伯国家携手应对疫情，开辟了双方合作的新领域，特别是在疫情催生的新领域、新业态发掘了双方的合作潜力，丰富了中阿集体合作的内涵与实践，中阿战略伙伴关系达到了新高度。

彩虹总在风雨后。中国与阿拉伯国家以此次守望相助、携手抗疫为契机，双方合作已展现出更加广阔的前景。中国与地处“一带一路”交汇点的阿拉伯国家是天然的合作伙伴，中阿实现互联互通、合作共赢将产生广泛的辐射效应，成为打通欧亚非经济大动脉的关键一环。为应对疫情冲击，阿拉伯国家已经出台一些有关稳经济、保民生的政策措施，加快推动经济结构转型，努力恢复经济。在自主探索符合本国国情的发展道路上，阿拉伯国家正致力于推进工业化进程，努力扩大就业和改善民生，相继提出了一系列发展战略和规划，这与中国全面深化改革，促进产业转型升级，从中国制造转向中国创造的发展前景高度契合。中阿友好的大树根植于相互尊重、互利共赢的沃土。在经受风云变幻的洗礼之后，中阿命运共同体从理念到实践都迈出了新步伐，中阿面向未来的战略伙伴关系将展现更加美好的前景。

共克时艰　携手推进
中非命运共同体建设

贺红燕

【内容提要】2020年，中非关系遭遇新冠肺炎疫情的严峻考验。中非团结抗疫，彰显中非命运共同体的强大生命力。2020年也是中非合作论坛成立20周年。中非双方克服疫情影响，开创务实合作的新局面，落实2018年北京峰会成果力度不减，标准不降，并将重点向卫生健康、复工复产、改善民生方向倾斜。双方在国际场合密切配合，携手捍卫多边主义国际秩序。本文还分析了当前中非关系面临的机遇和挑战，对2021年对非外交工作提出针对性建议。

【关键词】中非关系　团结抗疫　中非合作论坛20周年　机遇挑战

【作者简介】中国国际问题研究基金会研究员，中国外交部非洲司公使衔参赞。

一、2020年中非关系发展情况

2020年，世界百年未有之大变局叠加新冠肺炎疫情，国际形势风云激荡，国际格局深刻调整，经济全球化遭遇倒流逆风，多边主义阻力重重，国际合作面临挑战。中国和非洲国家在此严峻考验下，勇立构建人类命运共同体之历史潮头，坚定维护多边主义，团结互助抗击疫情，携手促进共同发展，谱写了中非友好合作的新篇章，彰显了中非命运共同体强大的生命力。

（一）团结抗疫，开创中非关系新局面

2020年初，新冠肺炎疫情突然来袭。在中国抗击疫情最艰难的时刻，非洲国家给予了有力的支持和声援。50多位非洲国家领导人或致电或发表声明，给中国送来慰问和支援，非盟部长级执行理事会、非盟和平与安全理事会分别声明支持中国抗疫。不少非洲国家、非洲企业和非洲朋友慷慨解囊，向中方捐款捐物。赤道几内亚捐款200万美元；加纳、南非等国企业和友好人士向中国捐赠口罩等医疗防护物资；坦桑尼亚、几内亚等国表示愿意派本国医生和专家来华协助抗疫。非洲国家在华留学生主动“请战”，前往湖北救治一线或赴火车站等交通枢纽担任志愿者，同中国人民并肩战“疫”。

非洲出现疫情后，中方也全力支持非洲抗疫行动，向埃及、几内亚比绍、刚果（布）、利比亚等非洲53国及非盟提供多批次紧急抗疫物资，向15国派出抗疫医疗专家组，与15国签署28批次医疗物资商业采购合同，多次召开视频技术交流

会。在毛里塔尼亚、佛得角、加蓬等国的援非中国医疗队举行各类培训和健康教育活动近500场，培训当地防疫人员2万余人次。中国同摩洛哥、埃及合作开展新冠肺炎疫苗III期临床试验。中方还抓紧推进中非对口医院合作机制。中资企业为莱索托、尼日尔、马达加斯加等非洲49国捐款捐物逾2600万美元。驻津巴布韦、安哥拉、马里等国的中资企业，积极帮助非洲国家翻修实验室和医院，缓解一些非洲国家的燃眉之急。

疫情发生以来，习近平主席同非洲国家领导人通话八次，共商团结抗疫大计。国务委员兼外交部长王毅同非洲国家外长和非盟委员会主席通话17次，此前还于2020年初成功访非，开创了中国外交部长连续30年年初首访非洲的纪录。2020年3月26日，习近平主席在二十国集团（G20）领导人特别峰会上强调，要携手帮助公共卫生体系薄弱的发展中国家提高应对能力，支持世界卫生组织发挥领导作用，各国应联手加大宏观政策对冲力度，防止世界经济陷入衰退。2020年5月18日，习近平主席在第73届世界卫生大会视频会议开幕式致辞中，特别提出国际社会应加大对非洲国家的支持，建议向非洲国家提供更多物资、技术、人力援助，宣布中国将建立30个中非对口医院合作机制，加快建设非洲疾控中心总部。2020年6月17日，中非双方以视频连线方式举行了团结抗疫特别峰会，这是新冠肺炎疫情发生后中国同非洲国家间的首次多边首脑外交活动，体现了中非双方对加强团结合作并率先构建命运共同体的殷切期待。习近平主席主持峰会并发表重要讲话，阐述了疫情形势下推进中非合作、加强国际合作的重要政策主张，强调中非要坚定不移抗击疫情、坚定不移推进中非合作、坚定不移践行多边主义、坚定不移推进中非友好，共同打造中非卫生健康共同体和更加紧密的中非命运共同体。习近平主席宣布将继续全力支持非洲国家的抗疫行动，包括提供物资援助，派遣医疗专家组，协助非方来华采购抗疫物资，加紧开工建设非洲疾控中心总部，承诺新冠疫苗研发完成并投入使用后，将率先惠及非洲国家。峰会确定中非双方将加强共建“一带一路”合作，加快落实中非合作论坛2018年北京峰会成果，并将合作重点向健康卫生、复工复产、改善民生领域倾斜。此次峰会对外释放出中国高度重视中非关系、愿与非洲携手抗疫共克时艰的强烈信号，展现了中非相互驰援的特殊兄弟情谊和坚定捍卫多边主义与国际合作的责任担当。会后，中方积极履行承诺。目前中国各省市已同非洲42国、46个医疗机构建立对口医院合作机制。中国同非盟方签署了援建非洲疾控中心总部（一期）项目实施协议，并在双方共同努力下提前于2020年内破土开工。

（二）论坛引领，开拓务实合作新动力

2020年是中非合作论坛成立20周年。2020年10月12日，习近平主席同论坛现任非方共同主席国、塞内加尔总统萨勒共致贺电庆祝这一重要事件。20年风雨兼程，20年春华秋实，20年命运与共，在中非合作论坛引领下，中非高层互动日益频繁，政治互信持续深化，中非关系完成了“新型伙伴关系”“新型战略伙伴关系”“全面战略合作伙伴关系”三级跳。中非合作举世瞩目。2020年，尽管受疫情影响，中非合作遇到一些客观困难，但在中非双方的不懈努力下，论坛北京峰会“八大行动”落实仍取得显著进展，绝大多数举措已经从前期的对接会商转入落地实施阶段。中方还根据疫情带来的形势变化，对论坛后续行动及时作出调整，在确保力度不减、标准不降的基础上，将合作重点向公共卫生领域倾斜，让“八大行动”的落实更契合形势发展需要，更有效地惠及非洲经济社会发展和民生

改善。

一是确保在非重大合作项目“不停摆”。中方及时向在非人员提供防疫物资支持，推动在非侨团、企业、商会建立联防和互助机制，积极协助中资企业安排员工搭乘临时航班或包机赴非复工复产。在中非双方共同努力下，中非基础设施建设和产能合作在疫情期间仍取得积极进展，1100多个中非合作项目保持运行，近10万名中国技术人员和劳务人员坚守岗位。一批能源、基础设施建设重大项目相继建成或正在抓紧落实。亚吉铁路、蒙内铁路运量逆势上扬，发挥了地区交通大动脉作用，为当地抗疫、民生保障和经济恢复作出了重要贡献。2020年上半年，中国对非投资额达17.2亿美元，逆势增长1.7%。1—11月，中非双边贸易额达1677亿美元，总体保持稳定。中非双方就共建“一带一路”积极对接思路，中国同非盟签署共建“一带一路”合作规划，为疫后中非加快推进务实合作打下了坚实基础。

二是帮助非洲国家减轻债务负担，缓解非方在疫情冲击下社会经济发展面临的实际困难。中方高度重视非洲减缓还债问题。习近平主席在中非团结抗疫特别峰会上宣布，在中非合作论坛框架下免除有关非洲国家截至2020年底到期对华无息贷款债务，大力支持疫情特别重、压力特别大的非洲国家抗疫；承诺中方将同其他成员一道落实G20缓债倡议，并呼吁G20在落实当前倡议基础上，进一步延长对非洲国家等相关国家的缓债期限；敦促国际社会在这方面采取更有力的行动。遵照中非领导人共识和G20缓债倡议，中方已同非洲12国签署相关协议。

三是成功举办中非合作论坛第十四届高官会，积极谋划2021年论坛会议，推动疫情后的中非互利合作迈出新步伐。与会各方一致认为，在中非双方密切合作下，习近平主席在2018

年北京峰会上宣布的“八大行动”及《关于构建更加紧密的中非命运共同体的北京宣言》《中非合作论坛—北京行动计划（2019—2021年）》正在有效落实。双方将携手努力，对接中国第二个百年奋斗目标和非盟《2063年议程》，用好共建“一带一路”机遇，做好会议筹备工作。会议还重申，中非双方决心共同维护国际关系基本准则，反对干涉内政和单边制裁，维护国际公平正义。

（三）文化互鉴，凝聚携手筑梦新共识

在做好疫情防控的前提下，中非人文交流通过线上线下双轨并进。中非新闻交流中心设立“云中心”，通过线上方式开展交流培训，积极打造中非媒体合作网络。中非智库论坛召开主题为“中非合作论坛20周年：回顾与展望”的第九届会议，在线上线下同步举行，来自中国以及南非、尼日利亚、塞内加尔、肯尼亚等非洲国家的智库领袖、著名学者、政府官员、媒体代表、商界人士共同参与。中非双方围绕全面推动中非合作论坛北京峰会成果落实，为携手构建更加紧密的中非命运共同体建言献策，进一步凝聚共识、汇聚力量。中国外交部、中国宋庆龄基金会、江西省政府共同举办的第五届中非青年大联欢在北京、江西两地举行。活动以“凝聚青春梦想，共创中非关系新时代——中非青年共庆中非合作论坛成立20周年”为主题，搭建中非青年交流平台，继承中非传统友谊。参加活动的非洲青年代表考察了中国政治协商制度，体验了中国文化，见证了中国制造和农村脱贫攻坚，普遍感到收获颇丰，赞叹中国的发展成就。中非友协隆重举办成立60周年庆祝活动。中非友协、中国人民对外友好协会、全国政协、中联部、外交部、非洲驻华使节、非洲国家友好组织和人士代表约200人到现场或

在线上与会，纷纷祝贺中非友协60周岁，赞赏中非友协为中非关系发展所作贡献。非方代表感谢中国人民同非洲人民团结抗疫，表示将继续响应“一带一路”倡议，在中非合作共赢、共同发展新征程上携手同行。中国外文局主办的第二届“中国与非洲”短视频大赛以“携手同行，命运与共”为主题，历时四个月，吸引非洲28国和中国337件作品参赛。中非民众用镜头记录中非务实合作、友好交往的生动画面，积极分享中非友好合作发展新理念、文化交流新进展和民间交流新收获，拉近了中非人民之间的距离，为促进民心相通提供了良好的契机。此次大赛中，很多视频讲述了中非携手抗击新冠肺炎疫情的感人故事，温暖人心。

（四）顺应潮流，携手捍卫多边主义国际秩序

在复杂多变的国际形势下，中非在联合国等多边领域携手捍卫多边主义，反对单边主义和保护主义，坚定维护以联合国为核心的国际秩序和国际体系，坚定维护和平共处五项原则等国际关系基本准则，有力维护了发展中国家共同利益和国际社会整体利益。中非双方在联合国改革、气候变化、2030年可持续发展议程、反恐等重大国际和地区问题上密切协调配合。中方坚定支持非洲国家联合自强，始终在多边场合为非洲仗义执言，呼吁国际社会进一步关注和支持非洲和平与发展事业，在联合国、二十国集团、金砖国家合作等框架下积极推动与非合作。中方支持非盟、非洲次区域组织及有关国家在解决地区冲突问题上发挥主导作用，反对外部势力横加干涉非洲国家内部事务，支持非洲落实“消弭枪声倡议”，中国呼应非洲国家发出的希望西方尽早解除对津巴布韦非法制裁的正义呼声，敦促尽快解除对津巴布韦和苏丹的经济制裁，批评美国等个别国家

和组织长期对津巴布韦等国实施单边制裁，损害非洲利益，冲击国际政治经济秩序和全球治理体系，认为国际社会应在帮助非洲维护稳定、实现发展方面发挥建设性作用。

非洲国家在涉及中方核心利益和重大关切的问题上也坚定地支持中国。在世界百年未有之大变局背景下，非方领导人顶住外部压力，客观公正地评价中非关系，支持发展对华合作。在中国竞选联合国粮农组织总干事、国际海洋法法庭法官以及联合国人权理事会成员过程中，非方均力挺中国候选人，为中方候选人当选发挥了重要作用。

二、中非关系面临的机遇和挑战

从机遇方面来看，当今世界正处于百年未有之大变局，中非传统友好合作关系历经国际风云变幻的考验，总体保持良好发展的势头。

一是团结抗疫拉近了中非人民感情，使双方更加坚定了合作共赢的决心和信心。新冠肺炎疫情发生以来，中国政府采取坚决果断措施阻遏疫情蔓延，有力保障了人民生命健康，并为全球抗疫作出重大贡献。非洲国家在抗疫中及时采取预防性措施遏制疫情扩散，坚韧不拔地开展防控工作并取得积极成效。中非双方在艰难时刻相互支持、并肩抗疫，彰显了中非人民之间兄弟般的深厚情谊，赋予了中非命运共同体新的时代内涵。疫情不会阻挡中非合作的脚步。中国率先全面实现复工复产，致力于推动形成以国内大循环为主体、国内国际双循环相互促进的新发展格局，为中非合作深入发展和转型升级带来新的机遇。2020年6月，中非领导人共同倡议举行的中非团结抗疫峰会，向国际社会发出了中非团结合作、共克时艰的时代强音，为疫情后的中非友好互利合作奠定了基础、指明了方向。

二是中非合作论坛新一届会议将成为推动中非关系发展的重要契机。中非合作论坛已走过20年历程，风华正茂，正处在面向下一个20年的新的历史起点上，大有可为。2021年，中国将进入实施"十四五"发展规划和2035年远景目标的新发展阶段。非洲国家将正式实施自贸区建设，全力落实非盟《2063年议程》第一个十年规划。在实现各自发展目标的过程中，中非双方可以携手做好2021年论坛新一届会议的筹备和成果设计工作，加强产业链供应链联通，探讨贸易、数字化、职业教育、气候变化等领域的合作新举措，把中非全面战略合作伙伴关系推向更高水平，构建更加紧密的中非命运共同体。

三是世界百年未有之大变局需要同为发展中国家的中非双方更加紧密合作，共同推动全球治理体系朝着更加公正合理的方向发展。一方面，面对单边主义和霸凌行径，中非双方一直携手捍卫多边主义，坚定维护以联合国为核心的国际秩序，维护和平共处五项原则等国际关系基本准则，从而保障发展中国家共同利益和国际社会整体利益。另一方面，新冠肺炎疫情在全球蔓延和世界性经济衰退导致全球化进程受阻，也催生新一轮区域合作与跨区域合作，中国与亚太国家签署《区域全面经济伙伴关系协定》（RCEP），非洲大陆自贸区建设正式启动，为中非进一步深化区域间的合作积累了经验、创造了条件。

从挑战方面看，我们要推动中非互利合作可持续发展，不仅要充分认识到双方合作的机遇，也要清醒地看到中非关系发展面临的新形势新问题。

一是疫情对非洲国家经济和中非合作带来冲击。撒哈拉以南非洲航空业、旅游业和能源富集国遭受疫情严重冲击，整体

GDP预计下降3%。疫情叠加蝗灾，粮食安全堪忧，非洲赤贫人口可能新增4000多万。债务问题持续发酵，非洲国家普遍面临财政困难。各类矛盾相互交织，不断累积，非洲安全风险攀升，非盟推动实现“消弭非洲枪声”任重道远。疫情同时拖累中非合作的推进，中非合作论坛北京峰会成果落实遇到困难，双方人员往来受阻，考察、投标、谈判等活动难以如期开展，不少项目面临停工停产等风险。中国在非洲的工程承包新签合同额、成交额均下降。2020年1—9月，中国对非洲全行业直接投资23.6亿美元，同比下降0.7%。

二是中非合作模式需要创新发展。长期以来，中国对非合作集中在基础设施建设、工程承包等领域，成效显著，但也存在一些问题。中非合作既要在传统领域深耕厚植，又要在新兴领域加快培育增长点，以实现更高质量的合作，进而促进非洲的发展振兴和自主可持续发展。

三是中美关系紧张影响中非合作。在此次疫情中，美国将新冠病毒来源问题政治化、污名化，并借非洲国家遭遇债务困境，大肆散布中国“债务陷阱论”。受此影响，中非合作的外部环境更加复杂，少数非洲媒体也出现一些对中国的负面声音。

三、对2021年中非合作的建议

当前，新冠肺炎疫情使世界百年未有之大变局加速演进，中国和非洲国家作为促进世界和平与发展的重要力量，应积极规划疫情后的团结合作，共同应对全球性挑战，把中非合作论坛建设得更好，将中非关系不断推向深入。

（一）落实中非团结抗疫特别峰会成果，共同打造中非卫生健康共同体

中国和非洲都经历了抗击疫情的严峻考验，取得的成果来之不易。当前疫情仍在全球蔓延，中非双方都面临抗疫情、稳经济、保民生的重任。中方应加快落实习近平主席在中非团结抗疫特别峰会上的宣示，推动中国疫苗走进非洲、服务非洲，加强同非洲国家的临床试验合作，为非洲国家尽早实现疫苗可及性和可担负性作出中国贡献；继续向非方提供抗疫物资援助、派遣专家组，加快推进非洲疾控中心总部项目建设；统筹用好中国援非医疗队积累的资源和平台，因国施策，因地制宜，把中国卫生合作“走出去”同非洲实际需求相结合，让中国医疗器械、药品等产品和医疗服务更好地惠及非洲人民。中非双方应借力抗疫合作，推动中非卫生合作转型升级，打造中非卫生健康共同体。

（二）站在中非合作论坛新起点，激发中非务实合作新潜能

中方应结合构建新发展格局，统筹落实中非合作论坛北京峰会和中非团结抗疫特别峰会成果，全面评估疫情对中非合作的影响，继续加强中非复工复产合作，集中优势资源保障重点项目，支持非洲国家统筹抗疫和经济社会发展，维护中非产业链供应链畅通。支持非洲大陆自贸区建设，鼓励中方企业和金融机构积极参与非洲互联互通基础设施项目，助力非洲提升跨境物流和通关便利，并与非方携手深化产业链供应链融合。鼓励中方企业加大对非投资和技术合作，支持非洲农业现代化和工业化进程，提升非洲能矿产品、农产品出口附加值和竞争

力，同国际社会一道，支持非洲更好地融入国际产业链供应链。中非双方应在自贸区合作、数字经济、减贫产业链供应链联通、应对气候变化等领域深挖合作潜力。2021年新一届中非合作论坛会议将召开，中非双方应发扬论坛共商共建共享和开拓创新的精神，统筹疫情防控和中非关系发展的需要，精心设计酝酿会议成果，打造更多的亮点项目，以更好地造福中非人民。

（三）丰富人文交流，促进民心相通

中非双方应充分利用中非合作论坛机制，加强智库交流，推动成立更多高质量的对华、对非研究机构，针对中非关系面临的新机遇新挑战，聚焦中非如何应对形势变化、加强战略对接，中非合作如何转型升级、拓展务实合作，中非怎样维护共同利益、推动构建更加公正合理的国际秩序等议题，广开思路，深入研讨，形成建设性政策思路和建议。加强媒体交流，充分发挥媒体的舆论引领作用，高度重视新媒体、自媒体的作用，从各舆论层面发出更多中非友好的声音。着眼传承中非传统友谊，加强中非青少年之间的交流互动，增进相互认知，夯实中非合作的未来民意基础。在疫情背景下，可充分利用中国在发展数字经济方面的良好基础，用好中非合作论坛下各分论坛，通过数字技术开展多领域多渠道的人文交流与合作。同时可考虑在做好疫情防控的前提下，适当增加实地访问，开展面对面的沟通与交流。

（四）坚持多边主义，加强国际合作

中非双方要大力弘扬和平共处五项原则，加强在涉及彼此核心利益和重大关切问题上的相互支持，支持彼此维护国家主

权、安全和发展权益，反对干涉内政和单边制裁，共同维护发展中国家利益，捍卫国际公平与正义。要高举多边主义旗帜，在国际事务中加强协调与合作，共同推动国际关系民主化，推动全球治理体系变革朝符合发展中国家共同利益的方向演进，将中非关系打造成构建人类命运共同体的先行者和示范者。中国应继续在国际场合为非洲国家仗义执言，就反干涉、反制裁、反种族歧视等呼应非方诉求，敦促发达国家和国际组织支持非洲抗疫战略；敦促联合国安理会加强与非洲的和平与安全合作，提升非洲自主维和、维稳和反恐能力，实现“消弭非洲枪声”目标；推动国际社会支持非洲自贸区建设，把更多的资源和项目投向非洲，缓解疫情的冲击；支持非洲人民共享全球治理成果，支持非盟等区域和次区域组织发挥作用。

中拉关系在共同抗疫中持续发展

徐世澄

【内容提要】2020年新冠肺炎疫情席卷全球，中国与拉丁美洲和加勒比国家在抗击疫情中风雨同舟、守望相助、互施援手，充分体现了患难见真情。习近平主席同拉美多国领导人互通电话、互致信函，表达守望相助、共克时艰的坚定意愿。一年来，中拉变中寻机，顺势而为，积极拓展视频会议等新渠道，开启零距离、零障碍、零时差的“云交往”新模式。中国党和政府及各有关部门通过线上和线下加强了与拉美相关部门的联系。中拉双方克服不利的环境影响，使双边整体贸易逐步回升，中拉经济合作继续发展。疫情之后，中拉发展经济、保障民生的愿望将会更加强烈，加强务实合作的需求将会更加迫切，将为中拉友好合作提供新的机遇。

【关键词】新冠肺炎　合作抗疫　中拉关系　命运共同体

【作者简介】中国国际问题研究基金会研究员，中国社会科学院荣誉学部委员、拉丁美洲研究所研究员。

2020年以来，新冠肺炎疫情席卷全球，中国与拉丁美洲和加勒比国家在抗击疫情中风雨同舟、守望相助，用实际行动谱写出了合作抗疫的友谊之歌，诠释了中拉命运共同体的真谛。

2020年初在中国抗击疫情困难的时候，拉美17个国家的领导人、6个国家的外长、多国主要政党及重要组织负责人致函致电，拉美和加勒比国家共同体首脑会议通过公报表达了对中国的声援；哥斯达黎加、特立尼达多巴哥、苏里南、乌拉圭等国举全国之力向中国提供抗疫物资，包括累计60万只口罩，近百万副灭菌手套和6万多套手术服等医疗物资，展现了拉美国家和人民与中国的深情厚谊。随着新冠肺炎疫情在拉美各国的蔓延，中国投桃报李，毫无保留地与拉美各国分享抗疫经验，迅速向拉美人民提供急需的援助物资。习近平主席同十多位拉美国家领导人通电话、互致信函，表达守望相助、共克时艰的坚定意愿。习近平主席强调，全球疫情仍在发展，只有各国团结合作，才能最终战而胜之。中方愿继续同拉美各国开展抗疫合作，深化疫后务实合作，共同推动构建人类命运共同体。

中国中央和地方政府、中央和地方企业、民间团体向拉美地区24个建交国和一些未建交国捐赠了紧急医疗物资和呼吸机。中国应邀向委内瑞拉和秘鲁等国派出抗疫医疗专家组，中国医疗专家与拉美同行共同举办了30余场跨洋经验交流视频会。中方还积极提供采购、运输、清关等便利，协助拉美国家搭建起“空中桥梁”和抗疫“生命通道”。

新冠肺炎疫情加剧了世界经济衰退的风险，拉美经济、中拉经贸合作不可避免地受到冲击。联合国拉丁美洲和加勒比经济委员会（简称“拉加经委会”）、国际货币基金组织认为拉美经济2020年衰退9.1%—9.3%。受疫情影响，中拉人员往来遇阻，不少工程项目被迫停工或者延缓。但是，困难是暂时的，拉美地区的地理区位、人口、资源、市场的优势基本面没有变，中拉经济互补性强、合作潜力大的基本面没有变，中拉互相视为合作伙伴和发展机遇、高度重视深化中拉合作的意愿也没有变，只要这三个基本面没有变化，中拉在下一步合作中的基本方向就不会改变。中拉关系经过60年的砥砺发展，经得起大风大浪，不仅不会因一时的困难出现倒退，反而还在共同应对挑战中焕发出新的活力，开辟出新的前景。面对突如其来的新冠肺炎疫情，中拉之间互施援手、守望相助，充分体现了患难见真情。

中拉双方克服不利的环境影响，使双边整体贸易逐步回升，中拉经济合作继续发展。据预计，2020年中拉双边贸易将保持在3000亿美元水平。2020年，中国继续保持巴西第一大贸易伙伴地位。据中方统计，2020年双边贸易额1190.4亿美元，同比增长3.1%，其中，中方出口349.6亿美元，进口840.8亿美元。2020年11月12日，中国驻巴西大使杨万明以视频形式出席拉美最大的跨海桥梁——巴西萨尔瓦多—伊塔帕里卡跨海大桥项目签约仪式并致辞。2020年上半年，墨西哥对华出口逆势增长3.4%，中国对墨直接投资增长160%。2020年上半年，阿根廷对华出口逆势增长2.2%。2020年8月，中阿两国央行续签了货币互换协议，互换额度价值1300亿元人民币；阿根廷官方公报公布，中阿空间活动领域合作框架协议正式生效，阿根廷首批输华柠檬顺利运抵中国。10月20日，中国交通建设公司附属公司中国港湾工程承建的哥伦比亚波哥大地铁一号线项目正式开工。11月11日，援助哥伦比亚户用太阳能设备交接仪式在哥伦比亚首都波哥大、受援地乔科省两地以远程连线方式举行。11月24日,《中国同哥伦比亚体育合作谅解备忘录》以线上方式举行签字仪式。中国政府同智利、乌拉圭等拉美国家举行“云磋商”，共同发表联合声明，呼吁在全球抗疫合作背景下维护贸易畅通，加强自贸合作，确保产业链供应链稳定运行，为各国疫情后复工复产、恢复经济作出积极贡献。2020年6月中下旬，第127届中国进出口商品交易会（简称“广交会”）从线下移至“云端”，吸引了海量拉美展客商观展。中国企业针对美洲时区制定直播方案，全方位展示展厅产品，拉美采购商足不出户就能找货源、下订单、做生意。

2020年以来，由于新冠肺炎疫情在全球持续蔓延，各国普遍进入封城、停航的“断联”状态，国际交往按下了“暂停键”。但中国与拉美和加勒比变中寻机，顺势而为，积极拓展写信、通电话、开视频会议等新渠道，开启零距离、零障碍、零时差的“云交往”新模式。中国党和政府及其各有关部门通过线上和线下加强了与拉美相关部门的联系。

2020年3月24日，中国外交部和国家卫生健康委员会共同举办中国—拉美和加勒比国家新冠肺炎疫情专家交流视频会。来自疾控、临床、海关、民航、社区等领域的专家同25个拉美和加勒比国家的政府官员和卫生专家分享了中国抗击疫情各方面的信息和经验。2020年5月12日，中国和加勒比建交国应对新冠肺炎疫情副外长级特别会议通过视频方式举行。中国外交部副部长郑泽光与多米尼克外交、国际商务和侨民关系部长肯尼斯·达鲁共同主持。多米尼克总理罗斯福·斯凯里特出席并致辞。会议发表了《中国和加勒比建交国应对新冠肺炎疫情副外长级特别会议联合新闻公报》。公报表示，双方同意致力于推动疫后中加各领域务实合作，开发新的合作方式与合作领域，促进中加关系取得更大发展。

2020年7月23日，中国与拉美和加勒比国家举行应对新冠肺炎疫情特别外长视频会议并通过联合声明。[①] 中国国务委员兼外交部长王毅、墨西哥外长埃布拉德共同主持。阿根廷、巴巴多斯、智利、哥伦比亚、哥斯达黎加、古巴、多米尼加、厄瓜多尔、巴拿马、秘鲁、特立尼达和多巴哥、乌拉圭等国外长出席。王毅在会上表示，疫情发生以来，中拉克服地理障碍开展全方位抗疫合作。中方愿同拉方共同应对疫情带来的多重挑战，为维护全球公共卫生安全、推动世界经济复苏贡献"中拉力量"。"中拉携手抗疫，生动诠释了'天涯若比邻'和'患难见真情'"。王毅就下一步中拉合作提出五点倡议：坚持以人为本，深化抗疫团结合作；坚持互助共赢，携手保障经济民生；坚持危中寻机，推进共建"一带一路"；坚持需求导向，增强整体合作动力；坚持公平正义，加强全球治理协调。会议通过了《中拉应对新冠肺炎疫情特别外长视频会议联合声明》。声明指出："我们高度重视应对新冠肺炎疫情对全球的冲击，将加强中拉抗疫合作，恢复经济社会发展正常秩序。我们重申通过团结协作消除贫困对实现可持续发展不可或缺。"声明最后表示："我们愿在后疫情时代进一步深化中拉合作，鼓励双方务实合作，在既有基础和原则上向公共卫生、减贫减灾、数字经济等新兴领域延伸，为中拉论坛第三届部长级会议成功召开积累成果。""疫情发生以来，中拉守望相助，克服地理障碍开展全方位抗疫合作，成为国际抗疫合作的重要部分。"中国国务委员兼外交部长王毅还同古巴、巴西、阿根廷、哥伦比亚、多米尼加、秘鲁、哥斯达黎加等国外长通电话、致函电，就共同抗

---

① 《王毅谈中拉特别外长视频会议达成的重要共识》，新华网，2020 年 7 月 23 日，http://www.xinhuanet.com/world/2020-07/23/c_1126275782.htm。

疫、庆祝建交周年等交流沟通，并同委内瑞拉外长举行了视频会谈。中拉双边磋商交往亦结合形势变化，拓展线上新阵地，中国与墨西哥外交部第17次政治磋商会议、中国与阿根廷政府间常设委员会政治分委会第三次会议、中国—巴拿马外交部第二次政治磋商均以视频形式成功召开。

2020年9月14—18日，中国外交部组织拉美和加勒比国家驻华使节代表团赴上海市和江苏省交流考察。乌拉圭、牙买加、厄瓜多尔、巴巴多斯、秘鲁、多米尼克、智利、苏里南、巴西、哥伦比亚、哥斯达黎加、古巴、阿根廷、委内瑞拉、萨尔瓦多、特立尼达和多巴哥、多米尼加、巴拿马等18国27名驻华使节参团。在上海，上海市委书记李强和市长龚正分别会见和宴请了代表团。在江苏，时任江苏省委书记娄勤俭和省长吴政隆会见并宴请了代表团。9月22日，由中共中央对外联络部（简称“中联部”）和中共贵州省委共同举办的“中国共产党的故事——习近平新时代中国特色社会主义思想在贵州的实践”专题宣介会在贵阳举行。此次专题宣介会以“决战脱贫攻坚”为主题，向与会政党全面介绍了以习近平同志为核心的中共中央带领中国人民决战脱贫攻坚的生动实践和重要成果。来自拉美16个国家、70多个政党和政党组织的200多名领导人通过网络视频连线参会，12个拉美国家驻华使节现场与会。

2020年6月9日，中联部同拉美多国共产党举行视频会议，以“从抗疫看共产党‘人民至上’的理念优势”为主题，就坚持共产党人的初心使命、加强抗疫合作、反对借疫情搞污名化等内容进行深入交流。阿根廷、巴西、智利、古巴、秘鲁、乌拉圭、委内瑞拉等国共产党领导人参会。中联部部长宋涛表示，面对新冠肺炎疫情，以习近平同志为核心的中共中央秉持“人民至上”的执政理念，把人民的生命安全和身体健康放在第一位，调动一切可以调动的资源，全力以赴救治生命，生动诠释了中国共产党的初心和使命。中国共产党愿继续为拉美各国提供力所能及的帮助，共同推动国际合作，为全球抗疫注入信心和力量。[①] 当前，新冠肺炎疫情席卷全球，拉美是重灾区之一。面对新形势，中联部创新交往的方式，通过网络平台，聚焦疫情防控、复工复产和脱贫攻坚等议题，和拉美政党开展广泛的交流，特别是“云交往”。此次宣介会体现了中拉关系和中拉政党关系的高水平和高质量，进一步加强和拉美国家的政党交往，深入交流治国理政的经验，为拉美国家打赢脱贫攻坚战提供中国智慧和中国方案。

2020年6月10日，中国人民对外友好协会与拉丁美洲和加勒比中国友好联合会，阿根廷、巴西、玻利维亚、哥伦比亚、多米尼加、巴拿马会、秘鲁、萨尔瓦多、乌拉圭和危地马拉等国的对华友好协会组织召开视频对话会，会议发表了《中国人民对外友好协会与拉美对华友好组织共同声明》。声明指出：“新冠肺炎疫情是当前人类面临的最紧迫挑战。人类是命运共同体，团结合作是战胜疫情最有力的武器。中国人民与拉美人民致力于构建中拉命运共同体，我们虽远犹近，守望相助，携手共进。”

2020年8月28日，中央广播电视总台、联合国拉加经委会和拉美新闻联盟以视频连线方式举办2020“拉美伙伴”媒体合作云论坛。来自中国和拉美地区11个国家的15家机构共33名与会代表围绕“携手抗疫，共克时艰”的主题，展开云端对话，

① 《中共中央对外联络部同拉美多国共产党举行视频会议》，中国—拉共体论坛网站，2020年6月11日，http://www.chinacelacforum.org/chn/zgtlgtgx/t1787569.htm。

共同发布合作抗疫的联合声明。中央广播电视总台台长、总编辑慎海雄在云论坛的开幕致辞中说:“中拉媒体应进一步加强合作，以负责任的态度，秉持客观、公正、真实的原则，共同发出中拉媒体的声音，推进人类卫生健康共同体建设。”他希望中拉媒体完善新闻共享机制、开拓创新合作传播模式、开展5G等新媒体技术应用互鉴，扩大媒体朋友圈，加强互动交流，为中拉媒体合作增添新动能。联合国拉加经委会执行秘书长阿莉西亚·巴尔塞纳致辞时表示:“在这样非常困难的时刻，中国一直是拉美非常可靠的伙伴和朋友。拉加各国感谢中国在我们最需要的时候与我们站在一起，共克时艰。”与会媒体代表在云论坛上发布了《“拉美伙伴”加强抗疫合作联合声明》，呼吁中拉媒体共同行动，助力国际社会凝聚起战胜疫情的强大合力，在抗疫合作中切实推动中拉命运共同体、人类卫生健康共同体建设，并建立“拉美伙伴”媒体合作论坛机制，为国际社会携手战胜疫情作出媒体应有的努力和贡献。①

2020年9月30日，第二届中国—拉美和加勒比国家科技创新论坛以视频会议方式举行，中国科技部部长王志刚和拉共体轮值主席国墨西哥外长埃布拉德共同主持，20个拉美和加勒比国家科技及相关部门负责人出席会议。本次会议通过了《中拉科技创新论坛联合声明》。墨西哥驻华大使何塞·路易斯·贝尔纳尔、阿根廷驻华大使路易斯·克莱科勒尔、古巴驻华大使卡洛斯·米格尔·佩雷拉·埃尔南德斯等现场参会。

2020年10月27日和29日，中国与来自智利、巴西、墨西

① 《中拉媒体开展云端对话　媒体人携手抗疫克时艰》，网易新闻，2020年8月28日，https://news.163.com/20/0828/14/FL4H6QND000189FH.html。

哥、秘鲁、阿根廷等国的专家学者共同参加由中国社科院与智利圣地亚哥大学共同主办的第九届中拉高层论坛视频研讨会，共同探讨新冠肺炎疫情对中拉合作的影响及其思考。

2020年11月4日，第三届中国国际进口博览会在上海开幕。开幕式上，中国国家主席习近平通过视频发表主旨演讲。智利总统皮涅拉等政要发表视频致辞。皮涅拉总统感谢习近平主席邀请并表示，在习近平主席领导下，中国致力于促进世界各国相互理解、积极合作。我们要眼光长远，继续致力于消除贫困、减少社会不平等、改善医疗和教育、推动数字科技革命、应对气候变化等，实现可持续发展。拉美各国企业家积极参加第三届中国国际进口博览会，阿根廷近40家企业参展，阿根廷牛肉、葡萄酒、大豆在博览会上大放异彩。

2020年12月2—3日，由中国商务部主办的第六届中国—拉美加勒比基础设施合作论坛在澳门举行。

一年来，中拉多方面的合作抗疫受到拉美多国领导人的点赞，在拉美民众中引发热烈反响。这些积极反响主要体现在四个方面：一是肯定中国方案，称赞中国的抗疫成效显著，为国际抗疫树立了典范，并作出贡献。二是赞赏中国负责任大国担当。认为中国在国内和国际抗疫斗争中，展现出了强大的领导力和创造力，有力提振了国际社会的抗疫信心。三是认同中方理念。认为人类命运共同体彰显了国际人道主义，具有强大的生命力和感召力。四是感谢中方合作。称赞中方是真正的朋友，肯定中拉抗疫合作，为促进中拉关系的发展，深化人民友谊，创造了新契机。

疫情之后，中拉发展经济、保障民生的愿望将会更加强烈，加强务实合作的需求也将更加迫切。一方面，中方已经率先复工复产，中国的疫情防控和经济社会发展形势持续向好，显示出中国经济发展的巨大韧性，为拉美国家坚定对华合作注入了强心剂和信心，有利于带动地区国家逐步恢复对华贸易，稳步推进双方的合作项目。另一方面，疫情突然来袭，加速了互联网基建、跨境电商、医疗健康产业、中医药等行业的发展，拓展了非接触经济、远程医疗、在线教育等新业态，这些领域有望成为疫情后中拉务实合作新的增长点，亦可以成为中拉共建“一带一路”新的关键支撑点。

2020年是中国和古巴建交60周年。60年前的1960年，中国同古巴建交，开启了中古和中拉关系的新纪元。中古同为社会主义国家，是好朋友、好同志、好兄弟。中古双方通过举办各种活动，包括在北京成立中国古巴文化交流中心，举行招待会、研讨会等庆祝中古建交60周年，推进中古关系在新的历史起点上取得新发展。2020年也是中国和智利建交50周年，中国和哥伦比亚、厄瓜多尔建交40周年。中国与智利、哥伦比亚、厄瓜多尔也分别在各自的首都举办各种线上或线下的活动予以庆祝。60年来，中拉克服地理障碍和国情文化差异等重重困难，走出了一条友好共赢的南南合作典范之路。当前，中拉关系进入全方位发展的新时代。中国与拉美虽然距离遥远，但拉美国家参与共建“一带一路”、构建人类命运共同体的愿望强烈，中国现在同拉美19个国家签署了“一带一路”合作谅解备忘录。

中拉关系在严重的疫情中仍能持续稳定发展的原因，主要在于三个坚持：第一是坚持相互尊重、平等相待，这是中拉关系的本质特征；第二是坚持互利共赢、共同发展，这是中拉合作的最亮底色；第三是坚持交流互鉴，美美与共，这是中拉合作的深刻内涵。中拉合作符合世界发展的大势，符合世界的和平稳定与发展。中拉关系的发展不会因为一些别有用心的人的故意阻挠和抹黑而停止，一定会越走越宽、越走越好。中拉关系在经历了21世纪以来的“跨越式”发展后，随着国际政治经济形势和中拉各自形势的发展变化，将进入一个稳步、深入、高质量发展的新阶段。我们要充分利用好中拉战略合作机遇期，坚定不移地推动中拉平等互利、共同发展的合作伙伴关系深入发展。在新阶段里，中国宜采取“稳步推进、积极开拓、不断充实、提质升级”的方针，把中拉关系的发展推进到一个崭新的阶段。